KB096182

죽어가는
천황의
나라에서

노마 필드 지음
박이엽 옮김

죽어가는
천황의
나라에서

창비

마이아와 매티, 그리고
함께 하나의 세상을 만들어갈
아이들을 위하여

일러두기

1. 명백한 오탈자와 바뀐 표기법에 따른 외래어 표기를 바로잡고 오늘날 독자가 이해하기 쉽게 일부 한자어투를 수정했다.

2. 옮긴이 주는 (—옮긴이)로, 옮긴이가 이해를 위해 덧붙인 부분은 〔 —옮긴이〕로 표시했다. 원서의 주는 책 끝에 붙였다.

한국의 독자들에게

나는 종전 50주년 되는 여름을 토오꾜오에서 보냈습니다. 처음 토오꾜오로 향할 때의 내 마음은 무거웠습니다. 첫째는 이 책에 등장하는 외할머니가 두번이나 졸도를 하신 끝에 지금은 전혀 말씀을 못하시는 상태가 되었기 때문이고, 또 하나는 나 자신 50주년의 열기에 휩쓸리고 싶지 않았기 때문이었습니다. 두 이유는 실상 연관되어 있다는 것을 나중에 알게 되었는데, 나는 이 마음 내키지 않던 점에 대해 한국 독자분들과 생각을 나눠보고자 합니다.

나는 50주년 기념을 빌미로 대중매체들이 요란법석을 떠는 것이 딱 질색이었습니다. 그런데 나의 이런 이유있는 혐오감에는 그러한 역사로부터 이제 그만 등을 돌리고 다른 일로 나아가고 싶은 욕구가 깔려 있었습니다. 왜냐? 나는 역사적 사실을 충분히 안다고 생각했고, 또 전후에 일어난 일련의 현상에 관해서도 무엇이 옳고 그른지 잘 알고 있다고 생각했던 것입니다. 그리고 무엇보다도 일본의 사죄와 보상을 요구하는 운동이 가차없이 망가지는 작태를 지켜보면서, 전쟁에 대해 계속 생각하는 일에서 더이상 어떤 희망도 느낄 수 없었던 것입니다.

그러나 그건 잘못이었습니다. 내가 이렇게 말하는 것은, 그런 지겨움을 느끼는 것이 특권을 가진 자의 나르시시즘을 은연중에 내포하기 때문만도 아닙니다. (특권이라고 말한 것은 현재를 압도할 만큼 떨쳐버리기 힘든 과거사로부터의 해방과 현재 시점의 사회·경제적 안정을 내가 누리고 있기 때문입니다.) 전쟁에 대해 어떻게 생각할지 알고 있다는 나의 생각 자체가 잘못이었습니다. 그리고 대중매체가 단지 상품화된 구경거리만을 제공한다는 생각도 잘못이었습니다. 50년이 지난 일본에서는 전쟁에 대한 새로운 문서와 영상자료들을 접할 수 있게 되었고, 따라서 새로운 시각이 가능해졌습니다. 더욱 중요하게도, 언론종사자를 포함한 일본인들 일부는 전쟁에 관해 다르게 생각하려는 명백한 의지를 보여주고 있습니다. 무엇보다 감동적인 것은 예컨대 731부대(태평양전쟁 당시 생물·화학무기의 인체 실험을 자행한 일본 관동군사령부 소속 부대——옮긴이)에 배속되었던 사병이라든가 남자들을 자살특공대에 보내면서 아무 말도 하지 못했던 아내와 누이 들이 이제 50년이 지났으니 비로소 입을 열려고 한다는 것, 전쟁 관련 비화를 죽기 전에 공개하겠다고 나선다는 사실입니다.

이러한 상황은 전쟁을 비판적으로 회상해보려는 사람이 별로 없는 미국과는 사뭇 다릅니다. 원폭투하의 결과를 하늘에서 내려다보는 것이 아니라 땅 위에서 바라보고자 한 스미소니언(Smithsonian) 박물관의 시도를 좌절시켜버린 미국인들의 비극적이고 저능아 같은 행동은 메스꺼울 뿐 아니라, 중국과 프랑스가 핵실험을 계속 강행하는 오늘의 세계에서는 두려운 일이기도 합니다.

우리가 그 전쟁을 50년이 지난 뒤에도 과거사로 묻어버리지 못하는 또 하나의 이유가 바로 이것입니다. 프랑스의 핵실험에 대한 미국 언론의 보도가 극히 제한된 것이었다면, 일본 언론은 오스트레일리아와 뉴질랜드의 반대시위에만 보도의 초점을 맞추면서 자신들이 흔히 말하는 '세계 유일의 피폭국'인 일본에서 왜 좀더 격렬한 항의가 없는지 몇마디 상투적인 탄식을 덧붙였을 뿐입니다. 인간들은 이제, 지금 당장 코앞에서 벌어지는 일이 아니면 그게 설사 절멸의 위협일지라도 아무 반응도 할 수 없게 된 것일까요?

바로 그런 점에서 나는 원폭투하가 전쟁을 빨리 종결했기 때문에 정당화된다는 미국의 논리에 아시아 여러 나라들이 동조한다는 보도를 읽고 몹시 서글펐습니다. 일본 언론의 보도에 따르면 나가사끼의 한 시민단체가 지난여름 서울에서 개최한 원폭피해사진전에 대한 한국 언론의 반응도 비슷한 것이었다고 합니다. 나는 이들 나라의 사정이 미국의 경우와 다르다는 사실을 물론 충분히 이해합니다. 동아시아와 동남아시아에서 종전은 그 나라들의 해방을 의미했으며, 진정한 사죄와 국가 차원의 배상을 거부하고 있는 일본의 태도가 이들 아시아인들이 원폭에 대해 비판적으로 성찰하는 것을 가로막는 요인임은 사실입니다. 그러나 이 점을 감안하고 또 일본의 두 도시에 원폭을 투하한 미국의 참뜻이 무엇이었는가도 일단 괄호 속에 묶어두더라도, 우리가 다다른 세계사의 현시점은 우리로 하여금 국경을 초월하여 아시아 태평양전쟁의 의미를 재점검하도록 요구하고 있다고 나는 생각합니다.

한국 독자들은 익히 아시겠지만, 일본의 '대동아공영권(大東亞共榮圈)' 건설은 아시아 국가들을 서양의 지배로부터 해방시키기 위한 것이었다는 둥, 그러므로 일본은 방어전을 했을 뿐이라는 둥의 주장이 끈질기게 이어져오고 있습니다. 일본 각료들의 그런 발언들에는 으레 비판이 뒤따르고 강요에 의한 취소가 이어집니다. 그러나 일본의 진보적 언론과 지식인 또는 민권단체 들은, 일부 우파 인사의 일고의 가치도 없는 짓거리라는 이유로 이에 대해 한번도 진지한 대응을 보인 적이 없습니다.

나는 이것이 위험하다고 봅니다. 왜냐하면 이런 태도는 일본 지도자들이 2차대전 이전 시기 여러 제국주의 세력의 각축이라든가 참전 외에 다른 선택의 여지가 없다고 주장할 수 있게끔 해준 여건들에 대한 진지한 논의를 차단해버리기 때문입니다. 역사는 결코 정확하게 그대로 되풀이되지 않습니다. 하지만 전후 50년의 민주주의는 일본인들에게 국민의 생존을 위해서는 전쟁밖에 다른 길이 없다고 국가가 다시 한번 주장할 경우 항거할 수 있는 방법을 별로 마련해놓지 못했습니다. 물론 그런 결정을 일본 국민들만이 내릴 수 있는 시대는 이미 아닙니다. 일본제국주의에 의해 치유될 길 없는 손상을 입고 고통받고 있는 아시아인들에게 그들 생전에 보상을 하도록 압력을 가하는 일은 절실합니다. 그러나 평화에 대한 우리의 염원이 진지한 것이라면, 아시아의 근대사를 '악의 근원으로서의 일본'이라는 개념으로 이해하려 들어서는 안될 것입니다.

또한 평화에 대한 우리의 생각이 진지한 것이라면, 일본의 이미지

변모가 주로 망각작용과 일본이 수출하는 상품문화의 수용에 의존하고 있는 사실을 개탄하지 않을 수 없습니다. 우리는 일부 아시아 국가의 지도자들이 경제적 이익이 손상될 것을 우려한 나머지, 자국의 시민단체들이 일본에 정부 차원의 보상을 너무 강하게 요구하는 일을 공공연하게 반대까지는 안하더라도 몹시 꺼려한다는 사실을 유념할 필요가 있습니다. 그것과 관련해 우리는 또, 이른바 '아시아적 특성에 맞는 인권 개념'을 기회주의적으로 들먹이는 일을 경계해야 합니다.

오늘의 일본이 그들 제국의 그 어느 때보다 찬란한 경제공영권을 구가하고 있음은 일본의 진보적 지식인들 사이에서 흔히 이야기되는 바입니다. 그러나 그에 못지않게 지적해두어야 할 점은 내가 잠정적으로 동아시아적 자본주의문화라고 명명하고자 하는 문화, 즉 무자비하게 경쟁적이며 기능 위주인 교육과 극도의 중노동 그리고 이에 대한 보상으로 주어지는 사치재의 취득 가능성 등을 특징으로 하는 문화가 이 지역에 퍼져 있다는 사실입니다. '카로오시(過勞死)'라는 일본어의 유행이 이 문화의 끔찍스러움을 증명해주지만, 경제적 성공이라는 미끼는 제3세계만이 아니라 여러 나라들로 하여금 동아시아를 모델로 삼게 하고 있습니다. 나는 몇해 전 노르웨이의 한 아동 관련 회의에서 취학연령을 7세에서 6세로 내릴 것인가 말 것인가를 논의하는 중에 "그렇게 하지 않으면 한국과 일본에 뒤질 것이다" 하는 말을 들었습니다.

광적인 심신단련은 동아시아의 국민들에게, 동아시아 기업들이 진출해 있는 나라의 국민들에게, 그리고 지구 전체의 환경에 여러가지로 황폐화를 일으키고 있습니다. 숨 막히는 격무와 풍요로움의 결합은 일본의 민주주의에 큰 해가 되었습니다. 풍요 그 자체가 위기에 직면한 지금, 그러한 결합은 경제적으로 궁핍한 시대에 대한 민주적 대응책을 촉구하기는커녕 상상도 할 수 없게 만들고 있습니다. (미국에서는 두말할 것도 없이, 광기에 가까운 열기로 비민주적 해결책이 추구되고 있습니다.)

나는 외할머니 이야기에서 멀리 벗어난 꼴입니다. 구체적이고 개인적인 삶과 구조적·역사적 동력들의 관계를 이해하는 일은 결코 쉽지 않습니다. 나는 우리 모두가 사회적으로 규정되지만 그 양상은 제각각이어서, 선택하고 책임지는 폭 역시 사람마다 다르다고 믿습니다. 내가 이 책에서 다룬 세 일본인에게 관심을 갖게 된 까닭은 그들의 삶이 현재와의 연관성 속에서 역사적 책임을 지는 인간의 능력을 극명하게 보여주기 때문이었습니다. 물론 이들 세 사람이 그런 책임의식을 갖게 된 데에는 각기 다른 개인적 사연이 있지만, 그들 가운데 어느 누구도 그렇게 하도록 강요당한 바는 없었습니다.

내 외할머니의 오랜 병상생활은 나에게 선진자본주의 사회의 지루하고 평범한 일상적 삶의 짐스러움을 새삼스레 일깨워주었습니다. 과학기술의 발달은 인간의 수명을 연장해놓았습니다만, 그에 상응하여 수명연장을 다수의 노인들 자신이나 그 가족들이 진심으로 환영하게 만들 사회적 여건은 마련되어 있지 않습니다. 일본에서의 고령자 증가는 (가장 눈에 띄는 사항만 들더라도) 지독히 경쟁적인 교육과 과도한 노동에 더해 또 하나의 억압적인 기율을 조성할 위험이 크며, 이 위험은 특히 여성들에게 심각합니다.

그러나 여기 또 하나의 측면이 있습니다. 즉 우리는 자본주의가 요구하는 저 '성장을 위한 성장'의 에토스를 지탱하게끔 너무도 철저히 훈련된 나머지, 성장의 패러다임에 부합하지 않는 삶의 현상 앞에서는 불구가 되기 쉽다는 것입니다. 꼼짝 않고 조용히 누워만 계시는 할머니와 지낼 여름이 두려웠던 것은 한마디로 나는 그런 사람과 함께 지내는 법을 알지 못했고, 그런 능력을 길러낼 만한 인내심이 내게 있을 것 같지 않았기 때문입니다. 이것은 아시아 태평양전쟁 같은 역사적 사건들의 의미와 비판적으로 대면하면서 살아갈 의지력의 결핍과 무관하지 않습니다.

나 자신으로서는 이러한 문제를 해결하지 못했고, 그것이 일거에 해결될 수 있는 문제도 아니라고 믿습니다. 나는 이 책을 쓰는 동안 전쟁 전과 전쟁 중에 일본에서 자행된 명백한 정치적 억압과 고도성장 경제 및 이후 시대의 유화적이고 추상적인 억압 사이의 연관성을 파악해야 할 필요성을 점점 크게 느꼈습니다. 나는 이 방향으로의 성찰을 위한 몇가지 암시를 줄 수 있었을 뿐입니다. 이것은 내가 가장 잘 알고 있는 사회인 미국과 일본의 틀 안에서는 전면적인 사고가 불가능한 문제입니다. 이 책에 담긴 나의 한정된 모색을 한국 독자들 앞에 내놓을 기회가 주어진 것을 특별히 감사하게 생각합니다. 우리의 고통스럽게 엉클어진 역사 때문에도 그렇고, 이른바 경제적 성공이라는 것이 창출하고 우리에게 공동의 대응을 요구하는 현재의 공통성 때문에 그렇기도 합니다.

1995년 9월 25일 시카고에서

노마 필드

연호 쇼오와(昭和)로 알려진 일본 천황 히로히또(裕仁)는 1988년 9월 19일 병으로 쓰러져 1989년 1월 7일 서거했다. 세계 역사상 가장 많은 국빈이 참석한 것이 확실시되는 그의 장례의식은 2월 24일에 거행되었다. 그 사이의 다섯달 반 동안, 거의 모든 일본인들이 극히 엄숙한 분위기에서 지냈다. 나라가 경제적 번영을 누리게 된 이후 처음으로 2차대전과 그 유산, 특히 희생자로서만이 아니라 가해자로서의 일본의 역할을 되짚어보려는 시도가 있었다. 하지만 그와 동시에, 그러한 비판적 자기반성을 싹부터 깡그리 잘라 짓눌러버리려는 행위 또한 자율규제(自律規制)라는 허울을 쓰고 자못 화려하게 펼쳐졌다.

이 책은 천황 히로히또의 죽음과 태평양전쟁(15년전쟁) 중의 숱한 죽음들 그리고 세계에서 가장 성공한 경제생활을 구가하고 있는 사람들의 일상 속에 있는 '삶 속의 죽음'에 대한 성찰이다. 이것은 또한 망각의 편리함과 현란한 소비생활의 유혹에 저항하는 사람들, 과거와 현재를 대비해서 생각하기를 고집하는 사람들에게 표하는 경의이기도 하다.

상투적인 말이 아니라 문자 그대로, 이 책은 많은 분들 덕분에 이루어졌다. 한 이방인을 위해 시간과 정성을 나눠주신 이 책에 등장하는 모든 분께 충심으로 감사드린다. 내 일가친척들에 대한 부채도 이 책의 일부분을 이루는데, 갚지는 못할망정 고맙다는 말이라도 전해두어야겠다. 이 책은 그들, 특히 많은 댓가를 치러가면서 나를 곱게 길러준 외가 쪽 친척들에게 바치는 나의 조촐한 선물이기도 하다.

오끼나와(沖縄)에서는 히야네 미요꼬(比屋根美代子)와 테루오(照夫), 카까즈 카쯔꼬(賀數かつ子), 미야기 하루미(宮城晴美), 시마부꾸로 토시꼬(島袋智子), 시모지마 테쯔로오(下嶋哲郎), 타까라 벤(高良勉), 테루끼나 케이(照喜納圭) 씨로부터 자료 수집과 면담의 도움을 받았다. 또한 카미야마 시게미(神山繁實), 무라쯔바끼 요시노부(村椿嘉信), 그리고 씨글로 상사(Siglo Ltd.)의 요네다 마사히로(米田正篤) 씨에게도 감사드린다.

야마구찌(山口)에서는 우라베 요리꼬(浦部賴子), 야부끼 카즈오(矢吹一夫) 씨의 통찰력과 환대에 힘입은 바 컸다. 하야시 켄지(林健二), 이마무라 쯔구오(今村嗣夫), 타나까 노부마사(田中伸尙) 씨들은 내가 근대 일본 기독교인들의 싸움을 이해하는 데 도움을 주었다.

브라이언(Brian)과 미찌꼬 버크 개프니(Michiko Burke-Gaffney), 이와마쯔 시게또시(岩松繁俊), 쯔찌다 테이꼬(槌田禎子) 그리고 하라다 나오오(原田奈翁雄) 씨와 그의 두칸짜리 출판사에 모였던 모든 분들은 나가사끼(長崎) 부분을 쓰는 데 도움이 되었다.

시인들인 종추월(宗秋月), 미찌우라 모또꼬(道浦母都子) 씨는 이 책의 밑바탕이 된 여행에서 특별한 위치를 차지한다.

쿠리야마 마사꼬(栗山雅子) 씨가 많은 조언과 채찍질을 해주었다. 또 미야께 요시꼬(三宅義子) 씨에게서 큰 은혜를 입은 것을 밝혀두고 싶다.

옛 친구 새 친구 가릴 것 없이 많은 친구들이 내가 갈겨써놓은 토막글들을 읽어줌으로써 실제 집필작업이 진행될 수 있었다. 나는 그들 한 사람 한 사람에게 각기 걸맞은 감사의 말을 드리고 싶다. 르네 아르시야(René Arcilla), 빌 브라운(Bill Brown), 씰리아 호먼즈(Celia Homans), 리처드 랜드(Richard Rand) 씨들이 자진해서 보여준 열의로 나는 상심의 고비를 극복할 수 있었다.

그리고 레슬리 핀커스(Leslie Pincus)와 미리엄 씰버버그(Miriam Silvervberg)는 원고를 세밀한 부분까지 훑어봐주었다. 고치고 또 고쳐도 마음에 들지 않아 허둥대는 과정에서 그들의 비평은 언제나 확고한 길잡이가 되어주었다.

마지막으로 마리아 라기(Maria Laghi)가 있다. 그녀는 처음부터 끝까지 거기 있어주었고, 그래서 이 일은 이루어졌다.

차 례

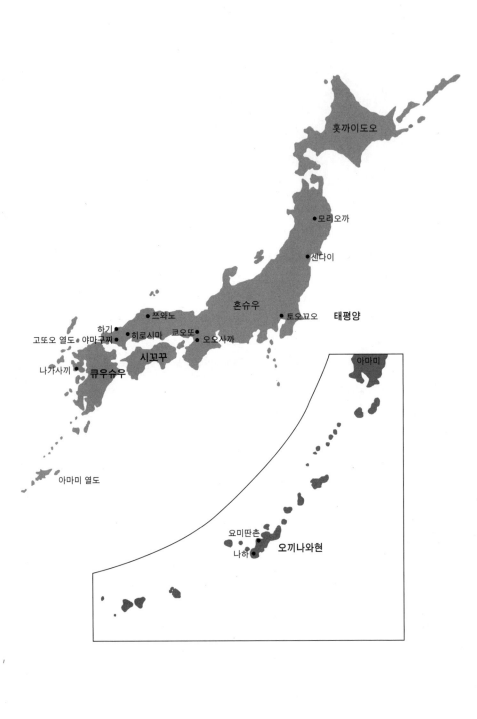

비탄의 패러독스

종추월

역설의 상자를 열면 "당신의
풍전등화 같은 목숨이
유감입니다. 참으로 참으로
안타까워 견딜 수 없습니다. 아이고!"
아이고 소리 솟아난다.
분명 당신이 살아 있는 이 순간
어찌할 수도 없는 수명이 끝나가는
이 순간에 대신(大神)이 아닌
사람도 아닌 추상의 상징이 마침내
아아 마침내 개체로서 구체화하여
인간으로 돌아올 수 있음을 당신을 위하여 함께
기뻐하는 쇼오와 여년(餘年)의 지금은 가을
들녘에 흐드러진 국화에 정이 감돈다.

당신, 죽지 말지어다 아직은.

일선동조론(日鮮同祖論)의 대본(大本)의 대신(大神)의

피가 당신의 피가 흐르고 있음으로 하여

적자(赤子)라는 이름으로 끌려온 우리 아버지는

치꾸호오(筑豊) 탄전의 갱부였던 우리 아버지는

인고단련(忍苦鍛練)하여 훌륭한 국민이 되겠습니다고

된다 되어라 되지 않으면 안된다는 황국신민서사를

외우셨다는 우리 아버지는 열도의

흙이 되어 흩어져버렸고

키미가요(君ガ代, 당신의 세상)의 키미(당신)의 국토의 자양이 되었다.

아아 당신, 당신이여 죽지 말지어다.

당신도 또한 국민이 아니므로 인권이 없는

기본적 인권을 박탈당한 사람이었다고

전농병하(田農丙下)라고 창씨개명을 한 우리 아버지가

견분식위(犬糞食衛)라 스스로 일컬었던 우리 아버지가

인권이 없는 비인(非人)으로 살았던 우리 아버지가

숨 끊어지기 직전의 절규 혹은 벌레 소리같이

가쁜 숨을 몰아쉬며 남긴 말이었다.

당신 죽지 말지어다 아직은.

살아서 귀를 기울이시라 우리 아버지의 유언에

나는 당신이다!! 당신 또한 나다!! 하는 외침을 듣고

혼신의 힘을 다하여 최후의 힘으로

불체포(不逮捕)의 특권을 벗어나 자유로워질 것을

당신의 그늘 어둠 속에서 빌 수 있는 행운을

어제로부터 오늘 그리고 내일로 이을 수

있도록 아아 당신 이대로

죽지는 말지어다

아이고!!

　　　　　—『아사히저널(朝日ジャーナル)』 1988년 10월 14일자, 21면.

옮긴이 해설

종추월(宗秋月, 1944~2011)이라는 한국계 재일 시인이 쓴 이 시를 이해하기 위해서는 약간의 해설이 필요할 것 같다.

첫째로 원래의 제목은 '哀のパラドックス'인데, 이럴 경우 哀는 훈독을 하여 '아와레' 또는 '카나시이'라 읽는 게 보통이나, 작자는 '아이'라고 음독하게 함으로써 같은 음으로 읽히는 愛와 연관시키려 한 것 같다.

둘째, 내가 '당신'이라고 옮겨놓은 단어 '키미(きみ)'는 君이라 표기된 것인데, 이 말은 너·그대·당신 외에 임 또는 임금을 뜻하기도 한다. 작자는 이 말로써 비칭인 '너' 또는 '네 이놈' 하는 뜻과 '폐하'라는 극존칭까지를 포괄하려 하고 있다.

셋째, '키미기요'는 일본 국가보 낱낫은 '폐하의 세상'인데, 작자는 원래 시간적 개념으로 쓰인 요(代)를 공간적 개념 '요(世)'로 바꿔놓았다.

넷째, 창씨개명한 전농병하(田農丙下, 논에서 일하는 하찮은 백성)는 일본어 음으로 '텐노오 헤이까'라 읽히니, 이는 같은 음으로 읽는 천황폐하(天皇陛下)를 비꼰 것이다. 원저자 노마 필드는 이를 영문으로 옮길 때 Boss of the Rice Paddies라고 했는데, 한자의 뜻풀이는 의미가 없을 것이다. 다음의 견분식위(犬糞食衛)는 일본어로 '켄훈 쿠라에'라고 훈독되는데, '개똥이나 처먹어라'라는 뜻이다. 원저자는 이것을 Keeper of Dog-Shit Food라 영역해놓았으나, 이것 역시 한자에 대한 뜻풀이여서 무의미한 것이다.

끝으로 '아이고'라는 말이 세번 나오는데, 이를 시인은 哀號라는 한자로 표기하였다. 우리말 '아이고'를 그렇게 표기한 것임에 틀림없다.

시 속에 나오는 大本·大神·赤子·日鮮同祖論·忍苦鍛鍊·皇國臣民誓詞 등은 모두 군국주의 시대 일본을 상징하는 낱말들이다.

일본의 8월. 하늘은 쾌청, 대기는 꽉 찬 망자들의 혼백들로 무겁다. 토오꾜오 신(新)국제공항은 밀려드는 망령들로 부푼다. 괌과 와이키키의 해변으로 가려는 사람들과, 종이 냅킨에서 루이뷔똥 백에 이르기까지 모든 것을 싸게 파는 쌘프란시스코, 로스앤젤레스, 뉴욕으로 쇼핑 가는 사람들이다. 새롭게 국제화된 신품종(新品種) 일본인임을 스스로 확인하는 이 의식에 참여할 수 없는 사람들은 1년에 네댓새쯤 토오꾜오를 뙤약볕 쏟아지는 정적 속에 버려두고 시골로 엑소더스하는 행사에 참여할 수 있다. 조상들의 혼령을 맞아 잔치를 베풀고 편안히 가시도록 해드려야 산 사람들이 복을 받는다고 오봉 명절(盂蘭盆齊, 음력 7월 보름 조상에게 제사지내는 명절——옮긴이)을 지내러 가는 것이다. 그러고는 조상들만큼도 기력을 얻지 못한 채 불과 며칠 전 토오꾜오에서 싸들고 간 선물에 대한 답례품들을 낑낑 끌어안고 집으로 돌아온다. 유통수단이 점차 효율화됨과 동시에 맛있는 것을 찾는 분위기가 확산되면서 어느 곳의 특산품이니 별미니 하는 것이 이제는 널리 퍼져서, 고향으로 가져간 선물이나 답례로 받아오는 물건이나 점점 차별성이 없어지고 있다. 도시와 시골의 이 마주침으로부터 자연은 나는 듯 빠르게 멀어진다.

8월을 망자의 달로 만드는 것은 이러한 풍습만이 아니다. 우선 6일은 히로시마(廣島)의 날, 9일은 나가사끼의 날, 그리고 마지막으로 15일은 패전의 날이다. 이렇듯 많은 망령들이 위로를 받아야 하는 달. 이 두 도시에서 벌어지는 기념행사의 텔레비전 보도는 내 어린 시절에 비해 현저히 빈약해졌다. 실상 제2의 피폭지인 나가사끼의 경우는 아침과 저녁 뉴스에 잠깐 비칠 뿐이다. 하지만 이 두 도시에서는 해마다 상복 차림의 유족대표들과 흰 장갑을 낀 관리들이 연설을 하고 꽃다발을 바치고 비둘기를 날린다. 8월 15일을 종전기념일이라 부르지 말고 패전기념일이라 불러야 한다는 극소수의 사람들이 있기 하다. (일본 해협 저편 한국에서는 8월 15일을 일본제국 붕괴를 기뻐하며 광복절이라 부른다.) 1988년 그날에도 토오꾜오 올림픽기념 무도관(武道館)에서 개최된 기념식에 거의 다 죽게 된 히로히또는 예년과 다름없이 임석했다. 그는 여름궁전에서 헬리콥터로 옮겨져 그 전쟁의 나약한 체현자로서 그 자리에 섰으나, 전쟁에 대한 일체의 논의를 봉쇄하는 존재일 뿐이었다. 쇼오와 시대는 그의 목숨과 함께 끝났다. 그러나 시대의 명칭을 바꾼다고 해서 기억의 말살까지 보장될까?

1989년에 그 자리에 선 자는 새 천황, 코맹맹이 소리로 말하고 카리스마를 결여한, 그러나 한결 유용할지도 모르는 인물이다. 그는 무대 뒤편에서 지루하게 차례를 기다리던 고지식한 아들이었다. 그해 8월 15일에 그가 어떻게 처신했는지 나는 모른다. 아버지가 죽고 처음 가진 공식회견장에서 '여러분과 함께' 헌법을 준수하겠노라고 대담하게 언명했으나—그 성명은 의외로 친근미 넘치는 어조 때문에 특기할 만했다—그뒤로는 예상대로 신중해지고 말았다.

  찌는 듯 무더운 8월은 끝없이 되풀이되는 나의 캘린더에서 사뭇 특별한 지리적·시간적 의미를 갖는다. 내가 태어난 달인 것이다. 혼혈아인 나는(내가 선택해서 다니게 된 캘리포니아의 한 대학에서, 어느날 학교를 둘러보러 온 예비학생과 그 아버지를 안내하고 다녔을 때 그 아버지가 말했다. "워 베이비war baby로구나!") 미군기지 안에 있는 학교까지 버스를 타고 다녔다. 이 말은 곧 내 생일에 초대할 친구들이 우리 집 근처에는 없었다는 얘기다. 설사 있었다 하더라도 감수성 예민한 그애들을 일본 가정에 불러들이는 식의 무모한 짓은 할 수 없었다. 점령기와 그 어름의 미국 아이들은 아주 잠시 동안 살다갈 뿐인 땅에서 하녀와 운전기사의 시중을 받으며, 저 사람들 물을 마시면 안돼요, 저 사람들이 주는 캔디 먹으면 못써요 하는 소리를 충실히 따르고 있었다. 어머니는 미국인 남편을 위해 『베티 크로커』(Betty Crocker)니 『요리의 즐거움』(Joy of Cooking)이니 하는 요리책을 너덜너덜해지도록 열심히 뒤적였으므로 생일 케이크쯤은 잘 만들 수 있었지만 반 친구들은 역시 초대하지 않는 게 상책이었다. 어머니는 길 건너편에 사는 내 나이 또래의 육촌들 삼형제와, 대여섯평 남짓한 땅뙈기 때문에 우리 집과 반목하게 되기까지는 나의 유일한 친구였던 옆집 여자애를 초대했다. 이 아이들과 노는 것은, 아버지가 안 계시는 한 아주 즐거웠다. 그러나 아버지 모습이 비쳤다 하면 아이들은 줄행랑을 치곤 했다.

8월은 기나긴 여름방학이 끝나는 달이기도 했다. 여름방학이 길고 지루하게 느껴진 것은 가지고 있는 여남은 권의 책들(특히 영일 대역판 『작은 아씨들』과 너덜너덜해진 모던 라이브러리판 『제인 에어』)을 몇번씩 읽어야 하고, 내가 일본어를 잘 못하는 데다 학교 도서관까지 데려다 달라고 어른들에게 부탁하기 거북해서, 그리고 무엇보다도 돈이 없어서 아무데도 갈 수 없기 때문이었다. 아버지가, 스스로 나갔는지 쫓겨나갔는지 모르지만 하여간 집에서 사라진 뒤부터 미국을 비롯한 서양 배우들의 흑백사진을 복제해서 팔던 우리 외가의 사업도 시들해졌는데, 그것은 텔레비전 보급과 컬러 포스터의 인기에 눌린 탓이었다.

고등학교를 마치고 일본을 떠날 때 나를 배웅해준 것은 8월의 태양이었다. 나의 아버지가 그 몇해 전부터 스코틀랜드계 이민인 그의 어머니와 함께 우거진 야자수림 속에서 살고 있던 로스앤젤레스도 무더웠다. 내 미국인 친척들과의 첫 대면이었다. 뭐가 제일 보고 싶니? 디즈니랜드? 대학? 아니면 포리스트 론(Forest Lawn)? 그들을 즐겁게 하기 위해서 나는 어디든 따라가주었다. 공동묘지 포리스트 론에서부터 대학까지.

그때부터 8월은 내게 작별의 달이었다. 외가에서의 갑갑하지만 한없이 한가로운 체류 끝에 이윽고 공항까지 호젓이 떠나야 할 아침이 오고, 그러고는 태평양을 건너고 알래스카의 봉우리들을 넘어 지금은 내 집이 되어버린 미국의 대도시로. 마침내 벽으로 칸막이된 맨해튼의 하늘 혹은 미시건 호의 광막함이 그 차가운 비현실성을 일깨우고, 나는 아득히 멀리 떨어진 두 세계 사이에 매달려 있는 것이었다.

1988년 8월, 나는 여로를 거꾸로 하여 토오꾜오로 왔다. 딸과 아들의 손을 끌고. 남편도 뒤따라오게 돼 있었다. 이번에는 내 외조부모님댁 2층방 두개를 1년간 쓰기로 했다. 그 집은 내 어머니를 받아낸 그 산파의 도움을 받으며 내가 태어난 바로 그 집터에 서 있었다. 이렇게 새 집을 지을 수 있었던 것은, 60년대 로버트 풀러(Robert Fuller)와 에릭 플레밍(Eric Fleming)의 성공(그들의 영화 「라라미Laramie」와 「로하이드Rawhide」의 성공. 게다가 텔레비전과 외가의 사업은 그 사이에 관계가 개선되어 있었다)과 쩨피렐리(F. Zeffirelli) 감독의 「로미오와 줄리엣」 덕분에 불어난 매상고에서 외할머니가 꼬불쳐둔 돈이 있었기 때문이다. 내 어머니와 외할머니는 대학을 졸업하고 돌아올 나를 이 집으로 맞아들이는 것을 큰 기쁨으로 여기고 계셨는데, 두분이 나를 미국으로 떠나보내면서 염려하셨던 최악의 사태가 현실로 나타나고 말았으니, 그것은 다름 아닌 미국인 사위의 출현이었다.

이 집은 미국인 네 사람의 몸뚱이를 받아들이기에는 비좁았다. 이 집의 원래 식구 세 사람—어머니, 외할머니, 외할아버지. 이들의 나이를 합치면 230살이 넘는다고 어머니는 곧잘 말씀하셨다—은 우리에게 조금이라도 넓은 공간을 만들어주려는 듯, 가뜩이나 작은 체구를 더욱더 움츠리려고 안간힘을 썼다. 이렇게 우리는 입주를 했다.

나는 이것을 인위적 귀성(歸省)이라고 생각한다. 나는 다시 한번 딸이 되고 손녀가 되고 조카가 되어야만 하는데, 그것은 흡사 잘린 손발을 다시 접합하는 과정과 같다. 그 손발을 1년 뒤에는 다시 절단해내야 한다는 것을 나는 알고 있다. 옛날처럼 가족들과 점심을 들면서 여성을 대상으로 하는 낮방송에 대해 이야기하고, 간밤에 참석했던 리셉션 이야기를 하는 등의 습관을 되살리려는 나의 노력이 그때는 허사가 되리라는 것도. 외할머니는 내게 설거지도 시키지 않으려 하신다. 말로는 내가 일을 못하기 때문이라고 하시지만, 실은 일상의 모든 잡일에서 나를 해방시켜주고 싶으신 것이다. 거기선 모든 일을 너 혼자 감당해야겠지? 우리야 일하는 속도가 느리고 무엇 한가지 제대로 하는 게 없으니 깨진 냄비에 땜질한 뚜껑 격이지. 하지만 어쨌든 여기는 여자가 둘이잖아? 이렇듯 완강한 너그러움 앞에서는 두 손 들 수밖에 없다. 이것이 마지막 기회인데 하고 생각하면 난감해진다. 이렇게 한량없는 자애로움에 보답할 기회는 다시 없으리라. 더구나 아담한 뜰이 있는 이 집에서 이렇듯 단란하게 함께 지낼 수 있는 날은.

전문가들은 일본이 부동산과 증권에 열을 올림으로써 미국형 사회가, 즉 대립현상이 한결 두드러지는 사회가 되리라고 단언한다. 외할머니는 레이건 따위의 미국인들 흉내를 내며 거들먹거렸다고 나까소네(中曾根康弘) 수상을 비난한다. 결코 입 밖에 내어 말하진 않지만, 거의 한평생을 붙박여 살아온 이 땅을 언제까지 지킬 수 있을 것인지 불안해하신다. 우리 외가도 거의 대부분의 토오꾜오 사람들처럼 집은 제 집이지만 땅은 남의 것이다. 현행 법규는 토지 임차인에게 그런대로 은전을 베풀어서, 임차권을 포기하면 땅값의 70%에 상당하는 금액을 받을 수 있다. 외할아버지의 연세가 아흔을 넘어선 지금 외할머니가 임차권 갱신을 염려하시는 것도 무리는 아니다. 갱신할 때가 되면 이 모퉁이땅의 소유주인 사찰은 어마어마하게 높은 싯가대로 땅값을 다시 책정할 것이 틀림없고 그리 되면 임차권을 팔 수밖에 없을 텐데, 그때 물어야 할 세금을 감당할 길이 막막한 것이다.

길 건너편 작은할아버지댁(내 생일파티에 어김없이 와주던 삼형제는 이미 성장해 떠나고 적막한) 바로 옆에는 이미 불도저가 들이닥쳐 낡은 집을 철거하고 있다. 그 땅은 부엌과 욕실 외에 방이 달랑 셋뿐인 작은할아버지네 집터만큼 좁다. 그런데 같은 넓이의 옆집 땅을 사들인 건축업자는 거기에다 여덟 세대가 입주할, 일본에서 맨션이라 부르는 아파트를 짓는다 한다. 이런 유의 다세대주택이 단층 혹은 2층의 소박한 집들이 늘어서 있던 오래된 주택가에 비집고 들어온다. 대물림한 땅을 후손들이 지킬 수 있도록 세금이란 놈이 놔두지를 않는 것이다. 그들은 개발업자에게 땅을 팔고 토오꾜오까지의 출근시간이 두시간 남짓한 범위 안에서 살 곳을 찾아나선다. 그들을 따라가는 것은 그들의 가족만이 아니다. 줄기차게 치솟기만 하는 땅값까지 따라가는 것이다. 그리하여 일본 전역의 땅값이 폭등하고, 교외개발은 버짐같이 확산된다. 산지가 많고 태풍과 지진이 많은 이 열도에서 어디로 간단 말인가? 수도의 심장부 신주꾸(新宿)와 이미 질식상태가 되어버린 토오꾜오 만(灣)을 쓰레기로 매립해서 만든 땅에 저 하늘을 찌를 듯한 고층건물들을 지은 것은 그 무슨 불손이란 말인가?

길 건너에서 불도저가 일으키는 진동이 내가 딸애와 함께 쓰고 있는 책상까지 전해져온다. 내 외할머니는 뜰에 나 있는 잡목이며 풀꽃 이름들을 모두 알고 계신다. 저 동백꽃은 말이야, 나가사끼에 사는 네 이모가 고등학교 졸업 기념으로 심은 거란다. 우리가 하꼬네(箱根)로 등산 갔을 때 캐온 이 바위취 기억하니? 할머니가 심은 나무들은 인근 일대에 산소를 공급해주고 할머니의 꽃들은 오가는 사람들을 즐겁게 한다. 이 뜰이 사라져버린다면 아스팔트에 질린 사람들은 어디서 눈을 씻을 것인가?

토오꾜오의 물가는 높기로 유명하지만 막상 맞닥뜨리고 보면 한층 더 아찔해진다. 오랫동안, 계산하기 불편하긴 하지만 1달러=360엔이라는 단순한 등식이 이곳 생활의 안정성을 보증해주었다. 그러나 영원히 계속될 것 같던, 미국에 의한 세계질서의 상징이던 이 등식이 무너진 지 벌써 20년이다. 이제 고정된 숫자는 없다. 이번에 와서 나는 즉석에서 일일이 달러로 환산해보는 버릇을 없애는 데 한달 이상이 걸렸다. 영화표 한장이 12달러, 한무더기에 다섯개씩인 떨이 사과가 4달러라는 사실에 어이가 없어진 내가 면 티셔츠 한장에 3달러—물론 일본이 해방시켜준 아시아 어느 나라의 제품—라는 소리에 그동안 금욕을 강요당한 데 대한 화풀이라도 하듯 덤벼든 결과 입어보지도 못할 티셔츠가 한 다스나 쌓이게 되었다. 내가 한쪽 가장자리에나마 엉덩이를 걸쳐보려고 안간힘을 쓴 것은 확실히 일본 역사상 유례없는 풍요를 뽐내던 중산계급적 생활 그것이었다.

하지만 그것은 파스텔 색조의 집에 인조잔디가 깔려 있고 뒤꼍에는 알맞게 물이 찰랑거리는 수영장이 있는 저 미국적 파라다이스의 정경과는 사뭇 다르다. 세기말의 토오꾜오에는 이미 어떤 색조건 집을 세울 만한 공간은 없다. 그 대신에 기가 막힌 보상품들이 있다. 흠잡을 데 없는 채소들—무는 백진주 같은 빛깔에 더없이 신선하고, 옥수수는 꽉 찬 알맹이가 꿀맛이고, 주황색 윤기가 도는 토마토는 향기로우면서도 탄력이 있다. 그리고 과일들! 지금 초가을의 시카고에 있는 나는, 내가 태어난 고장의 채소가게며 과일가게를 하염없이 그려본다. 초록빛이 살짝 감돌고 시원한 단물이 흠뻑 밴 배는 종류가 네가지나 되고, 그 옆에 벌여놓은 무화과는 날마다 자줏빛깔을 더해 갔지. 조금 더 있으면 열 종류나 되는 사과들이 나와 쌓이고, 비타민 C가 풍부해서 고혈압에 좋다는 단감도 곧 선을 뵐 테고, 마지막으로 등장하는 귤은 껍질이 연하고 과즙이 많은데다 씨도 없는데, 미일무역협상에서 캘리포니아산 오렌지를 괴롭히고 있는 것이 바로 이것이다. 귤은 겨우내 과일가게 좌판 위에 군림한다. 봄이 되면 잠시 썰렁해진 좌판을 국산 감귤류와 플로리다산 그레이프프루트가 가까스로 지켜줄 뿐이지만 이윽고 여름이 오면 딸기를 필두로 비파열매와 포도, 복숭아 들이 차례로 등장한다.

하지만 그 값이라니! 단지 작은 멜론 한개가 20달러(외가 근처의 후미진 마을에서)에서 50달러씩 나간다는 사실만을 말하려는 것이 아니다. 그렇듯 흠잡을 데 없이 완벽한 품질을 유지하기 위해 화학물질이 얼마나 필요했을지는 농사꾼이 아니라도 짐작할 수가 있다. 나는 일본인 1인당 살충제 사용량이 미국인의 열배라는 말을 들었다. 그러나 건강에 대한 눈에 보이지 않는 위협은, 획일적인 훈련으로 시각이 갑절로 고급화된 소비자들에게 당신들은 현대적 생활이 제공할 수 있는 최상의 것을 요구하고 향수할 자격이 있으며 지금 당장 그러하다고 속삭여대는 사회에 살고 있는 데서 오는 위험에 비하면 아무것도 아니다.

다른 데서와 마찬가지로 일본에서도 선진자본주의가 뿜어내는 교태는 아이러니를 잔뜩 내포하고 있다. 〔이에 대해—옮긴이〕 일본에서 역시 사람들은 신경도 안 쓰는 듯하다. 전반적 번영이 일종의 명백한 동질성을 강화하고 분명한 억압자도 눈에 띄는 희생자도 없는 곳에서는 미심쩍은 생각일랑 아예 비끄러매두는 것이 속 편할 것이다. 자연, 그 믿을 만한 시중꾼은 인간들로부터 더욱더 교묘한 서비스를 강요받는다. 스위스 알프스나 사하라 사막 또는 어딘가 이름 없는 곳의 잊혀진 연못에 살고 있는 포동포동하게 살진 새들 등은 텔레비전에서 보험이나 스포츠카 또는 청량음료 광고의 배경으로 봉사하고 있고, 노골적으로 티를 내지 않으려 한 기색이 역력한 좀더 교묘한 경우에는 전경(前景)으로 봉사하기도 한다. 일본에서는 이제 저런 장면을 찍기가 불가능해졌다고 입을 모은 어느 영화감독과 낚시안내서 편집자의 대담을 떠올리면서 나는 그런 연못이 일본 어디에 있을 수 있는지 자문해보았다. 때묻지 않은 자연의 영상이 이처럼 늘어나는 것은 정부의 허가를 받아 해안선에 아스팔트를 깔고 국가나 지방자치단체가 지정한 보호구역이 골프장과 스키장으로 둔갑해가는 추세와 함께하고 있다. 그리고 이런 과정에 행여 뒤질세라 TV광고는 생명공학이 낳은 신품종들, 즉 지금 내 어머니의 시장바구니에 가득 담긴 야채의 후계자들—예컨대 우거진 브로콜리 숲에서 생산되는 앙증맞은 애기당근을 자랑스레 보여준다.

아무리 작을망정 내 집을 갖고 싶다는 수도권 노동자들의 꿈은 치솟는 땅값 때문에 물거품이 된 지가 이미 여러 해다. 미국의 절반이 넘는 인구가 고작 캘리포니아 주만 한 땅덩이에, 그것도 불과 2%밖에 안되는 평지에 대부분의 인구가 집중되어 있는 나라에서 작업과 출퇴근 행위가 전국적으로 동시에 일어난다는 것을 생각해보라. 휴일(일본인의 노동관행이 불공정하다느니 언행 불일치라느니 하는 국제적인 여론 때문에 늘어나기는 했지만)과 휴가(연말연시·오봉 명절) 때는 갑갑한 아파트로부터, 혹은 살인적 임대료를 감내하며 버티고 있는 재개발 예정지구의 좁은 집으로부터 장면 전환을 찾아나서는 전국 규모의 대이동이 일어난다. 이 강요된 레크리에이션과 가족 친지 들과의 어거지 친목보다는 차라리 근무를 택하겠다는 생각은 이상할 게 없다. 일본의 일상생활은 눌리고 눌려서 터지기 직전의 풍선과 같다.

아랫사람이 윗사람보다 먼저 일어설 수는 없다. 어쨌든 사무실이라는 일터에서 술집이라는 일터로 가는 길이, 주정뱅이와 OL 들이 토해내는 퀴퀴하고 후텁지근한 입김으로 가득 찬 전차여행보다 짧고 편하다(OL이란 office lady의 약자. 대학 내지 전문대학을 졸업한 젊은 여성들은 잠시 직장에 들어가서 저축도 하고 활갯짓도 하다가 20대 중반이 되면 결혼해서 떠난다).

근무의 일부분이 되어버린 의무적 사교는 대부분의 남자 평사원 들에게는 평일의 음주를 강요하고, 관리자 사원들에게는 주말 골프를 강요하여 그들의 '자유'시간을 앗아간다. 제 아버지 얼굴을 모르는 아이들이 생겨나고, 이따금 집에 들어가보면 다리 뻗고 누울 자리가 없다는 가장이 있는 것도 무리가 아니다. 텔레비전의 낮방송을 보니 가장의 '귀가거부'증후군이라는 말을 자주 입에 올리고 있다. 이는 오래전부터 있어온 어린이들의 '등교거부'증후군이란 말을 본떠서 만든 것이다. 등교거부증후군이란 병도 없이 멀쩡한 아이가 제 방에 틀어박혀 몇달씩, 심하면 몇년씩 학교를 가지 않는 현상을 말한다. '귀가거부증'에 걸린 남자들은 가정에서 자기 자리를 자식에게 빼앗겨버린 것이다. 특히 진학시험을 앞두고 있는 자녀는 어머니의 끊임없는 헌신적 봉사를 독점한다. 이래서 어떤 남편들은 환각증상까지 보이게 되어 아예 병원에서 출퇴근을 하기도 하며, 심한 경우에는 집으로 돌아가려는 의지마저 버린다는 것이다.

지금 단계로서는 이 증후군은 아직 주부 대상 TV 프로그램의 어릿광대사회학(설문 1: 당신은 남편을 귀가거부증후군으로 내몰고 있지는 않습니까?)의 영역에 머물러 있는 모양이다. 그러나 일본의 주부들이 유아화(幼兒化)한 남편의 존재에도 불구하고 가정을 효율적으로 꾸려가는 솜씨는 대단해서, 그 점에서는 교회와 학부모회(parent-teacher association)와 스카우트 활동 말고는 거의 바깥출입을 하지 않던 50년대 미국 주부들을 능가한다. 오늘날 어느정도 야심을 가진 일본의 어머니라면 자녀가 초등학교 4학년만 되면 벌써 학원에 보내서 원하는 중학교에 들어갈 준비를 시킨다. 그다지 극성맞지 않은 어머니나 자기 자식에게 가능성이 별로 없다고 생각하는 어머니라면 자녀가 중학생이 되어야 그때부터 고교입시를 준비시킬 것이다.

이 과정은 어머니한테나 아이한테나 똑같이 험난하다. 아이를 일류 입시준비학원에 용케 집어넣은 억척 어머니들은, 아이들이 그 주에 주입받은 지식나부랭이를 검정받는 토요일 오후나 일요일에 어머니 교실에 출석해서 자녀들이 학원생활에 익숙해지는 데는 적어도 한달이 걸리는데요, 그때까지는 식사를 제대로 못하는 경우도 흔히 있습니다, 하는 따위의 교육을 받는다. 별로 명문 축에 못 끼는 학원에 아이를 보내고 있는 어머니일지라도 학교에서 돌아오는 아이를 위해 특별한 음식을 만들어놓고 기다린다든가, 교외에서 학원까지 자동차로 태워다준다든가, 불침번을 서면서 야식을 만든다든가 하는 등 온갖 정성을 다한다. (믿기 어려운 소리지만, 일본에서 발생하는 근친상간은 모자간의 경우가 많은데 이는 입시공부와 관계가 있다는 말이 나돌기에 친구들에게 물어보았더니, 있을 수 있는 이야기라는 대답이었다.)

자녀들에게 기대하는 것은 오직 공부다. 이 사실, 그리고 가차없이 강요되는 공부 그 자체의 성격이 갖가지 부작용을 낳고 있는데, 신경성인 것(등교거부증후군)에서부터 전율을 느끼게 하는 것(교사가 둔감해서인지 지쳐서인지, 멍청하게 바라보는 사이에 학생이 죽음에 이르기까지 하는 극단적인 예도 있다)까지 있다. 그런 것에 대한 보상인 셈일까, 아이들은 태어날 때부터 환상적이고 사치스러운 장난감 속에 파묻힌다. 만일 그들이 대학에 들어가서 아르바이트를 한다면 그것은 오로지 미국이나 캐나다, 혹은 저 영원한 자연미의 나라 스위스로 여행을 가기 위해서다. 일본인은 저축열이 높다고 하는데 아이들도 어른 못지않게 저금액이 많다. 초등학교 6학년생들 중에도 이미 필요한 것을 모두 갖고 있어서 더이상 바랄 게 없다는 아이들이 수두룩하다. 그러니 저금통장 불리기나 할 수밖에 없는 것이다.

이런 아이들이 성장해서 진출하게 되는 사회에서는 날마다 세련미를 더해가는 상품들을 마음껏 살 수 있는 자유, 그것이 가장 의미있고 믿을 만한 자유가 된다. 벨기에나 중국에서 생산된 이국의 야채가 티없이 완벽한 국산 야채를 보충해주고, 커피용과 홍차용으로 각각 구분되어 한잔 분량씩 환상적으로 포장된 설탕이 나와 있으며, 유럽의 유명브랜드 옷과 시계, 만년필, 그리고 최근에는 집을 살 형편까지는 못 되는 부자들을 겨냥한 고급 승용차도 나와 있다. 아마도 자기만의 것이라 할 수 있는 공간에의 갈망이 채워지지 않는 한 영원히 충족감은 없을 것이며, 규율에 대한 복종과 자유의 행사는 소비 영역에서 유효한 결합을 계속해나갈 것이다. 왜냐하면 한편으로는 더욱더 강화되는 일상적 희생을 정당화해주는 것이 바로 그 희생으로 가능해진 풍요로움이며, 그 사실은 또 풍요의 수준과 질을 끊임없이 높여가지 않으면 안된다는 것을 의미하기 때문이다. 다른 한편으로, 풍요로움을 과시해줄 불필요한 상품 생산을 계속하기 위해 남자와 여자 그리고 어린이들에게까지 일상생활체계의 굴레는 필수불가결한 규율로서 엄격히 부과된다. 최근의 규율로서의 소비를 이상적으로 표현해주는 한 실례가 있다. 〔일본인들은—옮긴이〕 신체적 결벽성이 미국인들도 눈살을 찌푸릴 만큼 철저해진 나머지 아침마다 샴푸로 머리를 감기 위해 특별히 고안된 세면대며 전자장치가 부착된 비데 따위를 (전통적으로 목욕을 좋아하는 문화를 갖고 있으면서도) 가뜩이나 좁아터진 집 안에다 설치하는 것이다.

귀향을 실감하기 위해서 나는 옛날에 하던 그대로 행동해보고 싶었다. 가장 손쉬운 일은 우리 조부모들이 1945년 미군의 공습이 심해져 시골로 피란하기까지 살던 마을의 상가를 둘러보는 것이다. 공기와 햇빛을 받아들이기 위해 여닫을 수도 있게 돼 있는 멋진 플라스틱 지붕을 이고 길 양편으로 늘어선 이 상가에는 아저씨와 아주머니 단둘이서 꾸려가는 구멍가게가 많지만, 약방에 감초 격으로 끼여든 맥도널드는 언제나 손님으로 북적대고, 텔레비전이며 전기밥솥, 캠코더 배터리 등을 파는 체인점 앞에는 무엄하게도 전자제품의 세계적 메카 아끼하바라(秋葉原)보다 싸게 판다는 광고 깃발이 펄럭이고 있다. 「스리 코인즈 인 어 파운틴」(Three Coins in a Fountain)의 선율이 흐르는 거리를 어슬렁거리노라면 루사이트(lucite, 투명한 아크릴 합성수지의 일종──옮긴이) 상자 쎄트며 유리로 된 공깃돌, 여러가지 깜찍한 액세서리 들을 파는 선물가게가 눈에 들어오고, 미국에 크리스마스 선물용으로 팔려나감직한 키모노 가게가 있는가 하면, 믿을 수 없을 만큼 값이 싼 어린이용 팬티며 파자마, 양말 등속을 무더기로 쌓아놓은 가게에서는 물건을 뒤적거리다가 영어로 이런 문구가 프린트된 바지를 발견하기도 한다──네 마음이 아빠 거라면…… 기막힌 맛이구나! 내가 좋아하는 콜드 커틀릿 쏘스를 구해놓았군! 썰레브러티(Celebrity) 광택제. 효과 100퍼센트! 손뼉을 치며 물건값을 외쳐대는 남자들, 시식용으로 내놓은 완자, 차 볶는 냄새 등등 흡사 잔칫날 같이 시끌벅적한 광경은 미국의 무역적자에 공헌하고 있는 괴상야릇한 유통씨스템의 산 증거임에 틀림없으나, 이런 분위기에서 쇼핑하는 데 중독이 되다시피 했던 나로서는 서서히 옛 증상이 되살아나는 것이다.

나는 어머니와 외할머니에게 드릴 선물을 사면서 그것으로 이 귀속감이 싹트는 것을 북돋운다. 외할아버지 시중들기에 여념이 없는 어머니에게는 잠시나마 기분전환이 될 무엇이 필요하다. 내 외할아버지로 말하면, 젊었을 적 얘기지만 새벽 두시에 집에 들어와서는 밥을 태웠다고 쟁반을 집어던져 마누라의 머리를 깬 위인이다(그 무렵 외할머니는 셋째 아이, 곧 지금 이웃에 살고 계신 내 이모를 가져 부른 배를 안고 수돗물도 가스도 없는 집에서 밥 짓고 빨래하고 청소하며 다섯 종업원들 뒷바라지를 하는 한편으로 가게까지 돌봐야 했다). 그뿐만이 아니라 장사가 어려워지자 집 안에 돈이라고는 딱 그것뿐인 5천엔짜리 지폐 한장을 물고 다람쥐처럼 사라진 일도 있는가 하면, 한창 세월이 좋을 땐 애인한테 금니를 해주고는 그 사실을 일기장에 썼다가 외할머니한테 들통이 나기도 했다. 그러나 아무튼 연세가 여든이 넘으신 뒤에는 "일본에서 서양영화 진흥에 60년간 진력한" 공로로 훈장을 받았다는 사실을 명기해야겠다.

50대에 두드러지기 시작한 고혈압 증세가 내 어머니와 외할머니가 그의 독립성을 흔들 수 있는 최초의 기회를 제공했다. 단골 의사는 그를 두고 "지붕 꼭대기에 올라서서 비틀거리는 주정뱅이나 마찬가지니 언제 굴러떨어지든 놀랄 일이 아니오"라고 했다. 외할머니는 즉각 식사관리체계를 수립했다. 아침에는 반드시 땅콩버터를 바른 토스트에 탈지분유와 신선한 과일을 먹게 하고, 일본 음식에 빠뜨릴 수 없는 간장의 사용량도 식사의 절대량과 함께 엄격히 규제했다. 다른 난관들도 있었다. 예컨대 흡연 문제의 경우, 집 안에서 담배를 피우는 것은 막을 수 있으나 밖에서 피우는 것은 어쩔 것인가. 외할아버지의 일과는 MGM이나 워너브러더스 사무실, 영화잡지 편집자들, 그리고 다운타운 환락가의 중개인과 소매상인 들을 돌아보고 만나는 것이었다. 그래서 미행을 하기로 결정되었다. 이 일은 주로 어머니가 맡았는데, 지금 나가사끼에 사시는 이모가 결혼하기 전에는 가끔 대신하기도 했다. 이렇다 할 변장술이 있을 수 없으니 고작해야 안경을 쓰는 정도로 해서 유달리 빨리 걷는 외할아버지의 걸음을 허겁지겁 쫓아가는 것인데, 외할아버지가 기차역이나 길모퉁이 담배가게 앞에서 한대 피우실 때에야 겨우 한숨 돌릴 수 있었다. 술 또한 대단한 골칫거리였다.

이런 노력이 마침내 외할아버지의 종이숭배 행위를 감시하는 쪽으로 돌려진 것은 어쩌면 당연한 순서였을 것이다. 하기야 이 버릇은 돈 한푼 들지 않고 건강을 해치는 일도 아니긴 하지만. 외할아버지가 주워모으는 것은 백화점 식당 냅킨에서부터 영화 포스터, 출판사의 크고 작은 봉투 따위였다. 이런 것들을 집으로 가져와서는 건드리면 무너질 정도로 위태위태하게 산더미처럼 쌓아놓는 것이다. 그로부터 40년이 지난 오늘, 외할아버지에게는 치약, 비누와 함께 휴지와 화장지도 배급제다. 할아버지가 종이도둑으로 몰리는 것을 막으려고 어머니는 밤을 뜬눈으로 밝히는 일이 많았다. (어떤 날 밤에는 외할아버지께서 코 닦을 종이를 달라며 새벽 1시 32분에 어머니를 깨우고 2시 5분에 또 깨웠다.) 저 노인의 육체가 나이에 걸맞지 않게 튼튼한 까닭은 무엇일까. 골다공증을 앓기 시작한 내 어머니는 그것이 할아버지가 40년간 마셔온 탈지분유의 칼슘 성분 덕이라 믿고 있다. 나는 상가에서 사온 과자와 스웨터로 어머니의 기분을 전환해드리려 한다.

나는 외할아버지와 이야기를 해본 지가 벌써 몇해인지 모르겠다. 몇십년 전인가 그때는 기분이 내키지 않을 때 일부러 안 들리는 척하시나보다 했는데, 이제는 완전히 이 세상의 소리로부터 차단되어버린 것이다. 안타깝게 손짓 발짓을 해대지 않으려고 글을 써서 소통한다. 검은 매직펜으로 눌러쓴 외할머니의 글씨를 코앞에 들이댈라치면 불같이 성을 내거나 돌덩이 같은 침묵 속으로 빠져드시는 것이었다. 토오꾜오의 활력 넘치는 혼돈 속으로 당당하게 뚫고 들어가던 한창때에 비해서 그의 활동반경은 형편없이 줄어들었다. 어머니는 일요일마다 외할아버지의 주간 단위 운동시간표를 작성한다. 가로로는 요일이, 운동시간은 세로로 표시된 매주 똑같은 차트다. 하루 네번씩 지정된 운동을 하고 나면 외할아버지 스스로 동그라미를 그리시도록 되어 있는데, 운동이라야 별것은 아니고 그저 당신의 방을 나와서 우리가 기거하는 방에서 넘쳐나온 책과 옷가지 들이 쌓인 복도를 지나 부엌과 텔레비전이 놓인 방을 거쳐서 당신 방으로 되돌아가는 것뿐이다. 그런데 보통 사람이면 20초밖에 안 걸릴 이 코스를 지나는 데 좋이 10분은 걸린다

이 비좁은 세계조차도, 등이 아프다고 비명을 지르며 침상에 누워 신음하실 때는 더욱 쪼그라든다. 그럴 때면 외할머니가 꼭 붙어 계셔야 한다. 이런 상태가 발작처럼 오기 시작한 것은 극히 최근의 일인데, 그토록 오랫동안 억세다고 할 정도로 완강한 체력을 유지하던 깜냥으로는 날벼락이었다. 하기는 여느 때처럼 정해진 운동을 하던 외할아버지가 느닷없이 어머니를 향해 쓰러지시던 그때 이런 변화를 예견했어야 했다. 무작위성과 악의적인 정확성의 결합에는 오싹 소

름이 끼친다. 발작이 있는 동안 악의성은 무작위성에 눌려 움츠러든
다. 처음에는 음성을 말로 변환하려는 욕망을 잃어버리고, 다음에는
의지를, 끝내는 능력을 잃게 되는 그 과정을 뚜렷하게 볼 수 있다. 그
렇게 되기까지의 발작과 발작 사이에도 외할아버지는 내 아들인 그
의 외증손자를 곧잘 집적대서 괴롭히신다. 우리들의 체류기간이 거
의 끝나갈 무렵에는 외할머니가 자줏빛 리본으로 식탁에 칸을 나눠
노인과 어린아이가 서로 영역을 침범하지 못하게 하셨다. 그런데도
도화지와 물감과 장난감 자동차 들이 널려 있는 아이의 영역과 헐어
빠진 책력(冊曆)이랑 닳아버린 지 오래된 배터리가 그냥 끼워진 채인
보청기 따위가 쌓여 있는 노인의 영역 사이에 분쟁은 끊일 새 없이
일어났다. 노인이 즐기는 TV 연속극을 보시는 동안은 휴전이었다.
그건 영원히 더는 늙지 않는 노(老)주인공이 사건의 수수께끼를 지혜
롭게 풀고 일본 방방곡곡을 칼로 평정해가는 시대극인데, 한도 끝도
없이 계속되는 이 씨리즈를 죽은 쇼오와 천황도 즐겨 보았다 한다.

그 천황이 1988년 9월 19일에 쓰러졌을 때 외할머니는 동정적이었
다. 히로히또는 나이로는 외할머니와 외할아버지의 중간이다. (내가
'히로히또'라고 부르는 데는 약간의 변명이 필요하다. 일본에서는 군
주를 이렇듯 친근감 있는 호칭으로 부르는 일이 결코 없으나, 영어에
서는 이렇게 이름을 부르는 것이 표준이고 또 중립적이라 할 수 있
다. 일본 신문들이 하듯 '천황폐하'라고 부르면 관료적 존칭이 되고,
그냥 히로히또라 부르면 거기에서는 전쟁 때 미국인들이 가졌던 적
의에 찬 저주와 전후의 그 우월감에서 나온 우호적 제스처가 범벅된

잔향이 느껴진다.) 그 전해에는 옥체에 메스를 대는 일이 있을 수 있느니 없느니 하는 논쟁 끝에 전례가 없다는 수술이 행해졌는데, 그때 외할머니는 노천황께서 드디어 식물학과 해양생물학을 즐기며 여생을 보내게 되셨구나, 하셨다. 치명적 질병인 경우 본인에게 알리지 않는 게 보통인 이 나라에서 많은 사람들이 그랬듯이, 매스컴이 넉살 좋게 유포해대는 대로 과히 나쁜 병은 아니라고 믿은 것이다. 전후에 선거권을 획득한 외할머니는 반(反)군국주의적 사회주의를 소박하고 열정적으로 지지해오셨지만 그 신조와 천황에 대한 동정심이 모순된다는 사실에 대해서는 전혀 신경 쓰지 않았다.

9월 19일 이후 몇달이 지나도록 일본 국민들은 매일같이 천황의 용태에 관한 보고를 받았다. 매우 생소한 두개의 낱말 '토혈(吐血)'과 '하혈(下血)'이라는 말이 국민들의 일상용어 속으로 들어왔다. 이 낱말들은 '피를 토했다' 또는 '장출혈' 같은 말보다 조금 더 불길하고 '히머테머시스(hematemesis)'니 '멜레나(melena)'보다는 널 임상의학적인, 다소 애매모호한 용어들이다. 최초의 토혈사태가 발생한 후 한 가을 내내 모든 신문이 특별란을 만들어 검출된 미미한 분량의 하혈과 그것을 보충하기 위한 수혈량, 그리고 체온과 맥박수를 보도했다. 석달 반 만에 죽기까지, 천황은 31,000cc, 약 30리터의 피를 수혈받았다. 듣기만 하고 확인해보지는 못했는데, 1cc당 170달러가 들었다고 한다. 항간에 흡혈귀 조크가 나돌았다. 나중에 저널리스트들은 천황의 와병과 죽음에 대한 보도를 회고하면서 하혈이라는 말을 사용한 것은 제2의 '인간선언'(현인신現人神으로 군림하던 천황이 스스로 신적 존재임을 부정한 신년조서의 별칭 — 옮긴이)에 맞먹는 효과를 나타냈다고 술

회했다. (최초의 인간선언은 1946년 1월 미국의 지시로 행해진 바 있다.)

근대 일본의 천황은 그의 치세 중에 사용하던 연호로 시호(諡號)를 삼는다. 모든 일본 국민의 출생과 사망 연월일은 모든 국내·국제 사건의 날짜와 마찬가지로 연호에 따라 표기된다. 천황 자신은 생존기간 중 (단지 '천황폐하'라고 불릴 뿐) 호칭을 갖지 않지만 사후에 불릴 이름(곧 시호)을 미리 갖고 있다. 그래서 서방세계에 히로히또로 알려져 있던 그 사람은 1989년 1월 7일에 쇼오와 천황이 되었고, 1월 8일에 태어난 아기들은 헤이세이(平成)의 시작과 함께 이 세상에 태어난 것을 축복받게 되며, 헤이세이는 결국 지금 천황 사후에 그의 시호가 되는 것이다.

쇼오와(昭和, 빛나는 평화) 천황이라고 사람들의 기억 속에 안치된 인간의 죽음은 역사상 가장 잘 준비된 죽음의 하나였다. 예측할 수 없던 단 하나의 문제는 죽음까지의 시간이 얼마나 될 것인가 하는 것이었다. 히로히또는 주권재민(主權在民)을 명시한 전후 헌법이 제정된 이래 죽음을 맞이한 최초의 천황이다. 그 죽음의 순간부터 장례식 연출에 이르기까지의 40일 동안 국가는 합헌성과 신비성, 서양적 근대성과 동양적 전통을 정교하게 안무해내려고 고심했다. 이 안무는 진보적이면서 또한 매혹적인 역사를 제시해야 했기 때문에 전후 40년의 번영을 강하게 부각하면서 전쟁 그 자체는 간주곡처럼 어물쩍 처리해야만 했다. 무엇보다도 세계경제를 선도하는 나라라는 현실과 무리 없이 조화를 이루는 것이 문제였다. 천황의 현존 그것마저 현대 자본주의의 자산 속에 포함되기 때문이다. 증권거래소는 며칠간 폐쇄되는가? 은행은? 관청은? 아니, 설사 은행이 휴업을 한다 하더라도 그들의 컴퓨터는 가동을 계속하여 세계에 대한 혈액 공급은 유지할 것이다.

히로히또가 죽지 않고 사경을 헤매는 시간이 오래 계속되었기 때문에, 이러한 갖가지 대책들은 예상외로 오랫동안 강구되어야 했다. 천황의 용태에 관한 경건한 일일 보도는 이 섬나라 전역에 걸쳐서 일사불란한 자기규제를 굉장히 거대한 규모로 불러일으키고 또 강박해갔으며, '자숙'이라는 낱말을 유행어로 부상시켰다. 자숙의 대상이 된 것들 가운데는 예컨대 TV 광고에서 '날씨 좋습니다' 하는 가벼운 인사말을 사라지게 하고, 정당의 모금 캠페인 모임에서 술을 못 마시게 하는 따위 웃기는 것들도 있었다. 하지만 때는 마침 가을이었고, 가을철은 7, 8월의 지겨운 하한기(夏閑期)를 벗어나 생기를 되찾는 시기이다. 따라서 곳곳에서 벌어질 가을축제들이 몽땅 취소되고 결혼의 달인 11월에 결혼식을 올릴 수 없게 된 것은 자못 떨떠름한 일이 아닐 수 없었다. 학교 체육대회에서는 달리기할 때 출발신호로 총을 쏘지 못하게 하니 맥이 빠졌다. 당연한 일일지 모르지만 자숙으로 인한 손실의 부담이 국민 모두에게 골고루 지워지는 것은 아니었다. 피해가 가장 심한 이들은 축제에 사용되는 가면이나 장신구 제조 및 판매 업자, 금붕어 행상, 결혼식 피로연과 그밖의 잔치에 음식을 공급하는 사람, 손님들을 즐겁게 해주기 위해 동원되는 연예인, 그리고 손님들을 실어나르는 택시 운전사 등등으로, 번영의 변두리에서 이삭줍기로 살아가는 이런 사람들의 불만은 흡혈귀 조크와 함께 언론 보도의 표면에는 드러나지 않은 채 퍼져 있었다.

거국적으로 자숙이 추진되는 것 외에 민간에서도 만일의 사태에 대비한 여러가지 준비가 이루어졌다. 백화점 건물에 세든 영화관 주인은 백화점 사장과 상의해야 했다. 휴업을 합니까? 한다면 며칠간이나? 휴업 안 하고 조의를 표하는 방법은 없을지요? 스포츠 시설 관리자도 영화관 주인과 상의를 한다. 결정적 발표가 있는 순간에 관객들에게 어떤 행동을 지시할 것인가에 대해서. 야구시합을 속행할 것인가 중단할 것인가는 시합이 몇회까지 진행되었는가에 따라서 결정하기로 했다. TV 방송국들은 관영인 NHK의 선도에 따라, 특별 프로그램을 위해 비워두어야 할 일수를 약간의 논란 끝에 결정했다. 우선 폐하의 업적을 연대기적으로 구성한 다큐멘터리를 방영하고, 이어서 새로 등극할 분의 길었지만 전도가 확실히 보장된 황태자 시절의 다큐멘터리를, 그뒤에는 주로 자연 풍광을 소개하는 프로그램들을 내보낸다. FM 방송국들은 바흐와 베토벤의 작품 중에서 점잖은 곡들을 골라 산더미처럼 쌓아두었다. 이런 준비들은 실상 몇년 전부터 되어 있었다. 단지 자숙의 흐름 속에서 더욱 세련되고 확대되었을 뿐이다.

매스컴이 세워둔 것 이외의 대책들은 실상 불필요했다. 천황 히로히토는 야구 씨즌이 훨씬 지나 해가 바뀔 때까지 버텼던 것이다. 그의 죽음이 발표된 것은 1월 7일 토요일 아침이었다. 학교들은 그 다음주 월요일까지 겨울방학이었다. 설 대목을 지난 상가도 한산해져 있었다. 신사(神社)들이 한창 돈을 긁어모으는 신년주간도 그날이 마지막 날이었다. 애당초 신사들은 그 일로 영향을 받을 태세가 아니었다. 신사 본청(本廳)은 이미 1988년 말에, 만일의 사태가 일어나더라도 신년 참배는 예년과 다름없이 받는다고 발표했던 것이다. 다른 많은 종교들과 마찬가지로 신또오(神道) 또한 피와 죽음에 의한 오염을 금기시한다. 일본 천황은 태양의 여신 아마떼라스(天照)의 직계후손으로서 사적 자격이기는 하지만 신또오의 제사장이다. 그런데도 신사는 다가오는 뱀띠 해(기사년己巳年—옮긴이)를 위해 마련한 파마시(破魔矢, 마귀 쫓는 화살—옮긴이)와 부적의 판매수익을 포기할 수 없었던 것이다.

이리하여 정작 그날의 '자숙'은 쉴새없이 울려나오는 전철역의 안내방송 소리를 최대한 낮추고, 가게들은 문을 열되 네온사인은 끄고, 점원들은 팔에 검은 완장을 차고 바흐의 푸가가 흐르는 가운데 조심스럽게 움직이라는 정도에 그쳤다. 빛나는 평화의 천황은 임종에 즈음하여 자신의 국민들에게 기적적인 경제가 마구잡이로 퍼부어대는 청각적·시각적 자극으로부터의 휴식을 하사했다. 장출혈이라는 인간성의 표시와 함께.

저널리스트들은 천황의 서거를 보도함에 있어 황실의 문장(紋章)에 따라 명명된 이른바 '국화(국화는 일본 황실의 상징—옮긴이)의 터부', 즉 60년대에 우익이 몇몇 저술가와 출판사 들을 불경죄로 고발한 몇 가지 사건을 통해서 형성된 터부의 사슬에 여전히 얽매여 있었다. 히로히또의 와병과 사망을 보도하는 데 사용된 언어들은 시종일관 터부의 힘을 드러내 보여주었다. 오끼나와에서 발행되는 두 신문과 공산당 기관지 『적기(赤旗)』를 제외한 모든 신문이 히로히또의 죽음에 '붕어(崩御)'라는 말을 썼다. 일본의 표준 사전에 따르면 이 특별한 용어는 오직 네 사람, 천황과 황후, 황태자와 황태자비에게만 사용할 수 있다. 다른 모든 일본인, 아니 이 일에 관한 한 모든 인간들은 언어학적으로 말해서 보통의 죽음을 맞이할 뿐이다. 언론인들 사이에서는 히로히또의 죽음이 이처럼 다른 사람들과 절대적으로 구별되어야 하느냐에 대해서 상당한 논쟁이 있었다.

그 쟁점은 언론의 문장이 천황과 황족에 관계된 사건이나 사물을 만나기만 하면 갑자기 경어조로 바뀌는 것이 옳으냐 하는 것이었다. 다른 나라 말에도 있긴 하지만, 일본어는 사회적 상하관계를 나타내는 표현이 특히 발달해 있다. 접두어, 고유명사, 동사 어미 등이 말하는 사람과 그 상대에 따라 변화한다. 어머니와 딸 사이, 시어머니와 며느리 사이, 아버지와 아들 사이, 같은 피고용인끼리라도 입사시기에 1년쯤 격차가 있는 사이, 선생과 학부모 사이, 사는 사람과 파는 사람(푸주한과 주부, 식당 주인과 손님, 은행가와 융자 받으러 온 사장) 사이에서도 변한다. 물론 동성에다 연령이 비슷하고 지위도 같은 사람끼리의 말씨도 있지만, 이것도 모든 말에 매겨진 서열과 위계를 부정하기보다 오히려 강조하고 있다. 나는 한때 어른, 특히 선생님을 향해서 'you'라는 말을 쓰는 것이 상대방을 자신과 동등시하고 무례하게 보며 무시하는 것 같아 난감했던 적이 있다. 지금은 도리어 일본에 머무르는 동안 사람들과 일상적인 응대를 할 때 상대에 따라서 일일이 하댓말이냐 존댓말이냐를 구분해서 써야 한다고 생각하면 내가 앉아 있는 탁자의 다리들이 갑자기 비실비실 걸음마를 시작하는 것 같은 어지럼증을 느낀다. 그렇다고 일견 딱딱해 뵈는 그 말씨 속에 따뜻한 친밀감이 감춰져 있음을 모른다는 얘기는 아니다. 내가 외할머니께 존댓말을 쓰지 않아도 되는 호사는 그분의 남동생댁

네인 할머니께는 깍듯이 존댓말을 써야 하는 사실과 불가분의 관계에 있는 것이다.

근대 일본의 문장작법이 일궈낸 하나의 성과는 이러한 신분과 성(性)의 구별을 최소화함과 동시에 거리감과 친밀성을 떨어버림으로써 중립적 양식을 발달시킨 것이다. 그러나 천황의 죽음에 접하고 보니, 일본 언론들은 천황의 용태를 보도할 때 되풀이해서 경어법을 사용함으로써 그들이 성취했다던 문체상의 객관성이 참으로 형편없는 것임을 드러냈다. 스스로의 성찰과 반성에도 불구하고 막상 일을 당했을 때는 일제히 '붕어' 어쩌고 하는 것이 어쩌면 당연하다.

언론만 비열했던 것은 아니다. 천황을 숭배하지 않는다면서도 '자숙'에 참여한 무리들이 있었다. 예를 들면 병상의 천황이 출혈을 계속하고 있을 때와 임종한 뒤에 궁성(宮城)에 가서 참배자명부에 이름을 써넣은 사람들 가운데는 모두들 그렇게 하니까 혹은 운 좋게 TV에 얼굴이 비칠지도 모르니까 왔다는 사람들이 있었고, 특히 젊은이들 중에는 천황은 상냥하고 나약한 노인이며 최근에 스스로 목숨을 끊은 10대의 우상을 연상시키기 때문에 왔다는 사람도 있었다. 다른 한편에서는 천황 따위가 무슨 상관이냐, 저 따위 특집 프로그램을 어떻게 보란 말이냐 하면서 비디오가게를 싹쓸이하듯 테이프를 빌려가는 냉소파도 있었다.

나는 이렇게 숭배는 하지 않으면서도 사회적 관행에 순종하는 사람들과 큰소리치는 냉소파들이야말로, 궁성 바깥에 꿇어앉아 비탄에 빠진 채 땅바닥에 머리를 찧음으로써 이른바 코즈모폴리턴인 체하는 일본인들을 안절부절못하게 만든 숭배자들보다 훨씬 더 두려운 존재라고 생각한다. 심지어 트럭을 몰고 다니며 짖어대는 극우파보다도. 물론 나도 그런 극우파에 공포를 느낀다. 비록 드물기는 하지만 기억에서 지워지지 않을 정도로 살상을 저지르기도 했을 뿐 아니라, 무엇보다도 그들은 이의를 제기하고 싶은 사람의 나약한 의지를 무참히 짓밟아버리기 때문이다. 하지만 무엇이나 다 아는 척하는 냉소파는 자신을 옭아매고 있는 구조적 굴레로부터 벗어날 수 없다는 사실에 대해서는 입을 다문다. 자신의 어린 시절을 앗아간 그 교육체계에다 지금은 자기 자식을 맡겨놓고, 진학 때마다 비밀리에 건네지는 학교 생활기록부에 코가 꿰여 더욱더 폭력적으로 되어가는 경쟁을 용인할 뿐 아니라, 스스로도 직장과 집 사이를 오가는 살인적인 일과에 어쩔 수 없이 얽매여 있는 한, 이들은 천황이 조커 역할을 하고 있는 도박판의 참가자인 것이다.

나의 이 말은 오늘날 일본이 처한 상황의 책임이 천황, 또는 지식인들이 한결 경건하게 표현한답시고 사용하는 천황제(天皇制), 그것에만 있다는 뜻은 결코 아니다. 선전되고 있는 것과는 달리 현대 천황제의 기초는 그리 오래된 것이 아니다. 19세기의 정치가 이또오 히로부미(伊藤博文)가 탄식한 것은 사회를 하룻밤 사이에 서양식으로 근대화하기 위해서는 그 나름의 심리적 연료와 규율이 필요한데 그것을 공급해줄 만한 고유의 신앙체계가 없다는 점이었다. 그때 채택한 해결책이 쿄오또(京都) 궁정에서 그늘 속에 살고 있는 젊은 메이지(明治) 천황을 수도 토오꾜오로 끌어내어 서양식 군복 차림의 군주로 전국에 현시(顯示)한다는 것이었다. 1912년에 죽은 이 천황의 모습은 지금도 일본에 널리 알려져 있다. 짙은 눈썹에 금빛 수단(繡緞)으로 장식된 군복 차림은 위풍당당한 무인을 방불케 한다. 그러나 이것도 실상은 초상화를 찍은 사진일 뿐으로, 이른바 현인신(現人神)은 사진으로라도 보통 사람들의 눈에 노출되어서는 안되는 것이었다. 이로써 분명해지는 것은 근대 기술은 신비에 봉사하고 신비는 또한 가차없는 합리화와 산업화에 봉사한다는 구도이다. 신비는 합리화를 견딜 만한 것으로 만들고 실행하기 쉽게 만든다. 합리화는 신비에 대한 지속적인 갈망, 있지도 않았던 과거에 막무가내로 몰입함으로써 경제적 압박을 초극하려는 갈망을 보증한다.

1989년 2월에 있은 히로히또의 장례식은 일본 자본주의의 성공을 찬미하는 식전이었다. 그렇지 않다면 무엇 때문에 매스컴이 올림픽 메달을 세듯 외국 원수들의 머릿수 세기에 몰두했는지 설명이 안된다. 고심고심한 예방책에도 불구하고 오랫동안 억제되어온 전쟁책임 문제가 히로히또의 임종을 기해서 다시금 떠올라 있었다. 거기에 대항해 세계 지도자들을 한자리에 모아놓고 그들로 하여금 근대 일본의 엄청난 성취에 대한 증인이 되게 함으로써 그 문제를 알맹이 없는 공론(空論)으로 만들었다. 죽은 자는 죄가 없을 뿐 아니라, 일본 경제의 기적은 천황을 숭배하고 그를 위해 전통적 장례식을 어마어마하게 치러주는 문화와 미묘하면서도 불가피하게 얽혀 있는 것이 되어버렸다.

경제적 성공을 왕의 존재와 결부하는 등식은 물론 유서 깊은 것이다. 고대의 지배자들은 우주질서의 체현자로 간주되었고, 풍년이 들면 폐하의 성덕(聖德)이라 칭송했다. 19세기의 일본에서 거스를 수

없는 전통의 위력적인 상징으로 면모를 일신한 천황제는 경제구조를 대대적으로 전환하는 데 이용되었는데, 그 전환이란 결국 서구적 근대성이라는 틀로 규정된 우주질서 안에서 이루어졌다. 2차대전 후 미국 점령군은 히로히또로 하여금 초토화된 국내를 순행(巡行)하게 함으로써 그를 민중의 눈앞에 노출시켰다(미국적 공화주의는 필요에 따라서는 황실의 마력을 발휘하는 것까지도 기꺼이 승인해주었다). 그는 예컨대 토오꾜오 대공습 때 집과 가족을 잃었다고 호소하는 군중 속의 한 남자에게 "아아, 그래(あ, そう)?" 하는 두마디 말을 중얼거림으로써 민중을 격려했다고 하는데, 이 "아아, 그래?"는 그뒤 그의 트레이드마크가 되었다. 대중 앞의 현신(現身)이 가장 유감없이 펼쳐진 것은 1959년 황태자 아끼히또(明仁), 곧 지금의 천황이 보기에 따라서는 제분업계의 왕녀랄 수도 있는 미찌꼬(正田美智子)와 결혼식을 올릴 때였다. 일본의 거의 모든 가정에 TV 수상기가 놓인 것이 그때였다고 한다.

아끼히또와 미찌꼬라는 새 커플의 신혼살림 모습은 TV와 여성잡지들을 통해 널리 선전되었다. 자애로운 천황 부부가 지켜보는 가운데 꽃피는 이 새 가정의 모습은 관심의 대상이 되기에 충분했다. 이 이미지는 일본 젊은이들을 매료했다——열심히 일하라, 그러면 너도 언젠가는 귀여운 손자 손녀 들이 네 무릎에 앉아 악기를 연주하고 책을 읽는 거실을 갖게 되리라. 한때 학생운동의 선봉에 섰다가 그런 잡지의 편집부서에 들어간 젊은이들은 금방 전천역 쓰레기통에 들어가거나 화장실용 휴지와 맞바꾸게 될 주간지에 이런 신성한 인물과 장면 들을 게재함으로써 천황제 이데올로기의 뿌리를 흔들 수 있다고 생각했다. 그러나 20년이 흐른 지금, 바로 그 잡지들이 히로히 또 생애의 인간적 측면을 부각한 연대기를 싣고 그것을 돋보이게 하기 위해 이젠 중년이 된 이들 부부의 상복 입은 모습을 담고 있다.

한달이 지나자 장례식은 먼 옛날의 이야기가 되고 말았다. 천년 세월의 경과라는 것도, 인생의 삶과 죽음, 지진, 기근, 대량학살도 흐릿한 과거 속으로 묻어버리는 언론매체의 위력은 당할 수 없다. 언론매체는 실제로 1989년 봄과 여름 사이에 별반 힘들이지 않고 대중의 관심을 딴곳으로 돌려놓을 수 있었다. 천황의 죽음으로 잠시 뒷전으로 밀쳐져 있던 대(大) 수뢰사건(1988년에 일어난 일본 최대의 정치스캔들인 리크루트 사건. 일본 정보산업회사인 리쿠르트사가 계열사의 미공개 주식을 정·관·재계 유력 인사들에게 싸게 양도함으로써 사실상 뇌물을 공여한 사건이다—옮긴이) 이 다시 주목을 받게 되고 이에 곁들여 수상의 여성관계 추문이 터져 나옴과 동시에, 원성의 대상인 소비세 징수가 개시된 것이다. 대부분의 활자매체와 시각매체 들이 정작 논의해야 할 문제들은 외면해버리고 오락 쪽으로 관심을 유도해가는 가운데, 자신들이 살고 있는 세계를 보지 못할 뿐 아니라 보고 싶어하지도, 생각하고 싶어하지도 않는 일반적 추세에 끈질기게 항거하려는 시민들이 적으나마 있기는 있었다. 그래서 1989년 7월에 있은 참의원 선거에서 사회당이 대승을 거둔 것은 엄청난 희망의 순간을 낳았고, 40년이나 계속된 (자민당—옮긴이) 일당지배가 영원히 계속되지는 않으리라는 생각을 갖게 하였다.

나는 망령의 달인 8월에 다시 한번 일본을 떠났다. 가능하면 더 머물고 싶었다. 쓸데없이 거금을 들여서 군주를 제조해내는 시대착오

적인 짓거리를 보기 위해서가 아니라, 사회당 여당수 도이 타까꼬(土井たか子)와 그의 여성군단이 자기만족에 젖은 풍조에 바람구멍을 내는 현상을 조금 더 보고 즐기기 위해서. 나는 좀더 머물면서 전쟁에 관한 새로운 이야기, 1945년 미군에 입은 피해만을 떠들어대는 여태까지의 이야기를 규제하고 일본의 아시아 침략에 대해 새로이 성찰하는 이야기들이 나오는 것을 듣고 싶었다. 조금 더 머물면서 외갓집 뜰이 가을빛으로 물들어가는 광경, 내버려두어도 잘 자라는 풀협죽도며 들국화가 흐드러지게 피는 것을 보고, 야생 올리브 냄새가 흠뻑 밴 저녁 공기를 숨 쉬고도 싶었다.

더 머물고 싶었지만 머물 수 없었던 나를 어머니의 편지가 위로해준다. 가지나물의 떫은맛을 없애는 법을 비롯해 갖가지 음식 만드는 법을 가득 담은 편지는 외할머니의 응석받이 노릇을 1년씩이나 하느라고 형편없이 빈약해진 나의 레퍼토리를 다시 풍성하게 해준다. 그리고 문맥 속에서 어머니는 언론매체가 황태자의 결혼식 이야기로 지나치게 호들갑을 떠는 문제며, 알맹이 없이 목청 높여 떠드는 것만 장기로 해온 야당생활 40년의 사회당이 정권을 쥐게 되면 갖가지 중상모략이 판을 칠 것이라는 등의 우려를 내비치셨다.

태평양과 아메리카 대륙의 절반을 사이에 두고도 나는 느낄 수 있다. 세계에서 가장 질서있고 번영하는 사회에서 그 구성원으로서의 자세는 어떠해야 하는가를 묻고자 했던 충동이 소슬한 가을바람처럼 냉랭해지는 것을. 어머니의 편지에서도 점점 맥이 풀리는 것을 느낀다. 어머니에게는 탄핵이니 거부니 이탈이니 하는 것을 생각할 주변이 없다는 것을 알면서도, 나는 꾸준히 편지를 읽는다. 천황의 와병과 죽음의 해가 보여준 그 절망감을 통해 만나게 된 나의 새 친구들과 지인들도 똑같은 심정이리라. 눈에 보이는 억압자도 희생자도 없는 곳, 그리하여 역사적 고난의 기억이 아슴푸레 멀어져버린 곳에서는 자유란 덧없고 진부하며, 마침내는 포착하기 어려운 것이 된다. 번영의 한가운데에서 자유가 달아난다고 외치는 것은 배은망덕한 짓이리라. 그런 모험을 감행한 사람들은 대부분 그러고 싶어서 한 것이 아니다. 어쩔 수 없어서 한 것이다. 역사적 억압의 잔재를 너무도 생생히 보았기 때문에, 평화와 번영의 시대에도 전시와 마찬가지로 생겨나고 있는 희생자와 억압자 들을 만났기 때문에, 그리하여 마침내는 일상생활의 억압에 눈뜨고, 사회적 조화의 유지와 그 중요성을 금과옥조로 하는 상식을 갖고도 이제는 그 인식을 자기 마음속에서 떨어낼 수 없게 되었기 때문에. 내가 이런 사람들을 만나게 된 것은 행운이었다. 그들은 보통 사람들이다. 그렇기 때문에 그들은 어떤 문제에 대해서도 저항을 환기하지 못하는 세기말의 일본에서는 보통이 아닌 저항자들이다. 그들은 이 사회에 속해 있다. 그런데도 그들은 압도적인 추세를 거슬러, 이 사회가 내미는 포상을 무릎 꿇고 받기를 거부한다. 나는 내가 알게 된 그들의 삶을, 범상하든 비범하든 간에 그 모든 일들을 기억해두어야만 한다. 강제된 조화를 한결같이 자화자찬하는 태평양 저쪽과 지배권의 쇠퇴에 부글부글 울화를 끓이고 있는 태평양 이쪽을 견주어가며, 배우고 상상해야 하기 때문이다. 여기에 보여드리는 것은 시간의 무심함과 공간의 대립을 거슬러 증언을 남기기 위해 내가 배우고 상상한 것을 적은 글들이다.

1989년 10월

오끼나와:
슈퍼마켓 주인

1

매일 밤 토오꾜오에서 시청하는 일기예보는 TV 화면 한쪽을 분할해 오끼나와용으로 배정하고 있다. 제일 먼저 인공위성이 찍은, 일본 열도가 대륙을 향해 아치형으로 퍼져 있는 동아시아 사진이 화면에 비친다. 옛날 같으면 이른바 대동아공영권의 지도라 불렸을 법한데, 지금 보기에는 혹은 짙고 혹은 묽게 물감이 번져 있을 뿐이다. 너무나 정확하게 촬영해 비전문가의 눈으로는 도리어 국경선조차 분명하게 알아보기 힘들지만 이것이야말로 과학의 개가일 터이다. 우리 눈에도 선명한 영상은 그다음에 화면에 비치는, 한쪽 귀퉁이를 잘라 오끼나와에 할애한 일본 열도의 모습이 나타날 때이다. 아니, '오끼나와'가 아니라 '류우뀨우(琉球) 열도'라고 해야겠다. 오끼나와는 엄밀히 말해서 류우뀨우 열도의 가장 큰 섬의 이름이고, TV 화면에 비치는 것은 이 섬 하나뿐이다. (오끼나와 사람들이 일본 본토에 대해서 갖는 자기비하와 자존의 감정은 류우뀨우 열도의 다른 섬 주민들이 오끼나와 섬에 대해서 갖는 그것과 동일하다.) 지리적 명칭이라는 것도 역사의 짐을 지고 있게 마련이어서, 억압의 기록에 의한 오염도가 어느 편이 덜한지를 가늠하기란 쉽지 않다.

왜냐하면 오끼나와, 류우뀨우 어느 쪽이건 토오꾜오를 중심으로 한 일본의 입장에서 볼 때는 토오꾜오를 에도(江戶)라 부르던 그 옛적부터 곁다리 혹은 아랫것들이라는 뜻을 띠고 있었기 때문이다. 이 50여개의 섬들, 바다의 보석들이 일본의 일부가 된 것은 최근의 일이다. 15세기 초에 류우뀨우 왕조로 통일된 섬사람들은 널리 바다를 누비며 일본·조선·동남아시아 각지와 교역하면서 번성했고, 직조·염색·무용·음악 등을 독자적으로 풍부하게 발달시켰다. 그러던 것이 17세기 초에 와서 왕국이 일본 남서쪽 시마즈번(島津藩, 메이지 시대 이전의 일본은 다이묘오大名라 불리는 무사들이 각 지역을 분할 지배했는데, 시마즈번은 시마즈라는 다이묘오가 지배하는 영역을 뜻한다——옮긴이)의 지배에 굴복함으로써 류우뀨우인들은 에도에 있는 쇼오군(將軍)의 강력한 신하의 신하가 되었다. 1868년에 에도는 토오꾜오라 불리게 되고, 그 이듬해에 에도성은 나중에 메이지 천황이라는 시호를 갖게 될 젊은이를 맞아들여 궁성이 되었다. 그로부터 9년 뒤 메이지 정부는 중앙집권화된 관료국가기구 속에 오끼나와현을 설치했고, 이때부터 토오꾜오의 열성적 근대주의자들은 자기들이 서양에 대해서 품고 있던 열등의식을 오끼나와에 투영해 마치 저능아를 더욱 가혹하게 다루는 못난 선생같이 굴었던 것이다. 태평양전쟁 말기에는 일본 본토와 천황에게 닥칠 패배를 늦추기 위한 전략으로 오끼나와현만이 지상전(地上戰)의 제물로 제공되었다. 항복과 동시에 시체들만 쌓인 초토가

된 이 섬은 미군의 무기한 점령하에 들어갔고, 그 바람에 류우뀨우라는 명칭을 회복했다. 1972년까지 이런 상태가 지속되다가 마침내 오끼나와현으로 일본에 재통합되었는데, 이 조치는 어이없게도 '반환'이니 '복귀'니 하는 말로 표현되었다.

자주 듣는 말이지만 일본의 섬들을 모두 합치면 그 면적이 캘리포니아 정도가 된다고 한다. (그리고 총면적은 미합중국 면적의 25분의 1에 지나지 않는데 전체 땅값은 그 두배다.) 그 25분의 1의 면적에서 오끼나와가 차지하는 비율은 100분의 1에도 못 미치지만, 류우뀨우의 역사가 그 놀랍도록 선명한 검푸른빛 바다를 무대로 펼쳐져왔다는 사실을 무시해서는 안된다. 주권이 미치는 영토란 어떻게 측정해야 할 것인가? 연감이라든가 백과사전 또는 사전류에는 오끼나와의 적토(赤土)가 바다로 유입되고 본토에서 진행되는 간척사업으로 해안선이 변화하고 있다는 사실을 고려해 서술해놓았을까? 만일 바다를 계산에 넣는다면 오끼나와 면적은 본토의 절반에 이를 것이다. 거대한 아시아 대륙이 배후에 버티고 있는 판에 다른 섬들까지 한데 합쳐서 '본토'라고 부르는 것은 우스운 일이다. 그러나 이 명칭은 오끼나와의 이중적 고립을 단적으로 이야기해주고 있다. 섬나라라는 데 대한 자부심과 열등감을 무엇으로든 나타내 보이고 싶어하는 일본, 그 속에 있는 섬으로서의 고립을.

내 사춘기 때 기억 속에 있는 오끼나와의 이미지는 그 섬이 아직 미군점령하에 있던 시절 어느해 여름, 오오사까 코오시엔(甲子園) 구장에 사상 처음으로 출전한 오끼나와 고등학교 야구팀의 모습으로 남아 있다(전국 고교야구대회 최종선발 팀들만이 코오시엔 구장에 출전한다—

옮긴이). 8월의 이글거리는 태양 아래 펼쳐진 이 행사에도 태평양전쟁의 그림자가 드리워져 있었다. 전도 유망하던 피처들의 미망인들이 야구장에 모습을 나타냄으로써 추도 분위기를 자아낸 것이다. (당시에는 피처라 하지 않고 '토오슈投手'라 불렀다. 진주만 공격을 저지른 일본은 적대국에서 온 문화 중에 금지되지 않고 통용되는 것에 대해서는 한자로 어색한 신조어를 만들어 쓰게 했다.) 처음 출전한 오끼나와팀은 예상했던 대로 첫판에 지고 말았다. 고교야구에는 여러 가지 의식이 많다. 까까머리 선수들은 시합에 들어가기 전에 홈 플레이트에 줄지어 서서는 상대팀과 심판에게 절을 한다. 시합이 끝나면 이긴 팀은 다시 그 자리에 와서 교가를 부른다. 젊은이들의 순수하고 높은 야망과 자연과의 조화를 찬양하는 노랫소리가 울려퍼지는 가운데 교기가 게양되는 광경이 TV 화면 가득히 펼쳐진다. 그때 진 팀의 선수들은 1루나 3루 쪽 벤치에 앉아 눈물을 흘린다. 감독들 중에는 코오시엔 출전의 영광을 쟁취하는 데 실패해서 분신자살한 사례도 있다던가. 이런 식으로 이른바 국민적 감수성이 단련되는 판국이니, 오끼나와팀이 손으로 야구장의 흙—그들에게는 본토의 흙—을 비닐봉지에 담아 여권과 함께 가져가려 했을 때 일본인들의 심금을 찡하게 울린 것은 당연했다. 한데 오끼나와에 도착하자마자 그 소중한 흙봉지들은 미군 당국에 의해 몰수당했다. 불쌍한 오끼나와라고 나는 생각했다. 불쌍한 오끼나와, 나쁜 미국. 아마도 불쌍한 일본이란 생각도 했을 것이다.

이것이 점령기와 그뒤의 이른바 팍스 아메리카나(pax americana) 시대에 미군기지의 그늘에서 자란 내 상상력과 지식의 전부였다.

1964년의 토오꾜오 올림픽은 이제 막 독립을 획득한 몇몇 아프리카와 아시아 국가들을 축하하는 의미도 있었지만 폐허에서 기적적으로 부흥한 일본을 축하하는 잔치였다. 일본인들은 전쟁이 남긴 쓰레기더미를 말끔히 치웠을 뿐 아니라 아시아적 후진성을 착실히 벗어나 미국식 생활의 모형을 만들기 시작했다. 미국의 비호 아래 태평양 지역 자유진영의 큰 기둥이 되리라는 열망을 등에 업고 미국형 민주정치를 실시한 보람으로 1956년에 이미 UN 가입을 인정받았다. 나는 미처 예견치 못한 일인데, 일본인들은 그뒤 곧바로 남아프리카공화국 정부로부터 '명예백인'으로 지명되는 영예를 누리기도 했다. 고도 경제성장의 과시였던 그 올림픽도 1989년 2월에 치러진 쇼오와 천황 장례식의 한 리허설에 불과했다. 이 시점에 이르기까지 일본은 나이지리아의 이름 모를 오지에 불필요한 교량을 건설하거나 필리핀에 레일 규격에 맞지도 않는 철도차량을 보내는 등의 실수를 저지르기도 하면서 "우리 일본인들은 아직 세계적인 리더십을 발휘하는 데는 미숙합니다"라고 애교 섞인 변명을 하는 정도였지만, 쇼오와 시대를 마감하던 이 무렵에는 공적개발원조(official development assistance, ODA)에서 미국을 앞질렀다.

악랄한 미국. 이 말이 내 마음속에 불러일으키는 이미지는 장교 클럽과 군속학교(軍屬學校), 채플, PX 그리고 현지인 하녀들과 운전기사들로 이뤄진 미국이다. 1964년 토오꾜오 올림픽 선수촌이 세워진 곳은 바로 이름하여 '환상의 땅'(never-never land)이라는 워싱턴 하이츠 자리였다. 나는 그곳 학교에 6년간 다녔다. 이전에도 어니 파일(Ernie Pyle) 극장으로 「피터 팬」(Peter Pan)을 보러 간다거나 미국의 예방접종 일정에 맞춰 진료소에 가서 핑크빛 피부를 가진 거구의 간호사를 접한 일이 있긴 했지만, 나의 본격적인 미국 체험은 워싱턴 하이츠의 학교에 입학하면서 시작되었다. 밀랍 같은 크레욜라(crayola)로 색칠을 하고, 뜻도 모르겠고 재미도 없는 "아가씨는 산을 빙 돌아서 온다네" "양키 두들은 거리에 나갔네" 따위의 노래를 불러야 하는 것은 고역이었다. 아버지가 가족을 버리고 사라져버린 2학년이 되자 '국기에 대한 선서'라는 의식이 있었는데, '하나님의 가호 아래'라는 문구가 없었더라도 그 기묘한 억양 때문에 괴상야릇하기만 했다. 처음에는 본관에 있다가 그다음에는 A운동장을 에워싼 간이막사에, 또 그다음에는 D운동장에 하는 식으로 군 당국의 형편에 따라 이리저리 옮겨다니며 멋대가리 없는 명칭으로 불리는 교실을 미아가 되지 않고 용케 찾아다니는 데도 상당한 시일이 걸렸다.

초콜릿색 버스가 매일 아침 기지 밖에 거주하는 아이들을 하이츠 광장으로 실어날랐다. 우리는 오후 3시가 되면 서둘러서 비탈진 자갈길을 달려 주차장으로 몰려갔는데, 버스를 놓쳐서는 안된다는 조바심 때문이기도 했지만 군기병(軍旗兵)이 국기를 언제 내릴지 모르기 때문에 더욱 그랬다. 그때는 누구나 제자리에 멈춰서야 했던 것이다. 우리는 성조기가 한쪽 자락이라도 땅에 닿게 되면 태워 없앤다는 소문을 들었기 때문에 행여 그런 일이 일어나지나 않나 하고 숨죽이며 지켜보기도 했다. 버스 운전사도 제자리에 서 있어야 하는 것은 마찬가지였을 텐데 왜 그렇게 서둘러 뛰어갔던지, 지금 생각하면 우습다.

버스 속에서 아이들이 재잘거리는 중에 대령이니 중령이니 소령이니 하는 말들이 많이 튀어나왔는데, 아버지가 미국 군속 문관인 나로서는 잘 이해되지 않았다. 그러나 나도 분명히 알아들을 수 있던 사실은 기지에서 하녀가 있는 그들의 청결한 집까지 가는 길거리 일대에는 병균들이 우글우글하다는 것이었다. 어느해 여름학교 때 버스가 타이어를 갈아끼우느라고 땡볕 아래 기다려야 했을 때도 우리는 '이 나라의' 물은 마실 수 없다며 갈증을 참고 견뎠던 것이다. 버스에서 내리면 언제나 외할머니가 마중 나와 계셨다. 집까지의 거리는 불과 3미터인데도 누구나 '이 나라의' 여자임을 알아볼 수 있는 외할머니가, 누구나 '이 나라의' 집이라고 알아볼 수 있는 집으로 내 손목을 끌고 가기 위해서 기다리고 계시는 것이다. 같은 버스를 타고 다니는 친구들에게 이 할머니를 누구라고 했을까? 우리 하녀야, 하고 말했을까? 아니면 못 본 체하고 서서 버스가 먼지를 일으키며 저 멀리 사라질 때까지 기다렸다가 집으로 들어갔을까? 그런 한편으로, 일단 집으로 들어서면 나는 아버지의 체구가 지나치게 커서 창피스러웠다. 아버지는 방을 드나들 때 머리 숙이는 버릇을 끝내 익히지 못했다.

주말에 이웃집 아이들이 놀러 왔다가도 아버지의 엄청난 체구를 보면 놀라 달아났다. 아버지는 극동방송(Far East Network)의 라디오 프로를 매우 열심히 들어서 밤에 외할머니 곁에서 자고 있는 내 귀에까지 부모님 방에서 흘러나오는 「텍사스의 황색 장미」(The Yellow Rose of Texas)가 들리곤 했다. 그는 『성조』(Stars and Stripes)지 태평양판을 구독했다. 어머니를 상대로 아이젠하워와 스티븐슨의 대결 이야기를 하고, 같은 태평양의 비키니 섬 상공에서 미국이 수소폭탄 실험을 하는 문제를 놓고 서로 다투기도 했다. 이 사람이 바로 결혼해서 처가살이를 한 지 2년이 지난 어느날, 군화도 벗지 않고 집 안으로 들어서서는 느닷없이 어린 나를 데리고 로스앤젤레스로 돌아가겠노라고 선언한 그 사람이다. 어머니는 그때 집에 없었다. 돌아왔을 때 아이가 없어진 걸 보면 딸이 얼마나 슬퍼할까 생각한 외할머니는 얼른 나를 둘러업고 다짜고짜 이웃집에 가서 숨으셨다. 나는 이 사건을 아버지와 함께 살 동안은 모르고 있었다. 하지만 껌을 짝짝 씹으며 어깨에 카메라를 메고 토오꾜오 거리를 순찰하는 GI(미 육군병사의 속칭—옮긴이)를 볼 때마다, 그 당시 나로서는 그런 말을 입 밖에 낼 처지가 아니었지만, 어린 마음에도 분명 욕지기가 치밀어올랐던 것이다.

애당초 내 아버지를 다른 GI들과 함께 영어를 할 줄 아는 자기 딸들에게 소개시키려고 집으로 데려온 이는 내 외할아버지였다. 나는 오끼나와 시인 타까라 벤의 시집에서 이런 구절을 읽은 적이 있다. 검은 피부 흰 피부의 GI들을 기다리며 바다를 바라보는, 팔을 온통 다 드러낸 섬 아가씨들.[1] 내 어머니는 섬 아가씨는 아니었다. 비교적 부유한 집안에서 태어나 스코틀랜드계 미국인인 내 아버지와 요꼬하마(横浜)의 미국영화관에서 결혼식을 올렸으나 결과는 불행했다. 그들이 결혼한 1946년은 식량뿐 아니라 모든 물자가 귀하고 암시장이 성황이었다. 나는 그러한 시기의 토오꾜오에서 양친과 외조부모, 미혼인 이모들 그리고 여러 마리의 고양이들에 에워싸여 얇은 모슬린 드레스를 입고 자랐다. 패전국의 혼혈아로서는 과분한 호사였다.

미국 남성들의 존재가 점령군이라는 형태로 널려 있던 그 시대에는 미묘한 수치심이 악취처럼 달라붙어 있어서 나는 그 때문에 오끼나와라는 곳을 무의식중에 싫어하고 있었다. 그곳은 미군기지들로 꽉 차 있었고 그 상태가 영원히 계속될 것처럼 보였기 때문에, 그 수치심은 본토보다 더 심했다. 오끼나와가 일본에 복귀된 지 17년이 지난 뒤에야 나는 그곳을 처음 방문했다. 그곳에서 돌아오자마자 나는 일본 고전문학을 연구하는 한 동료에게 그곳에 갔다 왔다는 이야기를 했다. 술자리에서였는데 그 친구는 깜짝 놀랐다. "어릴 때 가본 적이 없다구?" 나로서는 그가 무엇을 묻는 건지 분명치 않았다. 네가 사생아냐 하는 소리일까, 아니면 더 단도직입적으로 말해서 우리 세대의 혼혈아라면 같은 처지의 인간들이 몰려 있는 오끼나와에 안 갔을 리가 있느냐 하는 소리일까? 어른이 되기까지 그 기나긴 세월 동안 나는 혼혈아라는 말에 돋아 있는 가시 같은 것을 이렇게 정의함으로써 이해할 수 있다고 여겨왔다――혼혈아란 섹스의 구체화 이외에 아무것도 아니라고. 그런데 이제는 이렇게 수정해야겠다――전쟁이 낳은 혼혈아는 지배로서의 섹스가 각인된 까닭에 한층 더 불쾌한 존재인 동시에 호기심을 불러일으키는 존재다.

1972년 오끼나와가 일본에 복귀된 것은 실상 열등의식을 주제로 한 변주곡에 지나지 않았다. 베트남전쟁이 잦아듦에 따라 매춘부의 상대는 미국 GI로부터, 번영한 일본의 휘황한 장식품들을 섬들까지 나눠주기 위한 일련의 프로젝트에 의해 본토에서 파견된 건설노동자들로 차츰차츰 바뀌어갔다. 이러한 건설 열기로 말미암아 번쩍이는 백색 고층 호텔과 야자수 들이 점점이 자리 잡은 모습으로 풍경은 바뀌었고, 엄청난 비극의 현장이었던 지역에서는 원래 산호초였던 해변이 백사장으로 변모했다. '푸른 하늘, 푸른 바다'라는 문구는 오끼나와를 형용하는 관광 포스터의 호메로스(Homeros)적 상투어가 되었다. 파인애플, 사탕수수 그리고 마음대로 건드릴 수 있는 갈색 피부의 여인들. 열대의 정취, 벌거숭이에 가깝게 헐렁한 옷차림, 쾌락 그리고 2등시민. 복귀되기 전부터 미군과 그 가족을 위한 일, 예컨대 카아펜따아(목수, 영어 carpenter의 일본식 표기—옮긴이)니 란도리이(laundry, dry-cleaner), 가아덴 보오이(garden boy), 하우스메이도(housemaid) 같은 일을 운 좋게 할 수 있었던 신종 일본인들이 생겨났다. 하니이(honey), 온리이(only) 같은 말도 매춘업에 관한 글이나 오끼나와 소설에서 자주 접할 수 있었는데, GI의 '허니'나 '온리'가 된 아가씨들은 으레 새 침대를 사들였으므로 매춘업의 가장 큰 수혜자는 가구점이라는 이야기도 떠돌았다.

당시와 달리 최근에는 갈색 피부 아가씨란 본토에서 놀러 와 흡사 암환자같이 피부를 그을린 여자들을 일컫는다. 호텔 여급이나 사환들은 여전히 현지인이다. 이른바 리조트에서 벌어들이는 이익금은 그것을 세운 본토의 백화점이나 항공회사의 금고 속으로 들어간다. 그곳은 토오꾜오와 오오사까, 그리고 오끼나와현 수도인 나하(那覇)와 항공로로 연결된 10여개 도시로부터 몰려오는 젊은이들의 유흥장이다. 일찍이 군사적 점령의 한 표현이었던 미국적 남성 취향은 최소한 풍경과 언어면에서 이국정서를 만끽하게 해주는 자본주의로 대체된 것이다.

내가 40년간의 부자연스러운 무관심을 극복하고 오끼나와에 눈을 돌리게 된 데는 행운이라 할 만한 계기가 있었다. 그 행운은 내가 일본에 도착한 직후인 9월 어느날 신문에 실린 짤막한 한 토막의 기사 형태로 찾아왔다. 나와 나이가 비슷한 한 오끼나와인이 1987년 국민체육대회 경기장에 게양된 일본 국기를 끌어내려 태워버린 죄로 재판을 받고 있었는데, 그 사람이 책을 냈다는 기사였다. 국기를 불태우는 일은 1980년대의 일본에서는 매우 희귀한 일인데다 그 장본인이 슈퍼마켓 주인이라는 사실은 더욱 이해하기 힘들었다. 나는 치바나 쇼오이찌(知花昌一)라는 그 사람의 이름과 책제목을 적어두었는데, 당시에는 그걸 어떻게 하겠다는 생각도 별달리 없었다.

한데 무슨 씨앗인지도 모르고 뿌린 것이 단비를 만나 싹을 틔우고 자라는 경우가 있듯이, 이 하찮은 정보는 '자숙'이라는 조건을 만나 한달이 가고 두달이 지나는 사이에 자칫 폭발할 정도로 부풀어올랐다. 내가 오끼나와로 첫 여행을 한 것은 히로히또의 장례식 한달 뒤인 1989년 3월 하순이었다.

오끼나와현의 수도인 나하까지는 토오꾜오에서 제트기로 두시간 반. 1972년 이전에는 일본인이든 오끼나와인이든 이런 여행에도 여권이 필요했다. 태어날 때부터 미국 여권을 가지고 일본에 지문이 등록되어 있는 나 같은 외국인은 그렇지 않았지만 말이다. 미국의 존재는 지금도 엄청나다. 나하시 상공은 카데나(嘉手納)와 후뗀마(普天間)의 미군기지를 오가는 군용기로 붐비고, 민간 항공기들은 군용기에 방해가 되지 않게끔 뜨고 내릴 때 위험할 정도의 저공비행을 강요당하고 있다.

나하는 주변 위성도시들을 포함시키느냐 안 시키느냐에 따라서 인구가 70만이 되었다 30만이 되었다 하는데, 주로 오끼나와 섬 남부에 퍼져 있다. '퍼져 있다'(sprawl)는 표현은 무질서하게 널려 있다는 뜻이지 땅이 넓다는 뜻은 아니다. 나하가 있는 이 섬은 오끼나와현에서 제일 크지만 넓다고 표현할 만한 지역은 없고, 바다가 양쪽에서 바짝 조여들어 아주 좁은 곳도 있다. 일본 어느 곳에서나 볼 수 있는 건설 붐이 여기서는 과열상태여서, 졸린 듯 나른한 아열대 이미지와는 거리가 멀다. 그런데 이런 아열대 이미지를 참을성 없는 본토인과 야심찬 토착민 들은 경멸적으로 매도하는 데 반해 한적한 곳을 찾아온 본토인과 자존심 강한 토착민 들은 못내 그리워한다. 무참히 깎아낸 언덕 중턱에 고층 빌딩이 솟아오르고, 트럭과 불도저들은 가뜩이나 만성적 정체가 심한 도로를 더욱 마비시키고 있다. 본토와는 달리 오끼나와에는 철도가 없다. 부설하고 싶어도 지금은 미군기지들 때문에 불가능할 것이다. 버스나 택시도 충분하다 할 수 없다. 그래서 집집마다 차가 두대씩 있는 게 보통이고 세대 있는 집도 드물지 않아서, 그것들이 비좁은 간선도로를 꽉 메우고 있다.

간선도로가 아닌 일반도로의 폭은 나하 중심가에서도 차 한대가 겨우 지날 정도밖에 안 된다. 주택들 중에는 그림엽서에서 본 대로 옅은 오렌지색 기와를 덮은 집들이 아직 있다. 야트막한 민가들은 수세기에 걸쳐 태풍에 시달려온 세월을 이야기해주고 있다. 태풍 따위는 아랑곳 않는다는 듯이 새로운 건조물들이 들어서고 있는데, 자연도 진보라는 것과 손을 맞잡았는지 아니면 방심하게 해놓고 한껏 골려줄 속셈인지 요 근년 들이시는 맹위를 떨친 태풍이 없다.

애당초 오끼나와인들은 점령군 당국에 의해서 나하시 출입을 금지당했었다. 부분적으로 해금이 되면서부터 들어가기 시작했으나 일체의 기록문서들은 불타버리고 없었다. 시 당국은 미군이 점유하던 땅의 소유자들까지 포함해서 토지 재분배를 독단적으로 실시했다. 전시의 참화와 평화시의 번영이 먼지 덮인 풍경 속에 범벅되어 있는 셈이다.

일장기를 불태운 치바나 쇼오이찌가 사는 요미딴촌(讀谷村)은 나하에서 차로 야자수와 협죽도, 철조망이 펼쳐진 넓은 국도를 한시간쯤 달려간 곳에 있다. 오끼나와 본섬의 중앙부를 점유하고 있는 카데나 공군기지는 복귀 전까지 요미딴촌의 71%에 해당하는 땅을 점유하고 있었으며 지금도 그 점유율이 48%를 밑돌지 않는다. 전투기들이 국도 위를 쉴새없이 날아다니는데 특정한 요일에는 그 빈도가 더욱 높다. 군용기광들에게는 이 일대가 가장 좋은 관찰지점이라 한다. 세계에서 이곳만큼 다양한 기종이 날아다니는 데는 달리 없다는 것이다.

나는 처음에 가족 동반을 망설였으나 역시 함께 가길 잘했다. 그리고 그곳에서 새로 사귄 몇몇 친구와 그들의 친구들에게 감사한다. 그 가운데 한 사람은 다섯 자녀를 둔 주부인데도 우리의 운전기사 노릇을 하기 위해 귀중한 일요일의 휴식을 희생했다. 이렇듯 안내역을 맡아준 토시꼬는 옛날 학교 친구들과 함께 여러차례 이곳을 찾은 바 있고, 수천명의 주민들이 인간사슬을 만들어 카데나 공군기지를 에워싸고 그 존속에 항의하는 시위를 벌일 때도 억수같이 퍼붓는 비를 무릅쓰고 참가했을 정도여서, 치바나가 일장기를 불태우고 극우파의 포위공격을 받자 격려하려고 즉각 현장으로 달려가기도 했다. 토시꼬는 내 어머니와 동년배다. 처음 만난 사람에게 다짜고짜 당신의 인생행로를 결정적으로 바꿔놓을지도 모르는 행동을 왜 하시게 됐습니까, 하는 식의 질문을 넉살 좋게 해댈 뱃심이 내게는 없다. 그런데 토시꼬는 상대방의 비위를 거스르지도 않고 자연스럽게 수입은 얼마나 되세요, 묻기도 하고, 그렇게 수줍어해서야 무슨 일을 하겠어요, 꾸짖기도 하는, 도무지 우유부단이라는 걸 모르는 사람이다. 그녀는 본시 오끼나와의 명문 출신으로 전쟁 때 본토로 피란해간 사람이다. 자신은 전쟁의 참화를 목격하지 못했기에 꼭 알아야겠다는 의지와 굽힘없는 정열에 불타고 있다.

예정보다 빨리 도착했기에 우리는 58번 국도를 벗어나 마을의 도예센터에 들렀다. 미군과 일본군이 버린 불발탄들을 모아서 처리하는 군사시설이 있던 자리라 한다. 폭탄을 처리하는 데는 폭발시키는 길밖에 없으므로, 주변의 주민들에게는 결코 유쾌한 일이 못 된다. 이에 대해서 요미딴촌 사람들이 취한 행동은 하나의 모범사례가 될 만하다. 우선 촌 행정당국이 주민들과 합심하여 미군 당국으로 하여금 이 시설의 가동을 중지하게 하고, 그 땅을 되돌려받은 뒤에는 그곳에 도예센터를 세운 것이다. 요미딴촌 지도자들은 평화를 위한 투쟁과 지역문화 진흥에 의한 경제적 자립을 하나로 연결된 활동으로 보았던 것이다.

점심을 먹은 뒤 뙤약볕이 내리쬐는 꾸불텅한 길을 달리던 우리는 길을 잘못 들고 말았다. 언제니 운전을 도맡아 하는 토시꼬는 도무지 지도 따위를 들여다보는 법이 없다. 그러나 사태가 이렇게 되자 그녀

는 안내역의 소임을 다하기 위해 왜건에서 뛰쳐나갔다. 그녀는 꾸물대는 우리 뒤를 따라오느라 신경질이 잔뜩 나 있는 뒷차로 달려가더니 운전석에 앉은 그 마을 젊은이를 어떻게 구워삶았는지 치바나 쇼오이찌가 경영하는 '한자(はんざ) 슈퍼'까지 우리를 인도해주게 만들었다. '한자'란 지금은 '나미히라(波平)'라고 불리는 이 마을의 옛이름이다. 가게 앞쪽은 이렇다 할 특징이 없었다. 이미 사진으로 본 일이 있는, 일장기를 불태운 직후에 극우파들이 저지른 방화의 흔적을 희미하게 찾아볼 수 있는 정도다. 쇼오이찌의 지지자들이 몇몇 도매업자와 함께 가게 모습을 원래대로 해놓은 것이다. 산처럼 쌓인 종이기저귀 더미 위에서 '7-UP' 깃발이 펄럭이고 있었다. 토시꼬는 쇼오이찌를 찾아 가게 안으로 들어가더니 이내 혀를 차면서 나왔다. "조금 전에 도착한 사람들을 안내하느라고 또 동굴에 들어갔다는구먼. 미리 약속을 해두었는데도." 우리는 그의 집에서 기다리기로 했다.

치바나 쇼오이찌의 집은 전쟁이 끝나 뒤 이 근처에서는 맨 처음 지은 집들 중 하나다. 태평양이 바라다보이는 꽤 넓은 모퉁이땅 위에 서 있으나 해안에 접해 있지는 않기 때문에 오끼나와의 감각으로는 바다에 가까운 것이 아니다. 3월 하순이라 마당을 에워싼 울타리에 하나 가득 진홍빛 부겐빌레아(분꽃과에 속하는 열대식물—옮긴이)가 늘어져 있다. 마당 한켠 시원한 나무 그늘 밑에 있는 연못에서는 잉어와 금붕어 들이 쏜살같이 헤엄쳐다니기도 하고 꿈꾸듯이 졸고 있기도 했다. 이 정원은 쇼오이찌의 부친이 손수 만든 작품이라 한다. 집은 볼품없이 크기만 하다. 우리가 안내된 곳은 뒤꼍마냥 외따로 떨어진 방인데, 토시꼬는 이곳을 '전투간(戰鬪間)'이라 부른다. 복사기와 워드 프로세서가 비치되어 있었다.

우리는 치바나 씨(쇼오이찌의 부친)와 인사를 나누었다. 70세의 건강한 노인으로 손자들 돌보기에 여념이 없다. 제일 어린아이는 쇼오이찌가 갇혀 있을 때 태어났다고 한다. 쇼오이찌의 아내 요오꼬도 와서 인사했다. 그의 책에 의하면 쇼오이찌는 언제나 아내에게 자기 생각을 이야기해왔기 때문에 국민체육대회의 소년부 쏘프트볼 경기장에서 남편이 일장기를 불태웠다는 소식을 듣고도 그녀는 별로 놀라지 않았다 한다. 그는 어머니와도 곧잘 대화를 나누는 편이고 어머니 역시 그의 확고한 지지자였으나, 요오꼬가 진통을 시작하는 참에 쇼오이찌가 유치장에서 전화를 걸어왔을 때만은 화가 나서 전화를 끊어버렸다고 한다. "여자에게 출산이 얼마나 중대한 일인지 모른담? 초산 때 얼마나 어려웠는지도 기억을 못해?" 오늘은 그녀가 전통음악 모임에 참석하는 날이어서 요오꼬 혼자 우리를 접대했는데, 시어머니가 아침 일찍 갯바위에서 채취해왔다는 향기로운 해초를 튀겨 내오기도 했다. 나는 치바나 부인이 혹시라도 우리 같은 틈입자들을 성가셔하지 않을까 조바심이 났다.

쇼오이찌는 한눈에 호감이 가는 사람이었다. 큰 키에 누가 봐도 이목을 끌 만했는데 꾸밈없는 태도로 따뜻이 맞아주었다. 사건이 나고 18개월이 지나도록 수도 없이 같은 질문을 받았을 텐데도 싫어하는 기색이 전혀 없었다. 그의 말은 아무리 반복해도 퇴색되지 않을 신선함을 지녔으며 허식이라곤 조금도 없이 확신에 차 있었다. 그는 아주 명랑해서 실제로 그의 행위 — 시민 불복종을 나타내기 위한 행동으로서 국민체육대회의 한 경기장에서 일장기를 불태운——와 그 행위가 불러일으킬 연쇄반응——체포, 구금, 재판이 진행되는 한편에서 우익집단의 살해협박과 마을에 대한 포위공격이 있었다——의 심각성을 잊게 해주었다. 그러나 그로서도 지역사회 연장자들로부터 백안시당한 일은 매우 견디기 힘들었다고 한다. 그들이 전쟁 때 일장기 밑에서 겪어야 했던 고초, 그것이야말로 쇼오이찌의 행위를 낳은 가장 큰 이유인데도 불구하고. 우리는 우선 전반적인 것부터 이야기하기 시작했다. "경찰은 당신을 우익으로부터 보호하기 위해 무엇을 했습니까?" "거의 아무것도 한 게 없습니다. 얼마 동안 우리 집 근처에 경찰차가 와 있긴 했죠. 하지만 그들은 우리 가게에 불길이 치솟고 가게가 몇번씩 공격을 당하는데도 아무 행동도 취하지 않았습니다. 아, 방화범들은 체포되어 1,2년씩 형을 받긴 했지요." "우익들은 아직도 협박 같은 걸 해옵니까?" "(사건이 나고도 1년 이상이나 지난) 1988년 12월에 편지가 왔었는데, 올해 안에 끝장을 볼 테니까 신변정리나 해두라는 것이었어요." 일본에서는 전통적으로 연말이 대청소 기간이다. 사무실, 집, 회계장부 등을 말끔히 정리할 뿐 아니라 그믐날 한밤중이 되면 지친 몸뚱이까지 깨끗이 씻는다.

전후 일본에서 언론의 자유는 헌법상으로 보장되기는 하지만 실제로는 '국화의 터부'라는 것이 있어 황실에 대해서는 찬미를 제외한 일체의 불온한 논의가 용납되지 않았다. 이러한 금지는 단지 국내상황, 다시 말해서 '일본적 문화'라는 자못 알쏭달쏭한 개념의 탓만은 아니다. 매카서(Douglas MacArthur) 지휘하의 미군 또한 대(對)일본 점령정책을 효과적으로 수행하기 위해, 그리고 냉전이 국민적 관심의 초점이 됨에 따라 미국의 세계전략을 위해서도 히로히또의 존재가 계속 필요했던 것이다. 이리하여 미국의 이해와 복권된 일본 옛 지도층의 이해관계가 맞아떨어져 패전으로 인한 타격이 가져다주었던 자기반성은 뒷전으로 밀려나버렸다. 예를 들면 히로시마와 나가사끼의 참화 이전에 일본이 침략전쟁을 계속해왔다는 사실을 상기하는 것조차 사실상 불가능해졌다. 실제로 우익의 총탄과 칼은 좁은 의미의 '국화의 터부'를 강화했을 뿐 아니라 어떠한 형태의 이의제기도 용납하지 않음으로써, 미국의 대일정책에 그리고 일본 경제의 부흥을 위해서는 노조운동과 교육개혁을 억압해야 한다고 생각하는 일본의 보수적 지도층에 공헌하였다. 전쟁책임에 대한 일반적인 논의, 특히 천황의 책임에 대한 논의를 불가능하게 만든 이러한 상황은 전국민적 기억상실증을 낳았으며, 먼저 국민들로 하여금 미친 듯이 일에 매달리게 하고 또 그들 속에서 앞뒤 돌아볼 것 없이 오직 번영만이 살길이라는 풍조를 이끌어냈다.

'국화의 터부'를 사실상 신성불가침한 것으로 굳혀준 1960년대 우익에 의한 폭력사건을 쇼오이찌는 알고 있었다. 황족의 참사를 그린 한편의 소설(『中央公論』 1960년 12월호에 실린 深澤七郎 「風流夢譚」을 말한다―옮긴이)을 둘러싸고 어떤 일이 벌어졌는가를 보면 당시의 상황을 단적으로 알 수 있다. 우익은 그 소설을 간행한 유명 출판사 사장 집을 습격하여 사장이 집에 없자 그 부인에게 상해를 입히고 가정부를 죽였다. 작가는 영원히 숨어지내야 하는 신세가 되었다.

쇼오이찌는 법정에서조차 협박을 받았다. 빙청석에서 내지르는 위협적인 언사를 기록해달라고 판사에게 요구했으나 묵살당했다. 사람을 죽이겠다고 말하는 자들을 어떻게 법정에 입장시킵니까, 하고 그는 말한다. 우익은 입장이 허가되는 정도가 아니라 27명밖에 앉지 못하는 방청석의 절반 이상을 확보해두고 있었다. 나하 지방재판소에서 공판이 시작될 때부터 재판부는 추첨을 통해 치바나를 지지하는 측과 우익에 각각 방청권을 배부했는데, 27석을 절반씩 나누고 남는 1석은 우익 쪽에 주었던 것이다. 추첨은 기동대의 경비 속에 실시되었다. 곤봉과 방패를 든 경찰은 주로 치바나 측을 향해 서 있었으니 그들 등뒤의 우익을 지켜주는 셈이었다. 한편 쇼오이찌는 경찰에게서 재판소를 나갈 때는 뒷문으로 나가시오, 안 그러면 경찰도 당신의 안전을 보장할 수 없소, 하는 경고를 받았다.

피고의 생명을 위협하는 무리들은 버젓이 법정 출입을 허용받았을 뿐 아니라 고함을 지르거나 다른 방청인을 때리고 멱살을 잡아 흔드는 등 난동을 부려도 아무런 제지도 받지 않았다. 법정 출입구 앞 게시판에는 분명히 "줄거나, 담배를 피우거나, 신문이나 책을 읽는 등"의 행위를 금한다는 경고문이 붙어 있다. 어느날 이 경고문에는 "영아나 유아를 동반한 자는 입정을 금한다"는 조항이 추가되었다. 쇼오이찌의 아내를 비롯해 그의 지지자들 중에서 몇몇 여성이 어린애를 데리고 재판을 방청하러 왔기 때문이었다. 일본에는 다른 사람에게 어린애를 맡기는 관습이 거의 없다. 어린애가 칭얼거리면 누가 나무라지 않아도 그 어머니는 서둘러 자리를 뜬다. 그런데도 입정 금지라니. 쇼오이찌는 책에 이렇게 썼다.

오늘날의 재판은 죄를 저질렀다는 혐의를 받는 사람에게 국가가 국가의 '신성한 권리', 좀더 정확하게 말하면 '국가의 권위'를 가지고 판정을 내리는 것이다. 그러므로 이 '신성한 장소'에 어린 애를 들여놓아서 울부짖게 한다거나 기침을 한다거나 해서 '침묵의 권위'를 흩트리면 그것이 손상된다는 것이겠지. 하지만 이런 정도 때문에 손상을 받는 '권위'나 '신성성'이라면 오히려 그것을 문제 삼아야 한다.[2]

치바나의 공판정에서 자취를 감춘 것은 어린애를 업은 어머니들만이 아니다. 법정에는 처음부터 속기사가 없었다. 그 대신 서기가 녹음기를 앞에 놓고 요약해서 조서를 작성한다. 다시 말해서, 피고와 변호인은 정확한 기록을 볼 수 없는 것이다. 전국의 재판소 중에 속기사가 없는 곳은 나하 지방재판소뿐이다. 멀리 떨어져 있기로 말하면 나하보다 못할 것 없는 홋까이도오(北海道) 북단의 쿠시로(釧路) 지방재판소에서도 최근에 속기사가 법원 직원으로 채용되었다. 쇼오이찌는 속기사를 끈질기게 요구했다. 재판장은 그 역시 오끼나와 사람이었지만 그 요구에 매번 답변을 얼버무리면서 퇴정시키겠다고 위협했다. 이것은 교과서에서 배운 법제도와 다르다고 쇼오이찌는 주장했다. "잘못된 일이라고 생각지 않으십니까? 법률은 전국 어디서나 동일하게 적용되어야 합니다. 그런데 왜 법원에 따라서 다릅니까?"

첫 공판에서 쇼오이찌는 변호인단의 발언에 잇대어 자기 의견을 진술하려고 했으나 판사에게 저지당했다. 그는 쓰고 있다—"나는 법정에서 심판받을 생각이 전혀 없었다. 도리어 '일장기를 심판한다'는 마음가짐이었다. 그러므로 재판은 곧 '나의 재판'인 셈이었다."
(175면) 마음가짐이 이러했으므로 검찰 측이 모든 문서를 두통씩밖에 준비해오지 않아 자신이 그 문서들을 법정에서 볼 수 없는 게 몹시 안타까웠다. 또 안타까운 노릇은 법률이나 규칙을 이야기할 때 몇조 몇항이라고만 하니 그 내용이 무엇인지 모르는 일이었다. 배심제도가 없는 일본에서는 법률전문가들이 일반 시민들에게 일일이 법조항을 설명해서 이해를 구할 필요가 없다. 그런 까닭에 증인들은 판사를 향해 서게 되어 있고, 검사나 변호사의 질문을 받을 때 그 질문자를 너무 많이 쳐다보면 야단을 맞는다. 쇼오이찌는 피고인 자신을 무시한 채 심리가 너무 빨리 진행되는 게 불만이었다. 재판장은 그러니까 변호사가 딸려 있는 것 아니냐고 하지만, 쇼오이찌는 승복할 수 없었다.

　변호사는 어디까지나 나의 법률적 지원자, 기술적 지원자이다. 진짜 당사자들은 조용히 앉혀만 놓은 채 진행되는 재판은 생각만 해도 싫다.
　방청인들의 생각도 같지 않을까. 진정한 공개재판이란 단지 방청이 허용된다는 의미만은 아닐 터이다. 법률전문가들이 전문용어만 사용해서 진행하는 재판이라면, 그러한 '공개'는 위선일 뿐이다. (177면)

이 타협의 여지 없이 날카로운 분석과 실제로 만나본 쇼오이찌의 부드러운 태도는 너무도 대조적이어서, 내게 강한 인상을 주었다. 하지만 이 두 측면을 떠받치고 있는 것은 한없는 천진난만 그것이었다.

법정에 속기사가 없다는 사실을 우리 모두는 왜 몰랐을까. 천황의 죽음을 붕어라고 표현하기를 거부한 오끼나와의 신문들은 이 사실을 문제 삼았을까. 친구는 아니었을 거라고 대답한다. 왜? "그들 역시 우익이 무서웠을 테니까."

최근에 와서는 방청권을 가진 지지자들 모두가 연필과 노트를 가지고 입정한다. 1989년 초 일본의 최고재판소가 한 미국인 변호사의 주목할 만한 제소에 긍정적인 판단을 내림으로써, 방청인이 재판 경과를 메모할 수 있는 권리가 인정되었기 때문이다. 그러기 전까지는 방청인이 필기구를 갖고 법정에 들어갈 수 없었다. 지금도 녹음기는 금속탐지기에 걸려 압류당하지만, 한마디도 빠뜨리지 않고 기록할 수 있는 사람이 지원자들 중에 여럿 있다. "우익도 기록을 합니까?" 내 질문에 쇼오이찌는 껄껄 웃었다. "아뇨. 녀석들은 쓰는 게 질색이죠."

"이곳의 우익이란 어떤 사람들입니까?" "거의가 야꾸자들이죠." 큰 패거리가 둘 있는데, 두목은 모두 본토에서 왔다. 고급차를 몰고 다니므로 금방 식별이 된다. 오끼나와의 야꾸자에게 그런 사치가 가능할 리 없다. 이들 역시 일본의 다른 지역에서와 마찬가지로 사람들의 눈과 귀에 잘 띄도록 선동적 구호를 써붙인 검은 트럭에 왕왕대는 확성기를 싣고 다닌다. 그들이 벌이는 가장 흔한 수작은 소리로 포악질을 해대는 것인데, 군가와 야비한 구호를 귀청 떨어지게 틀어댐으로써 시민들로 하여금 일에 열중할 수 없게 하고 가만있지 못하게 하는 것이다. "국적(國賊) 치바나 쇼오이찌에게 천벌을 내려라" —— 일장기 소각사건이 터진 이후 그들은 이 구호를 날이면 날마다 몇달간 외쳐댔다. (공안과 형사들도 구류 중의 쇼오이찌를 수사할 때 '국적'이니 '비(非)국민'이니 하는 말을 썼다고 한다. 일본에서 우익과 경찰의 사이가 친밀하다는 것은 누구나 인정하는 사실이다. 당사자인 쇼오이찌는 요미딴촌 상공회의소 청년부가 펼치는 헌혈운동에 참가하고 있는데, '비국민의 피'가 전파된다며 통쾌해하고 있다.)

우익은 말로 하는 협박만으로 만족하지 않는다. 일장기 소각사건 이후 그들은 쇼오이찌의 가게에 불을 질렀으며 고객들을 협박했다. 쇼오이찌가 25일간의 유치장 신세를 면하고 보석돼 돌아오자 마을 할머니들은 그를 끌어안고 누가 뭐라고 해도 우리는 네 집 고객이라며 울먹였다. 쇼오이찌가 말이나 글에서 마을 노인들을 언급할 때는 언제나 따뜻한 친근감이 듬뿍 배어 있다. 그는 할아버지들에게는 '오지이(할배)', 할머니들에게 '오바아(할매)'라고 칭하는데, 이 호칭을 접하면 옛이야기에 나오는 원형적인 할아버지, 할머니를 떠올리게 된다. 요즘 와서 도시에서는 이런 호칭을 노인차별이라며 기피하는 경향이 있다. 그러나 요미딴촌은 아직 일반적이면서 특별한 인간관계, 친근감과 존경심을 동시에 표현하기에 더없이 적합한 이 말들을 살아 숨쉬게 하는 세계이다.

'오바아'들이 외면하지 않고 지켜주었음에도 불구하고 쇼오이찌의 슈퍼마켓은 한때 하루 평균 470명이던 고객이 270명으로 떨어진 적이 있었다. 지지자들은 매출을 지원하는 조직까지 만들어 나하뿐 아니라 차로 세시간이나 걸리는 섬의 북쪽 끝 얌바루(山原)까지 가서 지원을 호소했다. 이러한 노력에다 도매업자들의 협력 덕분에 고객은 하루 평균 420명 정도로 회복되었다.

최초의 악몽 같던 시기, 특히 쇼오이찌가 구금돼 있던 기간에는 슈퍼마켓을 우익의 습격으로부터 보호하기 위해 그가 부회장으로 있는 요미딴촌 상공회의소 회원들과 '평화를 위한 요미딴촌 실행위원회' 회원들이 경비대를 조직해서 경비를 섰다. 그뒤로 매우 유명해진 이 실행위원회는 원래 농민이나 수공예업자 등 자영업에 종사하는 사람들에게는 노동조합 같은 협력기구가 없으므로 이에 대한 대비책으로 쇼오이찌가 앞장서서 만든 것으로, 물론 비공식적인 조직이지만 매우 유력한 지역단체다. "무섭다는 생각은 한번도 안했어요. 언제나 지지자들 속에 있었으니까요" 하고 치바나 부인(쇼오이찌의 어머니)이 나중에 귀띔해주었다. 쇼오이찌를 찾아온 우익 사람들과 맞닥뜨린 일도 있었다 한다. "안 무서웠어요?" "글쎄요. 난 언제나 생각했어요. 저들도 인간일 테지라고. 쇼오이찌가 집에 없다고 하니까 '당신 아들이 한 짓이 잘한 일이라 생각하오? 일장기를 끌어내린 짓 말요' 하더군요. '잘한 짓…… 같지는 않소' 하고 거짓말을 하니까, '아들한테 그런 짓 하지 말라고 하시오' 하기에 그 말에도 맞장구를 쳐주긴 했죠만, 마지막으로 이 한마디는 해줬다우. '당신들도 젊은 사람들 괴롭히지 말아요.'"

쇼오이찌는 진정한 사업가다. 또 하나의 슈퍼마켓을 다른 사람과 공동소유하고 있고 '마르꼬 뽈로' 커피숍의 주인인데다 상가 건립을 구상해 융자 약속까지 받아놓았다. 상공회의소 대표 자격으로 동남아시아를 두루 여행하기도 했다. 그러나 지금은 부회장이 아니다. 미군기지에 둘러싸여 있는 이 마을은 평화운동으로 명성을 떨쳤건만 상공회의소의 다수파는 일장기를 불태운 사람을 부회장 자리에 놓아두길 거부한 것이다. 그러나 그 결정은 쇼오이찌 쪽에서 사표를 제출하여 그것을 수리하는 매우 온건한 형식을 취했다. 그들은 이구동성으로 말했다. "쇼오이찌가 일장기를 끌어내린 것까진 좋아. 하지만 태우지는 말았어야지." 쇼오이찌의 말을 빌리자면, 지역 주민들은 대부분 그의 행동을 '감정적인 차원에서' 이해하고 있다. 그러나 오끼나와 바깥에서는 일장기를 태우기까지 했기 때문에 그를 지지하는 것이다.

말할 필요도 없지만, 어떤 사람의 반체제행위에 먼 곳에서 박수를 보내기는 쉽다. 자신의 일상생활이 엉망진창이 될 염려가 없으니까. 그러나 쇼오이찌의 행위에 대한 이 상반된 평가에는 오끼나와/류우뀨우 역사가 걸어온 특수한 행보가 반영되어 있다. 지금 노년기를 맞이한 세대의 오끼나와인들은 자기들도 본토인들 못지않은 진짜 일본인임을 증명해 보이려고 자신들의 몸과 땅을 일장기의 대의를 위해 바쳤다. 그러나 배신당했다. 하지만 그들은 지금도 이 사실을 인정하고 싶어하지 않는다. 전쟁 막바지에 본토 출신 병사들이 그들을 대피소에서 끌어내어 사지로 내몰거나 직접 죽이는 형태로, 천황 히로히또가 신임하는 측근들의 권유를 뿌리치고 전쟁을 질질 끌어나가는 형태로 그들을 배신했건만 그들은 이 사실을 인정하고 싶어하지 않는다. 성조기 밑에서 4반세기가 흐른 뒤, 그들의 자식들인 쇼오이찌 세대는 일장기 아래로의 복귀투쟁을 펼쳤다. 1972년 오끼나와가 일본에 반환되었을 때 많은 토지는 미군에 점령당한 그대로였다. (요미딴촌 같은 지역은 지금까지도 그렇다.) 미국의 기지와 일본의 리조트, 이것은 현재 두개의 깃발 아래 각각 결집되는 세력의 구체적 실현체이다. 어느 쪽이나 축복과 재앙을 함께 지니고 있다. 군사기지의 그늘에서 살아가는 데는 주민들의 불편과 비극적 사태가 있는 한편 고용의 기회가 있고, 또 미군에 토지를 임대해준 지주들로서는 물리치기 힘든 보상금이 있다. 그리고 일장기 아래의 리조트는 어떤가? 이익의 대부분을 본토에 빼앗기고 자연과 인간 환경이 파괴되는 한편에서 고층 호텔이 지역경제를 자극하고 오끼나와인도 일본의 번영에 참가하고 있는 것 같은 기분을 맛보게 해준다.

이러한 사정은 자기모순적 태도를 배태한다. 대부분의 사람들은 되도록 그런 태도를 속속들이 규명하지 않고 내버려두고자 하며 어떤 대결도 성가셔한다. 바로 이것이 쇼오이찌의 일장기 소각사건이 있기 직전의 마을 분위기였다. 요미딴촌의 '평화의 숲 경기장'에서 국민체육대회 소년부 쏘프트볼 경기가 열리기로 결정되어 마을 전체가 그 행사를 치르느라 들떠 있었다. 본토 사람인 일본 쏘프트볼협회 회장은 촌 당국이 평화운동에 동조하고 있다는 소문을 들었는지, 경기장의 중앙 국기게양대에 일장기를 게양하겠다는 확약을 받지 않으면 경기장을 딴 곳으로 옮기겠다고 느닷없이 통고해왔다. 촌장 야마우찌 토꾸신(山內德信)은 오랫동안 요미딴고등학교에서 세계사를 가르친 교사로서 자유민주주의적 가치관을 열렬히 주장하는 인물로 알려져 있다. 그는 특히 최근에 중앙정부와 현 교육위원회가 각급 학교들로 하여금 일장기 게양과 키미가요 제창을 의무적으로 준수하게 하려는 움직임을 공공연히 비난하기도 했다. 치바나 쇼오이찌는 일찍이 그에게서 배운 제자인데다 평소 촌장의 행정에 대한 혁신적 조언자로 신임을 받고 있었다. 긴박한 분위기에서 협의를 거듭한 야마우찌 토꾸신 촌장은 마침내 국기 게양에 동의(토시꼬는 '굴복'이라 부른다)한다고 경기 전날 밤에 공표하였다.

참으로 쇼오이찌다운 일이지만, 그는 촌장이 일장기 게양에 양보하고 또 깃발을 불태운 자기를 고소한 데 대해 조금도 비판하지 않는다. 첫번째 문제에 있어서 그는 촌장이 도중에 포기해야만 했던 싸움을 자기가 접수했다고 믿고 있다. 두번째 문제에 대해서는 유치장에서 변호사를 통해 촌장에게 호소하기까지 했다. "고소를 주저하지 마십시오. 공직에 선임된 사람은 그렇게 할 수밖에 없다고 생각합니다." 1987년 10월 26일 아침 게양대 위에 올라가 라이터로 일장기에 불을 붙인 것도 실로 그가 자신의 처지를 똑바로 이해하고 있었기 때문이다. 가게 주인인 자기를 해고할 사람은 아무도 없었던 것이다.

나는 쇼오이찌에게 물어보았다. "마을 사람들은 깃발을 태울 것까지는 없었다고 말하는데 그건 무엇 때문인가요?" "글쎄요, 깃발을 내리는 것은 강요받는 데 대한 항의니까 괜찮다, 그러나 태우는 것은 국가에 대한 반역처럼 여겨진다, 그런 이야기 아닐까요?" "그렇다면 당신은 왜 태웠어요?" "그렇게 하지 않으면 또 누군가가 게양할 것 아니겠어요?"

쇼오이찌와 그의 변호인단이 노리는 것 가운데 한가지는, 일장기는 어떤 법적 문서에도 공식적인 일본 국기로 정해진 바가 없다는 사실을 국민들에게 상기시키는 일이다. 야마우찌 촌장이 낸 고소장은 건조물 침입(체육시설의 게양대)과 기물손괴(요미딴촌 국민체육대회 실행위원회의 소유물인 일장기를 태운 일)만을 고소 사실로 하고 있다. 그런데 검찰의 기소장은 한결같이 '국기'라는 말을 사용하고 있다.

이 의도적인 말바꿈이 결정적 의미를 가진 것은 바로 그때 문부성이 일본 전국 공·사립학교의 시업식·종업식·입학식·졸업식에서 반드시 일장기를 게양하고 키미가요를 제창하도록 명령했기 때문이다. 이는 오랫동안 장려되다가 1989년 3월의 문부성 지시로 의무화되고 위반하면 처벌받게 되었다. 대부분의 시민들은 일장기가 국기로 제정된 바 없다는 사실을 모르고 있으며, 추축국(樞軸國)이었던 나라들 가운데 전후에도 국가의 상징을 바꾸지 않은 나라는 일본밖에 없다는 사실을 지적하는 사람도 거의 없다. 치바나 쇼오이찌를 지원하는 전국의 인사들은 국가가 노리는 진정한 목적은 이 재판을 이용해 일장기의 국기로서의 성격을 공식화하고 확립하려는 데 있지 않나 보고 있다.

법률상의 구별이 중요한 것은 사실이지만 오끼나와에서 이 깃발 문제가 복잡해질 수밖에 없는 것은, 그들이 겪은 전쟁의 고통이 본토인들과는 비교할 수 없을 정도임에도 불구하고 이 고통이 히로시마와 나가사끼의 비극과는 대조적으로 일본의 그외 지역에 전혀 알려지지 않았다고 할 만큼 까맣게 잊혀져 있기 때문이다. 1985년의 문부성 조사에 의하면 학교의 일장기 게양과 키미가요 제창 실시율은 오끼나와가 단연 전국에서 최하위다(일장기 게양 평균 6%, 키미가요 제창 0%). 그러던 것이 1987년 국민체육대회가 반년 앞으로 다가온 봄에는 97.6%의 현립 학교가 일장기를 게양했고, 18.75%의 초등학교와 7.85%의 중학교, 8.8%의 고등학교가 키미가요를 부르게 되었다.[3] 참여도가 이처럼 현저하게 높아진 것은 1985년 가을에 자민당이 지배하는 시·촌의회와 현의회에서 토론 없이 통과된 법안에 따른 정치적 영향력 때문이었다. 같은 해 11월에 발송된 현 교육장(教育長)의 공문은 오끼나와인들이 '일본의 시민'으로서 국기와 국가에 '경의'를 표하는 일이 얼마나 '자연'스럽고 '적절'한가(일본말 '토오젠 當然'은 전략적으로 이 두가지 의미를 내포한다)를 설명하고, 고등학교 교장 및 시·촌 교육장들은 '국기와 키미가요의 교육적 의의'를 학생들에게 이해시킬 책무가 있다고 지적하고 있다.[4] 이것을 달성하기 위해 협박의 손길이 음으로 양으로 동원되었는데 교사들에게는 생활이 불편한 벽지로의 전출로, 졸업을 앞둔 학생들에게는 취직을 미끼로 협박하였으며, 심지어 저항 움직임이 있을 듯싶은 학교에는 사복경찰관을 배치하기도 했다.

오끼나와가 이처럼 훌륭한 애국심을 보여주게 된 이면에는 여러 사건이 있었다. 나하에 있는 오끼나와 현의회에서는 반대의 선봉에 선 공산당 의원이 자민당 의원으로부터 카라떼(空手道) 일격을 당했다. 치바나 쇼오이찌의 마을에서는 '내일의 요미딴촌을 생각하는 주민회의' 의장이며 촌의회 부의장을 역임한 사람이 요미딴고등학교 졸업식장에 정장 차림을 하고 나타나서는 식장인 체육관 출입구 앞에 큰 대자로 드러누워 교장을 향해 "그렇게 일장기를 게양하고 싶으면 나를 밟고 지나가라" 하고 외쳤다.(26면)

1987년 3월, 촌의회가 일장기와 키미가요 강요에 반대 결의를 했음에도 불구하고, 또한 촌민 8천명이 서명한 항의청원에도 불구하고, 요미딴고등학교는 단상에 일장기를 게양하고 졸업식을 시작했다. 이

지역의 중·고교 중 어딘가에서 일이 터지리라는 소문이 돌았기 때문에 식장에는 TV 카메라가 들어가 있었다. 그때 2학년 여학생 한명이 단상으로 올라가 깃발을 낚아채 달려나갔고, 두명의 여학생이 뒤따라 나갔다.

뒤따라 나간 두 학생의 의도가 무엇이었는지는 필름을 보아서는 분명치 않다.[5] 아마도 친구 곁에 있어주고 싶어서, 즉 뒤따라 발생할지도 모를 몸싸움에서 친구를 보호하기 위해서였으리라. 야간부 담당 교감이 흥분해서 소리를 질렀다. "네가 스무살이 넘었으면 감옥 갈 일이야." 그러자 고개를 숙인 채 흐느끼던 소녀가 번쩍 얼굴을 쳐들고 대답한다. "좋아요. 그래도 좋아요." 그러고는 반문한다. "누가 이러서도 된다고 했나요? 학생들의 허락은 받으셨나요?" 나는 몸싸움이란 말을 썼으나, 소녀의 고개 숙인 어두운 모습과 교감의 흥분한 모습 사이의 말다툼은 느리고 무겁다. 엄숙하기로 말하면 오히려 소녀 쪽이고, 교감은 그저 죄인 다루듯 억누르려고만 든다. 마침내 소녀는 흡사 쫓기는 짐승처럼 떨치고 일어나 체육관을 뛰쳐나가더니 슬픈 승리감에 젖은 채 체육관 밖에 고여 있는 흙탕물 속에 깃발을 쑤셔박는다.

왜 소녀는 단상의 깃발을 바라보는 순간 그녀 스스로 문제를 떠맡아야겠다고 생각할 만큼 분노했을까? 아니 그보다도 왜 오끼나와 사람들은 일장기와 키미가요를 강요하는 국가의 교육정책에 그처럼 굴복하고 순응해버렸을까? 선거로 뽑은 높으신 분들과 학교 당국이 을러댔다는 것만으로 해명이 되는가? 그리고 도대체 왜 이것이 문제인가? 거기에는 감상 이상의 무엇, 해 뜨는 나라의 황제의 이름을 위해 죽어간 사람들을 오끼나와인들은 벌써 잊어야 할 것인가, 아니면 어떤 식으로 기억해야 할 것인가 하는 문제가 있는 것인가? 왜 치바나 쇼오이찌라는, 누가 보아도 한 시민으로서 또 사업가로서 성공을 약속받은 남자가 자기 고장이 유치한 전국적인 체육행사에서, 자기의 둘째아이가 태어나기 바로 전날임에도 불구하고 깃발을 불태우지 않으면 안되겠다는 생각을 하게 되었을까?

마을의 중심을 조금 벗어나 사탕수수밭 사이로 난 좁은 길을 빠져나가면 치비찌리 동굴(チビチリガマ)로 내려가는 콘크리트 계단이 있다. 이 동굴은 오끼나와 곳곳에서 발견되는 천연 종유동(鐘乳洞)의 하나다. 빽빽한 관목숲으로 덮여 있고 입구가 낮아 몸을 절반으로 접듯이 해야 들어갈 수 있다. 쇼오이찌의 어린 시절, 이곳은 와서 놀아서는 안되는 장소였다. 그가 그것이 무엇 때문인지를 알게 된 것은 30대 중반에 이르러서였다.

1945년 4월 1일은 부활주일에다 만우절과 L데이가 겹쳤었다. L데이의 L은 love의 약자로 이는 미군의 일본 침공일을 뜻하는 암호였다. 18만의 병력이 오끼나와의 요미딴촌과 카데나 해안에 상륙하였다. 영어로 된 사료는 이것을 '무혈상륙'이라 기록하고 있다. 즉 미군 측에서는 일본군이 이미 저항력을 상실했다고 판단했던 것이다. 1944년 10월 10일, 나하 폭격이 있은 뒤 요미딴촌의 많은 주민들은 치비찌리 동굴에 피란해 있었다. 그해 정초부터 간헐적으로 자행되던 미군의 폭격은 날이 갈수록 점점 더 맹렬해져서 집이 불탔거나 부상당한 사람들은 이 동굴을 거처로 삼을 수밖에 달리 도리가 없었다. 그들 외에 자기 집에서 밭일도 하고 취사도 하지만 공습이 심해지면 이 동굴로 피신해 들어오는 사람들도 많았다. 그러나 이들 오끼나와인이 직면해 있던 위협은 미군 폭격기만이 아니었다. 1945년 3월 29일, 수류탄을 든 일본 군인들이 동굴에 있던 사람들을 내쫓았다. 밖으로 나간 그들을 기다리고 있던 것은 미군의 집중포화였는데, 얼마나 격렬했던지 오끼나와 사람들은 그것을 '철풍'(鐵風, iron storm)이라 부른다.

비슷한 일들이 오끼나와 곳곳에서 일어났다는 사실은 이제야 알려지는 중이다. 당시 먹을 것과 숨을 곳을 찾기에 필사적이던 일본 병사들은 문중묘(門中墓)든 동굴이든 가리지 않고 그곳에 피란해 있던 지역 주민들을 내쫓았던 것이다. 구전 사료에 의하면 민간인과 일본 군인 들이 같은 장소에 숨어 있을 경우 어린애가 울면 미군에게 발각된다고 군인이 우는 아이를 죽여버린 일도 있고, 지레 겁을 먹은 애엄마가 제 손으로 아이를 죽인 일도 있었다 한다. 그런데도 불구하고 내게 이런 이야기를 들려주는 나이든 사람들은 무의식중에 일본군을 '유우군(友軍)'이라 부른다.

요미딴촌에서는 마을 주민들을 내쫓았던 일본 군인들이 3월 29일에 딴 곳으로 옮겨가 동굴은 다시 주민들 차지가 되었다. L데이에는 140명 가량이 치비찌리 동굴에 있었다. 한 아주머니가 밥을 지으려고 입구 쪽으로 다가가 밖을 내다보니 병사들이 보였다. 의심할 여지 없이 무시무시한 '히이자아미이'들이었다. '히이자아미이'란 산양(山羊)의 눈이라는 뜻인데, 오끼나와인들은 미군을 이렇게 불렀다. 밤눈이 어두운 산양처럼 미군은 밤이 되면 함포사격을 멈춰서 이를 빗대 히이자아미이라 불렀던 것이다. 미군이 발견되자 동굴 분위기는 순식간에 긴장되었다. 그러자 한 젊은 여자가 사내들을 보고 죽창을 들고 나가 용맹을 과시해보라고 했다. 이에 호응해서 두 남자가 뛰쳐나갔으나 이내 수류탄과 기관총 세례를 받아 중상을 입고 되돌아왔다. 곧 미군들이 통역을 데리고 들어와 동굴을 비우고 항복하면 죽이지 않겠다고 다짐했다. 누구도 이 말을 믿지 않았다. 그리고 이 때문에 엄청난 비극이 뒤따랐다.

두 사나이가 나서서 마침내 명예로운 죽음을 맞이할 때가 왔다고 말했다. 이들은 싸이판에서 돌아온 사람들로 이른바 '싸이판 교꾸사이(玉碎)'의 목격자들이었다. '교꾸사이'란 항복하느니 차라리 명예로운 죽음을 선택하는 것을 의미하는데, 이 말은 일본의 전쟁기록 곳곳에서 발견될 뿐 아니라 거의 모든 기념비에 새겨져 있다. 내 눈은 언제나 이 두 글자 위에 머물곤 한다. 글자대로 풀이하면 '아름다운 옥이 부서진다'는 뜻이기 때문이다. 천황폐하 만세를 외치며 명예로운 죽음을 택하는 일본인의 몸이 부서져 흩어지는 보석처럼 아름답다고 말하는 이 어법은 아마도 벚꽃이 지는 광경의 비유이기도 할 것이다. '교꾸(玉)'는 또한 천황의 몸과 관련된 접두어이기도 하다. 예컨대 '교꾸따이(玉體)'라는 말은 히로히또의 수술 여부를 시끄럽게 논의할 때 빈번히 사용되었다. 오끼나와인들의 교꾸사이 결행을 위해 두 사람의 싸이판 귀환병은 이불이며 옷가지, 그밖에 마을 사람들이 일상생활을 유지하려고 애를 애를 써서 동굴 속으로 들여다놓은 물건들 중에서 불이 잘 붙을 만한 것을 모조리 한군데다 모아놓고 주저없이 성냥을 그었다. 그러나 모든 사람이 다 지금이야말로 죽을 때라고 생각한 것은 아니었다. 결국 젖먹이를 껴안은 여자 넷이 나서서 불을 껐다.

다시 미군 병사들이 왔다. 이번에는 담배, 물, 초콜릿을 가지고 왔는데, 불을 지르는 데 반대한 사람들조차 그들의 설득에 응하지 않았다. 연장자 한 사람이 다시 나서서 불에 잘 타는 물건들로 입구를 메우기 시작했다. 그도 예전에는 군인이었기 때문에 일본군이 중국에서 저지른 만행에 비추어 적이 들이닥치기 전에 스스로 목숨을 끊는 편이 낫다고 생각한 것이었다. 그래도 거세게 반발하는 사람들은 있었다. 그런 가운데 18세의 한 처녀가 자기 어머니에게 아직 깨끗한 몸일 때 어머니가 죽여주세요, 하고 애원하기 시작했고, 그 어머니는 결국 딸의 목에 칼을 꽂고 말았다. 뒤미처 대륙침공 때 일본군의 만행을 목격한 적이 있는 25세의 종군간호사가 자기 가족을 불러모아 한 사람씩 확인해가며(굴 속은 어두웠다) 구급상자에 넣고 다니던 독약을 주사해나갔다. 자기에게도 좀 놓아달라고 간청하는 사람이 많았으나 그녀는 그녀의 가족과 친척에게도 모자란다며 단호히 거절했다. 그러는 사이에 동굴 속은 극도로 혼란에 빠지고 몇몇 사람이 동굴 입구에 다시 불을 질렀다. 누구나가 죽을 각오를 한 것은 아니었지만 연기는 모두를 질식사시킬 것 같았다. 허우적거리며 밖으로 기어나간 사람도 있었으나 도망치고자 해서가 아니라 다만 연기를 견딜 수 없어서 미군에 맞아죽는 편이 차라리 편할 것 같다는 생각에서 그랬을 뿐이다. 결국 82명이 죽었는데 그 가운데 47명이 12세 이하의 어린이였다. 이것이 미국 측 사료에 기록된 '무혈상륙'의 일면인 것이다.

치비찌리 동굴의 생존자들은 이 이야기를 38년간이나 망자와 함께 묻어두고 있었다. 비밀을 캐내고자 하는 사람이 있어도 가뜩이나 과묵한 성격인 이 지역 주민들의 무서운 침묵에 부딪힐 뿐이었다. 세 남성의 억척스런 노력에 의해 마침내 그 비밀이 깨진 것은 1983년의 일이었다. 그 세 사람 중 제일 연장자는 히가 헤이신(比嘉平信)이라는 이 고장 사람인데, 그가 일본 군인으로 대륙에 가 있는 사이에 15명의 친척이 동굴에서 죽었다. 고향으로 돌아온 그에게 그의 친척들이 어떻게 죽었는지 들려주려는 사람은 아무도 없었다. 따라서 그의 사촌 누이동생인 그 간호사가 독약 주사를 놓아서 가족들을 죽인 사실도 물론 알 길이 없었다. 하지만 히가 헤이신 역시 마을 사람들 못지않게 끈질긴 사람이었다. 그는 몇십년이 지난 뒤에 외부에서 시모지마 테쯔로오(下嶋哲郎)라는 좋은 협력자를 발견하게 되는데, 어린이 그림책을 쓰고 그리는 토오꾜오 사람이었다. 시모지마는 상업미술가로서 꽤나 성공한 사람이었으나 1973년, 한창 잘나가기 시작하던 광고영화 제작자의 자살사건을 계기로 몇몇 동료와 함께 과감하게 방향전환을 한 것이다. 스기야마 토시(杉山登志)라는 그 광고영화 제작자는 화장품회사 시세이도오(資生堂)의 로맨틱한 TV 광고를 만들어 유명했는데, 이런 쪽지를 남겨놓고 죽었다.

부자도 아닌데
부자의 세계를 어찌 안담
행복하지 않은데
행복한 세상을 어떻게 그린담

가진 꿈이 없는데

꿈을 어떻게 판담……

거짓말은, 들통나게 마련인데.[6]

시모지마는 농촌지역을 돌아다니며 노인들로부터 들은 옛이야기를 수집해 어린이를 위한 그림동화집을 만들었다. 어른들에게는 희망이 없기 때문에 어린이용만 만든다는 것이다. 스기야마의 자살이 계기가 된 기나긴 여행은 그를 마침내 오끼나와로, 그리고 상당한 우여곡절 끝에 운명적으로 요미딴촌으로 이끌었다. 거기서 그는 동굴의 진상을 알고 싶은 염원에 사로잡히고 말았다. 국외자로서 필수적으로 갖춰야 할 겸허와 인내로 자신을 엄하게 다스렸음은 물론이다. 그의 열의와 익살스런 화술("장가들고 싶으면 우선 사내라는 걸 증명해 보여야지" 식의)에 녹아 치바나 쇼오이찌도 합류하게 되었다. 세 사람 가운데 제일 어린 쇼오이찌는 전쟁 직후 세대. 그의 양친은 마을 사람들 사이에서 두루 신망이 두터웠고, 그 또한 모든 사람으로부터 호의와 신뢰를 모으고 있었다.

이들 세 사람─2차대전의 고참병으로 현재 촌민회관 경비원, 젊은 슈퍼마켓 주인, 밖에서 온 예술가─은 그들을 사로잡고 있는 집념을 천천히 한 방향으로 묶어나갔다. 공동작업을 하기로 결정한 뒤에도 말로 다 할 수 없는 인내의 연속이었다. 생존자가 입을 여는 그 순간은 실로 소용돌이치는 격정의 순간인데, 그 순간을 향해 다가가는 행보는 극히 조심스러워야 했기 때문이다. 회의장소에 와주겠다고 약속한 사람들이 정말 모습을 나타내기까지는 히가 헤이신의 노력이 절대적이었다. 치비찌리 동굴의 생존자들은 처음에는 죽은 사람들의 인원수와 이름만 밝힌다는 조건으로 모였다. 동굴에서 죽은 사람들에 대해 정확한 기록을 남길 필요가 있다는 것을 인정하는 데까지는 온 것이다. 그런데 입을 열어 이름을 들먹이는 순간, 죽은 사람들과 그 악몽 같은 죽음의 광경이 왈칵 되살아났다. 생존자들은 둘 혹은 셋씩 짝을 지어 모였다. 처음에는 더듬더듬 어렵사리 나오던 이야기가 이윽고 봇물 터지듯 녹음기 속으로 흘러든다. 사투리를 못 알아들어 애를 먹으면서도 예술가인 시모지마는 죽은 사람 하나하나의 모습을 그려보려고 안간힘을 다했다.

요미딴촌의 치비찌리 동굴에서 일어난 일은 흔히 '슈우단지께쯔(集團自決)'라 불린다. '슈우단'은 집단(group) 또는 대중(mass)이라는 뜻이고 '지께쯔'를 사전에서 찾아보면 첫번째 의미가 '자기결정'인데, 곧 '민족자결(民族自決)' 같은 것이다. 두번째 의미가 '자살'인데, 여기에는 스스로 책임을 진다는 뉘앙스가 깃들어 있다. 그러므로 슈우단지께쯔의 중립적 번역은 '집단자살'(collective suicide)이 될 것이다. 하지만 이 경우에는 중립적 번역만 가지고 불충분하다. 왜냐하면 생명을 끝내는 일이 '자기결정'되고 진정 자신의 손으로 수행되었다 하더라도, 그 자기결정은 이중의 강제력 아래 이뤄진 것이기 때문이다. 첫째는 두 나라의 군대가 존재했다는 사실이고, 또 하나는 이른바 일본의 황국신민(皇國臣民)을 만들어내기 위한 오랜 세월에 걸친 교화와 훈련이라는 강제력이다. 그러므로 나는 슈우단지께쯔를 '강제적 집단자살'(compulsory group suicide)이라 생각한다.

이와 비슷한 민간공동체 단위의 죽음은 1945년 봄 오끼나와 곳곳에서 일어났을 뿐 아니라 만주와 기타 일본제국 지배하에 있던 지역에서도 많이 있었다. 어디서나 가장 흔하게 사용된 수단은 일본군이 지급한 수류탄이었다. 대개 사람 수보다 적게 지급되었으므로 두세명씩 끌어안고 폭사했다 한다. 자마미(座間味) 섬에서는 쥐약이 사용되었는데, 못 가진 사람들이 부러운 듯 바라보는 앞에서 가진 사람들은 될 수 있는 한 많은 양을 삼켰다고 한다. 그러나 양이 많으면 도리어 구토와 고통에 시달릴 뿐 죽지는 않는다. 그러면 숨을 끊어줄 좀더 강력한 수단이 필요해지는데, 어떤 어머니는 갓난애의 다리를 쥐고 바윗돌에 태질을 했다고 한다. 가족 전원이 마치 구슬 꿰듯 한가닥의 밧줄에 목을 주르르 매달고서 줄다리기하듯 양편에서 잡아당긴 예도 있다. 이 경우엔 한가운데 있는 사람은 죽었으나 양쪽 끝의 사람은 죽지 않았다. 나중에는 돌이나 농기구, 면도칼, 식칼, 심지어는 그 어두운 동굴이나 문중묘 속에서 삶을 지탱해보려고 반입해둔 접시나 냄비, 솥 따위 온갖 도구가 다 이용되었다.

이런 역사에 대해 일본 정부의 공식적인 견해는 집단자살과 일본군 소속원들에 의한 민간인 살해를 엄격히 구분하고, 후자의 경우는 확실한 증거가 없는 극소수의 예가 있을 뿐인 양 이야기한다. 문부성의 교과서 검정의견서는 집단자살을 언급할 때 오끼나와전투에서 발생한 민간인 희생의 전모가 "객관적으로 이해될 수 있도록" 서술할 것을 권장하고 있다.[7] 요컨대 '집단자살'은 군의 민간인 살해와는 달리 명예로운 희생정신으로 뭉친 용감한 일본인—설령 오끼나와인이라 하더라도—을 미화하는 품위있는 장식물인 것이다.

문부성은 일장기와 키미가요를 강요할 권한이 있을 뿐 아니라 전국의 모든 공·사립학교 전학년의 교과서를 검정할 수 있는 권한을 행사하여 역사를 자기네 비위에 맞게 쓰도록 할 수도 있다. 이 일이 언제나 관료주의적 편의에 따라 수월하게만 이뤄지는 것은 아니다. 예컨대 1980년대 초 한국과 중국은 다음과 같은 '검정'사례에 대해 엄중히 항의했다. 첫째 1910년의 한일병합에 따라 촉발된 한국의 독립운동을 '폭동'이라 표현하도록 문부성이 요구한 것, 둘째 1930년대 일본의 중국대륙 침략을 '진출'이라고 기술케 한 것, 그리고 서방세계에 '난징학살'(南京虐殺, the Rape of Nanking)로 알려져 있는, 1937년 일본군이 난징시에서 20만명 내지 30만명에 이르는 중국인 부녀자와 어린이 및 포로 들을 학살한 사건을[8] 그 당시에 있었던 혼란의 결과로 서술케 하고 희생자 수를 줄이도록 한 것 등.

저명한 사학자 이에나가 사부로오(家永三郎)는 4반세기에 걸쳐서 이러한 문부성의 검정에 대해 소송을 제기해온 사람으로, 교과서에 일본군에 의한 오끼나와 민간인 살해를 기술하도록 허용해야 한다고 주장해왔다. 그의 변호인단과 지지자들은 정부가 집단자살과 민간인 살해 사이에 설정해놓은 명확한 구분의 타당성을 부정한다. 일본군 병사들은 오끼나와 사람들을 피란처에서 끌어내 확실한 죽음으로 내몰았고, 우는 아이의 숨통을 틀어막아 죽였으며, 미군에 투항했다가 다른 사람들에게도 항복을 설득하라고 되돌려보내진 이들을 살해했다. 뿐만 아니라 일본군의 존재 자체가 오끼나와인들로 하여금 집단자살을 하게끔 음으로 양으로 유도했던 것이다.[9] 예컨대 이에나가의 교과서 소송에 정부 측 증인으로 나온 소설가 소노 아야꼬(曾野綾子)가 말한 대로 오끼나와인들의 죽음을 그들 스스로가 자살을 '선택'한 '장거(壯擧)'라고 강조함으로써[10] 민간인의 자살을 군인들의 죽음과 같은 반열에 올려놓을 수 있게 하고, 그리하여 그것을 흩날리며 지는 벚꽃처럼 부서지는 옥으로 미화하는 '교꾸사이'로 기억하기에 합당하도록 만드는 것이다. 본토의 병사 모두가 과연 그들의 영광스러운 죽음을 '선택'했느냐 여부는 차치하고라도, 소노와 정부 관리들은 이런 식의 경어를 사용함으로써 2급시민으로 취급되던 오끼나와인들의 역사, 낙후한 원주민을 문명이란 이름으로 교화·훈련하는 인종차별적 식민주의가 낳은 그러한 유의 역사를 편의적으로 망각하려 하는 것이다.

문명이라는 것을 이와 같은 문맥에서 파악한다면, 오끼나와인들에게도 다른 일본인들과 똑같이 천황을 위해 희생할 수 있는 기회가 부여되었다는 뜻이 된다. 그러나 전쟁 중 일본 군인들과 맞닥뜨린 오끼나와인들은 자신들이 오끼나와인이라는 그 사실만으로도 위협을 느끼는 일이 비일비재했다. 생존자들의 증언은 이 점을 상세히 떠올리게 한다. 당시 16세 소년이었던 나까조오 미쯔또시(中門光利)는 가족, 친척 들과 함께 피란해 있던 동굴에 일본 군인들이 들어왔을 때를 이렇게 회상한다.

그때 우리에게 먹을 것이라고는 며칠 전에 만든 쉬어빠진 주먹밥 몇개뿐이었소. 그것도 아이들 차지가 되고 어른들은 바라보고만 있었죠. 우리는 앉아서 군인들이 무슨 짓을 하나 보고만 있었는데, 그들은 우리가 아무것도 모르는 줄 생각했나봐요. 총을 꺼내 들고서는 기습공격을 나가야 하니 먹을 것 있는 대로 다 내놔라,

하고 위협했죠. 하지만 우린들 왜 몰랐겠소? 저희들만 살아서 본토로 돌아갈 생각이란 것쯤.

그 다음날이었소. 그들은 아이들이 있으면 적군에게 들켜 폭파될 우려가 많다, 그러니 세살짜리 이하는 처치해버려야 한다고 말하더라구요. 세살짜리 이하가 다섯명 있었소. 주사를 놓아 죽였소. 그중에는 내 아우와 조카도 있었다오.

처음에 다섯 아이를 죽인다고 했을 때 우리가 굴 밖으로 데리고 나가겠다고 대장에게 간청했지만 네놈들이 스파이가 될지도 모르니까 안된다고 하고는 입구 앞에 보초를 세워 모두 꼼짝 못하게 해놓고서 대여섯명이 덤벼들어서 아이를 하나씩 집어들고 주사를 찔렀다구요⋯⋯

그 다음날 아침이었죠. 민간인으로서 살아 있는 건 당신들뿐이니까 미군에 잡혀서 탱크 바퀴에 깔려죽느니 차라리 우리 처분을 받아라, 그러더군요. 우리를 처치해버리고 남은 양식을 차지하려는 게지, 누구나 그렇게 생각했지만 가만히 있었죠.

마에히라촌(眞榮平村) 출신인 마에다 하루(前田春)는 당시 열아홉살이었는데, 미군에 쫓긴 일본군 패잔병들이 동굴을 습격해 들어왔을 때의 광경을 이렇게 기억하고 있다.

아침에는 폭격이 없으니까 아침이 되면 모두들 물 길러 나갔어요. 그런데 미이스모(新下茂)의 사탕수수 깍지를 쌓아둔 곳에서 남동생과 여동생이 울면서 날 부르는 거예요. 마에라까구아(前新川

小) 문 부근에서 칼을 맞고 쓰러져 있다가 거기까지 기어온 거죠.

하나씩 업어다 굴속에 뉘어놓고 어머니는 어찌 되셨냐고 물었더니 죽었다는 거예요. 세이유우도 죽었다는 거예요. 엄마가 왜 죽었냐고 물었죠. 일본 군인이 와서 여긴 몇명이나 있느냐고 물었는데 본토말이 서툰 어머니는 "후이, 후이?" 하고 되물었대요. "예, 예(하이 하이), 뭐라굽쇼?" 하는 뜻이었는데 군인놈은 어머니 목을 댕강 처버렸다지 뭐예요. 잘린 목이 올케언니 유끼의 무릎 위에 떨어졌대요. 모두들 넋을 잃었죠. 내 바로 밑의 여동생이 남동생을 업고 도망쳐 내게로 오려다가 붙잡혀서 마에라까구아 대문 안으로 끌려들어갔대요. 남동생을 업고 있는 아이를 칼로 찔렀으니 업힌 아이는 땅에 떨어졌겠죠. 여동생은 세군데나 찔려서 창자가 이쪽에도 삐죽 저쪽에도 삐죽 나와 있었죠. 남동생은 얼마나 깊고 넓게 베였던지 창자가 몽땅 다 나와 있었어요. 금방 죽더군요.

하루는 상처 입은 두 동생을 씻기려고 물을 길러 가는 길에 여러 구의 시체가 널려 있는 것을 보았다. 막내동생과 올케언니 유끼의 아버지 시체도 거기 있었는데, 그 노인은 반듯이 앉은 채 자신의 잘린 목을 두 손으로 끌어안고 있었다. 작은아버지의 시체도 우물 곁에 있었다. 두 동생이 죽자 그녀 자신도 목을 매려 했으나 실패하고 어머니의 시체를 찾으러 나갔다.

어머니는 군인들이 저만금 끌어다가 뉘어두었너군요. 나는 어머니를 보자 더이상 참을 수가 없어서 군인들에게 막 대들었죠. 왜 이랬느냐 하니까, 전쟁이라 하는 수 없다는 대답이었어요……

우리 집안은 친형제들도 다 죽었다, 이렇게 된 이상 나마저 죽여라! 했더니, 한 녀석이 딴 녀석을 보고 처치해, 하더라구요. 그런데 그녀석은 아무것도 갖고 있지 않았어요. 그런데 또 한 녀석이 너는 죽기엔 너무 젊으니 나하고 같이 북쪽으로 가자, 그러는 거예요. 아니, 가족과 함께 여기서 죽겠어, 했지만 죽이질 않았어요. 그녀석은 총을 가지고 있었는데도……

이튿날에는 미국 군인들이 동굴 밖을 왔다 갔다 했어요.[11]

일본 군인들이 오끼나와 민간인들을 죽인 것은 양식과 피난처를 뺏으려는 목적도 있었지만, 오끼나와인은 일본인으로서 불완전하다는 뿌리 깊은 확신 때문이기도 하다는 점은 의심할 여지가 없다. 오끼나와인의 처지에서는 미군 수중에 떨어지는 데 대한 공포와 일본인으로시의 치욕감을 동시에 갖고 있었다. 이 공포와 치욕의 의식이 있었던 까닭에 수류탄이 분배되었을 때 그것이 무엇을 의미하는가를 알았던 것이다. 그러나 그와 동시에 치비찌리 동굴에서 죽은 42명 중 12세 이하의 어린이들은 집단자살의 '철학'을 전혀 갖고 있지 않았던 것 역시 의심할 여지가 없다.

일본군의 민간인 살해와 오끼나와 민간인들의 집단자살은 표리일체(表裏一體)를 이루고 있다. 이에나가 사부로오와 그 지지자들은 전자를 강조하고, 소노 아야꼬와 문부성은 후자를 과장해서 말한다. 그러나 전쟁 중의 죽음은 그것이 오끼나와인의 것이건 일본인의 것이건 장한 죽음이라는 따위의 매력적인 단순성으로 환원되어서는 안된다. 한편으로 오끼나와인을 일본 군국주의의 순수한 희생자로 치부해버리는 것도 잘못되었다. 그것은 일본인들이 태평양전쟁을 미군의 공격을 받은 피해자의 처지에서만 생각하는 것과 동일한 논리이기 때문이다.

오늘날 오끼나와나 일본의 다른 지역에서 일본의 피해자인 오끼나와, 미국의 피해자인 일본 하는 식의 도식만 가지고 이야기하는 것은 일본의 아시아 침략사와 또 그것이 본토와 오끼나와의 일본인 모두에게 깊은 고통을 초래하기에 이른 역사를 망각하는 것이다. 이러한 망각 내지 외면은 좀더 은밀한 억압, 다시 말해서 본토와 오끼나와 가릴 것 없이 일본 전역에 겉보기에는 달라도 본질적으로는 다를 바 없는 모습으로 점차 온 세계에 성공 모델을 강요하는 억압, 그것에 대한 무관심을 북돋우고 있다. 무관심은 결국 비판능력의 상실을 가져온다. '강제적 자살'이라는 역설적인 문구는 동굴에서 일어난 사건에서 보듯 강요와 동의, 가해와 피해성이 어둡게 맞물려서 작용하고 있음을 말해준다. 슈퍼마켓 주인인 치바나 쇼오이찌가 일장기 강요에 저항한 것은 현재에 대한 무관심이 과거를 망각하는 일과 맞물려 있다는 것을 깨달았기 때문이다.

쇼오이찌는 그의 행위를 비난하는 오끼나와인들과 마찬가지로 자기네 현에서 국민체육대회가 개최되기를 바랐고, 소년부 쏘프트볼 경기를 자기네 마을에 유치하려고 열심히 뛰어다니기도 했다. 상공회의소에서 차지하고 있던 그의 위치로 보더라도 그러한 열의는 당연한 것이었다. 지나고 보니 그의 태도가 지나치게 나이브했다고 할 수도 있겠으나, 심상찮은 한걸음을 내디뎌서 한계를 훌쩍 넘어버린 다음에야 비로소 심상한 것으로 여겨지던 것의 구조가 확연해지는 그런 경우는 자주 있는 법이다. 일장기를 불사르고 그 결과에 직면하는 일이 없었더라면 쇼오이찌는 국민체육대회의 성격을 지금 같은 형태로 이해하지는 못했을 것이다.

국민체육대회는 1946년 전쟁의 폐허에서 떨치고 일어서려는 의욕을 스포츠로 진작하려는 취지로 창설되었다. 제1회 대회는 쿄오또에서 열렸는데, 입장행진도 천황의 참석도 일장기 게양이나 키미가요 제창도 없었다. 선수들은 전국 각지에서 캠프용 담요와 야외취사용 식료품들을 짊어지고 왔다. 같은 해, 천황은 미국 점령군의 지시로 국내 순행에 나섰다. 그는 이시까와현(石川縣)에서 열린 제2회 대회에 참석했다. 미 점령군 총사령부(GHQ)는 그때까지 일장기 게양을 엄격히 금지하고 있었는데 이때는 허락했다. 그러자 "뜻밖에도 그곳에 모인 관중들이 키미가요를 제창했다."[12]

천황이 오끼나와를 제외한 모든 현의 방문을 끝내자 그의 국민체육대회 참석을 더이상 경사스러운 우연의 일치로 연출해내기는 어려워졌다. 천황의 참석을 더욱 확실하게 의식화(儀式化)해야 할 시기가 오자 우승한 현에는 천황컵, 준우승 현에는 황후컵을 수여하는 방법이 고안되었다. 그런데 승리를 판정하는 기준이 골칫거리였다. 처음 몇년간은 어디에서 개최되건 토오꾜오가 최고 득점이었는데, 그것은 개최 현이 우승해야 한다는 일반적 예절의식에 위배된다는 것이었다. 그래서 그 해결책으로 등장한 것이 가장 유능한 코치와 학생들을 현에서 현으로 돌아가며 배치하는 방법이었다. 이 방법이 몇년간 시행되었으나, 천황이 참석하는 국민체육대회 의식을 가장 강력하게 옹호하는 조직위원들조차 이 방법을 계속 밀고 나가지는 못했다.

오끼나와가 개최지로 결정되어 마침내 천황을 맞이할 기회가 온 것은 1987년이었다. 자민당 출신 현지사 니시메 준지(西銘順治)는 이로써 오끼나와의 기나긴 고난의 전후사(戰後史)에 종지부가 찍히기를 기대했다. 천황의 방문에 대비해 현은 6억엔의 치안대책비를 책정했다. 여태까지 국민체육대회를 개최한 현들이 취해온 대책은 사격의 명수를 옥상에 배치한다든가, 정신병자들의 동태를 사전에 조사한다든가 혹은 부라꾸민(部落民, 아직도 철저히 소외당하고 있는 일본의 천민계급─옮긴이)의 환영행사 참석을 봉쇄하는 것 등이었다. 오끼나와에서는 황태자(즉 지금의 천황 아끼히또)의 내방에 즈음하여 연도의 모든 관목 울타리를 잘라 없애고, 2층집 창문에는 커튼을 일절 치지 말라는 지시가 내려졌다.[13]

국체(國體)는 국민체육대회의 준말로 일본음으로는 '코꾸따이'인데, 음과 글자가 다 똑같은 '코꾸따이'기 또 하나 있다. 국체, 이는 'national polity'라 번역되지만 좀더 흔히 사용되는 'body politic'(정치체, 국가)이라는 말이 그 유기체적 의미를 전달하는 데 적합할 것 같다. 국체의 본래 의미를 1937년에 문부성이 배포한 저 악명 높은 문서에서 찾아보면, 이는 만세일계(萬世一系, 태초 이래 한번도 대가 끊어진 적이 없다, 일본은 한번도 왕조가 바뀐 일이 없다는 뜻이다─옮긴이)인 천황의 존재 및 부모와 군주에 대한 절대적 충성에 명백히 나타나 있으며, 그것을 통해 개인은 스스로를 버리고 좀더 진정한 존재로 되살아난다는 것이다. 천황이 국민체육대회와 일찍부터 관련을 맺은 것에서 어떤 조짐을 엿볼 수 있다. 이 스포츠 행사에 필수적인 것이 된 감시 체제는 두 낱말이 발음상으로 공통되는 것 이상의 무엇을 시사한다. 그것은 실로 전전의 정치체(政治體, body politic)의 규율과 전후의 체육경기체(體育競技體, body athletic)의 규율 사이의 연속성을 암시하고 있는 것이다.

오끼나와에서 국체 개최가 늦어진 것은 오끼나와가 뒤늦게 일본이 되었기 때문이다. 그러나 그렇게 늦어졌기 때문에 오끼나와의 학교들은 1873년부터 가장 중요한 시대적 표상이 되어온 일장기와 천황의 초상을 전국 어느 곳보다 먼저 받게 되었다.[14] 천황의 초상은 이른바 어진영(御眞影)이라고 하는데, 실은 초상화를 놓고 찍은 사진이다. 그런데 이를 전달하는 데도 정해진 의식이 있었다. 그것을 모실 '호오안덴(奉安殿)'이라는 건물을 교정 한쪽에 특별히 세워야 했다. 그리하여 경외의 뜻을 나타내는 의식—일상적인 호오안덴 예배—은 일본 전국의 학생과 교사 들을 공통의 규율 속에 단결시키고 이들에게 천황의 신성성에 대한 신앙을 주입하여 이들이 천황의 뜻에 본능적으로 복종하게끔 만들어가는 것이었다. 천황의 초상을 함부로 다루는 것은 절대로 용납되지 않았다. 오끼나와 전투 때 민간인들이 살상되는 와중에도 어진영은 안전한 곳을 찾아 북쪽으로 북쪽으로 조금씩 이동되었다. 행여 그것을 비에 젖게 하거나 혼란의 와중에 잃어버리거나 미군에 뺏기는 날에는 그 취급자들은 사형을 각오해야 했다.[15]

오끼나와의 어린이들은 1890년에 공포된 교육칙어(敎育勅語)를 암송함으로써 비로소 일본인이 되었다. 어린이들은 매일 아침 그것이 낭독되는 동안 머리를 숙이고 직립부동의 자세를 취한 채 침 삼키는 소리도 내지 말고 경청하게끔 훈련받았다. 교육칙어는 아래와 같다.

짐은 생각건대 황조황종(皇朝皇宗)이 나라를 여실 때 심오한 덕을 세움이 두터우셨도다. 신민들은 지극한 충과 효로써 억조창생(億兆蒼生)의 마음을 하나로 함으로써 대대손손 그 아름다움을 전할지니, 이는 국체(國體)의 정화인바 교육의 연원이 실로 여기에 있다. 무릇 신민은 부모에 효도하고 형제간에 우애하고 부부 서로 화목하며 친구 간에 서로 신뢰할지어다. 스스로 삼가 절도를 지키고 남을 박애하며, 학문을 닦고 기능을 익힘으로써 지능을 계발하고 인격을 훌륭히 하며, 공익에 널리 이바지하고 세무(世務)를 열며, 국헌(國憲)을 중히 여기고 국법을 준수할지어다. 일단 국가 위급시에는 의용(義勇)을 다하여 나라에 봉사함으로써 천지와 더불어 무궁할 황운(皇運)을 보호하고 도울지어다. 이는 짐의 충성스럽고 좋은 신민됨일 뿐 아니라 너희 조상의 유풍(遺風)을 밝히는 일이니라.

이 도는 실로 우리 황조황종의 유훈으로서 그 자손된 신민들이 함께 준수해야 할 바니라. 이는 고금을 통해 그릇됨이 없으며 이를 중외(中外)에 널리 시행하여 어긋남이 없을지라. 짐은 너희 신민과 더불어 마음에 깊이 새겨 간직하여 그 덕을 쌓음에 한결같이 하겠노라.

메이지 23년 10월 30일

내 어머니와 외할머니는 머리를 숙이고 듣던 그때는 전혀 무슨 뜻인지 알지 못했던 이 말들을 반세기 이상이 지난 지금까지도, 군데군데 더듬거리기는 하지만 암송해낼 수 있다. 일본의 어린이들은 자신의 귀와 자세를 통해서 가망게 높은 저 구름 위의 신비한 존재에 대한 존경과 숭배의 염(念)을 빨아들였던 것이다. 직립부동의 자세로 무슨 소린지 알아듣지도 못할 말을 끝까지 들어야 하는 훈련은 고통스러울 정도로 급격했던 일본의 공업화와 군국주의화에 필수불가결한 규율의 형식이었다.

오끼나와 사람들은 뒤늦게 황민(皇民)이 된 처지여서 특별히 어려운 과제를 짊어지게 되었다. 여러 종류인 그들의 방언과 지리적으로 먼 거리는 새로 제정된 표준 일본어를 배우는 데 장애가 되었다. 난감할 정도의 습속도 적지 않아서, 그들의 지도자들은 후진성의 증거를 일소하기 위한 일치·협력운동을 일으켰다―방언, 여성의 문신, 남자의 장발 등을 추방하는 운동이었다.

요컨대 오끼나와인들은 바람직한 황민이 되기 위한 자기개조를 강요당했던 것이다. 그것만으로는 부족했다. 태평양전쟁이 임박하자 그들은 자기네 토지를 본토를 위해 희생하도록 강요받았다. 특히 1945년 2월 토오조오 히데끼(東條英機)의 전임 수상인 코노에 후미마로(近衛文麿)가 천황에게 전쟁 종결을 위한 즉각적인 협상을 시작하도록 강력히 진언했을 때, 히로히또는 그러기 위해서는 한번 더 전과(戰果)를 올릴 필요가 있다며 거부하였다. 만일 히로히또가 코노에의 진언을 받아들였더라면 오끼나와 전투는 피할 수 있었을 것이고, 히로시마와 나가사끼도 무사했으리라. 히로히또가 코노에에게 그런 말을 한 시점에는 이미 전과 따위는 몽상에 지나지 않게 되어 있었으므로, 오끼나와 전투는 오직 본토에서의 결전을 지연하기 위한 전략이었다. 민간인들은 방금 만들어놓은 활주로를 파괴하는 작업에 동원되었다. 카미까제(神風) 특공대는 없어진 지 오래고 활주로는 적군의 상륙에 맞춤한 장치가 되어버렸기 때문이다. 강건한 소년소녀들이 선발되어 등에 폭탄을 비끄러매고 미군 탱크를 향해 돌진하라는 임무가 주어졌다. 사춘기 소녀들이 종군간호사가 되고, 퇴각에 퇴각을 거듭하는 가운데 부상병도 민간인도 '정리'되어갔다.

이러한 만행 가운데서 운 좋게 살아남은 오끼나와인들은 이번에는 폭격으로 만신창이가 된 농토를 미군에 바치고도 언제 돌려받을지 모르는 상태에 놓였으며, 미군이 버린 쓰레기를 주우며 이슬 같은 목숨을 이어가야 했다. 이런 상황에서 '본토와 동등하게!'라는 외침이 복귀투쟁의 결집 슬로건이 된 것은 자연스러운 일인바, 이 투쟁은 미 주둔군을 철수 내지 감축하고, 나아가 핵의 위협이 없는 본토로의 복귀를 보장하라는 투쟁이었던 것이다.

복귀가 결정된 지 20년이 된 지금까지도 일본에 주둔하는 미군의 4분의 3은 오끼나와에 몰려 있다. 카데나 공군기지에 핵무기가 배치돼 있으리라는 것을 이곳 주민들은 거의 확신하고 있다. 오늘날 오끼나와에서는 2급시민으로 취급되는 사람들에게서 흔히 나타나는 슬픈 광경도 목격할 수 있다. 억압자의 가치관을 수용하고 그들과 같아지려고 눈물겹게 안간힘을 쓰는 모습이다. 그렇게 해서 일장기 계양을 준수하는 학교들이 놀라울 정도로 늘어나고, 1학년 때 벌써 미분

법을 알 정도의 학생을 만들어내는 학원이 출현하며, 전쟁 전에는 수백 종류나 되던 방언이 급격히 줄어들고 있다.

지금도 많은 사람들이 자신이 '정확한' 일본어를 구사하고 있는지 몰라 불안에 사로잡혀 있다. 언어란 미묘한 만큼 가장 포착하기 어려운 배신자다. 민족 간의 눈에 보이는 차이점이 불식되었다 하더라도 언어만은 제아무리 감추려 해도 문화적 차이를 드러내고 말 위험이 있다. 그래서 이 차이는 마치 유전적인, 또 그러므로 인종적 기원이 있는 양 생각되기 십상이다. 이러한 차이를 지워버리기 위한 교육개혁의 물결이 전쟁 전에도 오끼나와에 몇번이나 몰아쳤으며, 전후에도 그것은 계속되었다. 1950년대 말에서 60년대에 걸쳐서 교사들은 '방언찰(方言札)'이라는 것을 위반 학생의 목에 걸어주었다. 그것을 목에 건 학생은 방언을 쓰는 다른 학생을 발견해서 고발할 때까지 그 표를 차고 다녀야 했다. 학교가 파하도록 그런 기회를 얻지 못한 불행한 학생은 굴욕의 표시를 매단 채 집으로 돌아가야 했다. 그중 어떤 녀석은 이판사판으로 가까이 있는 친구에게 뜻밖의 일격을 가해 비명을 지르게 하는 것이다. 비명을 지를 때는 대개 표준어 아닌 방언을 내뱉게 되는 까닭이었다.[16]

음식물 또한 기본적인 충족을 주는 것인 동시에 굴욕의 씨앗이 되기도 한다. 오끼나와에서 국민체육대회가 열렸을 때 여성들은 준비작업에 동원되었을 뿐 아니라 호텔에서 다 수용할 수 없는 청소년들을 자기 집에 데려다 재우면서 식사도 제공하게 되었다. 늙은 여자 젊은 여자 할 것 없이 시키는 대로 군소리 한마디 없이 봉사한 이들에 대해서, 역시 오끼나와 여성인 내 친구 한 사람은 머리를 쩔레쩔레 흔들어 보이며 이렇게 평하는 것이었다. "'대일본국방부인회(大日本國防婦人會)'와 조금도 다르지 않았어." 전쟁 전에 조직되어, 역전에 나가 깃발을 흔들어 출정 장병들을 전송하고 유족을 위로하고 방공훈련을 독려하던 그 여성단체를 말하는 것이다. 국체 조직위원회는 여성들을 소집해서 구령에 맞춰 일제히 머리 숙여 절하는 연습이랑 표준식단을 만들어 요리강습도 시켰다——괴상망측한 오끼나와음식으로 손님들을 난처하게 하지 마시오, 하고. 그 친구 말에 의하면 자기 이웃에 사는 한 할머니는 요리강습을 너무 일찍 받았기 때문에 막상 일이 닥쳤을 때는 배운 게 하나도 생각나지 않아서 안절부절못했다고 한다.

히로히또는 끝내 오끼나와에 오지 않았다. 암에 걸려 그로부터 2년 뒤에 세상을 뜬 그는 천황으로서 오끼나와 땅을 한번도 밟아보지 못했다. 치바나 쇼오이찌는 요미딴촌의 오지이, 오바아 들의 말이 무척 마음에 든다. "벌을 받은 게야. 제가 한 짓을 뉘우치지 못하니까 오끼나와의 천벌이 내린 게야."[17] 나는 그에게 물어보았다. 나하 지방재판소에서 공판이 끝난 뒤 뙤약볕 속에 함께 앉아 있을 때였다. "국체를 오끼나와에 유치해야겠다는 생각을, 진정으로 했었어요?" 그는 대답했다. "그럼요. 고장을 위해 좋은 일이라 생각했으니까요. 그리고 요미딴에서는 일장기 없는 국체를 할 수 있다, 그것을 온 나라에 보여줄 수 있다, 그렇게 생각한 거죠. 착각이었어요." 그리고 나서 방금 깨달았다는 듯이 덧붙이는 것이었다. "그래요, 말짱 사기였어요!"

치비찌리 동굴의 유족들이 무거운 입을 연 뒤로, 망자들을 기념할 만한 무엇인가를 만들자는 합의가 이뤄지기까지는 상당한 시간이 필요했다. 40년 가깝게 비밀을 지켜온 끝에 그것을 드러내놓고 기념하는 데 이르기까지의 한걸음은 당연히 거보(巨步)를 내딛는 것이었기 때문이다. 고장의 집단자살을 지켜본 참괴와 비탄을 적나라하게 드러내고, 옛날의 악몽이 되살아나는 위험을 무릅쓰고 거기서 무엇인가 형체 있는 것, 공적인 것, 영속적인 것을 만들어야 했으니까. 유족들은 고장의 다른 사람들과 함께 죽은 사람 하나하나의 모습을 조각한 기념비를 만들기로 결정했다. 나가사끼 평화공원에 세워진 「모자상(母子像)」을 제작한 조각가 킨조오 미노루(金城實)가 마침 오끼나와 출신이었기에 그의 작업현장을 참관한 바 있는 몇몇 주민들이 이럴까 저럴까 망설이는 유족들을 설득하여, 킨조오의 지휘하에 제작계획이 진행되기에 이르렀다. 소요 자금은 치비찌리 동굴이 있는 나미히라 지구의 집집마다에서는 물론 전국 도처에서 몰려들었는데, 한 회사의 무책임이 물러일으키고 징부가 끼여듦으로써 더욱 유명해진 수은중독의 저 비참한 땅 미나마따(水俣)에서도 돈이 왔다. 조각상 제작에 직접 간접으로 참여한 사람이 수천명에 이른다고 쇼오이찌는 말한다.

작업은 우선 그토록 긴긴 세월 누구 한 사람 발을 들여놓지 않았던 동굴을 청소하는 데서부터 시작했다. 유족과 친구 들이 뼈와 유품을 선별해서 대부분 처리했으나, 동굴에서의 일상생활과 그 무참했던 최후를 이야기해줄 얼마간의 물품은 한쪽 구석에 보존해두기로 했다. 그러나 흙을 체로 쳐서 뼛조각을 골라내고, 행여 잘못하다 그 뼈들을 밟아버리는 모독을 범하지 않도록 하는 작업만 해도 녹록지 않아서 완벽하게 해내기가 불가능했다. 그처럼 어려운 작업이었던 만큼 질퍽한 점토를 다져서 죽은 사람에게 새 모습을 부여하는 일이 그렇게 가슴 뿌듯할 수가 없었다. 전쟁이 끝나고도 몇십년이 지나서 태어난 초등학생들이 살아남은 오바아들과 엉켜서 작업을 했다. 이것이야말로 '세대를 잇는 평화의 상(像)'이라는 산문적인 조각상 명칭 배후에 있는, 생명력 있는 실상인 것이다.

이 기념비를 보고 동굴의 이야기를 듣기 위해 멀리서 사람들이 찾아왔다. 그러나 조각상이 완성된 지 몇개월이 흐르기도 전에 쇼오이찌의 일장기 소각사건이 터지고, 그리하여 조각상은 우익들에 의해 무참히 박살이 나서 철사들이 내장처럼 튀어나온 모습이 되었다. 치비찌리 동굴 유족회 회장이며 동굴 이야기를 처음 캐낸 3인조 가운데 제일 연장자인 히가 헤이신은 이를 두고 "동굴의 희생자는 두 번 살해당했다"고 표현했다.[18] 유족들은 파괴된 조상(彫像) 위에 푸른 비닐 시트를 덮고 침묵을 지켰다. 쇼오이찌는 보석으로 풀려나오는 즉시 사과문을 써들고 유족들의 집을 일일이 방문했다. 그의 말로는 모두가 그의 신변의 안전을 염려해주기는 했으나 조상이 파괴된 것 때문에 서로의 관계가 어색해졌다고 했다. 동화작가 시모지마를 욕하는 사람도 있었다. 그가 오지 않았더라면, 그가 와서 자기들에게 그 이야기를 하도록 하지 않았더라면 이렇게 되진 않았을 텐데, 그 이야기는 숨겨놓는 게 상책이었다니까, 하고. 히가 헤이신은 그때를 회고하면서 쇼오이찌는 그때 자기가 한 일에 자신을 잃은 듯했다고 말한다. 그의 모친은 전통음악 공부를 중지했고, 부친은 모든 일본 노인들이 다 즐기는 게이트볼도 집어치우고 집 안에 틀어박혔다.

쇼오이찌로서는 그 '시답잖은 놀이'(게이트볼)를 신이 나서 가르쳐주던 부친이 손자놈들 재롱이나 보며 뭉그적대고 있는 것이 견딜 수 없이 괴로웠다. 그의 양친은 아들이 일으킨 일에 책임을 느끼고 그렇게 '자숙'했던 것이다.

일본에서는 사람들을 난감한 순간에 빠뜨리는 것을 죄악시한다. 화합을 깨뜨리는 짓을 하면 따돌림을 받는다. 요미딴촌 같은 작은 공동체에서 쇼오이찌의 행위를 유감스러울 뿐 아니라 특히 그 여파에 비추어 보건대 개탄할 일로 보는 것은 공통된 감각이다. 그러므로 그의 부모는 당연히 아들이 그 은사인 촌장을 난감하게 만든 일과 우익으로 하여금 마을을 포위하도록 빌미를 준 데 대해 죄책감을 느낀 것이다. 1988년 4월 2일 기념일에는 동굴에서 추도식이 열리지 않았다. 사실은 경찰이 히가 헤이신에게 촌민들의 안전을 보장할 수 없으니 식을 거행하지 않는 게 좋겠다고 경고했던 것이다. 나와 내 친구들이 '선두간'에서 밝게 대화를 나누고 있던 1989년 3월의 어느 한가로운 날 히가 헤이신에게서 메시지가 왔는데(그것은 붓으로 쓴 그의 아름다운 육필이었는데도 그는 워드프로세서로 다시 쳐야 한다고 주장했다), 그것을 복사해 유족들에게 배포해달라는 것이었다. 그때의 나로서는 그 일의 중요성을 짐작도 못했었다. 내용인즉 4월 2일 동굴로 모이라는 것이었다. 잡초를 베어내고 주변을 깨끗이 청소해서 죽은 이들을 애도하고 명복을 빌자, 그리하여 무엇보다도 최근에 받은 크나큰 충격을 극복하고 평화에 대한 자기들의 염원을 이야기함으로써 거룩한 희생을 기념하는 결의를 새로이 하자는 것이었다. 이것은 쇼오이찌와 촌민들 사이의 감정을 치유하는 첫걸음이었다.

내가 쇼오이찌에게서 듣고 싶으면서도 어떻게 실마리를 풀어야 할지 몰라 쩔쩔맸던 것은, 그의 사업과 정치가 어떻게 결합되는가 하는 문제였다. 많은 사람들이 그렇듯 그도 정치를 좁은 의미로만 파악하고 있다. 나는 그가 책에 써놓은 이야기부터 꺼냈다. 처음에는 장사꾼이 될 생각이 없었다는 것, 물건을 오른쪽에서 왼쪽으로 옮겨놓고 돈을 번다는 게 떳떳지 않게 생각되었다는 것, 그러나 잡화를 파는 가게가 작은 공동체 안에서는 중심적인 위치를 차지함을 차츰 깨닫고 진열하는 상품이나 제공하는 정보에 책임을 느끼게 되었다는 것 등등. 지금도 그는 좋은 가게를 경영하는 것을 자랑으로 여긴다고 말한다. 그 가게를 어떤 생각을 가진 사람이든 와서 즐겁게 쇼핑할 수 있는 곳으로 만들고 싶은 게 그의 바람이다. 그는 옛날부터의 일과에 따라 아침에는 다섯시나 다섯시 반에 물건을 떼러 가기 위해 집을 나서고, 오전 내내 가격표를 붙인다. 오후에는 다른 활동을 하는데, 활동은 전보다 훨씬 다양해지고 부담도 커졌다. 열시에 폐점. 그 뒤부터 회합이 많다──음악회나 영화관람 모임 기획, 미군 낙하산부대의 훈련에 항의하는 행동계획, 새로운 사업계획을 위한 회합 등등. 이 중 마지막 사항에 대해서 쇼오이찌는 두 주먹을 불끈 쥔 채 안타까워하면서 오끼나와가 아무리 발버둥을 쳐도 본토 자본에 대항할 길은 없다고 말한다. "우리는 저 리조트라는 게 새로운 기지라고 생각해요. 우리에게는 또 하나의 출입금지 구역이니까요." 사실 천황이 죽었을 때 요미딴촌에서 일장기를 게양한 곳은 미군기지 말고는 새로 지은 고층 호텔밖에 없었다.

나는 쇼오이찌에게 자신을 일본인이라고 생각하느냐고 물었다. "그 질문에는 언제나 난감해집니다. 헷갈려요." 나의 과감한 안내역인 토시꼬가 거들고 나선다. 그녀는 번역본으로 탐독한 미스터 리로이 존스(Mr. LeRoi Jones, 아프리카계 미국 작가. 소설·시·희곡·재즈 등으로 폭넓게 활동했으며 60년대 흑인민권투쟁 때는 급진적 문학그룹의 지도적 존재였다. '이마무 바라카'라는 아랍이름도 갖고 있다. 『더치맨』『노예』『블랙 뮤직』『근거지』 등의 저서가 있다—옮긴이)의 예를 좇아 자신을 류우뀨우계 일본인이라 부르기로 했단다. "난 절대 헷갈리지 않아요." 하지만 쇼오이찌는 전적으로 납득하지는 못한다. "글쎄요, 누가 내게 일본인이냐고 묻는다면 류우뀨우인이라 대답하겠어요. 그냥 일본인이라고 말하기는 어쩐지 싫단 말이에요." "행정상의 관점에서는 당신도 일본인일 뿐이라구요." 토시꼬의 말이다. 이 말에 쇼오이찌는 대답한다. "알고 있어요. 하지만 상식을 따라서 나 자신을 일본인이라 부르기가 싫단 말예요. 물론 나를 밖에서, 가령 아시아의 다른 나라에서 본다면 나는 일본인, 아시아에서 전쟁을 일으킨 작자들의 일원이라는 것도 알아요. 하지만 일본 안에서는 달라요. 적어도 나는 야마또족(大和族)하고는 다르단 말예요."

'야마또'란 오끼나와인들이 자기네끼리 이야기할 때 그들 북쪽의 큰 섬들(본토)을 가리키는 데 흔히 사용하는 말이다. (나이든 사람들은 여행자에게 '일본에서 오셨소?' 하고 묻는 일도 있다.) 그들은 본토 사람들을 '야마똔쭈', 오끼나와인 자신들을 '우찌난쭈'라 부른다. 이 호칭의 논리는 자칫하면 일부 진보적인 오끼나와인을 토착주의 쪽으로 몰고 가서 오끼나와 관습을 본토 자본의 유혹과 악영향에 대항하기 위한 자원으로 미화하기 쉽다. 그러나 이런 식으로 전통에 호소하는 일은 민족적(ethnic) 특성을 주장하는 일이 대개 그렇듯 로맨틱한 환상을 강화할 위험이 있을 뿐 아니라, 지배와 배제의 구조를 다시금 복제해낼 위험마저 지니고 있다. 쇼오이찌는 과연 이 방향에 끌리는 것일까? 그는 재판소에 제출한 의견 진술서에서 일본 쏘프트볼협회 회장을 '야마똔쮸'라 불렀다. 확실히 그것은 '평화의 숲 경기장'에 일장기 게양을 강요한 주제에 동굴에 가서 참배하려고 했던 그 뻔뻔스런 남자에 대한 경멸을 한마디로 나타내준다. 그는 동굴을 지키고 있던 오바아로부터 이곳은 사사로운 무덤입니다, 참배를 하시려면 마부니(摩文仁)로 가보세요, 하는 말을 들었음에도 불구하고 동굴 안으로 들어갔던 것이다. 마부니는 오끼나와 섬 남쪽 끝에 있는 전쟁기념국립공원으로, 전쟁에서 산화한 영령들을 기리기 위해 모신 곳이다.

치비찌리 동굴은 치바나의 집에서 차로 금방이다. 친구들과 나는 최근에 만들었다는 경사가 급하고 좁은 층세를 내려가 몸을 굽히고 입구에 들어선다. 안에서 쇼오이찌가 작은 촛불을 하나씩 나눠준다. 조심조심 안으로 들어간다. 그렇게나 힘들여 정리를 했다는데도 자칫 뼛조각을 밟기 십상이다. 유품들을 한데 모아놓은 구석으로 다가선다. 단추, 의치, 찻잔이랑 접시, 안경 그리고 뼈, 더러는 어린아이의 등뼈도 있다. 쇼오이찌가 거기서 걸음을 멈추고 이야기를 시작한다. 그는 이 일을 수백번 되풀이해왔을 터인데도 건성건성 한다거나 멜로드라마 같은 구석이 전혀 없다. 여기서 무슨 일이 있었는지 담담

하고 가라앉은 목소리로 설명한다. 마지막에 가서 그는 이렇게 얘기한다. "촛불을 꺼주십시오. 그리고 그 깜깜함 속에서 그 사람들이 겪었던 생활을 상상하고, 마침내 전부가 아닌 몇 사람인가가 죽을 때가 왔다는 결단을 내렸던 그때의 혼란과 공포를 상상해봐주십시오."

밖으로 나오니 출입구 오른편에 퍼런 비닐 시트를 씌워놓은 부서진 기념상. 주변의 짙은 초록색, 회색, 갈색과 너무도 어울리지 않는다. 2주일 뒤 유족들이 모이는 기념일에는 히가 헤이신의 발의에 따라 비닐 시트가 벗겨질 것이다.

쇼오이찌는 그 주변 일대를 한번 보여주겠다고 말한다. 일본군과 미군이 연거푸 할퀸 자국들이 도처에 널려 있는 지역. 차는 카미까제 특공대의 비행기를 위해 지었던 격납고 옆을 스쳐간다. 오끼나와에 배치될 비행기는 그때 이미 남아 있지 않았으므로 한번도 사용된일이 없다. 그 기분 나쁘게 시커먼 지붕들의 곡선이 사탕수수밭 위로 불쑥 치솟아오르는 듯한 느낌이다. 활주로는 하루 3천명의 인부들—남자, 여자 그리고 아이들—과 수백대의 마차를 동원해서 만들어졌으나, 적군이 사용해서는 안된다고 똑같은 노력을 들여 곧바로 파괴되었다. 그러나 미군은 요미딴에 상륙한 즉시 기계력을 동원해 단숨에 활주로를 복구해서 폭격기들을 일본 본토로 띄워보냈다. 그 몇년 뒤에는 같은 비행기들이 한국을 향해 떴다.[19] 그때 이후로 이시설은 낙하산부대 훈련장으로 사용되었다. 밤낮없이 선회하는 헬리콥터들의 굉음으로 촌민들은 밤잠을 잘 수 없었고, 학교는 수업이 되지 않았다. 복귀 전에는 그 훈련에 기재 수송도 포함되어 있었으므로 대단히 심각한 사고가 자주 일어났는데, 집 밖에서 놀던 열살짜리 소녀가 낙하산에 매달려 내려온 트레일러에 깔려죽은 일도 있었다. 지금은 하늘에서 내려오는 것은 사람뿐, 기계는 없다. 하지만 착지목표를 벗어나는 수도 있고 화학전용 장비를 하고 내려와 요괴 소동을 벌이기도 했다.

낡은 격납고 옆에는 일본군의 포탄 형태를 한 충혼비가 서 있다. 전사한 영령들을 모신 곳이다. 충혼비는 현마다 있는 호국신사의 축소판이며, 호국신사는 토오꾜오에 있는 야스꾸니 신사(靖國神社)의 분사(分社)이다. 야스꾸니 신사는 기묘한 평등주의를 발휘하고 있는 장소로, 거기에는 도둑놈이건 추방된 자건 오끼나와인이건 불문하고 조국 방위에 목숨을 바친 사람은 똑같이 안치되어 있으며, 전사자의 어머니는 '야스꾸니의 어머니'로 찬양받는다. 충혼비-호국신사-야스꾸니 신사라는 위계제(位階制, hierarchy)가 성립한 것은 신사신또오(神社神道, 하나의 종교라는 뜻에서 신또오라 불린다—옮긴이)가 지역적 종교에서 나라의 정치종교(政治宗敎, politico-religious)적 현상으로 변용되어왔음을 보여준다. 그 정점에는 천황이 주권자로서뿐만 아니라 태양의 여신 아마떼리스라는 지고신(至高神)의 직계자손으로서 서 있고, 그래서 그가 궁극적 희생을 요구하는 행위가 정당화되는 것이다. 요미딴촌의 충혼비는 미군의 폭격으로 표면 일부가 떨어져나갔다. 그것은 본토 신또오의 강요에 의해 세워진 하나의 비극적 유물로서 지금도 탄흔을 간직한 채 외로이 서 있다.

우리가 탄 차는 멋없이 우람한 두개의 콘크리트 토리이(鳥居) 앞에 선다. 토리이란 신사의 전통적인 문으로 대동아공영권 시대의 조선과 싱가포르에서는 혐오의 대상이었는데, 그것이 여기에 있다는 것은 일본이 오끼나와를 준(準)식민지 취급했다는 증거일 터이다. 한데 이곳의 토리이는 어딘가 이상하다. 그 뒤쪽에 철조망이 쳐져 있고 똑같은 건물들이 늘어서 있다. 그제야 나는 이 토리이가 실은 미군기지의 문이라는 것, 그래서 기지 이름이 '토리이 스테이션'(Torii Station)이라는 것을 깨달았다. 군대의 어떤 상급자가 저것을 토착종교의 상징물쯤으로 여겨 이 통신기지의 표지로 삼은 것이다. 처음 오끼나와에 상륙한 미군은 어느정도 오끼나와 역사를 알고 있었고, 쉽게 항복을 받아내기 위해서는 이들에게 일본 본토로부터 착취당해온 사실을 상기시키는 것이 호소력 있으리라 생각했다. 그런데 이런 호소가 전혀 먹혀들지 않은 것은 오끼나와인들이 그런 역사 때문에 더욱더 본토인보다 자기네가 충신이라는 것을 증명해 보이고자 했기 때문이다.

토리이의 상인방(上引枋) 사이에 후지산(富士山)이 그려진 둥그런 문장까지 새겨넣어 그것을 오끼나와 원주민들에 대한 선의의 표시로 삼고자 했던 이 천재적 얼간이의 작태는 나로 하여금 만발한 벚꽃과 해 뜨는 나라를 노래한 교가를 되새기게 해주었다. 토요꾜오에 주둔한 미군기지에 임시적인 존재로 운명지어져 있던 학교를 위해 누군가가 자진해서 지어준 교가. 나는 그 노래가 싫었으며 ── 대부분의 아이들이 시시해, 하고 말했다 ── 게다가 더 고통스럽기까지 했던 것은 다른 아이들의 일본 지명 발음에 내가 맞춰야 하는 일이었다. 옛날 그 굴욕적이던 느낌이 토리이 스테이션에서 신임 준장 부처를 환영한다는 게시문을 보자 울화가 치밀며 되살아났다. 이 게시문은 오끼나와 민가처럼 지붕을 기와로 덮은 키오스크에 붙어 있었는데, 지봉 위에는 오끼나와 민가의 입구를 장식하는 데 쓰이는 도기(陶器) 사자상이 얹혀 있었다. 1984년 이래 이 기지는 그린베레 부대의 본거지가 되었는데, 아시아 지역에서의 은밀한 작전이 세계의 이목에 드러나지 않도록 하기 위해서 그 대원들은 점점 더 많은 아시아계 미국인들로 채워지고 있다. 2개국어로 된 또 하나의 게시문이 철조망을 배경으로 붙어 있다. "미 육군시설/무단출입 엄금. 위반자는 일본 국법에 의해 처벌됨."

이런 식의 게시문은 1972년에 이뤄진 오끼나와의 일본 복귀가 극도로 제한된 성질의 것임을 나타내고 있다. 쇼오이찌는 그 복귀를 위한 정치투쟁에 참가했다. 지금도 그 투쟁을 부정하지 않는다. 미군의 군사통치하에 머무느냐 일본에 복귀하느냐의 선택은 명백했다. 내 안내역인 토시꼬의 말을 빌리자면 "우리가 복귀를 바랐던 것은 헌법이 문자 그대로 우리에게도 적용되리라고 기대했기 때문"이다. 그녀는 '문자 그대로'란 말을 강조하기 위해서 영어로 'literally'란 단어를 썼다. 전후에 제정된 일본 헌법 제9조는 "일본 국민은 정의와 질서를 기조로 하는 국제평화를 성실히 희구하며, 국권의 발동인 전쟁과 무력에 의한 위협 또는 무력의 행사는, 국제분쟁을 해결하는 수단으로서는, 영구히 이를 포기한다"고 되어 있다. 제9조의 적용은 복귀 후에도 아직 공약(空約)으로 남아 있는 것 중의 하나다. 오끼나와 섬 북쪽 끝의 황량하게 깎아지른 낭떠러지 위에는 '전국의 그리고 전세계의 친구들에게' 호소하는 자연석으로 된 비석이 있다. 이 비석은 성공이 아닌 실패를 기념하고 있다는 점에서 범상한 비석이 아니다. 오끼나와의 평화에 대한 꿈을 배반한 복귀를 기뻐할 수 없다고 거부하고 있다. 기억해야 할 일은 복귀 그 자체가 아니고, 복귀를 위한 **투쟁**인 것이다.

오끼나와에서 미국의 존재의 역사는 꽤나 이색적인 면이 있다. 전전의 일본 국가는 오끼나와에 고등교육을 발전시키는 일 또는 고유의 전통이나 미술·공예를 보존하는 일에 관심이 없었다. 오늘날의 국립 류우뀨우대학과 오끼나와 현립 미술관을 세운 것은 미국 점령군이었다. 나는 친구들로부터 심지어 이런 소리까지 들었다──미군 기지들이 가장 좋은 해안을 점령하고 앉아서 오끼나와인들의 출입을 금지하고 있긴 하지만, 만약에 이런 기지가 아니었다면 오끼나와 섬에는 자연 그 자체가 남아 있지 않았을 것이다. 또다른 사람은 이렇게도 말한다──복귀 전에 미군 측이 아무리 심하게 굴었다고 해도 일본 측은 그 이상으로 오끼나와의 요구에 둔감하지 않은가? 이런 소리에 대해서는 전쟁 직후의 일화들이 맞장구를 쳐준다. 너그러운 '카네루'(colonel, 대령) 이야기며 핸섬한 GI가 뒷주머니에서 머리빗을 꺼낼 때 맵시가 있다는 둥, 아메리칸 보이들의 친절과 장난기가 오끼나와인들의 상상력에 기여한 것은 틀림없다.

설사 그렇다 하더라도 친절은 사려 깊은 지배라는 목적에 봉사한다. 요미딴촌 사람들이 이 사실을 깨달은 것은 어느 헌병(MP)이 울타리 밖을 걸어가던 촌민을 향해 '우발적'인지 '위협 목적'이었는지, 발포했을 때였다.[20] 오끼나와 대 일본이라는 문제는 복귀 후에도 미군이 존재한다는 사실로 인해 새로운 양상을 띠게 되었다. 왜냐하면 이와 같은 사건이 있을 때 촌의 직원들은 때때로 쇼오이찌의 은사인 야마우찌 촌장이나 그 보좌역을 앞세우고 항의행동을 일으키는데,

그들을 막고 나서는 것은 현의 경찰 또는 방패를 든 기동대이기 때문이다. 이들 역시 오끼나와인이다. 그러나 지금은 미일안보조약(美日安保條約) 규정에 따라 일본 정부의 이익을 대표하는 오끼나와인인 것이다. 근대 일본 역사의 아이러니는 요미딴촌에서 집약된 형태로 표현되고 있다.

3월 말의 해거름, 요미딴 해변에는 사람 그림자 하나 없다. 쇼오이찌가 우리에게 '본토 자본'이 이 지역에서 무슨 짓을 하고 있는지 보라고 한다. 우리는 산호가 뒤덮인 멋진 해변을 걸어간다. 이곳도 다른 지역과 다름없이 토지의 권리증서가 전쟁통에 사라졌기 때문에, 너나없이 자기 땅을 한치라도 더 확보하려 아귀다툼들을 했다. 그 결과는 휴양지 건설을 위해 토지를 매입한 본토 기업이 해안뿐 아니라 바다까지 소유하는 것으로 나타나고 말았다. 이제 몇해가 지나면 이곳을 산책하면서 드넓은 바다를 향해 늘어선 거대한 귀갑묘(龜甲墓)를 보고 감탄하는 일도 없어질 것이다.

이 묘들은 대단히 크게 축조되어서 사후에 이곳을 영원한 안식처로 삼을 사람들에게 그들이 살아 있는 동안에도 전쟁이 나면 피란처를 제공해주었다. 이것들을 파는 데는 대단한 공동노동이 들어갔지만 지금은 버려진 채 덤불에 덮여 있고, 원래 널돌로 덮였던 입구는 휑하니 뚫려 있다. 거북의 등딱지 모양을 뜻하는 이름은 위에서 내려다본 무덤의 형태에서 붙여졌으나 사람들은 임산부의 아랫배 같다고도 말한다. 그래서 이 무덤은 사람이 죽으면 본래의 곳으로 돌아간다는 생각의 표상이 되고 있다. 오끼나와인들은 생명을 중하게 여기기 때문에 자살한 사람은 제대로 된 무덤에 묻히지 못하는 전통이 있다고 쇼오이찌는 설명한다. 무덤은 일족(一族) 전체나 또래집단, 또는 그밖에 다른 집단의 유해를 한곳에 안장하기 위한 것이었다. 화장은 오끼나와에서 비교적 새로운 관행으로, 옛날에는 시체를 무덤 속에 일정 기간 두고 썩힌 다음에 가족 가운데 여성들로 하여금 물에 씻어 뼈를 추리게 했다. 세골(洗骨)이 된 뼈는 정교하게 만든 골호(骨壺)에 담아 무덤 속 선반 위에 안치했다. 지금 이 골호들은 호텔 부지로 팔려나간 무덤에서 모두 제거되어 남아 있지 않다. 가족의 무덤을 팔다니 기가 막히죠, 하고 쇼오이찌는 말한다.

오끼나와에는 가족이나 공동체의 유대감이 토오꾜오 같은 데서는 상상도 못할 만큼 강하게 남아 있어서, 그것이 의지가 되기도 하는 반면 그만큼 속박이 되기도 한다. 가령 분가해서 살고 있는 사람이 개발업자에게 땅을 팔지 않으려고 버텨도 그 일족이나 이웃들의 압력을 견디기 어렵고, 군대에 토지를 내주지 않으려는 지주도 마찬가지다. 쇼오이찌가 더욱 한탄해 마지않는 것은 군사기지로 땅을 빌려주고 보상금을 받아먹던 사람들에게 휴양지 개발은 유일한 대안이기 때문에 혁신파도 어쩔 도리가 없다는 것이다.

어둠이 깊어간다. 수평선은 이미 보이지 않고 등뒤의 무덤들도 언덕의 시커먼 형체 속에 묻혀버린다. 아이들의 호주머니는 산호로 가득하다. 우리는 어슬렁어슬렁 돌아가서 차에 오른다. 지쳐서, 입을 떼는 사람도 없다.

오끼나와에서는 어디서나 바다를 만난다. 성지 세에후아 우따끼

(斎場御嶽)로 가는 길을 우거진 잡목 사이로 더듬어 오르면 흡사 깎아
지른 판때기들을 뾰족하게 세워놓은 듯한 거대한 바위가 있는 작은
평지에 문득 이르게 된다. 이렇듯 험난하게 생긴 은신처에 그 옛날
신녀장(神女長)으로 점지된 임금의 누이(키꼬에노오오기미聞得大君)
가 사흘 밤낮을 숨어 있었다. 일본 학자들은 이러한 류우뀨우의 관습
에서 자기네 고대사에 나타난 남매통치제(男妹統治制)의 증거를 발
견하고 싶어한다. 이리로 오는 길 바로 맞은편 바다에 떠 있는 것이
쿠다까(久高) 섬인데 류우뀨우국의 시조가 처음 강림한 땅이다. 철썩
이는 물소리가 석실(石室)을 맴돌 때, 나는 소리의 소용돌이에 휘말
려 하늘로 솟는다. 그밖에는 완전한 정적.

　시인이고 학자이자 화학 선생이며 운동권 인사이기도 한 타까라
벤이 나를 이곳까지 데려다주었다. 여섯살 난 그의 딸과 딸의 친구들
도 함께 오끼나와 섬 남쪽 끝의 성지를 돌며 안내해준다. 이곳은 그
가 자란 곳. 해거름에 심부름 나간 김에 숲속을 달리고 싶어지던 소
년 시절의 기분을 그는 지금도 되살릴 수 있다. 여기저기에 넓적하고
두툼한 선향(線香)들이 놓여 있다. 바위와 물과 나무들, 오끼나와의
성소(聖所)에 필요한 것은 이것뿐이다. 토리이 따위는 없다.

　오끼나와 섬 남부에도 도처에 전쟁의 흔적이 있다. 일본군 패잔병
들이 전쟁에 동원된 남녀 학생들을 끌고 이곳으로 퇴각해와서 피란
처를 두고 민간인들과 부딪쳤다. 부상병들은 청산가리 주사를 놓거
나 필요하면 총검 또는 군도(軍刀)로 찔렀다. 살아남은 병사들은 해
산 명령을 받고 버려진 채 비오듯 하는 포화 속을 우왕좌왕하다가 앞
은 바다요 등뒤는 미군, 오갈 데 없는 낭떠러지 위에서 짐승처럼 울

부짖었다.

더할 수 없이 아름다운 기념비 하나는 커다란 바퀴를 떠받치고 있는 공 모양인데, 한쪽 면을 밋밋하게 깎고 '평화의 탑'이라 새겨놓았다. 참으로 그곳, 기념비가 서 있는 키얀곶(喜屋武岬) 맨 꼭대기는 고통스러울 정도로 평화롭고, 검푸른 바다는 공을 껴안은 바퀴의 선명한 테두리에 가로막히다가 저 멀리 수평선으로 뻗어나간다. 안내판은 여기에 유해를 묻은 병사들과 민간인 1만명의 영예로운 최후를 들려주고 있으나 은연중 그에 대한 불신감을 느끼게 한다.

키얀곶에서 그리 멀지 않은 마부니 언덕에는 치비찌리 동굴의 오바아가 일본 쏘프트볼협회 회장에게 가보라고 했다는 그 광대한 전쟁기념국립공원이 있다. 거기에는 일본 각 현의 위령비가 세워져 있는데 저마다 더 호화롭게 세우려고 경쟁한 듯한 느낌을 준다. 관광버스들이 잇따라 와서 손님들을 토해낸다. 그들은 한결같이 꽃을 사서 자기네 비석을 찾아가 잠시 머리를 숙이고는 사진을 찍고 기념품 한두가지를 산다. 더운 여름이면 아이스크림을 사먹는 절차가 추가된다. 오끼나와에서 미국의 존재가 의미하는 바는 미국식 아이스크림—지방 함유량이 높은 아이스크림을 먹을 수 있다는 것이기도 하다.

그러나 거의 모든 이가 오끼나와 현립 평화기념자료관에는 들르지 않는다. 아마도 신중히 생각해서 그렇게 했을 테지만, 그것은 바로 기념비들이 빽빽하게 늘어선 언덕 밑에 있다. 거기에 가면 여러 측면에서 기록한 전쟁자료들을 볼 수 있다. 강제된 자살의 갖가지 수단들도 전시돼 있고, 맨 마지막으로 깜깜한 방에서 녹취한 증언의 한

페이지 한 페이지를 읽어가노라면 야마똔쭈 병사들조차 죽을 때 '텐노오헤이까 반자이(天皇陛下萬歲)'를 외치지 않았음을 알게 된다. 외칠 힘이 남아 있던 사람들은 어머니의 이름을, 아내와 애인의 이름을 부르며 죽어간 것이다.

어둠의 세계를 규명하고 기념하는 모든 기획은 말살할 수 없는 인간정신의 증거라는 형태로 어쩔 수 없이 한 가닥 빛을 허용하게 되는 듯하다. 이곳에서는 그 빛이 정녕 뒤늦게 깨닫고 허겁지겁 첨가된 것 같이 전시의 맨 마지막, 투항하는 오끼나와인들의 수효가 많아져서 만들어진 포로수용소를 보여주는 코너에 가서야 퍼져나온다. 낙하산 천을 한땀 한땀 정성들여 바느질해서 만든 웨딩드레스가 있다. 오끼나와 어느 곳에서나 눈에 띄는 전통악기 산신(三線, 삼현금)은 빈 통조림 깡통과 야전침대의 뼈대로 만들어져 그 처절했던 절망의 나날에도 수용소 안을 노래와 춤으로 채웠다 한다. 그러나 이 코너도 결코 죽음을 이야기하는 그 숱한 말들의 무게를 덜어주지는 못한다. 증언의 방에서 시간을 보낸 한 관람객은 깜깜한 데서 밖으로 나오자마자 벤치에 쓰러져버린다. 어떤 젊은이가 동행자에게 하는 소리가 내 귀에 들린다. "나, 이런 곳은 질색이야."

위령의 언덕은 눈이 멀어버릴 정도로 밝다. 여기서 망자들은 석비에 새겨진 숭고한 말들로 하여 입을 다문다. 그 쏟아지는 햇살 아래서자, 자료관의 깜깜한 방에서 내 머리통 속으로 들어와 갇혀 있던 소리들이 일시에 분출하며 그들의 고뇌를 하늘에 헤쳐놓는다. 마부니의 눈부신 바다 위로 부는 바람은 죽어가는 자들의 아우성을 실어 무겁다.

오끼나와 전역에서 모여든 늙은 여인들이 남편의 사진이 진열된 불단 앞에 앉아 있다. 이제는 그녀들의 손자로 보일 만큼 젊고 팔팔한 고인의 사진들, 그들에게 당신 남편의 죽음은 개죽음이었다는 말을 어떻게 할 수 있을까? 그러나 그런 말이 불러일으킬 아픔의 과정을 겪지 않는다면 유족들은 두번 속임을 당하는 것이다. 두번째 기만은 얼마간의 현금과 미사여구가 새겨진 석비, 국가가 제공하는 허울뿐인 보상이다. 그 죽음을 헛되지 않게 하는 오직 하나의 길은 그들의 생명이 어떻게 소모되었는가를 똑바로 인식하는 것이다.

　그러나 사망자를 가장 많이 낸 이곳 남부, 택시 운전사들이 내게 말했듯이 열매가 주렁주렁 달린 과일나무를 보거든 그 밑에 반드시 시체가 묻혀 있다고 생각하라는 이 지역이, 전사자에 대한 정부 측 견해를 가장 많이 지지하고 있다. 그 견해가 근거로 삼고 있는 것은 고귀한 정신이 스스로 바친 희생이라는 레토릭, 죽은 미시마 유끼오(三島由紀夫)의 몇몇 작품 속에서 그 극치를 볼 수 있는 수사학이다. 대중의 수난과 정부 측 설명의 수용, 이 둘의 결합은 비단 오끼나와만의 특징은 아니다. 그것은 나가사끼와 히로시마, 아니 전일본의 유족들에게서 볼 수 있다.

　가장 북적대는 관광명소는 '히메유리 탑'인데, 거기에 이르는 길 양쪽 도로변의 토산품가게들은 모형 무기와 아이스크림 외에도 베트남전쟁을 연상케 하는 위장복을 주요 상품으로 비치해놓고 있다. 히메유리 탑은 이 지역의 2개 명문 여학교에서 전쟁에 동원되어 나갔다가 죽은 15~19세의 소녀와 교사 194명의 명복을 비는 곳. 그 이름은 두 학교 동창회지 제목이 각각 '히메'(아가씨姬)와 '유리'(백합百

姬)인 데서 유래한다. 어린 소녀가 부상병을 돌보다가 결국 자신도 죽음을 맞는다는─미군의 포화와 자폭을 위한 수류탄이라는 정석대로 조합된─이미지는 대중적인 상상력을 무조건 잡아끈다는 것이 판명되었고, 그로 인해 순결과 애국심을 상당히 노골적으로 연계한 산업이 발달했다. 이 기념비에 쉴새없이 싱싱한 꽃이 바쳐지므로 길가의 꽃장사가 번창하는 것은 말할 것도 없고, 미국 서부의 황야를 무대로 흑인인형을 꾸며놓은 길 저 아래쪽 선인장공원까지 포함해 한결같이 이 '유리'라는 이름에 빌붙어서 돈을 벌고 있다.

토시꼬도 그중 한 여학교 출신인데, 비운의 학생들보다 2, 3년 위다. 나는 그녀에게 기념비 옆에 새로 지은 자료관으로 데려다달라고 조른다. 그것은 지나친 상업주의에 맞서 세워졌다고 한다. 그녀는 회의적으로 코웃음 쳤지만 그래도 가보자고는 한다. 그녀가 빨간 장미 한 송이를 들고 왔으므로 우리는 일단 기념비 앞에 섰다. 시들시들한 꽃더미 위에 새 꽃 한 송이를 얹으면서 그녀는 마치 산 사람에게 말하듯 중얼거렸다. "나 여기 왔어. 너희들보다 두어 해 먼저 다녔어. 장미 한 송이 가져왔는데, 내가 기른 거란다." 그녀의 말투는 언제나처럼 무뚝뚝하지만 '너희들' 어쩌고 하는 말에는 정감이 배어 있다.

직접 대화하듯 하는 이것이 망자에 대한 토시꼬의 추모법이다. 쇼오이찌에게는 그 나름의 예법이 있다. 그는 치비찌리 동굴의 오바아들에게 동굴에서 일어난 일은 일본의 아시아 침략에 오끼나와가 한몫 거든 데 대한 댓가라는 말을 할 수가 있으며, 실제로 그렇게 하고 있다.

6월 하순의 요미딴촌. 계절풍이 오끼나와를 지나갔으나 홋까이도 오에 상륙할 리는 없을 것이다. 이 두곳은 일본 열도의 나머지 지역들과는 다른 리듬으로 산다. 계절풍이 일단 지나가면 무더위가 달려들지만, 오끼나와인들은 나름대로 견디는 방법을 알고 있다―여주〔苦瓜〕로 만든 갖가지 음식에서부터 평소보다 훨씬 많은 양의 음주에 이르기까지. 요미딴의 도예가 마부이의 집에서는 밤이 즐겁다. 본시 버려진 농가였던 것을 사람들이 합성수지 건축재로 교체하느라고 뜯어서 내버린 조각들을 주워다가 거의 그녀 혼자 힘으로 마루·벽·문짝·창틀·천장 등에 끼워맞춰서 아주 쾌적한 보금자리로 만들어놓았다. 태풍이 불어올 때는 지붕이 좀 새긴 하지만 사실 젖어서는 안 될 물건이 없는데야 무슨 상관이랴, 이게 그녀의 생각이다. 아침햇살이 알맞게 비치는 마부이의 응접실에서는 목재와 덩굴식물들의 멋들어진 조화가 연출된다. 길이 들어서 매끌매끌하고 윤기 나는 마룻바닥, 등나무로 짠 돗자리, 대나무 발, 거기에 인도외 티베트에서 온 비단천들이 운치를 더해준다.

마부이는 오끼나와 미인이다. 네살 적부터 할아버지 손에서 자라면서 약초와 바다 이야기에 통달했다. 뜰에 설치된 가마 주변에 나 있는 풀이며 나무 들은 하나같이 먹을 수 있거나 약초로 쓰이는 것들이다. 근처에는 몇개의 무덤이 있을 뿐 외딴집이다. 마부이라는 오끼나와식 이름은 넋〔靈〕이라는 뜻이란다.

이른바 운동(movement)이라는 것에 관계해본 일이 없는 그녀지만 '평화를 위한 요미딴촌 실행위원회'에는 속해 있다. 내가 그녀를 처음 본 것은 토오꾜오의 한 오끼나와 술집 2층에서 열린 치바나 후원자모임에서였다. 그 모임의 목적은 6개월의 '자숙'기간이 지나 재개될 치바나 재판에 대비하는 데 있었다. 사실 치바나 재판은 두가지였는데, 하나는 물론 쇼오이찌의 재판이었고, 다른 하나는 치바나 모리야스(知花盛康)라는 사람의 재판이었다. 두 사람은 다 '평화를 위한 요미딴촌 실행위원회'의 동지들이긴 하지만 친척은 아니다. 멜론 재배 농민인 모리야스는 경찰이 일장기를 불태운 치바나를 체포하려는 것을 방해했다는 혐의로 기소되었다. 쇼오이찌 자신은 정작 구속영장이 떨어질 때까지 출두하지 말라는 요청을 받았던 사실을 감안하면 앞뒤가 안 맞는 이야기다.

그날 밤의 토오꾜오 모임은 이런 운동의 내부에 서린 긴장감을 반영하고 있었다. 무엇보다도 먼저 이런 활동에 참가하는 사람들은 분명한 자기의견을 갖고 있고 또 그것을 남들 앞에서 주장하는, 일본 사회에서는 소수파에 속하는 사람들이다. 일본 사회의 다수파는 될 수 있으면 자기 의견 따위는 갖지 않는 게 좋고, 갖고 있더라도 드러내지 않는 게 좋다고 믿는다. 게다가 치바나 변호인단은 토오꾜오·오오사까·오끼나와의 변호사들로 구성되어 재정적으로나 실무적으로 부담이 클 뿐 아니라 여러가지 미묘한 문제들이 발생하고 있다. 오오사까 팀이 가장 적극적으로 전략을 제안한다. 그러나 많은 사람들이 지적해온 바지만 오끼나와의 운동은 본토 사람들에 의해서 주도되고 있다. 오끼나와는 기업과 군사적 관심의 대상인 동시에 진보적 지식인들에게도 매력이 있기 때문이다. 열기는 있으나 쉬 지쳐버리는 야마또의 도시문화에 비해 지금도 오끼나와가 보여주고 있는 대조적인 성격은 은연중 일종의 식민주의적 태도를 유발하기도 한다. 한편으로는 미친 듯한 열중, 다른 한편으로는 경멸어린 짜증 식의 태도인 것이다. 오오사까의 변호사들은 오끼나와가 주도권을 쥐어야 따라가겠다고 말한다. 그러나 정작 오끼나와의 변호사들 쪽은 비교적 젊은 사람들인데다 미군기지 관련 사건들만 맡기에도 벅찬 형편이라 경험이 많은 본토 변호사들이 도맡아주었으면 하는 눈치다. 이러한 사정을 조정해가면서 10년도 더 걸릴 듯한 재판투쟁을 이끌어가기 위해서는 기민한 통찰력과 신념, 그리고 두둑한 배짱이 필요하다. 마부이는 이 점을 아주 잘 이해하고 있다. 그녀는 참으로 마음이 넓다.

그녀의 그 너그러운 마음은 구름 한점 없는 여름 하늘 아래 숨 막힐 듯 뜨겁게 달아오르는 가마에서 단련된 것일지 모른다. 관광포스터에 있는 바로 그 푸른 하늘. 그러나 토오꾜오에서 온 비키니 차림의 젊은이들이 수놓는 푸른 바다 대신에 부드러운 색깔의 약초밭과 거기시 움직이고 있는 마부이의 모습은 또다른 정취(情趣)를 불러일스킨다. 무명 작업복 바지와 셔츠에, 허리께까지 치렁치렁한 머리카락을 땀에 젖은 이마와 목덜미에 달라붙지 않도록 틀어올려서 스카프로 눌러놓았다. 가마에 불을 지필 때면 그녀는 하루에 세번씩 옷을 몽땅 갈아입는다. 오오사까에 보낼 짐 꾸리기를 막 끝냈다며 마부이가 쇼오이찌의 집까지 같이 가겠다고 한다. 쇼오이찌의 노모가 쇼오따로오(昌太郎)가 자고 있을 때 찾아오면 나를 만나주겠다고 한 것이다. 쇼오따로오는 쇼오이찌가 구치소에 있을 때 태어난 아기다. 집으로 가니까 마침 아기는 자고 있고, 그 위의 딸아이 미끼요(未來世)는 보육원에 가고 없다. 일장기 사건 이후로 치바나 씨 부부는 아들 내외와 같이 살고 있었다. 장지문에 난 구멍이 어린애들의 존재를 말해준다. 손가락을 디밀어 퐁 하고 뚫는 그짓을, 내가 옛날 외가에서 자라던 시절에는 사촌형제들이 곧잘 저질렀고 세월이 한참 흐르고 나니 내 아들녀석이 또 그랬다. 구멍이 뚫린 그대로 내버려두는 것은 어린애들의 장난에 관대하다는 뜻이다.

사건이 난 지 2년 가까이 된 지금은 이 집도 웬만큼 안정이 되었다. 그래서 치바나 부인과 그 며느리 요오꼬의 입에서는 재판만 없다면 우리 집 생활이 어쩌고 하는 말이 곧잘 튀어나왔지만 얼른 쾌활하게 웃으며 이렇게 얼버무린다. "그래도 우린 저 많은 편지에 일일이 답을 보낼 거라우." 부친 치바나 씨는 얼마 전부터 다시 게이트볼을 치기 시작했고 치바나 부인도 1년 이상 쉬던 전통음악 공부를 다시 하고 있다. 그녀는 처음부터 다시 시작하듯 산신부터 잡은 뒤 원래 같이 배우던 사람들을 천천히 뒤쫓아갔다. 친구들은 진작부터 다시 나오라고 했지만 그녀는 그럴 기분이 아니었던 것이다. 모두들 춤도 함께 배우고 있어서, 하며 그녀는 설명하듯이 덧붙인다. 그 말을 듣고 나는 생각한다. '그렇구나. 이런 공동체에서는 성인이 된 아들의 반사회적 행동에 책임을 느끼고 근신 중인 여성이 악기 연주는 몰라도 춤을 추러 다닌다는 것은 아무래도 용납하기 어려우리라.'

요오꼬는 토오꾜오에서 6년간이나 간호사 생활을 한 여성인데 남편이나 그 부모들처럼 지역활동에 나서지는 않고 있다. 그녀는 다만 같은 연령층 여성들의 상조모임인 모아이(模合)에 들어 있는데, 무엇보다도 나중에 시어머니 나이가 되었을 때 친구가 있어야 하기 때문이라 한다. 그녀가 '오바아짱'(할머니)이라 부르는 시어머니는 부인회

회원이었는데 예순살에 물러나기로 되어 있는 규정에 따라 지금은
은퇴하여 노인 그룹에 속해 있다. 요오꼬는 아직 부인회에 들지 않았
는데 그 회원들 중에 아는 사람이 별로 없어 서먹할 것 같아서란다.
그녀와 같은 또래 여자들은 그녀의 처지를 이해하지 못하는 것 같고,
그녀 쪽에서 이해를 구하고 나설 심정도 아니다. 그녀가 이웃 여성들
과 별로 어울리지 못하는 것을 오바아짱이 염려하는 것 같아 괴롭긴
하지만 자기 나름대로 충실한 생활을 하고 있다고 믿는다.

한편, 쇼오이찌의 생활은 충실 이상이다. 그래서 두 여성은 그의
건강을 염려한다. 이런 식으로 가다가는 그가 아버지 나이가 되었을
때 게이트볼 같은 소일거리마저 갖지 못할 게 아닌가 싶다는 것이다.
그래서 내가 그 사람은 매사에 시원시원하고 좋은 성격의 소유자라
고 말했더니 아이고, 당신은 아직 그애가 어떤질 몰라요, 하고 치바
나 부인은 말한다. "언제나 일에 지쳐 있다오. 밖으로 드러내지는 않
지만 집에서나 가게에서나 후원회 모임에서나 한시 반시도 긴장을
풀지 못하고 사는걸. 오라는 데는 또 좀 많아요? 하지만 세상없이 바
쁜 일이 있어도 매일 아침 챙길 것은 다 챙겨놓고 나간답니다. 어떤
때는 아침 일찍 몰려와서 동굴로 안내해달라는 사람들 때문에 비행
기 시간을 놓치기도 했다오. 오죽하면 가게 일꾼들이 사장님 파면시
키자구 농담을 다 하겠어요?"

사정이 이렇긴 하지만, 우익들이 마을에 몰려와 기념비를 때려부
순 뒤의 그 기나긴 긴장의 시기에 비하면 아무것도 아니다. '오지이
짱'(할아버지. 시아버지를 가리킴—옮긴이)께선 쇼오이찌를 절대 용서 안
하신다 하셨어요, 하고 요오꼬는 말한다. 난 이제부터 절대 안 도와

줄 거야, 쇼오이찌한테 그렇게 말해, 내게도 그렇게 말했다오, 하며 옆에서 치바나 부인도 거들었다. "그래도 책이 나오니까 맨 먼저 읽어치운 게 오지이짱이었다오. 그다음엔 그 친구분들이 읽기 시작하셨지. 200부 가량 계산대 위에 쌓아놨더니 불티나게 팔렸어요."

"오지이짱은 아직도 일장기는 태우지 말았어야 한다고 말씀하세요. 나도 왜 하필이면 아빠가 그 일을 했어야 했는지 모르겠어요. 하지만 결코 아빠가 나쁜 짓을 했다고는 생각지 않아요." 이렇게 말하는 요오꼬는 남편을 옛날 식으로 '오또오상'(아빠)이라 부른다. 쇼오따로오가 태어난 뒤 그녀는 병원에서 곧장 이곳으로 오려 했으나 모두들 일이 가라앉을 때까지 친정에 가 있는 게 좋겠다고 말했다. "이웃사람들이 계속 찾아왔어요. 낌새가 이상하다고는 생각했지만 부모님들이 말씀해주실 때까지 난 그 까닭을 몰랐죠. 누구나 내가 이혼할 거라고 생각했다는 거예요." 요오꼬는 이렇게 회상하며 웃는다. 그렇게 생각한 것은 이들과 아무 상관없는 다른 사람들이나 노인들만은 아니었다. '평화를 위한 요미딴촌 실행위원회'는 마부이와 또 한 회원에게 요오꼬가 이혼을 고려하고 있는지 만나보라는 임무를 맡겼었다.

치바나 부인은 아직 걱정이 많다. "깃발을 태우지만 않았어도. 하지만 그 때문에 운동이 전국적으로 번진 거 나도 알아요. 걔를 대학까지 보낸 게 애당초 잘못이지. 그전엔 정말 착한 애였다오." 그는 일찍부터 지도자의 자질이 있었던 듯, 이웃 아이들은 쇼오이찌가 집에서 나오는 걸 기다렸다가 그를 앞세우고 학교에 갔다고 한다. "나쁜 짓이라곤 한 적이 없어요. 설날이거나 아니면 무슨 잔치라도 있어서 사람들이 많이 모일 때면 나는 모든 사람들을 향해서 그렇게 외치고 싶어진다오." 이 말 끄트머리쯤에 이르러 부인의 목소리가 약간 흐느끼는 듯한 것을, 나는 토오꾜오에 돌아와 테이프를 재생해 들으면서 비로소 알았다. 그 가족들이 다 그렇듯 치바나 부인 역시 대범하고 자신에 차 있는 사람인데도.

치바나 부인은 아들이 법정에서 함부로 말하지 말았으면 한다. 요오꼬도 남편이 좀 무례한 게 아닌가 싶기도 하지만 그 지지자들이 아니라고 하니까 그러려니 한다. "어떻게 돼가는 건지 전 잘 모르지만 아빠가 하는 대로 따라가고 있어요."

치바나 부인은 법정에 가지 않지만 요오꼬에게는 꼭 가라고 한다. "날 생각해서 집에 있겠다 하지만 난 그래요. 어서 가, 난 여기서 내 할 일 할 테니까." 그녀가 집에서 할 일이란 공판 지켜보러 온 지원자들에게 대접할 음식을 장만하는 일이다. 치바나 부인은 해초튀김을 잘 만들지만 그건 미리 해두면 맛이 없기 때문에 오끼나와식 국수를 준비한다. 보통 60명쯤 오는데, 그 정도를 치러낼 그릇은 준비되어 있다. "재판이 끝날 때까지 할 수 있을지 어떨지 모르겠어요. 아무튼 하는 데까지 하는 거지."

이야기가 길어져서 쇼오따로오의 낮잠 자는 시간이 끝나버렸다. 그애는 천장에 매달아 늘어뜨린 광주리 속에 누워 있다. 마부이가 광주리의 끈을 조심조심 흔들어서 반시간쯤 더 얌전히 있게 해놓는다. 녀석이 더이상 참지 못하고 칭얼거리기 시작하자 할아버지가 방으로 들어와 전축을 틀어놓고 음악에 맞춰 어린애의 손발을 잡고 움직이며 놀아준다. 일흔살이나 된 이 노인은 지금도 고장난 오토바이를 한 손으로 번쩍 들어 트럭에 실을 정도로 힘이 장사다. 아침 여섯시에 일어나 슈퍼마켓을 청소하는 일은 일주일 내내 도맡아놓고 한다.

치바나 씨는 선천성 뇌성마비를 앓고 있는 손녀딸하고도 잘 놀아준다. 요오꼬는 이 딸을 품에 안고 젖을 먹일 때 눈길이 서로 마주치지 않는 것이 무엇보다 슬펐다고 한다. 미끼요는 이제 겨우 아빠 하고 부를 수 있게 되었는데 오지이짱의 품에 안겨서 잠드는 것을 제일 좋아한다. 요오꼬와 쇼오이찌는 이 딸을 데리고 본토의 유명한 전문의들을 두루 찾아다녔으며, 쇼오이찌는 딸의 상태를 누구에게나 숨기지 않고 이야기한다. 이제는 그 딸을 보육원에 보내서 다른 아이들과 똑같이 어울리게 한 결과, 불과 몇달 사이에 상당히 호전되었다. 가까운 장래에 이들에게는 셋째 아이가 태어날 것이다. 이렇듯 마음이 넉넉한 가족을 나는 달리 본 일이 없다.

치바나 쇼오이찌를 단순히 예외적인 한 개인으로, 일장기를 태우는 따위 엉뚱한 짓을 감행한 일개 모험가로 치부해도 될 것인가? 나는 그래서는 안된다는 인식을 서서히 굳혀왔다. 나를 포함한 대부분의 사람들이 그를 지도자 자질을 타고난 사람으로 보려고 하지만, 사실 그 자질이라는 것은 독특한 마을공동체 내에 있는 한 특별한 가정에서 길러진 것이다. 그리고 이 마을공동체의 독특한 성격은 쇼오이찌의 고등학교 은사였던 촌장 야마우찌 토꾸신의 지도력에 힘입은 바가 크다. 촌사무소는 어머니가 기독교인인 요오꼬와 쇼오이찌가 결혼식을 올린 교회 근처에 있다. 사무소 출입문 바로 옆에 설치되어 있는 커다란 게시판에는 헌법 제9조의 전쟁 포기를 천명한 조문이 게시되어 있다. 그 오른편 아래에는 한 일본군 병사가 한 무리의 어린이와 노인 들을 향해 총을 겨누고 있는 만화가 그려져 있고 이런 문구가 씌어 있다. "집단자결을 허용하라." "어린이와 노인들은 거추장스럽다!" 도대체 행정관서 입구에 이런 게 게시되어 있는 곳은 전국에서 여기밖에 없을 것이다.

야마우찌 촌장은 실상 온건한 정치가다. 그는 마을의 수장으로서 일본 정부와 미군 당국을 상대로 싸워야 했고, 그 일을 사뭇 성공적으로 해왔다. 그는 15년의 촌장 재임기간 중에 미군기지 바로 옆에 마을 사회복지센터를 설립한 것을 비롯해 요미딴촌 보조비행장 구내에다 번듯한 '평화의 숲 경기장'을 포함한 갖가지 체육시설을 해놓았다. 미군사령관들은 당연히 일본 정부가 자기네에 제공한 땅이라며 일단 거부했다. 이에 대한 야마우찌 촌장의 대답은 명쾌하다. "이 땅은 일본 정부가 멋대로 누구에게 제공할 수 있는 땅이 아니다. 본시 우리 땅인 것을 처음에는 일본군이, 다음에는 미군이 뺏어갔을 뿐이다." 그리고 야마우찌는 계속 고개를 꼬아대는 미군사령관들을 상대로, 주민들의 권리를 존중하는 것이 얼마나 중요한가를 자기에게 가르쳐준 것은 다름 아니라 미국의 민주주의라고 강의해주었다.

야마우찌는 이 마을에 최초로 세워질 체육시설의 위치는 사시장철 바다의 훈풍이 불어오는, 요미딴촌에서 가장 아름다운 곳이라야 한다고 생각했다. 조사 결과 그러한 장소는 비행장 안에 있었는데, 미군이 그곳에 잠수함 초계용 PC3 안테나를 세울 계획이라는 것이었다. 온갖 수단을 다 써서—예컨대 촌장은 미군사령관을 만나러 갔을 때 회의 중이라며 만나주지 않으니까 날마다 몇시간씩 회의

장 밖에 죽치고 앉아 있다가 용변 보러 나오는 사령관을 만나기도 했다—교섭과 항의를 거듭했으나 미군의 계획을 변경시킬 수 없었다. 그러던 차에 일본 기동대가 출동할 계획이라는 정보가 야마우찌의 귀에 들어갔다. 말하자면 폭력사태를 도발하겠다는 것이다. 그래서 야마우찌는, 그의 표현대로 하자면 "미국 인민에 대한 최고책임을 지고 있는 사람"인 지미 카터(Jimmy Carter)에게 직접 안테나 건설 중지를 호소하기로 했다. 그는 호소문을 일본어로—"왜 일본인이 문서를 꼬부랑 글자로 써야 해요?"—발송해놓고 곧바로 기자회견을 열어 그 내용을 공표함으로써 신문마다 대서특필하게 만들었다. 기동대는 출동하지 않았다. 그 대신 촌장은 토오꾜오에서 온 전화를 받았다. 시골 촌장이 감히 외교 문제를 야기한 데 대한 호된 질책의 전화였다. 이에 야마우찌는 응수했다. "외교는 중앙정부의 특권이오? 그렇다면 내가 미군기지와 영사관, 대사관, 그리고 (일본) 방위청을 발이 닳도록 돌아다니며 호소할 때 당신들은 뭘 하고 있었소? 미국인들은 행복을 추구할 권리를 헌법으로 보장받고 있는데, 요미딴촌의 주민들에게는 자신들의 행복을 추구할 권리가 없다는 게요?" 이에 대한 토오꾜오의 대답이다. "당신이 기자회견을 하는 바람에 기동대 출동이 유보됐어."

카터에게서는 좀체 회신이 오지 않았다. 촌장은 로절린(Rosalynn, 카터 부인)에게 남편한테 말 좀 잘해달라는 부탁과 함께 요미딴 특산물인 화직(花織)을 보내려고 준비 중이었는데, 그때 마침 기지에서 연락이 왔다. 안테니 공사를 중지힘은 물론 이미 신행된 부문도 철거한다는 것이었다. 촌장은 가을에 개장할 것을 목표로 체육시설 공사를 서둘렀다. 개장식에는 기지사령관 부처를 귀빈으로 초대했다. 그렇게 하는 것이 촌사무소의 젊은 노조원들뿐 아니라 촌민들의 불안한 마음을 쓰다듬는 데도 좋으리라 판단한 때문이었다. 그는 또 개막 행사의 하나로 요미딴촌사무소 고위간부 세명과 미군기지 고위장교 세명이 참가하는 경보(競步)경주를 개최하고, 거기서 자기가 우승하겠다고 장담했다. 과연 그렇게 되었다. 145센티미터 키의 내 어머니보다 결코 크다고 할 수 없는 그가 이긴 것이다. "미국인들은 그 무거운 가죽구두를 신고 올 게 틀림없었는데, 나는 운동화를 신었죠." 그러고는 내 눈을 들여다보며 말을 이었다. "쇼지요, 뭐. 미국인들은 그런 걸 좋아하잖아요?" 이 일은 전술적으로도 그에게 유리한 기회였다. "스포츠 중에서도 육상경기만큼 인기있는 게 없죠. 나중에라도 미군 측에서 더 많은 땅을 요구해오면 — 실제로 그랬지만 — 난 이렇게 대답해줄 속셈이었어요. 우리 젊은이들이 어떤 아이들인지 보았죠? 그들이 항의를 하고 나서면 난 어쩔 도리가 없다구요." '평화의 숲 경기장' 건설을 위해 미군과 일본 정부를 상대로 한 투쟁은 그로부터 5년이나 더 계속되었다. 처음에는 촌장이 낙하산부대 훈련에 대한 촌민들의 항의행동(연날리기, 활주로에 주차하기, 오끼나와 음악을 틀어놓고 활주로에서 춤추고 노래하기 등)에 촌사무소 직원들도 참가하라고 독려했으나 나중에는 전략을 바꾸어 직원들을 철수시켰다. 그러고는 일부 촌민들의 불평을 무마하면서, 낙하훈련장 바로 옆 보조비행장에다 미군과 함께 사용할 야구장을 짓겠다는 타협안을 제시했다. 이를 위해서 그는 여러 시간 조사를 한 끝에 장장 2미터에 달하는 장문의 편지를 써서 미국 당국에 제출했다고 한다. 편지에서 그는 "우리에게 희망과 꿈을 심어준 민주주의의 산실"인 미국 역사를 이야기한 다음 간디, 타고르, 네루의 저서를 언급하고, 마지막에 가서는 편지의 수취인인 미국 외교관에게 페리(Matthew C. Perry) 제독이 처음 일본에 왔을 때의 일을 상기시켰다. 1853년 페리는 토오꾜오로 가는 도중 요미딴에 기착했는데 그때 촌민들은 그에게 달걀과 닭과 오이를 주었던 것이다. 물론 그는 이 일을 상기하는 것은 결코 130년 묵은 빚을 보상받자는 뜻이 아님을 분명히 밝힌 뒤에 비로소 자신의 주장을 개진했다. 외교관인 당신의 협력만 있다면 미군기지 안에 '평화의 숲 경기장' 건설이 가능하다며 여러가지 선례를 들어가면서 호소한 것이다.

경기장은 건설되었다. 국체의 쏘프트볼 경기가 거기서 열렸다. 쇼오이찌가 일장기를 태우고 기소되었다. 낙하산부대 훈련은 강화되었다.

마부이는 낙하산부대 훈련이 한창일 때 그에 항의하는 사람들이 확성기를 동원해 귀에 거슬리는 괴상한 소음을 틀어대던 현장에서 우연히 야마우찌 촌장과 맞닥뜨린 일을 기억하고 있다. 그 방법의 난점은 소음이 낙하산부대원들만 괴롭히는 게 아니라 촌민들까지 괴롭힌다는 것이었다. 무슨 좋은 생각이 없느냐고 촌장이 물었다. 그녀가 언뜻 생각해낸 아이디어는 전자로 조작하는 장난감 비행기를 띄우면 어떨까 하는 것이었다.

요미딴촌은 인구가 3만명이어서 시로 승격될 자격이 있는 촌이다. 그런데도 주민들은 계속 촌으로 남아 있기를 원한다. 예술가 시모지마 테쯔로오는 아마도 요미딴촌은 일본 전역에서 전쟁의 종결이 가져다준 민주주의의 실현을 위해 노력해온 유일한 곳일 것이라고 단언한다.

야마우찌 토꾸신은 미군과 일본 정부 사이를 오가며 줄타기를 하고 있다. 그는 자신의 야심을 이루고자 이 위태로운 줄타기를 하고 있다──체육시설을 미군기지 내에 설치하되 낙하산부대 훈련장 바로 옆에 지은 다음 국체를 유치한다. 그는 이 일을 무난히 해낼 수 있고 또 그렇게 함으로써 한 국체와 또 하나의 국체 사이의 구별을 명확히 하고 스포츠의 국체를 정치의 국체로부터 해방할 수 있다고 생각했다. 그것은 불손일까? 그를 압도했던 그 힘, 그로 하여금 국체 개최 전야에 일장기 게양을 약속할 수밖에 없게 한 힘을 그는 '지진(地震)'이란 말로 표현한다. 시간이 너무 촉박했던 것은 사실이다. "하지만 우리는 키미가요는 안 불렀어요. 그리고 반핵기도 게양했죠."

"쇼오이찌는 우리 심정을 대변해준 거죠. 개중에는 복귀투쟁할 때는 일장기 들고 흔들나가 지금에 와서는 그걸 거부하다니 웃긴다는 사람도 있어요. 하지만 그때 우리가 반대했던 것은 미군의 인권유린이었죠. 어느 시대에나 사람들은 압박에 저항할 권리가 있습니다. 중요한 건 저항이죠. 지금 우리가 일장기나 키미가요를 수동적으로 그냥 수용한다면 앞길은 뻔한 거예요. 이것이 바로 현대를 사는 일본 시민으로서 우리가 결정해야 할 선택들입니다. 쇼오이찌는 비록 전후세대에 속하지만 치비찌리 동굴의 교훈을 알고 있었기 때문에 올바른 선택을 한 겁니다. 지금 그와 나는 피고와 원고의 처지로 갈라서 있어요. 하지만 그는 시민으로서 자신의 권리를 계속 주장해나갈 것이고, 나는 또 나대로 촌민의 대표로서 일장기 문제를 끝까지 추구해나갈 것입니다. 두 사람은 각각 역사에 한점 부끄럼 없는 길을 걸어갈 것이고, 언젠가는 두 사람의 길이 만날 거라고 생각해요."

나는 촌장에게, 쇼오이찌에 대한 제소가 일본 정부에 일장기를 일본 국기로서 공식화할 수 있는 재판을 연출할 기회를 제공한 것이다, 그런 점에서 촌장의 행동을 비판적으로 보아왔다고 솔직하게 털어놓았다. 그랬더니 촌장은 항상 이 재판이 쇼오이찌의 행동은 단순한 우발적 사건이 아니라는 사실을 널리 알리는 기회가 된다고 생각해왔다는 것이었다. 나는 그에게 최근 미국 대법원의 선고를 받은 텍사스주 대 그레고리 리 존슨(Gregory Lee Johnson) 재판을 어떻게 보느냐고 물었다. 미국 국기를 소각한 존슨의 행위에 대해서 대법원은 헌법이 보장한 언론의 자유에 속한다고 판결한 것이다. 촌장은 잠시 침묵을 지킨 뒤에 대답했다. "오늘날 일본의 재판 실태를 볼 때 치바나 쇼오이찌의 행동이 정당한 평가를 받지 못할 가능성은 있소. 그러나 역사는 그가 올바르다는 것을 증명해주겠지요."

촌장은 미래의 역사를 내다보고 있다. 나는 그 역사가 적어도 요미딴에서만은 동굴 속에서 살아남은 사람들을 주역으로 해줄 것을 희망하지 않을 수 없다. 나는 그들을 만나기를 주저했다. 그들 공동체에 속하는 쇼오이찌나 그들의 이야기를 기록하는 일에 삶을 바쳐온 시모지마 테쯔로오와는 달리, 내게는 그들의 이야기를 들을 자격이 없을 것 같았기 때문이다. 그리고 내가 비록 시모지마의 책을 통해 그늘의 이야기를 읽고 또 읽었지만 막상 그들의 이야기를 직접 듣는 것은 두려웠다. 나가사끼에서 한 젊은 TV 프로듀서를 만났을 때 그녀도 비슷한 말을 했다. 원폭피해자를 인터뷰할 때 이야기를 가로막고 싶은 충동을 많이 느꼈다는 것이다. "회상하는 일이 그렇게 괴롭다면 그만두셔도 좋아요. 내게는 당신에게 얘기해달라고 요구할 자격이 없어요."

하지만 다른 한편으로 극한을 살아넘긴 인간을 한번 직접 보고 싶은 본능적 충동이랄까, 그것을 누르기도 힘들었다. 쇼오이찌는 나를 위해서 유족회 회장인 히가 헤이신과 다른 두명의 여성 치바나 카마도(知花カマド)와 요기 토시(與儀トシ)와의 만남을 주선해주었다. 마부이가 나와 토시꼬를 헤이신의 집까지 태워다주었다. 헤이신의 아내는 장례식에 가기로 되어 있다며 검은 옷차림을 하고 있었다. 그러고 보니 아침에 마부이의 집에서 확성기를 장치한 마을회관 트럭이 누군가의 사망 소식을 전하고 다니는 소리를 들은 것 같다. 이런 자상함은 서로서로를 완성해주고, 이 공동체가 구성원들을 서로 이어주고 북돋워주고 긴밀히게 해주는 또 하나의 방법임을 나타낸다.

히가 헤이신은 자기가 유족회 회장으로 뽑힌 이유를 다른 생존자들이 모두 여성인데다 가까운 친척을 열다섯명이나 잃은 때문일 것이라고 말한다. 시모지마가 기록해놓은 바에 의하면 헤이신은 다른 대원들과 함께 조선에서 기본훈련을 받을 때 허수아비를 군도로 찌르는 훈련을 3개월간 했는데, 그 훈련이 끝나는 날 지휘관이 그동안 부대에서 일해오던 중국인 노인을 허수아비와 함께 묶어놓고 그 심장을 찌르라고 대원들에게 명령했다 한다. 모두들 머뭇거리고 있자 지휘관은 일을 수월하게 해주겠다며 노인의 목을 쳤다. 그 일이 있고 난 후부터 부대가 새로운 촌락으로 이동해갈 적마다 대원들은 안내역을 맡아준 민간인의 목을 잘랐다.[21] 나는 히가 씨에게서 그 무렵의 이야기를 듣고 싶었다. 그가 그때의 나날들을 어떻게 표현하는지, 그리고 대륙에서의 체험을 그가 그토록 열심히 파헤친 치비찌리 동굴 사건과 어떤 식으로 연관시키고 있는지 그의 어조를 통해서 느껴보고 싶었다. 몇번이나 기습적으로 시도해보았으나 번번이 빗나갔다. 나는 말투도 온화한 이 신사가 설사 외국인이라 할지라도 여자에게는 그런 체험을 털어놓기를 꺼리는구나 싶었다.

그 대신 나는 그가 그렇게 많은 친척들의 죽음에 관한 이야기를 어떻게 알게 되었는지 알아보았다. 군대가 해산되어 집으로 돌아와서 부모와 함께 지낸 첫날 밤 그의 꿈속에 숙부가 나타났다. 그가 잠결에도 흑흑 흐느껴 우니까 그의 부모들이 그를 흔들어 깨웠다. 헤이신은 자기가 없는 동안 집안에 무슨 일이 있었느냐고 다그쳤고, 부모에게서 친척들이 모두 죽었다는 얘기를 들었다. 그러나 부모들은 어물어물 말끝을 흐린 채 더 자세한 말을 해주려 하지 않았다. 그로부터 38년간 그 무거운 침묵의 벽을 깨뜨릴 수가 없었다.

그를 만나본 뒤에도 그가 왜 그토록 열심히 그 침묵을 깨뜨리려는 노력을 계속했는지는 여전히 내게 수수께끼로 남아 있다. 아무래도 나는 무언의 집념 같은 정열에 대해서 감각이 무딘가보다. 그가 되풀이해서 세세하게 들려주는 꿈얘기에서 나는 이 남자에게 다소 엉뚱한 감수성이 있음을 느낀다. 유족들이 마침내 이야기를 털어놓기로 결정을 내리고는 둘 혹은 셋씩 모여앉아서 얘기하게 된 대목을 설명할 때 그는 '몽땅 다 밝힌다' 또는 '다 털어놓는다'라는 뜻의 '하나시끼루(話しきる)'라는 흥미로운 단어도 사용한다. 모든 이야기를 혼자

서는 다 할 수 없었기 때문이라고 히가 씨는 생각하고 있다.

히가 씨는 쇼오이찌가 일장기를 태우지는 말았어야 한다고 생각하는 다수파에 속한다. 물론 그도 최근에 와서 학교마다 일장기가 펄럭이게 되었는데도 사람들이 그 사실을 눈치채지 못하는 것을 우려하고 있다. 그러나 그는 한계라는 것이 있으며, 요미딴촌은 할 수 있는 만큼의 저항을 했으니 그 정도에서 멈췄어야 한다고 생각한다. 우익에 의한 파괴도 전시 폭력에 대한 기록과 함께 남겨둘 필요가 있다는 시모지마 등의 주장에도 불구하고, 대부분의 유족회 회원들과 마찬가지로 그 또한 기념비의 복원을 바라고 있다. 기념비 파괴에 가담했던 한 우익 청년의 부모가 히가 씨를 찾아와 아들에게 전쟁 때 일을 가르치지 않은 것을 사과하면서 복원에 드는 비용을 기부하겠다고 제안했다. 히가 씨는 거절했다.

우리는 그가 가지고 있는 사진첩을 구경했다. 최근에 타이에서 죽은 선우들의 기념비를 건립한 단체가 있는데 그도 그 단체 회원이다. 일장기가 유독 눈에 띈다. 나는 아무 말도 할 수가 없다. 마부이와 토시꼬도 묵묵부답이다. 나는 히가 씨에게 텍사스주 대 그레고리 리 존슨의 재판이야기를 들려준다. 그는 조용히 듣고 있다. 그의 생각은 알 수 없다. 도리어 토시꼬가 발끈해서 (나를) 비난하는 것 같기도 하고 (그를) 격려하는 것 같기도 한 말을 내게 한다. "거 봐요. 당신은 언제나 미국을 비판하지만 그런 점에선 미국이 일본보다 낫잖아." 드디어 히가 씨의 입이 열렸다. "쇼오이찌에게 벌써 말했나요?"

내가 쇼오이찌에게 이 이야기를 해준 것은 그가 가진 두대의 낡아빠진 밴 중 하나를 타고 비좁고 가파른 요미딴촌의 언덕길을 갈 때였다. 미국 대법원의 판결은 확실히 그를 흥분시켰다. 내가 마지막으로 촌장이 나와 헤어지기 직전에 일본의 재판 상황에 관해서 한 말과 역사가 쇼오이찌의 정당함을 증명해주리라고 예언한 말을 전했을 때, 쇼오이찌는 갑자기 차를 세우고 나를 돌아보았다, 핸들을 그대로 쥔 채. 이윽고 그가 짧게 물었다. "정말 그렇게 말씀하셨어요?"

쇼오이찌는 슈퍼마켓 업무를 팽개치다시피 하고 동굴에서 살아남은 노파 몇 사람에게 나를 데리고 다녔다. 그가 오바아하고 이야기하는 것을 듣고 있노라면 사투리 못하는 내가 한스럽다. 중앙집권화와 합리화의 역사 속에서 만들어진 언어, 표준 일본어의 틀 속에 나 혼자 갇혀 있는 느낌이 문득 든다. 제아무리 다소 격의 없는 말투라 해도 사투리가 풍기는 그런 친밀감을 나타내지는 못한다. 요기 토시에게서 나는 새삼 자질구레한 사실들을 듣는다. 예컨대 기저귀 차는 아기를 동굴에 데리고 있었던 일 같은 것 말이다. 식기는 동굴 입구 바로 밖, 바위가 위를 가려주는 개울에서 씻었으나 옷가지와 기저귀는 훨씬 하류에 가서 빨아 나뭇가지에 널어서 말려야 했다. 1945년 3월 하순이 되자 남자들이 다 떠났는데도 그녀가 밥을 지어 먹여야 할 식구는 열명으로 불어나 그 뒤치다꺼리에 날이 어두워져도 집으로 돌아갈 수가 없었다. 그때까지만 해도 공습이 심할 때만 동굴로 피란을 갔다. 하지만 다섯살짜리와 다섯달밖에 안된 두 아이에다 해수병을 심하게 앓고 있는 시어머니까지 데리고 동굴까지 달려가는 것도 여간 고역이 아니었다. 폭격기 다가오는 소리가 들리는데도 시어머니는 주저앉아서 기침을 해대기 일쑤였다. 그럴 때면 요기 부인은 아이들을 옆구리에 낀 채 시어머니를 업고 뛰어야 했다. 어떻게 그녀는 그 4월 2일에 죽음을 면했을까? 그녀는 죽을 각오를 했었다고 한다. 그런데 다섯살 난 아들녀석이 난 싫어, 난 커서 미국놈들을 죽일 거야, 하는 것이었다. "나는 그 말이 그럴듯하다고 생각돼서 시어머니께 말씀드렸죠. 이건 전시니까 원망 않으시겠죠? 그러고 동굴을 나왔어요." 그녀의 시어머니도 반시간 뒤에 조카들과 함께 동굴에서 나왔다. 키모노 끈 한가닥으로 다 함께 목을 매려 했다가 생각을 바꾼 것이다. 그런데 요기 부인은 일장기를 어떻게 생각할까? "일장기 말이에요? 그게 만일 평화의 상징이고 세상 사람들이 다 그렇게 생각한다면 상관할 거 뭐 있어요?"

요기 부인이 동굴생활을 들려주다가 이야기가 치바나 카마도에까지 미친다. 심성이 고와서 '바아찌이과' 또는 '아지매'라고 불리는 사람이다. '바아찌이과'의 '과'는 일종의 지소사(指小辭)로, 오끼나와 사람들은 애착이 가는 것이면 커피잔이건 섬이건 아무데나 갖다 붙인다. 나는 치바나 카마도의 이야기를 다른 누구의 이야기보다 생생히 기억하고 있다. 그녀는 동굴 속에 일어난 맨 처음의 불을 끈 네 여성 중의 한 사람이다. 그러니까 4월 2일, 동굴 속에 연기가 꽉 찼을 때 그녀는 젖먹이 딸애를 한옆에 끼고 여섯살 된 아들은 자기 옷자락을 붙잡고 따라오게 하고는 손으로 더듬으며 출입구 쪽으로 나갔다. 한발짝만 더 나가면 햇빛을 본다 싶은 순간에 아들이 시체에 걸려 넘어져 옷자락을 붙잡은 손을 놓아버렸다. 딸애가 금방 숨이 넘어갈 것 같았으므로 그녀는 곧장 밖으로 나갔다. 한 미군 병사가 딸아이의 상태를 보고는 얼른 아이의 입을 벌려 사탕수숫대 한 토막을 물려준 덕분에 딸아이는 살았다. 치바나 카마도는 아들을 찾으려고 돌아섰으나 연기에 막혀서 들어갈 수가 없었다. 나는 쇼오이찌가 내게 들려준, 그녀를 맨 처음 동굴로 데려갔을 때의 이야기를 잊지 못한다. 그녀는 손바닥으로 벽을 치면서 미안해, 미안해 하고 통곡했다고 한다.

치바나 카마도. 나이 71세. 주름살이 깊게 팬 갈색의, 좀체 잊히지 않을 얼굴을 하고 있다. 작은 체구에 살이 전혀 없다고 해야 할 정도로 깡말랐다. 혼자서 사탕수수를 가꾸어 트럭 일곱대 분량을 수확한다. 내가 찾아갔을 때는 하루 일을 마치고 막 목욕을 끝낸 뒤였다. 그녀와 쇼오이찌, 그리고 아흔살인데도 정정해 뵈는 그녀의 남편, 이렇게 셋이서 모기 이야기에 열을 올린다. 그들은 지금 아들 내외랑 손자들과 함께 살 집을 짓는 중이어서 임시로 좁은 아파트를 빌려 살고 있는데 거기에 모기가 있는 모양이다. 지금 남편은 그녀의 세번째 남편이다. 두번째 남편은 그녀에게 아이 몇을 낳게 해놓고 죽었다. 그녀는 딸(첫 남편에게서 얻어 동굴에서 구출해낸)에게 지급될 생존자 원호수당을 끝내 신청하지 않았다. 그것을 타기 위해서는 규정상 두번째 남편에게서 얻은 자식들을 일시적이나마 사생아로 신고해야 했기 때문이다. 치바나 카마도는 일장기를 태운 쇼오이찌를 한번도 비난한 일이 없다. 그녀는 한없이 큰 유머의 샘을 갖고 있는 듯하다. 나는 그녀에게 딱 한가지, 잊을 수 있겠어요? 하는 질문밖에 할 게 없었다. 그녀는 대답했다. "천만에. 꿈에 보이는걸요. 절대로 못 잊어요."

나와 헤어질 때 쇼오이찌는 나하 지방재판소와 가까운 공원에서 마이크를 들고 연설하고 있었는데, 그 모습이 나의 뇌리에 새겨져 있다. 멜론 재배 농부 치바나 모리야스에 대한 심리가 있은 뒤의 집회였다. 일본의 어떤 시위에나 등장하게 마련인 대형 깃발들이 펄럭이고 60년대 말과 70년대 초 학생운동 한 분파의 유물인 복면 차림의 패거리도 설쳐대는 꽤나 요란한 집회였다. (대립적인 성향의 패거리가 나서서 쇼오이찌는 진보적인 야마우찌 지방행정을 파괴하려는 정부 측 협력자다, 하고 비난하고 있었다.) 쇼오이찌는 그날 오전에 법정에서 있었던 심리를 분석한 뒤 그것이 앞으로 전개해야 할 투쟁에서 가지는 의미에 대해 사뭇 명쾌한 논리를 개진하고, 모두들 뙤약볕 속에서 진지하게 경청한다. 나는 이 뙤약볕 속에 선 쇼오이찌와 어둠 속에서 치비찌리 동굴 사건을 이야기하던 쇼오이찌의 모습을 나란히 세워본다.

그 회견 이후에 나는 집단자결에 관한 이야기를 한번 더 들을 기회가 있었다. 나나 쇼오이찌와 같은 세대인 한 여성에게서였다. 그녀는 자기 어머니로부디, 식구들의 목에 면도칼을 꽂아달라고 남편을 몰아세운 할머니의 이야기를 들었다는 것이다. 그 결과 하나뿐인 아들은 죽고 의식을 잃은 딸들은 미군 병사들에 의해서 목숨을 건졌으며, 그 부인은 살아남아서 목구멍에 튜브를 꽂은 채로 목숨을 이어갔다. 그녀는 외아들을 죽인 남편을 도저히 용서하지 못했다고 한다. 무엇보다 내게 충격적이었던 것은 그 손녀의 분노가 아직 지속되고 있다는 사실이었다. 그것은 그러한 행동을 강요하고 또 수용하게 만드는 전쟁과 정신풍토에 대한 분노였으며, 무엇보다도 그녀 자신의 가족이 자신들을 희생의 제물로 삼는 행위에 순순히 참여했다는 사실에 대한 분노였다. 그런 점에서 쇼오이찌는 매우 혜택받은 사람이다. 그의 가족들은 강제적 자살의 소용돌이에 휘말리지 않았기 때문이다. 어떤 면에서는 그의 이러한 거리감이 그로 하여금 희생자에 대한 각별한 동정을 갖게 했다고 할 수 있다. 그리고 각별한 동정을 가지고 있기 때문에, 그는 생존자들을 향해 오끼나와인은 일본의 침략행위에서 자신들의 공범성을 인식하라고 설득할 수 있는 것이다.

쇼오이찌가 오끼나와인들에게, 또 그 오끼나와인들을 통해 전체 일본인들에게 역사적 책임을 자각하라고 외칠 수 있는 신념은 바로 이 동정심에서 우러나온다. 물론 이러한 기도는 정부, 기업, 만년 야당, 그리고 무엇보다도 번영하는 사회에서 누리는 안정된 일상생활 등이 합쳐져 엮어내는 상식 앞에서는 한낱 무모함에 지나지 않을지도 모른다. 그만큼 쇼오지찌의 노력은 모순투성이다. 그 또한 번영된 사회의 성실한 구성원으로 남아 있는 한 모순은 어쩔 수 없이 지고 다녀야 한다. 그러나 그는 적어도 지금까지는 자신의 순수성을 버리지 않고, 아니 순수성으로부터 버림받지 않고 일정한 윤리적 상상력, 그로 하여금 과거를 일인칭 화자로 이야기할 수 있게 하고 그럼으로써 미래에 대해 말할 권리를 갖게 하는 상상력을 지켜나가고 있다.

나는 잔뜩 무거운 기억의 보따리와 나하의 미로 같은 시장에서 산 선물들을 짊어지고 토오꾜오로 돌아온다. 골파절임, 말린 정어리, 말랑한 사쯔마아게(さっま揚げ, 생선살과 우엉·당근 등을 섞어 튀긴 것―옮긴이), 금방 튀겨낸 도넛, 삼베나 무명으로 지은 윗도리, 파자마, 앞치마, 도자기, 꽃, 없는 게 없는 시장바닥이었다. 전(前) 근대의 엑스터시. 포장이란 일절 없다. 벌레 쫓는 약초에서 누르께한 편지봉투에 이르

기까지 모든 걸 다발로 판다. 토오꾜오 공항에서 탄 택시 운전기사는 놀랍게도 우리 집까지 가는 지름길을 알고 있다. 어디 갔다 오느냐기에 대답해주었더니 생선맛이 좋더냐고 묻는다. 아주요, 대답하고 나서 당신 고향은? 하고 나도 묻는다. "니이가따(新潟), 북쪽 지방에 있죠. 생선맛은 그만이죠. 고향 갔다 와서 얼마 동안은 토오꾜오의 '사시미' 못 먹어요. 하지만 고향집에 한번 가려면 돈이 많이 들어서 자주는 못 갑니다. 까놓고 말하면 근년엔 숫제 고향 마을엔 안 갑니다. 선물 사는 돈이 보통 많이 드는 게 아니니까요. 그래서 정 가고 싶으면 가족들을 차에 싣고 살그머니 가서 비즈니스 호텔에 들죠." 비즈니스 호텔이란 땅이 좁은 일본 특유의 고층 모텔이다.

외할머니는 내가 가져온 다시마의 너비와 두께를 보고는 거듭거듭 감탄하신다. 그것은 외할머니에게 일본 열도의 반대편 끝자락에 있는 고향을 생각나게 한다. 홋까이도오를 떠난 지 예순다섯해가 지났건만 그리움은 끝나지 않았다. 보기 드물게 상품(上品)인 다시마를 손가락으로 만지지작거리며 오끼나와도 좋은 곳인가 보구먼, 하신다. 외할머니는 내가 가져온 또 하나의 선물, 1989년 요미딴촌 의회에서 행한 야마우찌 촌장의 시정방침 성명을 보시더니 선망의 한숨을 뱉는다. "평화와 정의의 문제를 이처럼 멋지게 이야기하는 정치가를 만나기는 쉽지 않지." 북쪽 변두리 태생으로 더위에 약한 외할머니가 오끼나와 구경을 할 기회는 없을 것이다. 하지만 오끼나와는 그 고통과 너그러움을 통해 할머니의 상상력 속에 뿌리를 내린다.

야마구찌:
평범한 주부

2

1988년 6월 1일, 일본의 최고재판소는 14 대 1로 하나의 역사적 판결을 내렸다. 한 부인이 죽은 남편의 위패를 신또오의 신사에 모시는 일에 정부가 개입하는 것이 적법한지 여부를 묻는, 장장 15년이나 끌어온 사건에 대해 1·2심의 판결을 뒤엎고 원고 패소 결정을 내린 것이다. 나는 이 사건을 『뉴욕 타임즈』(*New York Times*)를 보고 알았다. 신사에 모신다는 것, 좀더 전문적으로 이야기해서 신격화(神格化, apotheosis) ── 일본말 고오시(合祀)도 일상용어는 아니다 ── 라는 것은 망자에게 신또오 신의 자격을 부여한다는 뜻이다. 나 자신의 어쭙잖은 근대적인 면, 서구화된 부분은 어머니 나라의 이러한 격세유전적 징후에 부닥치면 어쩔 수 없이 난감해진다. 하지만 더욱 직접적으로 나를 엄습한 것은 그것과는 다른, 여태까지의 역사는 헛된 것인가 하는 느낌이었다. 죽은 자기 남편을 숭배의 대상으로 삼겠다는 국가의 행위를 그 아내가 저지할 수 없다니! 아내의 이 요구를 국가가 거부하고, 또 그것을 한 나라의 최고사법부는 냉소하며 승인하다니! 나는 분노와 절망감에 휩싸였다.

나까야 야스꼬(中谷康子) 부인이 제기한 이 소송이 가지는 중요성은 단순한 법률적 의의를 뛰어넘는다. 이 판결은 나까야 부인이 일본의 군국주의와 소수종교에 대한 처우, 나아가 일본 사회에서 여성의 지위에 대해 제기하는 도전에 일본 사법부는 적절히 대응할 능력도 의지도 없다는 사실을 반영하고 있다.

작은 체구에 동그란 얼굴, 최고재판소의 패소 판결을 받고도 잔잔한 웃음을 잃지 않는 나까야 야스꼬 부인은 착하고 따스한, 전형적인 중년 여성이다. 언론매체는 이 점을 굉장히 강조해왔다. 그녀에게 동정적인 사람들은 약속이라도 한 듯이 그녀의 이 평범한 면모를 방패막이로 하여 이렇게 무해한(이 말에는 하찮은 존재라는 뉘앙스도 있다) 사람에게 권력을 휘두르다니 부당하다고 변호한다. 다른 한편 그녀를 괘씸하게 여기는 쪽에서는 그녀의 외모에 기만당했다는 느낌이다. 저렇게 생긴 여자가 사회의 공통적 가치관에 반항해서 어쩌자는 거야? 그런데 문제의 핵심에 좀더 접근해 있는 쪽은 오히려 이 반대파다. 왜냐하면 나까야 부인을 특별하게 하는 것이 있다면 그것은 우리의 일상적 행위 속에 있는 추상적 압력을 간파하는 능력, 다시 말해서 상식의 전횡을 감지하는 능력이기 때문이다. 게다가 자신의 통찰과 정열을 평이하면서도 표현력이 풍부한 언어로 표출해내는 능력이 그녀에게 있다는 것은 주목할 만한 일이다.

나는 그녀를 그녀의 변호사들 중 한 사람의 출판기념회장에서 처음 소개받았는데, 그 북새통에도 그녀는 내게 결혼을 앞둔 자기 아들

걱정을 하는 것이었다. 여섯살 때 아버지를 잃은 아들은 성인이 되자 아버지가 죽은 북쪽 도시에 가서 살기로 했다고 한다. 그녀의 걱정인즉, 그 아들이 자기 뜻대로 행동하지 못하고 주위 사람들의 의견에 너무 순종한다는 것이었다. 이렇게 거리낌이 없다니! 일본의 중산층 여성들이 처음 만난 사람에게 속마음을 털어놓는 법이란 없고, 더구나 장성한 아들의 고분고분한 품성을 염려하는 일은 있을 수 없다. 이 소탈함을 결코 그때의 기념회장 분위기 때문이라 치부할 수는 없다. 그런 지 얼마 뒤 내가 만나자는 약속을 하기 위해 전화를 거니까 그녀는 대뜸 자기 집에 와서 하룻밤 같이 지내자는 것이다. 나는 그런 제안을 받은 것은 대단히 기쁘지만 시립보육원 조리사로 일하시는 분에게 부담되는 일은 사양하겠다고 대답했다. "그런 염려일랑 마세요. 당신이 온다고 해서 뭘 특별히 장만하지도 않을 테니까요." 그러고는 사뭇 정색을 하고 한마디 덧붙이는 것이었다. 난 일본 사람들의 생활방식을 잘 모른답니다, 하고 말이다.

나까야 부인의 남편 나까야 타까후미(中谷孝文)는 일본 자위대 대원이었다. 하지만 그는 그것이 아직 경찰예비대일 때 입대했는데, 이 경찰예비대는 한국전쟁 발발을 계기로 더글러스 매카서 장군이 제안하여 창설된 것이다. 역시 매카서의 지도 아래 제정된 일본 헌법은 제9조에 이렇게 규정해놓고 있다.

일본 국민은 (…) 국권의 발동인 전쟁과 무력에 의한 위협 그리고 무력의 행사는, 국제분쟁을 해결하는 수단으로서는, 영구히 이를 포기한다.

전항(前項)의 목적을 달성하기 위하여 육해공군과 기타의 전력은, 이를 보유하지 아니한다. 국가의 교전권(交戰權)은, 이를 인정하지 아니한다.

1954년에 경찰예비대는 육상·항공·해상 자위대로 개편되었는데, 그 존재는 이 제9조에 저촉되지 않는다고 되어 있다. 지금의 일본 군사력은 육상부대·함선·항공 전력을 합쳐서 볼 때 세계 6위이다.[1]

일본 북부 모리오까(盛岡)에서 자위대원으로 복무하던 나까야 타까후미는 1968년 교통사고로 사망했다. 그 3년 뒤에 타까후미의 출신지인 야마구찌현 자위대지방연락부가 대우회(隊友會, 일반 사회와 자위대의 가교 역할을 하기 위해 설립된 민간단체)의 현지부연합회(縣支部連合會)와 함께 타까후미의 영령을 현의 호국신사에 모시는 일을 추진하기 시작했다. 그의 부인은 기독교 신자로서 그 계획에 반대한다는 뜻을 분명하게 전달했다. 그렇게 했음에도 불구하고 그녀는 결국 '미꼬또'(命이라 표기하는데, 한국의 신위神位에 해당한다—옮긴이)라는 칭호가 붙은 남편의 이름이 기입된 합사(合祀)통지를 신사로부터 전해받았다. 나까야 부인은 목사와 상의한 끝에 1973년 야마구찌현 자위대지방연락부와 대우회지부연합회를 상대로 소송을 제기했다. 그녀 소송의 취지는 종교적 권리의 침해와 종교와 국가의 분리를 규정한 헌법 위반이었다. 15년 후 최고재판소는 이들 주장을 실질적으로 인정한 지방재판소 및 고등재판소의 판결을 뒤엎고 피고 측에 유리한 결정을 내렸다.

앞서 언급한 출판기념회가 있은 지 얼마 지나지 않아서 나까야 부인의 지원자들은 색다른 모임을 가졌다. 최고재판소에서의 패소 1주년 기념이라는 것이다. 그녀의 변호인단(기독교인도 있고 아닌 사람도 있다) 가운데 몇 사람과 헌법학자와 작가들, 그리고 발언자로 나까야 부인이 참석했다. 그날 저녁의 제1부 순서는 기나긴 법정투쟁으로 점철된 사건들을 극화한 슬라이드 관람으로 시작했다.

드로잉 기법을 사용한 첫번째 장면은 1968년 1월 어느날 나까야 부부가 사는 작은 아파트에 자위대 복장을 한 한 남자가 불길한 소식을 가지고 나타나는 대목이었다. 나는 이 이야기를 몇종류의 책을 통해서 익히 알고 있었으나 영상화한 그것을 캄캄한 실내에서 다른 지원자들과 함께 보고 있으려니, 아마도 줄거리를 알고 있는 탓이겠지만 새로운 긴장감이 솟아났다. 나는 다음에 나타날 장면, 필시 이 자위대원이 나까야 부인에게 당신 남편이 교통사고를 '당한 듯하다'고 통고하게 될 그 장면을 보기가 두려웠다. 그다음에 그녀는 차를 몇시간이나 몰아 남편이 사고를 당한 지점을 통과해, 아들 타까하루(敬明)의 손을 잡고 신입대원 모집 사무소에 들어설 것이다. 그녀의 남편은 그곳에서 파견근무를 하면서 주말에만 집에 다녀가곤 했다. 붙어다니는 자위대원이 시키는 대로, 따라가겠다는 초등학교 1학년짜리를 남겨둔 채 그곳에서 그녀 혼자 병원으로 향할 것이다. 그리고 그다음에는 아무런 사전예고도 없이 시체실—일본 용어로 하면 영안실—로. 저기 남편의 육신은 발가벗겨진 채 담요 한장을 덮고 누워 있고, 얼굴에는 희미하게 남아 있는 핏자국. 그것을 보는 순간 그녀는 파자마를 가져왔어야 했다고 생각한다. 사러 가겠다 하니까, 이미 늦었으니 준비된 숙소로 가시라는 대답. 그래서 그녀는 입고 있던 외투를 벗어 남편 위에 덮어주고는 얌전하게 돌아서겠지.

이제 그녀는 막무가내로 아버지한테 가겠다는 아들을 내일 가자며 구슬려야겠지. 하지만 엄마 아빠가 말하는 내일이 늘 그런 것처럼 이 내일도 안 오고 말겠지. 아버지의 몸은 이미 관 속에 넣어져 모리오까로 실려가기를 기다리고 있을 테니까. 거기서는 부대장(部隊葬)을 준비해놓고 나가야 유족들의 도착을 기다리고 있을 터. 총알기차(신깐센新幹線—옮긴이)가 등장하기 전이라 야마구찌에서 그곳까지는 엄청 멀다. 그 여행의 기나긴 고독을 나가야 부인은 미친 듯이 뜨개질하는 것으로 메우려 하겠지. 남편이 주말에 돌아오면 입히려 했던 스웨터, 수의가 될 스웨터.[2]

슬라이드를 관람한 뒤의 의견 발표는 청중을 별반 감동시키지 못했다. 정치집회도 종교모임도 아니고, 또 비슷한 생각을 가진 지식인들이 신앙의 자유가 맞닥뜨린 운명에 대해 비판적이라고는 하나, 그 문제를 논리정연하게 논해서 참가자들의 감정을 끓어오르게 하지 못한 것이다. 오히려 출판기념회 쪽이 훨씬 열기로 가득했다. 젊은 여성들이 일어서서 기독교인이 아닌 자기들도 나가야 부인의 재판이 얼마나 중요한 것인지 안다는 발언들을 했고, 정교분리 문제와 관련된 사건의 원고나 피고 들의 호소에 이어 인종차별적인 지문날인 문제가 논의된데다 마지막에는 기독교인·비기독교인이 한데 어우러져 찬송가를 합창함으로써 긴 투쟁을 이겨나갈 결의와 연대의식을 다짐했던 것이다. 그때 나는 나가야 부인의 신앙의 중요성을 제대로 이해하기 위해서는 기독교에 대한 나의 본능적 거부감을 극복하지 않으면 안된다는 것을 알았다. 그 모임의 바탕일 뿐 아니라 법정투쟁 그 자체의 기초가 되는 것은 역시 그녀의 신앙이었다.

내 어린 시절 일본에서 기독교의 존재는 그 자체가 내가 순종(純種)이 아님을 나타내주는 얄미운 표시였다. 미군기지 내의 유치원에 다니던 때 화장실은 교실에서 멀리 떨어진 교회 안에만 있었는데, 평일 아침나절에 그 화장실을 가자면 텅 빈 교회 건물 안에 내 발소리만 메아리치는 것이었다. 아버지가 교회에 다니는 사람이 아니었기 때문에 그 교회, 특히 그 화장실은 미국에 대한 하나의 새로운 모습으로 내게 비쳤고 무언가 수수께끼 같은 유혹을 느끼게는 하지만 쉽게 다가서지지는 않는, 필요한 때 외에는 피하는 게 상책일 듯싶은 그런 곳이 되고 말았다. 5학년이 되었을 때 보스턴 교외 출신의 통통하고 붙임성 있는 선생이 귀에 선 사투리 액센트로 중얼중얼하면서 주기도문 외우기를 우리에게 선보였는데, 그것은 바보스럽게만 느껴졌고 국기에 대한 선서 못지않게 불쾌했다. 그뒤 사립 미국인학교로 옮겨갔는데, 나하고 가깝게 지낸 아이들은 모두 선교사 딸들이었다. 그들은 외교관이나 회사 간부의 자식인 다른 아이들처럼 유복하지 않았고, 구호품 상자에서 꺼낸 옷을 입고 다니면서도, 아니 오히려 그것 때문인지도 모르겠는데, 대단한 자부심들을 가지고 있었다. 아마 그들이 어린 나이에도 불구하고 그들 아버지들의 선교가 아무런 결실을 맺지 못하는 사실을 나름대로 이해하고 일본을 이교도의 나라로 치부한 까닭이리라. 일본인을 꼭 이교도라 부르는 내 친구도 있었다.

　나로 말하면 일본인들의 크리스마스 열기에 늘 어처구니가 없었다. 1950년대와 60년대 초, 크리스마스 이브에 밖에서 술을 마시고 갖은 법석을 떨던 남자들이 크리스마스날 아침에 그냥 집으로 들어가기 미안하니까 버터크림으로 칠갑을 한 케이크를 사들고 들어가는 꼬락서니도 가관이었지만, 기독교식 결혼식의 유행도 한심스러웠다. (들은 이야기인데, 어떤 미국인 대학원생은 한 결혼식장에서 집례만 해주고 토오꾜오에서의 생활비를 벌었다고 한다.) 그렇다고 해서 선교사의 딸들이라고 별반 좋은 이미지를 주었던 것은 아니다. 그중 한 아이는 케네디(John F. Kennedy)가 암살당했을 때 오픈카 타는 것만 잘하는 사람의 당연한 업보라고 내뱉었다. 그 아이는 비가 와서 체육시간에 포크댄스를 하면 참가하지 않을뿐더러 점심시간이면 구내식당에서 유별나게 식사기도를 하는 그룹의 일원이었다. 그녀의 경건한 체하는 태도와 그 역사평가 속에 담긴 어처구니없는 악의 사이의 격차에 나는 기가 질렸다. 그녀의 신앙은 나의 모든 이해력을 다 동원해도 알 수 없는, 너무나 낯선 것이었다.

　집안에서는 어찌 된 내력인지 외할머니의 조카딸들이 가톨릭이었다. 또 그녀들은 이종 간인 내 어머니와 그 자매들이 감히 꿈도 꾸지 못했던 명문학교에 다녔다. 그중의 제일 맏이는 수녀가 될 뻔했다. 언젠가 나가사끼에 사시는 나의 이모가 일단 '하나님의 집'에 들어가버리면 두번 다시 못 나온다, 하면서 나를 데리고 그 사촌 이모를 만나러 간 일이 있었다. 하지만 그녀는 얼마 못 가서 병에 걸려 부모님 곁으로 돌아와서 하나님의 집을 나온 사람이 되었다. 이야기가 한참 거슬러올라가는데, 아버지가 어린 나를 납치해서 사라지려고 시도했을 때 중재자 역할을 맡고 나선 사람들이 어머니와 이모들이 다니던 감리교 미션스쿨의 여선교사들이었다. 그들은 어머니의 불만을 전적으로 무시하고, 어머니에게 인내하며 남편을 받아들이도록 설득했다.

이 미션스쿨 또한 전쟁이 나기 전까지만 해도 19세기 후반 일본의 프로테스탄트가 가지고 있던 진보적 측면을 희미하게나마 유지하고 있었다. 사회주의와 노동운동의 초기 지도자들 가운데 제법 괜찮다 싶은 몇몇 사람들이 그러한 배경에서 배출되기도 했다. 외할머니가 큰딸 둘을 이 학교에 보내기로 작정하신 이유는 그들의 초등학교 성적이 부립(府立)학교에 보낼 만큼 뛰어나지 못했기 때문이다. 하기는 같은 등급의 학교들에 비해 현대적인 것이 외할머니의 마음을 끌기도 했다. (그분 자신은 홋까이도오의 벽지 출신이면서도 토오꾜오의 유명한 부립여학교로 진학했다. 그런데 토오꾜오 생활에 미처 익숙해지기도 전에 불행하게도 도로시Dorothy와 릴리언 기시Lillian Gish 자매, 리처드 바셸메스Richard Barthelmess가 출연하는 영화에 넋을 뺏겼고 이는 결국 외할아버지와의 결혼으로 낙착되었다.) 어머니는 그 학교에 다니는 것이 즐거웠다고 한다. 지독한 새침데기인데도 두세명의 좋은 친구를 사귀었을 뿐 아니라, 선교회에서 파견한 젊은 미국 여성들과 접촉하는 사이에 영어가 귀에 익고 문법까지 익히게 되었다. 채플시간과 찬송가 부르기도 은밀한 즐거움이었고, 돌아오는 길에 책방에 들러 진열되어 있는 크리스마스 카드를 구경하는 것(한장한장을 홀린 듯이 바라본 끝에 두장이나 석장을 골라 더욱 세밀하게 뜯어보다가, 보낼 곳이 없다는 사실을 비로소 깨닫고 망설이며 조심조심 제자리에 갖다놓는 것이었다) — 그 모든 것이 1930년대의 살벌한 군국주의 분위기에서 사춘기를 보내던 다른 많은 사람들에 비하면 사치스러울 정도로 아름다운 삶을 엮어주었다.

어머니의 영어 실력은 아버지와의 결혼이라는, 상이라기에는 결코 달갑지 않은 보상을 안겨주었다. 불행한 결혼은 그 후손에게 복으로 돌아간다는 속담이 있다던가. 손자 손녀의 존재가 그녀에게는 유일한 낙이다. 어머니가 열성적으로 매달렸던 영어공부에는 또다른 차원이 있는데, 그것은 그녀가 자주 들려주는 이런 이야기 속에 나타나 있다. 서양 배우들의 사진을 파는 사업은 진주만 공격과 동시에 끝장이 났다. 전쟁은 당연히 언어생활에도 영향을 끼쳐, 그때까지 서양 문화와의 접촉으로 도입된 물건 이름들뿐 아니라 활동이나 감정을 표현하는 말에 이르기까지 외래어를 추방하고 신조어를 만들어 대치하는 일이 정력적으로 추진되었다. 외국어 교육의 중지도 그 일환이었다. 어머니가 다니던 학교에서는 국어선생이 젊은 여학생들에게 이렇게 말했다고 한다. "이제 여러분이 영어공부를 계속할 수 없는 시대가 되었습니다. 하지만 이것이 영구히 계속될 수는 없습니다. 젊은 사람들이 다른 나라의 말을 배워야 할 필요가 있는 시대가 반드시 옵니다. 그날을 위해 여태까지 배운 것을 잊지 마십시오."

최근 20, 30년 사이에 어머니 모교의 입시경쟁률은 굉장히 높아졌다. 어머니 세대에는 사뭇 해방된 분위기를 자아냈던 그 요소가, 자기 지식이 캠퍼스의 정치활동에 몰드는 것을 방지하고 싶은 부모들에게 기독교적 장치가 특히 상품성 있게 보였던 60, 70년대의 씨니컬한 우회로를 거치면서, 이제는 그저 유행을 앞서가는 것쯤으로 퇴화해버렸다. 오늘날 이러한 장치들은 이를테면 미국 명문교 학생들이 풍기는 것 같은 로맨틱한 세련미를 자아내는 요소가 되고 있다. 아마도 이런 열병과 결부된 어떤 특권의식 같은 것에 대한 반감일 텐데, 나는 크리스천이라 자칭하는 1% 정도의 일본인들에게 일종의 부당한 편견을 갖게 되어버렸다.

일본의 크리스천, 특히 그들이 가진 외래 종교의 문화적·정치적·경제적 의미에 대한 평가는 그 초창기부터 갖은 우여곡절 속에 부침을 되풀이해왔다. 16세기에 들어온 가톨릭의 예수회(Jesuits)는 뽀르뚜갈 교역의 융성과 함께 매우 호의적으로 받아들여졌으나, 17세기에 네덜란드·영국 상인들과 함께 프로테스탄트가 들어오면서 사태는 복잡해졌다. 기독교는 신구교 가릴 것 없이 금지되고, 일본은 쇄국주의 시대로 돌입한다. 뽀르뚜갈 상인들과 예수회 선교사들의 노력으로 16세기 가톨릭의 중심지가 되어 있던 나가사끼는 크리스천의 순교의 땅이 되고 말았다. 그 역할은 오늘날까지 계속되고 있다. 가혹한 박해로 신앙의 자유를 빼앗긴 후에도 2세기 반 동안이나 은밀히 신앙공동체를 유지해온 곳이 나가사끼다. 이들 '숨은 크리스천들'(일본에서는 이들을 키리시딴이라 부르며 切支丹 또는 吉利支丹이라 표기한다. 신부들이 포교를 위해 마술적인 약을 먹인다는 유언비어가 돌았을 때 그 약이름이기도 했다. 아마도 성찬식 때 빵 대신 먹는 과자를 약이라고 본 듯하다──옮긴이)은 페리 제독이 일본 땅에 상륙하자 때가 왔다는 듯이 세상에 모습을 드러냈으나, 그것은 성급한 행동이었다. 그들은 그러고도 20여년을 더 유배와 고문과 처형의 위협을 견뎌야 했던 것이다.

이들 불운한 키리시딴들은 나가사끼에서 시마네현(島根縣)의 쯔와노(津和野) 또는 이웃 야마구찌현의 하기(萩)로 이주당하기도 했는데, 나까야 부인과 그 남편이 이곳 출신이다. 두곳 다 아름다운 도시일 뿐 아니라 쇼오군들이 지위를 박탈당하고 대신 천황이 여러 세기 동안 갇혀 지내던 안개 속에서 벗어나 근대적 국가기구의 정점에 자리 잡을 때 그 접착제이자 추진 역할을 떠맡은, 신또오가 전투복으로 갈아입고 역사의 전면에 나타나던 저 1868년 메이지유신(明治維新)의 한 요람지로서, 오늘날 관광명소가 되어 있다. 쯔와노가 그렇게 훗날 순교지로 등장하게 된 것은 우연한 일이 아니다. 강고한 키리시딴들이 이곳으로 보내진 데는 이유가 있었다. 그들로 하여금 야만적 외래신앙을 버리고 일본인 본래의 심성을 되찾게 할 자신이 있다고 장담한 한 국학자(國學者)가 그곳에 있었던 것이다. 그러나 그는 말로 하는 설득이 지지부진하자 팔을 걷어부치고 몇가지 고문을 했다. 그 가운데 하나가 발가벗겨서 눈 쌓인 벌판에 앉혀놓는 것이다. 2세기 전 나가사끼에서 펄펄 끓는 유황천에 처넣던 방법과 너무도 대조적이었다.

유신의 이론과 실천을 담당한 많은 지사들이 이 지역에서 배출되었는데, 이들이 주장한 정통성은 '존황양이(尊皇壤夷)'라는 슬로건에 요약되어 있다. '이(夷)' 곧 '야만인'이란 외국인을 지칭한다. (처음에 이렇게 시작된 운동이 서양 문명의 섭취에 다름 아닌 일본 근대화의 서막이 되었다는 것은 역사의 아이러니가 아닐 수 없다. 키리시딴 박해의 마지막 무대였던 쯔와노가 계몽기 일본의 걸출한 인물들을 숱하게 배출했다는 것도 그렇다.) 수십년에 걸친 이 과정에서 많은 기독교인들이 영향력을 행사한 것은 사실이지만, 결국 그들도 극단적 국수주의와 외래종교 배격의 물결에 굴복하고 말았다.

야마구찌현은 메이지 시대 이래로 여러명의 수상을 배출했는데, 전후의 키시 노부스께(岸信介), 사또오 에이사꾸(佐藤榮作) 형제도 그렇다. 형 키시는 전쟁 전 만주의 군사 및 경제 개발에 깊이 관여한 인물로, A급 전범으로 체포됐으나 불기소 처분을 받았다. 그는 쌘프란시스코강화조약 체결 후 친미반공파로 명성을 떨치며 수상이 되어서는 거센 반대를 무릅쓰고 1960년 미일안보조약의 개정을 강행했다. 그는 또 헌법 제9조 '부전조항(不戰條項)'의 개정을 강력하게 주창하기도 했다. 동생 사또오도 미국의 강력한 협력자였는데, 특히 베트남에 대한 미국의 입장을 지지하는 면에서 그랬다. 1974년 그에게 노벨평화상이 수여되자 여러 방면에서 비난이 쏟아졌다. 요컨대 이 야마구찌현, 즉 과거 1세기 반에 걸쳐서 유명한 국수주의자들과 보수적 이론가와 정치가를 배출해온 이 지방은 그와 반대의견을 가진 기독교인들에게 살기 좋은 땅일 리는 없다.

혼슈우(本州) 서쪽 끝에 있는 야마구찌현, 나까야 부인은 남편이 죽은 뒤 선택의 여지 없이 그곳으로 돌아갔다. 나는 총알기차로 그렇게 먼 곳까지 여행한 일이 없었다. 사실 지난 15년 동안 쿄오또 서쪽으로는 가본 일이 없다. 총알기차에서 나는 여러가지 새로운 사실들을 발견한다.

각 차량마다 문 위에 전광판이 설치되어 일기예보며 그날의 주요 뉴스를 알려줄 뿐 아니라 다음 역에 도착하기 8분 전부터는 남은 거리를 나타내는 숫자가 점점 작아지면서 빤짝빤짝 비치는 게 제법 스릴을 느끼게 한다. 하지만 스피드를 시각화한 이 전자장치를, 나 이외에는 별로 신기해하는 사람이 없다. 지쳐빠진 표정의 승객들은 대부분 한잔씩 걸치고 꾸벅꾸벅 졸고 있다. 또 한가지 신기한 것은 주요 정차역을 영어로 방송해주는 전자장치의 여자 음성이다. 그런데 내가 내려야 하는 오고오리(小郡)는 싹 무시해버린다. 상식적으로 야마구찌에 인접한 이 작은 마을은 아직 새로운 국제화의 손길이 미치지 못하는 곳이라고 추정하고 있는 모양이다. (16세기에 성 프란치스 사비에르가 이곳에 선교하러 온 사실이 있는 만큼 오고오리를 여정표에 포함시켜도 좋으련만.)

차창 밖의 경치는 내내 지루하다. 태평양과 접한 해안선은 수세기 동안 많은 여행객들이 드나들던 곳이나, 그 아름다운 경관을 소멸시킨 것은 60년대 중반에 도입된 총알기차다. 하기는 이 일대를 항공로로 누비게 했더라면 그 파괴 정도가 한층 더했을 거라며 나 자신을 타이른다. 그러나 기차요금도 항공편만큼은 아니지만 어지간히 세다. 게다가 이 엄청나게 효율적인 씨스템을 유지하기 위해서 인구밀도가 높고 지진이 많은 이 국토에 얼마나 많은 원자력발전소를 세우고 있는가 생각하니 가슴이 답답해온다. 기차가 히로시마를 거쳐 세또나이까이(瀬戸內海) 언저리로 접어들자, 나는 숨이 콱 막힌다. 지난 수십년간 이곳을 지날 때면 차창 밖으로 더없이 아름다운 섬들이 점점이 떠 있는 한폭의 수묵화가 펼쳐져 있었지 않은가. 그러나 눈앞에 나타난 것은 뜻밖에도, 아니 당연히 예상했다고 말해야 할까, 인디애나주 게리(Gary)가 아닌가 싶을 정도로 공 같기도 하고 원통 같기도 한 탱크가 숲을 이뤄 밤낮없이 연기와 불길을 뿜어내는 끔찍한 풍경이다. 20년 전에 신문에 났던 그 이야기를 내가 잊고 있었구나——어린이들이 세또나이까이를 빨간 물감으로 그리게 되었다, 앞으로 몇십년 후에는 바닷물이 푸르다는 사실을 아이들이 전혀 모르게 되지 않을까, 걱정하던 그 기사. 그 기사가 난 것은 아마 이리 호(Lake Erie)에 유입되는 쿠야호가(Cuyahoga) 강이 가연성 위험물질이라고 떠들썩하던 때와 같은 시기였을 것이다.

시속 270킬로로 달린다는 이 총알기차도 얼마 안 있으면 구닥다리가 될 것이다. 20세기가 끝날 무렵이면 토오꾜오에서 서쪽으로 한시간에 400~500킬로의 속도로 달리는 자기부상열차(磁氣浮上列車, 공상과학소설 같은 자본주의적 판타지에서는 이를 마글레브maglev라 부른다)가 등장하고, 이를 유지하기 위해 더 많은 원자력발전소를 세우고, 전자기 방사선을 방출하는 고압전선이 필요할 것이다. 그렇게 빠른 열차 속에서도 젊고 아리따운 판매원들이 맥주, 스낵, 중국식 또는 일본식 도시락, 그리고 떠나온 곳의 기념품과 행선지로 가져갈 선물을 미처 사지 못한 사람들을 위한 토산품 따위가 잔뜩 실린 수레를 끌고 왔다 갔다 하며 팔게 될까.

총알기차와 지금 계획 중인 마글레브 열차는 최근까지 코꾸떼쯔(國鐵) 또는 일본국유철도(JNR)라 불리던 사업체의 뛰어난 기술력을 보여주고 있다. JNR은 지금 민영화되어 몇개의 지역별 회사로 나뉘어 있다. 다행스럽게도, 내게는 추상적일 뿐이던 이 민영화 과정을 나까야 부인의 부탁을 받고 역까지 마중을 나온 그녀 친구의 남편 우라베(浦部) 씨가 실감하게 해주었다. 일본 남성들 가운데 오후 여섯시에, 그것도 직무와 관계없는 사람을 역까지 마중 나올 만큼 시간 여유가 있는 사람은 드물다. 최근까지 우라베 씨는 코꾸떼쯔 야마구찌선(線) 고참 차장이었는데 지금은 현 체육관의 경비원으로서, 근무 시간이 일반적인 시간대와 다르다. 그에게 그리고 전국 각지의 수많은 코꾸떼쯔 노동자들에게 민영화는 대폭 감원을 위한 지속적인 위협의 시작임과 동시에, 전국에서 가장 중요한 노동조합의 하나를 해체하기 위한 신호탄이었다. (현재 일본 노동자들은 거대한 단일조직으로 재조직되고 있는데, 내 친구들은 그것이 노동운동 전체의 종언을 가져올 것이라고 우려하고 있다.) 우라베 씨는 조기퇴직을 선택했다. 지금 하고 있는 일은 재미도 없고 보람도 느끼지 못한단다. 다만 젊은이들과 이야기할 기회가 많은 것이 유일한 낙이라면 낙이란다. 평생을 바친 일자리에서 쫓겨나긴 했어도 그는 인간적인 품위를 잃지 않고 있다. 낚시광에다 서도(書道)에 상당한 조예가 있고 열성적인 기독교 신자로, 자기 근무시간의 이점을 최대한 살리고 있다. 사실 차장을 할 때부터 근무시간이 여느 근무시간대와 달랐기 때문에 그의 아내는 나까야 재판에도 자유롭게 참석할 수 있었으며, 그 일과 관련된 여러가지 활동을 하는 데도 지장이 없었다고 한다.

나까야 부인은 야마구찌시 근교의 유다(湯田)에 살고 있다. 유다는 오래된 온천도시인데, 산뜻하게 새 단장을 한 호텔들이 있기는 하지만 중심가에는 아늑하나 어둠침침한 목조건물의 여관들이 줄지어 서 있다. 우리가 집에 당도하니 나까야 부인은 우라베 부인과 함께 생선, 새우, 초밥, 샐러드, 장국 등 진수성찬을 차려놓고 있었다. 그들이 나를 맞아들인 현관은 20년 전 한 자위대원이 고(故) 나까야 타까후미를 호국신사에 봉안하기 위한 서류를 작성하러 나타났던 바로 그 현관이다.

나까야 부인은 이런 말을 하면서 웃었다. "난 행복한 여자예요. 지난 세월 내내 우리 남편은 이랬어요, 저랬어요 하는 소리만 하고 살았으니까요. 재판 덕분이죠. 안 그랬으면 지금쯤 그 사람을 까맣게 잊어버렸을 거예요." 우라베 부인과 우정이 깊어진 것도 역시 재판 덕분이었다.

우라베 부인과 나까야 부인은 서로 다른 교회에 다니지만 같은 지역에 있는 까닭에 교회의 '야스꾸니신사문제연구회' 같은 모임에서 만나 알게 되었다. 야스꾸니 신사는 메이지유신 때 죽은 지사(志士)들의 영혼을 모시기 위해 설립되었지만, 그뒤로 전쟁에 나가서 죽은 제국신민도 안치해놓고 있다. 토오꾜오 중심부에 있는 그 위치에서부터 야스꾸니는 전사자는 나라의 수호신이 된다는 논리(반세기 전까지만 해도 이 논리를 가지고, 산 자들에게 호국의 신이 되라고 설득했다)를 현 단위의 호국신사라는 네트워크를 통해 그곳에서도 합사를 행하는 형태로 방방곡곡으로 퍼뜨렸으며, 그 말단에 있는 것이 오끼나와 요미딴에 있는 충혼비라는 석비(石碑)다.

대일본제국을 위한 사자예배(死者禮拜)의 정점에 있던 야스꾸니 신사는 점령군 당국에 의해서 그 특권적 지위를 박탈당했다. 그러나 점령군의 감시기간은 짧았다. 일본에 민주주의를 육성하려던 미국의 태도가 냉전의 시작, 중화인민공화국 수립, 한국전쟁 발발 등으로 방향전환을 했기 때문이다. 미국의 이해관계는 일본에 튼튼한 반공동맹국으로 육성되기를 요구했다.

야스꾸니 신사의 공적 성격을 부활시키고자 하는 일본의 움직임은 이미 50년대 중반부터 나타나기 시작해 이후 점점 집요하게 전개되었다. 1960년대 말부터 자유민주당은 이 신사에 대한 정부지원제도 확립을 겨냥한 일련의 법안을 의회에 상정하기 시작한다. 이것은 전국의 다양한 진보적·종교적 집단의 반대운동을 불러일으켰고, 야마구찌 교회들의 연구회도 그런 움직임의 하나이다.

우라베 부인은 식민지 시대의 조선에서 자랐는데, 아버지는 전사하고 어머니 혼자 자식들을 데리고 일본으로 돌아왔다. 1960년경 아버지를 야스꾸니 신사에 봉안하는 것을 포함해 사후서훈(死後敍勳)을 한다는 통지를 받았다. 우라베 부인은 무언가 석연찮다는 생각을 하게 되었고 더구나 모든 경비를 지방자치단체가 부담한다는 소리에 강한 의문을 느꼈으나, 감히 항의까지는 하지 못했다. 그러다가 나까야 부인의 소송 이야기를 접하게 되자 그녀 자신은 직면하기를 회피했던 일을 다른 누군가가 담당하고 나섰다는 생각이 번쩍 들었다. 이런 소송을 일으킬 수 있는 자격은 누구에게나 있는 것이 아니지요, 하는 그녀의 말에는 주변의 사정과 당사자의 성격이 맞아떨어져야 한다는 뜻이 함축되어 있다. 그녀는 나까야 사건의 재판이 시작되고부터 거의 한번도 거르지 않고 공판정에 나갔는데, 딱 한번 토오꾜오에서 공판이 열렸을 때는 시간과 경비 때문에 참석을 못했다. 그 한번의 불참 때 그녀는 통감했다. '나까야 부인은 한시 반시도 재판에서 자유로울 수가 없겠구나. 공판이 한번 끝났다고 해서 머리에서 떨쳐버릴 수 있는 게 아니겠구나.' 그래서 우라베 부인은 그때부터 히로시마(고등재판소)건 토오꾜오(최고재판소)건, 모든 공판과 집회를 나까야 부인과 함께 다니기로 결심했다.

우라베 부인은 자기가 나까야 재판에 헌신하게 된 또 하나의 동기로 1967년 야마구찌의 싱아이(信愛)교회가 행한 '전쟁책임의 고백'을 든다. 이것은 일본기독교단(1941년 기독교인에 대한 국가 통제와 감시를 강화할 목적으로 설립된 기독교 각 파의 통일조직)이 뒤늦게나마 행하게 된 '고백'의 일환인데, 이 교단이 정부의 전시태세에 동조하여 국가의 신또오는 종교가 아니다, 그러므로 기독교인은 다른 제국신민들과 마찬가지로 궁성참배 또는 야스꾸니 영령들에 대한 감사기도 같은 시민의례에 참가해도 상관없으며, 따라서 반드시 해야 한다고 지시했음을 인정하는 것이었다. 즉 이 '고백'은 온 세계 인민, 특히 아시아 각국의 인민들에게 일본이 저지른 죄와 그 범죄행위를 기독교도들이 지지했던 사실을 회개하고 하나님께 용서를 비는 것이었다. 널리 알려진 대로 1930년대 말에는 이미 어떠한 일본인도 반체제활동을 하면서 자유로운 몸으로 있을 수는 없는 상황이었지만, 일부 기독교인들은 자기들이 왜 굳건히 신앙을 지키려고 좀더 노력하지 못했던가 통탄해왔다. (일체의 타협을 거부한 것은 '여호와의 증인'뿐이었다.) 하기는 이런 기록의 이면에 어느 목사 아들의 이야기처럼 작으나마 감동적인 저항 이야기가 아주 없는 것은 아니다. 그 아들은 학교에서 신사참배를 가는 날이면 일부러 신발 속에 작은 돌멩이를 넣어가서 다른 학생들이 머리를 무릎 위까지 굽히는 최경례(最敬禮)를 할 때 그 아이는 신발 속에 든 돌을 꺼냈다고 한다.[3]

교회의 '고백'에 대해 우라베 부인은 처음에는 이해할 수 없어 머리를 갸웃거리는 반응을 보였다. 전쟁 때 그녀는 어린아이였다. 책임질 일이 무엇인가. 오히려 그녀는 피해자로, 아비 없는 자식이라고 아이들에게 업신여김을 당했다. "아시겠지만 아이들이란 아버지 없는 아이를 동정하기는커녕 넌 쌀밥도 못 먹지? 하고 놀린다구요." 나까야 부인이 침착한 목소리로 공감을 표시한다. "그렇죠. 일본에는 아버지 없는 가정을 천시하는 경향이 있어요." 이 말에 나는 문득 어린 시절의 기억이 되살아났다. 어머니와 외할머니는 귀가 따갑게 잔소리하셨던 것이다. "태도가 그래서는 못써요. 공부 더 열심히 해야지. 그래 가지곤 말괄량이밖에 안된다니까. 아비 없이 자란 년이라고 손가락질 받아요.' '손가락질 받는다'는 이 소리는 그런 아이들의 어머니들이 입에 달고 사는 말이다. 아이가 실제로 무슨 실수를 저질렀건 혹은 저지르리라고 어머니가 상상할 뿐이건 간에 수시로 나오는 이 말 한마디는 쓰라린 체념을 이미 그 밑에 깔고 있다.

어린 시절의 우라베 부인은 우리 아버지는 그냥 죽은 게 아니야, 전사하신 거야, 하며 내심 자랑스럽게 생각하고 있었다. 그러다가 성인이 다 된 어느날 『중국여행(中國の旅)』[4]이라는 책에서 중국인의 목에 일본도(日本刀)를 갖다 대고 있는 한 사나이의 사진을 보았다. 인쇄가 그리 선명하지 않았지만 그 군인이 아버지라는 생각이 들었다. 이 사진이 일으킨 마음의 동요, 누구에게도 말할 수 없는 구역질 나는 이 환멸은 전쟁 때 필리핀에 있었다는 한 목사의 이야기를 듣고 더욱 심해졌다. 진수성찬을 앞에 한 그날 밤 우라베 부인은 더 상세한 이야기를 하려 들지 않았으나, 짐작하건대 인육(人肉)을 먹었다는 이야기였을 것이다. 그뒤 사진 속의 일본 군인이 자기 아버지가 아니라는 사실을 확인했고, 그 목사가 이야기한 유의 행위에 자기 아버지

가 관련되었다는 증거 역시 없긴 했지만, 자기는 희생자일 뿐이라는 천진난만한 확신은 산산조각 나버렸다. 이 일 역시 그녀로 하여금 15년에 걸친 나가야 부인의 재판기간 동안 처음부터 끝까지 한치의 동요 없이 동반자가 될 각오를 하게 했다.

우라베 부인은 재판기간 동안 직장에 나가고 있었지만 교회에서 일하는 것이었기 때문에 어느정도 융통성이 있었다. 이 대목에서 그녀의 남편이 입을 열어, 아이들 둘이 다 어린데다 그녀 자신이 시작한 또 하나의 운동과 재판의 시기가 엇비슷하게 맞물렸다는 점을 상기시켜주었다. 그들의 딸애는 젖먹이 시절에 맞은 주사가 원인이 되어 반(半) 영구적 근육장애를 겪게 되었는데, 그녀가 시작한 운동이란 바로 그런 아이들을 위한 운동이다. (당시 일본에서는 주사 놓는 일이 치료의 정석으로 되어 있어서 내가 어렸을 때는 감기건 복통이건 주사를 안 맞으면 치료를 받지 않은 것같이 여겼다.) 그 일을 하게 된 것도 나가야 재판을 경험했기 때문이라고 우라베 부인은 말한다. 개인생활에 대한 국가권력의 개입에 항의하는 나가야 부인을 만나지 않았더라면 감히 의학적 권위에 의문을 품는다거나 그 피해자들의 모임을 조직하는 따위는 상상도 못했으리라는 것이다.

이런 사정으로 우라베 부인은 바깥일로 분주해졌고, 일본에선 특이한 일이지만 가사를 돌보는 일은 우라베 씨가 차장으로 있을 때부터 그의 몫이 되어버렸다. 이러한 두 사람의 환경이 이들 두 중년여성 사이에 흔하게는 볼 수 없는 우정, 다시 말해서 영화구경을 하거나 과자를 나누며 차를 마신다거나 온천장엘 같이 다니는 따위의 일반적인 사귐을 쏙 빼버리고도 성립하는 우정을 길러주었음에 분명하다. 그것은 대단히 진지한 것이면서도, 격식 차리는 근엄한 우정은 아니다. 나까야 부인은 우라베 부인을 가리키며 이 여자는 확고한 사람이에요, 하고 치켜세우고는 난 언제나 지켜주는 사람이 있어야 해요, 한다. 그러자 우라베 부인은 배꼽을 쥐고 깔깔 웃으면서 내가 이제는 당신 주인이오? 한다.

이제 나까야 부인이 얘기할 차례다. 쌓이고 쌓인 기억들이 중년여인의 의젓한 껍질 속에서 터져나오듯, 약간 허스키하면서도 다정스런 그녀의 목소리는 몇십년 전에 만난 사람들과의 대화를 사투리까지 그대로 재현해서 들려준다. 교회들의 전쟁책임 고백이며, 반야스꾸니운동을 계기로 불붙은 온갖 논의와 활동 들을 일일이 기억해두었다가 풀어헤쳐놓는 그녀의 이야기는 '어머니들의 이야기'로 결정(結晶)되어간다.

야스꾸니 신사를 정부가 후원할 수 있도록 하는 최초의 법안은 1969년에 상정되었다. 야마구찌 싱아이교회에서 그 법안의 위험성을 지적하는 공부모임을 조직한 것은 목사 하야시 켄지(林健二)였다. 모임은 대부분 20, 30대와 40대 교인들로 구성되었으나, 와따나베 타카노(渡邊タカノ)라는 80세의 노부인도 한 사람 끼여 있었다. 와따나베 부인의 두 아들 중 큰아들은 어려서 죽고, 둘째아들은 1944년 21세의 나이로 죽었다. 4반세기가 지나서 그녀는 자신을 무지 때문에 아이들을 죽인 '어리석은 어머니'라 부르게 되었다. 나까야 부인은 회상한다. "그분은 그렇게 말씀하셨어요. 비록 전쟁책임이란 말은 쓰시지 않았지만, 바로 그런 뜻이었어요. 자기의 과거에 대한 책임은 스스로 져야 한다고요." 국가가 아들을 죽였지만, 자신도 그 아들을 죽였다

176

는 것이다. 전쟁이 무엇인지 알았더라면, 그리고 야스꾸니라는 기만술책에 속아넘어가지 않았더라면, 자기는 아들을 숨겨서라도 구할 수 있었을 테니까. 야스꾸니에 아들을 바친 것은 위안이 아니라 오히려 모욕이다. 다음 세대 어머니들은 자기처럼 속아넘어가서는 안된다는 것이었다. 그러나 하야시 목사가 이끄는 교회 안의 이 특색있는 모임에서조차 와따나베 부인에게 동의하지 않는 사람이 있었다. 어떤 부인은 자기도 전쟁에서 아들을 잃었지만 그 아들이 지금도 효자 노릇을 해주고 있다며 반대했다. 그 부인은 아들을 희생한 댓가로 유족연금을 타고 있었다.

이와같이 과거에 대한 공부를 하면 할수록 와따나베 부인의 상실감은 더해갔다. 그녀는 행동을, 속죄의 행동을 원했다. 하야시 목사의 권유를 받아 그녀는 야스꾸니의 국가호지법안(國家護持法案)에 항의하는 청원서명을 받으러 나섰다. 평생 농사일로 허리가 절반으로 접히듯 꼬부라진 육신을 유모차에 의지하고 나와 유다 중심가의 버스 정류장에 진을 치고 앉아서는 버스에서 내리는 사람들을 붙잡고 호소하는 것이다. 반대방향으로 가는 버스가 보인다 싶으면 귀중한 서명자를 한 사람이라도 놓칠세라 유모차를 밀며 허둥지둥 큰길을 가로지른다. 침을 뱉는 사람, 비국민이라고 욕하는 사람, 돈을 받고 하는 짓일 테지 하고 비웃는 사람도 있었다. 교회 신자들 가운데도 보기 흉하다, 창피스럽다고 말하는 이가 있었다. 와따나베 부인은 개의치 않았다. 이렇게 3년을 계속한 끝에, 인구 11만의 보수적인 도시에서 3만명의 서명을 얻어낸 것이다.

그 무렵 나까야 부인은 자신의 첫 직업인 보험회사 외판원 일에 매달려 씨름하고 있었다. 와따나베 부인과 그녀가 밀고 다니는 유모차를 보자 오래된 기억 속에서 또 한 사람의 어머니 모습이 되살아났다. 초등학교 때 매일 지나다니는 전사자 묘지 곁에 이르면 그곳에는 특공대원으로 나가 죽은 두 아들의 무덤에 하루도 빠짐없이 물을 뿌리고 있는 한 어머니가 있었는데, 바로 그 모습이었다. 전사자 무덤에 국가가 세워주는 묘석은 위쪽이 뾰족해서 누구나 쉬 알아볼 수 있었다. 학교에서 그녀는 이 어머니와 두 아들을 찬양하는 훈화(訓話)를 들었다. 그리고 징집되어 나가는 군인을 보낼 때는 언제나 군인아저씨 힘껏 싸워주세요, 우리도 후방에서 열심히 하겠어요, 하는 말을 해야 한다고 배웠다. 어린 시절의 나까야 야스꼬는 순종적인 아이였지만 나라를 위해 희생을 감수한 숭고한 어머니를 생각할 적마다, 여섯살에 사별한 자신의 어머니가 그리워지곤 했다. 이 애틋한 기억으로 인해 남편을 갓 사별한 나까야 부인의 눈에는 와따나베 부인이 죽은 아들에 대한 억누를 길 없는 그리움을 하나의 행동으로 전환하여 확인하고 있는 여성으로 비쳤던 것이다.

나까야 부인의 고난의 길을 앞에서 이끌어주는 것은 분명코 어머니, 자신의 어머니의 이미지였다. 그녀의 어머니 이름은 오가와 사다꼬(小川貞子)인데 계모의 이름도 역시 사다꼬여서, 구별하기 위해 나는 생모를 사다꼬 1세, 계모를 사다꼬 2세라 부른다. 물론 나까야 부인은 이 두 사람을 혼동하는 일이 없지만, 곧잘 심리학적으로 따지려드는 나의 미국식 질문에 답하면서 새엄마가 친엄마와 이름이 같다는 것을 처음 알았을 때는 사뭇 기쁘기도 하고 기대도 했다고 한다.

사다꼬 1세는 진주만 공격이 있기 전에 죽었으므로 전쟁과는 직접적인 관계가 없다. 오히려 그 어머니는 가부장적 가족제도의 희생자였던 셈이죠, 하고 말하던 나까야 부인은 자신이 학술적 용어를 쓰는 것이 어색해서 킬킬대고 웃었다. 사다꼬 1세가 처음 결혼한 상대는 나까야 부인의 백부, 곧 그녀 아버지의 형이었다. 나까야 부인의 생부는 셋째아들이고, 그녀 어머니의 첫 남편은 장남이었다. 아들 하나를 낳고 백부(곧 어머니의 첫 남편)는 죽었다. 사다꼬 1세는 그 아들을 오가와 집안에 남겨두고 친정으로 돌아갔다. 아니, '남겨두고'나 '돌아갔다'는 말은 정확하지 않다. 이른바 적손(嫡孫)인 아들은 '두고 가지 않을 수 없었고', 자신은 '되돌려보내진' 것이었다. 그후 얼마 안되어 오가와 집안에서는 차남이 자살하는 불행한 사태로 말미암아 셋째아들이 뜻하지 않게 그 집안 대를 잇게 되었다. 그때까지만 해도 그 셋째아들의 인생은 히데사부로오(英三郞)라는 이름, 하이어워사(Hiawatha, 아메리카 인디언의 하나인 이로쿼이Iroquois족의 전설적 추장의 이름. 롱펠로우H. W. Longfellow의 서사시 『하이어워사의 노래』가 있다 —옮긴이)처럼 풀이를 해보면 '뛰어난 셋째아들'이라는 의미의 이름에 걸맞지 않게 한심하기 짝이 없었다. 오가와 집안에서는 죽은 장남의 처를 다시 데려가려고 했다. 사다꼬 1세는 무척 내키지 않았다. 오가와 집안의 며느리로 있어본 만큼, 존칭을 붙여 '지이사마'(본래 뜻은 할아버님인데, 시아버지를 높여서 이렇게 부른 것이다—옮긴이)라 불렀던 시아버지의 광포한 성격을 잘 알고 있었던 것이다. 그럼에도 불구하고 그녀는 아들과 살게 된다는 것 때문에 결국 꺾이고 말았다. 그녀의 모친은 딸에게 이 재혼을 받아들이라고 종용하면서도 딸의 참담한 심정을 모르지 않아, 재혼 때도 관습을 거스르며 다시 한번 순백의 신부복을 입혀 보냈다 한다.

사다꼬 1세는 히데사부로오와의 사이에 딸 넷을 두었다. 오가와 집안은 벼농사 외에 여러 종류의 사업을 하는 대단히 일이 많은 집안이었다. 시기에 따라 혹은 한꺼번에 간장을 담그고 새우가공을 하고 정미(精米) 일을 해야 했으며 화물선도 운영했다. 시아버지는 배 한 척을 아들에게 사주고는 그가 어엿한 사업가로 성장하기를 애타게 기다렸다. 지금도 오가와 집안은 좁다란 길 하나를 사이에 두고 바다와 접해 있다. 한창 새우가 잡힐 때는 물가에 커다란 가마솥을 두개씩 걸어두고 새우를 삶아서 햇볕에 말렸다. 이것은 사다꼬 1세가 해야 하는 일 중의 하나였다.

"우리 어머니는 항상 물속에서 일을 하셨어요. 목이 긴 장화를 신으시고 손은 언제나 상처로 피투성이였죠. 그 무렵에는 검은 고약이 있었거든요. 그걸 부젓가락 끝에 붙여서 화롯불에 녹여가지곤 상처 난 부위에다 발랐죠. 펄쩍 뛸 정도로 아팠어요." 나까야 부인도 그 고약을 발라보았는지는 모르겠다. 그녀가 어머니에 대해 알고 있는 것 대부분은 오랜 세월에 걸쳐 여러 사람에게서 듣고 소중하게 간직해 둔 것들이다. 사다꼬 1세가 뇌일혈로 쓰러지던 날, 히데사부로오는 배를 타고 나가고 없었다. "한겨울에 밖에서 일을 하면서 아이 더워, 아이 더워 하셨어요. 혈압이 올라 있었기 때문이겠죠." 사다꼬는 아들이 다니는 학교의 학부모 모임에 참석하기 위해 하던 일을 멈추고 갔다가 거기서 쓰러졌나. 서른여덟살이었다.

나까야 부인은 이러한 어머니 역사의 일부분을 타까후미의 미망인으로서 아들을 데리고 나까야 본가에 갔을 때 알게 되었다. 자기 생가인 오가와 집안과 남편 쪽 나까야 가문은 이중 삼중의 인척관계로 얽혀 있었으므로, 그녀 자신의 역사와 관련된 여러가지 귀중한 정보를 얻어들을 수 있었던 것이다. 예컨대 남편의 계모인 그녀의 시어머니, 그분의 모친은 사다꼬 1세의 시숙모이다. 사다꼬 1세는 이 시숙모를 신뢰해서 무슨 이야기나 다 털어놓았다. 나까야 부인은 연로하신 이 작은할머니에게서 어머니의 불행했던 결혼생활에 관해 구체적인 이야기를 들을 수 있었다. "네 어미는 친정어머니 걱정시키지 않으려고 실컷 울고 싶은 일이 있으면 우리 집으로 오곤 했단다. 그래도 무던하게 참고 살았지, 너희들 때문에." 나까야 부인은 이 할머니를 무척 좋아했다 한다. 생각이 깊은데다 메이지 시대 여인들의 특징이긴 하지만 대단히 강하고 유능하셨다. 못하는 일이 없고, 가족에게는 철저히 봉사하셨다. "누구나 칭찬해 마지않는 그런 여성이셨죠. 아내 된 사람은 시집에 철저히 봉사해야 한다고 믿으셨고요, 하지만 바로 그 때문에 우리 어머니가 죽었는데도, 그 말씀은 안하셨어요. 단지 이런 말씀만 하셨죠. 네 어미의 딸이니까, 네 어미가 참고 산 그만큼 너도 나까야 집안살이를 견딜 수 있을 게야."

이 할머니가 당신 따님 후미꼬, 곧 나까야 부인의 시어머니에게는 여자의 본분을 더욱 엄격한 말로 가르치셨다는 것을 나까야 부인은 나중에야 알게 되었다. 후미꼬도 처음 나까야 집안에 들어왔을 때는 많은 고생을 했다. 그것은 그녀의 두번째 결혼이었고, 그녀 역시 이혼한 첫 남편과의 사이에서 난 두 아이를 두고 나와야 했기 때문에 여러 해 동안 아이들을 애타게 보고 싶어했다고 한다. 나까야 집안으로 시집을 간 뒤에도 걸핏하면 친정어머니한테 와서 찔찔 눈물을 흘리는 모습을 보고 할머니는 이래서는 딸의 시집살이가 더욱 어려워지겠다 싶어 단호하게 말했다. "다음에 또 집에 오고 싶거든 그전에 먼저 사바가와(佐派川)에 몸을 던지거라." 사바가와는 나까야 집과 후미꼬의 친정집 사이를 흐르는 개천이다.

자신도 그런 배경을 가진 시어머니인 만큼 이제 남편을 잃은 지 얼마 안되는 며느리에게 매우 동정적이었을 것 같지만, 그것은 역사가 우리에게 제공해주는 이야기보다 훨씬 더 많은 상상력을 동원해서 보통사람이 감히 제도를 초월한 인간관계를 만들 수 있다고 생각하는 환상과 같은 것이다. 똑같이 나까야 집안으로 시집갔다는 점에서 나까야 야스꼬의 선배 격인 후미꼬(시어머니)는 친정어머니로부터 (애정에서 나온?) 단호한 거절을 당하고 난 뒤 일편단심 남편의 요구를 충족시키기에 몰두했는데, 그것은 말하자면 남편의 광포한 성격과 세상 사이에서 빚어지는 갈등을 막아주는 방패 역할이었다. 그녀의 며느리로 들어간 야스꼬는 처음부터 남편집 식구들이 동정적으로 맞이해주리라는 환상은 품지 않았다. 전에도 한번 타까후미가 자위대 훈련소에 들어가 있을 때 씀씀이를 아껴볼 심산으로 갓난아이를 데리고 시집에 들어가 산 일이 있었다. 그때 그녀는 사회적으로 명망있는 가문의 며느리로서 해야 할 봉사를 강요받은 한편으로 집안의 장손인 아들 타까하루 덕분에 생활비 한푼 지출하지 않고 지냈다. 그러나 남편 타까후미가 죽고 미망인이 되어 아들을 데리고 들어가니 그 집에서 제일 작은 방이 배정되었다. 그리고 깨어 있는 동안은 쉬지 않고 일을 해야만 했다. 슬퍼할 겨를도, 앞날을 생각할 틈도 없었다. 무엇보다 참담한 노릇은 누구 하나 말을 붙여볼 상대가 없는 것이었다. 머리가 빠개지는 것 같았어요, 하고 그녀는 회상한다. 집은 구조가 복잡하고 어둠침침했으나 도처에 감시의 눈길이 번뜩이고 있어, 그녀는 자기 하고 싶은 일은 아무것도 할 수 없었을뿐더러 교회에 가는 것은 엄두도 내지 못했다. "이 집에 있으면 곧 죽겠구나. 그러면 내 아들은 또 하나의 어미 없는 자식이 되겠지, 하는 생각이 들었죠."

그녀는 시아버지에게 집에서 나가게 해달라고 요구했다. 시아버지는 거절했다. 집안의 명예를 위해서 그럴 수 없다는 표면적 이유도 없지는 않았으나 남편의 보험금과 자위대에서 나올지도 모르는 보상금 등 그녀를 붙잡아둠으로써 생길 수 있는 수입원까지 계산에 넣었을 것이다. 야스꼬는 버텼다. 친족회의가 열리고, 정 그렇다면 직장을 얻어서 나다니는 것은 허락한다는 결정이 내려졌다.

그 무렵 나까야 집안에는 정원사가 세 사람 있었는데, 그중 한 사람이 친족회의의 결정 소식을 듣고 야스꼬에게 매우 동정적인 태도를 보였다. "만일 내가 댁네 아버지라면 당신을 이런 집에 놔두지 않겠소." 그래서 야스꼬는 은밀히 이 사람에게 자기가 가방을 건네주거든 집 밖으로 좀 날라달라고 부탁했다. 친족회의가 있은 후로 시부모는 거처하던 넓은 방을 야스꼬 모자에게 내주고, 온갖 싫은 소리를 해대기는 했어도 좁은 방으로 옮겨갔다. 야스꼬는 시댁을 나가더라도 남편의 유품을 그냥 두고 갈 수는 없었다. 유골을 집에 안치해두는 49일이 아직 지나지 않았던 것이다. 시아버지가 텔레비전에 열중해 있는 틈을 타서 그녀는 살그머니 불단(佛壇)을 모신 방으로 갔다.

시도 때도 없이 짖어대던 개도 이날따라 기적적으로 침묵을 지켜줘서 그녀는 누구의 눈에도 띄지 않고 남편의 사진과 유골의 일부를 싸들고 나올 수 있었다. (시아버지는 재판정에서 그녀가 이것들을 훔쳐갔다고 주장했다.) 일단 자기 방으로 들어간 그녀는 자고 있는 아들을 깨워 함께 집 밖으로 빠져나왔다.

자유의 몸이 되었다는 것은 나까야 부인에게 기독교인으로서의 자기 인생을 성실히 추구할 수 있게 된 것을 의미하는 동시에 직장을 구하지 않으면 안된다는 것을 뜻했다. 그녀는 20대 초반 심약하고 불행하던 시기에 세례를 받았는데, 그때 세례를 준 이가 바로 야마구찌 싱아이교회의 하야시 목사였다. 당시 하야시 목사는 목회하는 일 외에, 1954년 일가족 여섯명을 살해했다는 혐의를 받고 기소된 사람의 무죄를 증명하기 위해 외롭고 처절한 노력을 계속하고 있었다. 이 사람은 1972년에야 비로소 저 유명한 원심파기로 무죄 판결을 받고 풀려나게 된다. 교회의 많은 신자들은 종교와 관계없는 문제에 목사가 머리를 디밀고 있는 것을 마뜩잖게들 여기고 있었다. 그러나 나까야 부인에게는 목사의 이러한 활동이 도리어 그동안 자질구레한 가정사에 찌들어 있는 자신의 외부에 정치적·사회적인 세계가 펼쳐져 있다는 사실을 깨닫는 계기가 되었다. 호기심을 자극받은 그녀는 그때부터 하야시 목사가 인권을 이야기하고 일본의 형사재판에 대해서 이야기할 때 정신없이 빨려들어갔다.

남편이 죽어 장례식을 치르기까지는 그토록 적극적인 관심을 보이던 자위대는 유족의 생계 문제에 대해서는 거의 관심이 없었다. 오늘날까지도 일본의 구인광고를 보면 으레 연령과 성별에 따른 차별이 있다. 나까야 부인은 그때 나이가 35세로 경력은 무(無)였으며 이렇다 할 산업이 없는 지방도시에서 일자리를 찾고 있었다. 하야시 목사는 보험회사 일을 구해주었다. 그녀는 그런 일을 해낼 자신이 없어 망설였지만 선택의 여지가 없었다. 그 일이 마냥 돌아다녀야 하는 직종이라 스쿠터 한대를 샀다. 가로등 하나 없이 길게 뻗은 도로를 밤중에 혼자 사념에 잠긴 채 속력을 내 달리는 기분은 괜찮았다고 그녀는 말한다. 150센티미터도 못 되는 키의 중년여자가 헬멧을 쓰고 스쿠터를 타는 모습, 이것은 내가 그녀에 대해 갖고 있는 가장 호감이 가는 이미지의 하나다.

일 자체는 고통거리였다. "계약실적은 형편없었어요. 내가 맡은 구역에 내가 태어나서 자란 곳이 포함돼 있어서 친구를 찾아가기는 했지만 차나 마시고 나오니 뭐가 되겠어요?" 그러나 수금하러 다니는 중에 낯선 사람들도 만났다. "그때 나는 이렇게 많은 종류의 사람들이 유다에 살고 있다는 데 깜짝 놀랐어요." 그녀의 이 말은 이렇게 작은 온천도시에서 그토록 주민들 간에 빈부격차가 심하고 생활형태가 다양할 줄 몰랐다는 뜻이다. "내 구역에 어떤 노파 한분이 손자를 키우며 살고 있었어요. 낮에 여관에 가서 허드렛일을 하셨죠. 손자는 중학교를 졸업하자 사무원으로 취직을 했는데, 때마침 보험회사가 계약실적 올리기 캠페인을 벌이고 있었어요. 한 사원이 이 할머니를 찾아가서 보험료를 인상해야 한다고 말했대요." 나까야 부인은 비록 풋내기 외판사원일 뿐이었지만, 이 할머니와 손자가 그렇게 해야 할 이유가 없으며 그것이 부당하다는 것쯤은 알고 있었기 때문에 그들에게 그 얘기를 해주었다. 그랬더니 금방 상사에게 불려가게 되었다. 그녀는 기꺼이 사표를 쓰겠다고 선언했다. 막상 그렇게 나가니 상사는 보너스 탈 때도 가까운데, 하며 회유하려 들었다. 그녀는 그런 건 개의치 않는다고 말한 다음 회사의 이런 방침을 지방신문에 폭로할 수도 있어요, 하고 쏘아주었다. "나도 모르는 사이에 그런 말이 나왔어요." 그녀는 지금도 그 일을 신기해한다.

그녀가 다음에 하게 된 일도 마뜩잖기는 마찬가지였다. 그러나 그녀가 지금 살고 있는 이 집, 손수 가꿀 수 있는 채마밭이 딸린 조촐하나마 안락한 이 집을 소개해준 사람이 두번째 얻은 직장의 고용주였다. 먹거리가 대단히 중요한 관심사가 되었다. 손수 채소를 가꿔봄으로써 화학비료나 농약에 경계의 눈초리를 보낼 수 있게 되고, 다른 사람들을 위해 음식을 만듦으로써—나중에는 공공기관의 조리사로 평생직업을 삼게 되지만—영양에 대해서뿐 아니라 먹거리의 사회적·정치적 측면에 대해서도 민감해졌다. 자신을 위해 식사를 준비하다보면 고향 음식의 특징, 특히 어린 시절의 미각을 되새겨보는 즐거움을 느끼는가 하면, 또 그 음식을 주변의 다른 사람들과 함께 먹으면서 이웃과의 소박하고 끈끈한 유대감이 생겨 '재판하러 다니는 저 여자' 하고 손가락질당할 때의 소외감을 극복할 수 있었다.

시(市)의 조리사가 되어 처음 나간 직장은 복수원(福壽園)이라는 양로원이었는데, 일이 고되고 힘들었다. 조리사 셋, 보모 셋, 여섯명의 직원이 50명의 노인을 보살펴야 했다. 그 여섯명의 직원들 사이에도 직위가 구분되어 있고 조리사는 보모보다 밑이라는 것을 나까야 부인은 발견했다. 당연히 이러한 구분은 모두 착취당하고 있다는 공통된 사실에 대한 인식을 흐리게 하는 장치이다. 예컨대 늘 초과근무를 하는데도 수당은 없었다. 철야근무도 월 3, 4회씩 해야 했다. 초등학생 아들을 둔 나까야 부인에게는 이것이 가장 괴로운 일이었다. 그녀는 동료들에게 힘을 합해서 개선해보자고 제의했으나 어림없는 소리 말라는 반응이었다. 보모들에게는 입소한 노인들이 소매 속에 슬쩍 넣어주는 돈이 있었고, 당신도 곧 그런 일에 익숙해질 테니 쓸데없는 생각일랑 하지 말라는 식이었다. 나까야 부인은 노인들이 받고 있는 처우의 질도 문제라고 생각했다. 그녀는 전문 영양사를 고용할 것을 주장해보았으나 역시 호응이 없었다. 결국 그녀 자신이 영양사 코스를 밟기로 하고 휴직서를 냈다.

식사의 영양가도 문제긴 했지만 식사 전에 행하게 돼 있는 의식이 더 문제였다. 노인들은 매일 신단과 불상 앞에 절을 하고 감사를 드려야 했다. 아예 노인들은 신심이 두텁다고 전제를 해놓고 마치 어린아이 다루듯이 손짓 하나로 일제히 절을 시키는 데 어이가 없었고, 국가가 시립시설이라는 형태를 빌려서 그따위 짓을 강요하는 데는 분노가 치밀었다.

양로시설 복수원을 그만둔 뒤 나까야 부인은 몇개 학교에서 급식 조리원으로 일했다. 그 무렵에는 재판도 진행되고 있었다. 일본에서 소송을 일으키거나 당한다는 것은 쑥덕공론의 대상이 된다는 것을 의미한다. 한 젊은 여성 변호사가 내게 이런 말을 했다. "직무상의 차별대우에 관한 소송 의뢰는, 그것이 아무리 보람있고 뜻있는 사건이라 하더라도 그 당사자가 사회적으로 철저히 업신여김을 당할 각오가 돼 있지 않으면 절대로 맡지 않는다." (그녀는 이혼소송도 결코 권장할 일은 못 되지만 끝까지 소송을 관철해낸 여자들은 그 가혹한 정신적 댓가에도 불구하고 커다란 만족감을 느끼는 일이 많다고 말한다.) 이런 재판과정을 나까야 야스꼬는 사회적으로 소외된 사람처럼 보이거나 행동하지 않고 보낼 수 있었다. 채소를 썰고 냄비를 젓는 등 많은 사람을 위해서 음식을 장만하다보면 따뜻한 동료의식이 생기며, 때로는 위험천만한 화제도 용납이 된다. 나까야 부인은 현명하고 화제가 풍부한 이야기꾼이 되어갔다.

하지만 그녀는 단호했다. 어느해 여름, 그녀가 근무하던 보육원 원장이 수영장 개막식에 안전을 기원한다며 물건 하나를 만들어가지고 왔다. 대나무 작대기 한쪽 끝에 흰 종이를 마름모꼴로 접어서 만든 장식물을 늘어뜨린 것인데, 원장이 그것을 들고 흔들어대는 모습은 누가 봐도 신또오 의식을 집전하는 신주(神主)를 연상시켰다. 나까야 부인이 이의를 제기하자 원장은 이렇게 대답했다. "이 정도 의식이 뭐가 나빠요? 난 단지 아이들의 안전을 생각할 뿐이오" 나까야 부인은 되쏘았다. "그러시다면 우리 모두 안전 문제를 한번 토론해보는 게 더 낫지 않겠어요?"

일반 상식에서 벗어나는 관점을 취한다는 것(가령 겉모양만 현대화된 민간 관습을 거부하는 것)은 그 자체로도 꽤 난감한 일이지만, 그것을 권리로(신앙의 자유는 정교분리를 규정한 헌법에 의해 보장되어 있다) 주장하게 되면 사태는 더욱 악화된다. 사람들이 그런 주장을 의혹의 눈길로 바라보는 것도 이해 못할 바는 아니다. 왜냐하면 그 권리를 인정하게 되면 관습에 반하는 행동까지도 용인해야 할 테니까. 관습에 관한 공통된 이해가 넓고 짙게 깔려 있는 사회, 또는 일본처럼 스스로 그렇다고 치부해놓고 있는 사회에서는, 견해 차이를 권리로 주장하면 최소한 모난 놈 취급은 받게 마련이다. 그렇기 때문에 무엇을 하고자 하거나 하지 않으려 할 때는 다른 사람들 눈에 띄지 않게 혹은 남들이 못 본 척해줄 것을 기대하면서 조용히 해나가는 게 좋다.

예컨대 학문에 종사하는 여성들이 연구성과를 출판할 때는 흔히 자기 성(姓)을 사용하지만, 사립을 포함해 그들이 소속된 학교에서는 그들에게 남편 성을 쓰도록 요구하는 게 상례로 되어 있다. 최근에 어느 국립대학 사서가 자기 성을 사용할 권리를 주장하며 소송을 제기했다. 또다른 국립대학에서 문학을 가르치는 내 친구는 그 상사 격인 교수로부터 지금까지 출판을 할 때 자기 성을 썼느냐는 질문을 받았다. (물론 그녀는 교수 자격으로는 남편 성을 쓰고 있다.) 우연히 그해 그녀는 교내 출판물에 글을 발표한 일이 전혀 없었기 때문에 해당 사항이 없는 것으로 보고되었다. 문부성이 예의 소송을 계기로 실태조사라는 명목으로 보고서를 요구해왔던 것이다. 이런 사태에 대한 내 친구의 반응은 이랬다. "소송 같은 거 안 일으켰으면 아무 일 없을 걸 괜히 다른 사람들을 괴롭히지 뭐야."

나까야 부인이 자위대와 대우회를 상대로 소송을 제기할 때 아들 타까하루는 6학년이었다. 편지와 전화로 협박과 저주가 쇄도했다. 아직 어린아이인 타까하루도 어머니가 일 나가고 혼자 집에 있을 때면 자주 전화를 받았다. 내가 본 편지는 극히 최근, 그러니까 최고재판소 판결이 난 뒤에 보내온 것이었는데, 어찌나 증오심에 불타는 말들로만 채워져 있는지 편지지를 넘기는 손가락이 까맣게 타버리는 느낌이었다. 이 편지들은 철자법과 글씨, 사용하는 용어 등등에서 그야말로 각양각색이지만, 지지하는 것보다는 비난하는 쪽의 편지들이 그 논지나 감정 표현이 도식적이었다.

그중 한통은 신문에 난 나까야 부인의 사진을 코와 눈 부분을 시커멓게 뭉개서 여러장 복사해 붙이고는 그 밑에 이런 문구를 써놓았다. "너는 사신(死神)이 씌었다! 너는 계집년이 아니다! 너는 사람 모습을 한 아귀다!" 여기서 '너'를 의미하는 '오마에(お前)'라는 단어는 형이나 언니가 동생을 부를 때 쓰는 말이기도 하지만 낡은 인습을 지닌 고용주가 종업원에게, 상급생이 하급생에게, 경찰관이 용의자에게, 남편이 아내에게 쓰는 2인칭 대명사다. 여기에 '인간이 동물에게'라는 항목을 하나 더 보탠다면 이 단어의 적용범위가 얼마나 넓은지 짐작될 것이다. 2인칭이면서 상하관계를 나타내는 이 대명사는 그 스펙트럼 한쪽 끝에서는 애정 어린 친밀감을, 다른 한쪽 끝에서는 이 편지에서 보는 것같이 잔인한 증오심을 나타낸다. 편지봉투 뒷면에 씌어 있는 발신자 이름은 여성이다. 앞면의 수취인 이름 밑에 으레껏 붙어야 할 존칭 '사마'(樣, 한국식으로 '님'에 해당한다——옮긴이)가 없다. 경의를 표시하는 이 관습적인 접미사는 (영어의 Mr. Mrs. Miss 같은) 남녀 및 기혼·미혼의 구별 없이 두루 쓰인다. (하나의 역사적 우연성이겠지만 인도·유럽계 언어들에 비해서 일본어가 성을 정치적으로 기호화하는 데서 진보적이었다는 느낌도 든다.) 사회적 차별의 표현에 이렇게나 극성스러운 언어세계 내부에서 이토록 난폭한 언어를 사용하고 게다가 이름까지 밝히는 여성——아니, 좀더 신중하

게 말하자면 여자 이름으로 이따위 폭언을 해대는 사람——을 만나다니! 자못 놀라운 일이 아닐 수 없다.

어떤 편지 겉봉에는 붓글씨로 '나까야 야스꼬 사마'라고 멋지게 써놓고 그 옆에다 괄호를 치고 '재판하는 여자'라고 부기해놓았다. 발신인을 '성난 노파' 또는 '노녀(老女)'라고만 표시한 것들도 있다. 글을 잘 못 쓰는 사람이 보낸 편지도 꽤 많다. 이것은 깜짝 놀랄 만한 현상이다. 왜냐하면 이 사회는 한자를 제대로 사용하는 것을 지적 가치 내지는 도덕적 가치의 표상으로 삼아왔을 뿐 아니라, 전후 수십년에 걸쳐 하나의 이데올로기로 내세워 괄목할 정도로 높은 문자해득률을 성취함으로써 전통적 미덕이 경제력을 떠받쳐준다는 의식을 키워왔기 때문이다. 간혹 쓴웃음을 머금게 하는 편지도 있다. 예컨대 수취인 이름을 '나까야 야스꼬 상'('상'은 '사마'와는 달리 동등한 사이에 붙이는 접미사다)이라 쓰면서 '상'을 한자로 散(일본어 발음은 똑같이 '상'이다——옮긴이)이라 표기한 것이 있는데, 이 글자는 흐트러뜨린다는 뜻이다.

그러나 압도적으로 많은 편지들이 극단적인 증오심을 표현하는 판에 박은 문구들로 가득 차 있다. "판결이 마음에 안 들면 가거라! 기독교 국가로! 외국으로!" "너는 혹시 유대인이 아니냐?" "예끼, 이 양코배기 예수쟁이 잡것아!" "더러운 년아, 일본 땅을 더럽히지 말고 떠나라!" 내가 처음 듣는 욕설도 있었는데, 나까야 부인을 불가촉천민인 '부라꾸민'으로 지목한 것도 그중의 하나다. 편지를 보낸 많은 사람들이 나까야 부인에게 기독교의 참된 정신을 설파하면서 남편의 신사 봉안을 위해 힘써준 사람들의 호의를 왜곡하고 있다고 비난한다. 무릇 소송에는 손해배상 청구가 필수적인 요건임에도 불구하고 많은 사람들은 그녀가 돈을 요구하고 있다고 규탄한다. 공무원의 미망인이라는 그녀의 신분을 들먹이면서 세금으로 먹고사는 주제에 무슨 수작이냐는 등 재판을 오래 끄는 것은 혈세의 낭비라는 힐난도 있다. 모순투성이 비난, 앞뒤가 맞지 않는 욕설. 하지만 여기에는 분명히 불행의 논리가 있다. 상처 입은 인생, 누구에게도 이해받지 못하는 생명의 낭비, 그런 것들이 급기야 질식할 것 같은 권태 또는 구제받을 길 없는 절망이 되어 비명을 질러대고 있는 것이다. 한통 또 한통을 읽을 때마다 되풀이되는 이 비명은 나까야 부인이 야스꾸니 신사 또는 현 단위 호국신사에 남편을 봉안하는 것을 거부한 데 대한 분노지만, 그 분노의 뜻은 바로 이런 것이다. 우리는 남편, 형제 혹은 자식을 잃었다. 그런 우리에게 유일한 위안은 국가가 내려주는 명예인데, 우리의 그런 심정을 네가 짓밟겠다는 거냐?

전(前) 수상 나까소네는 이 점을 완벽하게 이해하고 있었다. 1985년에 그는 이렇게 단언했다. "나라를 위해 목숨을 바친 사람들에게 국민이 감사하는 것은 당연하다. 그렇지 않으면 누가 나라를 위해 목숨을 바치겠는가?"(자민당이 카루이자와輕井澤에서 개최한 쎄미나에서 행한 발언. 村上重良『靖國神社 1869 1945 1985』, 岩波ブックレット 제57호(1988) 49면——옮긴이)

그들 마음속에서 부글부글 끓고 있던 욕구불만·고뇌·비극, 이런 것들이 나까야 부인의 봉안거부 사건으로 인해 구체화된 것은 그녀와 상관없는 타인들만이 아니었다. 그녀의 시아버지 나까야 유끼쯔구(中谷之조)는 그녀가 봉안을 거부했다는 소식을 접하자마자 자기는 봉안을 감사해하고 있다고 언명했다. 자기 자식이 자위대에 입대한 것은 죽어서 호국영령이 되고자 함이었다는 것이다. 그는 증언대에 서서도 아들 타까후미가 시청 직원을 그만둔 것은 죽은 뒤에 호국신사에 봉안될 수 있는 좀더 영예로운 직종을 선택하기 위해서였다고 증언했다. 실제로 타까후미가 입대한 것은 자위대가 탄생하기 전의 경찰예비대인 만큼 이것은 말도 안되는 소리다. 9년간의 결혼생활 동안 타까후미는 야스꼬에게 단 한번도 자기의 죽음 이야기를 한 적이 없는데 하물며 신사 봉안 운운했을 리 있겠는가. 그러면 무엇이 그의 아버지로 하여금 재판이 진행되면 곧 진실이 드러나고 말 그 따위 발언을 하게 만들었을까? 자기의 정치적 확신을 표명하려는 욕구? 아니면 마뜩잖은 며느리한테 소중한 손자를 빼앗긴 데 대한 복수? 혹은 또 살아생전에는 사이가 좋지 않던 아들에게 사후에나마 잘해주고 싶어서?

재판이 15년간에 걸쳐 진행되는 동안 나가야 부인은 법률뿐 아니라 역사와 정치 등 공공생활에서 논의되는 추상적 개념들을 사생활의 구체적 사실들과 조응해서 생각하는 힘을 길렀다. 그녀는 자신을 지원하는 사람들 사이에서 소송 방침을 놓고 벌어지는 대립을 감당해야만 했다. 그녀의 가족 내부에서 일어나는 대립이 지원자들에게 알려지고, 그래서 지원자들 사이에서 '아내 된 자의 신앙의 자유' 문제를 재판의 쟁점으로 삼아야 한다는 소리가 나오기도 했다. 나가야 재판에서 며느리와 시아버지를 대결하게 했더라면 역사적인 불평등 관계를 극적으로 드러내는 효과도 있었으리라. 일본 여성들이 선거권을 획득한 것은 고작 2차대전 이후의 일이다. 오늘날도 이혼한 여자가 재혼하기 위해서는 6개월을 기다려야 하는데(1996년 여성의 재혼 금지 기간을 100일로 단축하는 민법 개정안이 확정되어 시행 중이다—옮긴이), 남자는 언제나 재혼이 가능하다. (하야시 목사가 나까야 부인 사건을 헌법 문제로 몰고 가겠다는 결정을 내렸을 때, 한 변호사는 그녀에게 재혼할 계획이 있느냐고 물었다. 재혼을 하면 소송이 되지 않기 때문이었다.)[5] 공립고등학교는 여학생 수에 제한을 두고 있다. 여성의 고용비율은 공공연히 존재한다. 이런 사정에 비추어볼 때, 여성의 종교적 자유가 남성보다 제약이 크다 해도 놀랄 일이 아니다. 내가 만난 여성들 중에도 시부모가 살아 있는 동안은 기독교로 개종하고 싶어도 못한다는 사람들이 있었다. 대대로 집안에 보존되어오는 불단을 지키는 일은 대체로 아내의 임무이다. 성스러운 것—이 경우에는 죽은 자—과의 일체화가 살아 있는 자에게, 즉 결혼한 여자에게 하나의 확실한 사슬이 되고 있음을 보여주는 본보기이다.

일본 기혼여성들이 당하고 있는 (다른 권리들은 물론) 종교적 권리의 침해에 대한 역사적 기록이 아무리 뒷받침된다 하더라도, 기혼 여성을 특정해서 그 신앙의 자유의 법적 보장을 요구하는 것은 모든 시민의 종교적 권리를 주장하는 일의 중요성을 허물어뜨릴 우려가 있기 때문에 거부감을 불러일으킨다. 한걸음 더 나아가 이는 정교분리의 원칙을 벗어나는 것이기도 하다. 일본 헌법 제20조는 이렇게 되어 있다.

신교(信敎)의 자유는, 누구에 대해서나 이를 보장한다. 어떠한 종교단체도 국가로부터 특권을 받거나, 정치상의 권력을 행사하여서는 아니된다.

　누구도 종교상의 행위, 축전, 의식 또는 행사에의 참가를 강제받지 아니한다.

　국가 및 그 기관은 종교교육 기타 어떠한 종교적 활동도 하여서는 아니된다.

　이밖에도 또 한가지, 나까야 부인의 지원자들이 고려 대상으로 삼았다가 채택하지 않은 전략이 있다. 곧 야마구찌현의 호국신사를 현의 자위대 및 대우회와 함께 피고로 내세우는 문제였다. 이를 채택하지 않은 이유는 만일 그렇게 한다면 이것이 자칫 원고의 종교인 기독교와 피고의 종교인 신또오 간의 싸움처럼 되고, 국가에 어느 종교를 우선시하는 게 타당한지 그 판단을 구하는 것같이 된다는 것이었다. 여기에는 '아내 된 자의 신앙의 자유'라는 형대로 문제를 파악하는 것과 똑같은 위험이 도사리고 있다. 다시 말하면 남편을 기독교식으로 기념하려는 나까야 부인의 소원과 자식을 국가의 영웅으로 신또오 신사에 모시고자 하는 부친의 염원을 저울질해서 판정해주기를 국가에 요구하는 것 같은 형태가 되어버릴 위험이 있다는 것이다.

　우리가 오늘날 널리 이해하는 권리에 대한 개념들은 18세기 서양의 근대화 과정에 그 기원을 두고 있는데, 이것들이 일본에 소개된 것은 19세기 말이다. 그리고 이 나라에서는 그러한 권리들을 대중적으로 구체화해주는, 이를테면 미국혁명이나 프랑스혁명 같은 역사적 사건이 없었다. 그래서 늘 일본에는 종교와 정치의 분리를 논의한다는 것 자체가 서양 지배의 한 결과가 아니냐 하고 의문시하는 경향이 있다. 보수적인 일본인들에게 미국의 점령의 산물인 전후헌법은 그야말로 참기 어려운 굴욕이요 뼈대 없는 나라의 상징인 것이다. 그들은 대부분의 유족들과 함께, 나라를 위해 목숨을 바친 사람들을 받들어모시는 일을 정부 지도자들이 주저할 필요가 없을 뿐 아니라 오히려 그들의 의무라고 주장한다. 어떤 논의를 제기할 때 정당하건 부당하건 간에 우선 권리부터 주장하는 것이 미국에서는 관례가 되어 있지만, 일본에서는 아직 생소하다. 소송을 좋아하지 않는 것을 일본인들은 은근히 자랑하고 싶어하는데, 억압적인 면과 함께 고마운 면도 갖고 있는 이런 경향 역시 그런 면에서 이해할 수 있을 것이다. 그리고 이 나라에는 미국의 이른바 견제와 균형(checks and balances) 제도라든가 사법권 독립이라는 실질적 전통에 비견될 만한 정비된 구조가 아직 없다.

일본의 지도자들이나 정부 인사들은 곧잘 쟁점을 직접 건드리기보다 씨니컬한 방법으로 어떤 상징을 원용해서 문제를 해결하려고 시도한다. 그 기념비적인 실례를 제시한 이가 1985년 8월 15일 야스꾸니 신사를 공식 참배한 당시의 수상 나까소네다. 신사에 대한 국가의 보호와 지원 문제를 에워싼 논쟁이 한창 계속되는 가운데 문제의 8월 그날 공식적으로 보이는 각료들의 참배가 잇따랐는데, 나까소네는 그 방문에 앞서 자신의 참배가 공식적인 것이냐라는 질문을 기자들로부터 받았다. 그는 마치 일본에 기항하는 군함에 핵무기가 탑재되었느냐는 물음에 긍정도 부정도 하지 않는 미국의 태도를 흉내라도 내듯이, 이렇다저렇다 밝히기를 거부했다. 나까소네는 그전에도 몇번인가 참배를 한 적이 있는데, 그때마다 그는 신사의 예법에 따라 성스러운 비쭈기나무 가지 하나를 바친 다음 두번 절하고 두번 손뼉 치고 또 한번 절하는 절차를 다 밟았다. 그런데 1985년 이날 명명백백하게 수상 자격으로 참배했을 때에는 공금으로 산 꽃을 바치고 절을 한번만 했다.[6] 이 '새 방식'은 국가 및 그 기관의 종교활동을 금지한 헌법 제20조 제3항에 대비해 고안된 것으로 보인다. 일찍이 일본 정부가 지문날인에 대한 항의에 어떤 식으로 대응했는지 알고 있는 사람들에게는 이것이 전혀 놀라운 일이 아니다. 일본에 거주하는 외국인들, 특히 전쟁 전에 징용당해 온 조선인과 일본에서 태어나 일본밖에 알지 못하는 그들의 2세, 3세 들이 지문날인 조치에 항의했을 때 일본 정부는 그들에게 색깔 없는 잉크와, 색깔이 없어 육안으로는 보이지 않는 지문을 더욱더 보이지 않게끔 법무성의 오동나뭇잎 마크가 커다랗게 찍혀 있는 외국인 등록증용 플라스틱 커버를 내놓았던 것이다.

야스꾸니 신사에 대한 각료들의 참배행위나 일장기 게양 및 키미가요 제창을 의무화한 문부성의 신지도요령(新指導要領)이 오늘날 세계 곳곳에 퍼져 있는 세련되고 포스트모던한 토오꾜오의 이미지와 견주어볼 때 너무도 어울리지 않게 곰팡내 난다는 느낌이 들지 모른다. 그러나 그런 곰팡내 날 것 같은 행위들이야말로 세련되고 포스트모던한 것들 밑바탕에 깔린 엄격한 규율, 일종의 심리적 통제를 강화해주는 장치이다. 이런 통제형태는 소비욕구의 만족과 전통적 색채의 인위적 엄격성을 교묘히 결합시켜 비할 수 없는 최고의 지배체제가 되어주어서 적어도 지금 당장은 좀더 노골적인 억압수단이 필요치 않다.

이러한 시기야말로 용기있는 소수파의 존재가 더욱 소중해진다. 단순히 이윤을 추구할 권리 이상의 어떤 것 또는 그것과는 별개의 권리라는 것은 부당한 취급을 받고 있는 소수파의 항의 없이는 확정도 옹호도 불가능하다. 더구나 모든 사람이 다 잘살고 자유로운 것같이 보이는 사회(이때의 자유란 지극히 상투적인 것, 예컨대 언론매체들이 동유럽을 보도할 때 유감없이 보여주듯이 자유시장의 존재 이상의 의미를 갖지 않는다)에서는, 누군가 부자유한 사람이 제시하는 명백한 증거만이 모든 사람이 당할 수도 있는 부자유의 표상이 되어야 하는 것이다. 자유를 만인이 골고루 향유하지 못하고 있다는 것을 누구보다 확실히 증명할 수 있는 사람은 가장 상처받기 쉽고 따라서 부당한 압박과 구속을 가장 심각하게 느낄 수 있는, 어떤 면에서든 보통 사람들과는 다른 그런 사람들이며, 그렇기 때문에 투쟁에 앞장서야 하는 사람도 그들인 것이다. 권리라는 것은 압박이나 자기만족(안주)으로 인한 상태를 검증해보지 않으면 드러나지 않는다. 오늘날의 일본과 같은 사회에서는 압도적으로 많은 시민들이 스스로 다수파에 속한다고 믿으며 그 믿음은 국민적 정체성의 핵으로서 나날이 강화되고 있기 때문에, 만인의 권리를 위해 투쟁하는 소수파가 짊어져야 할 부담은 더욱더 가중되고 있다. 다수파가 소수파에 빚지고 있는 것이 인내나 관용의 문제가 아닌 까닭이 여기에 있는데, 그런 것은 자선을 모호하게 세속화해놓은 개념에 지나지 않는다. 소수파는 자신들과 다수파를 위해서 싸우고 있는 것이다.

헌법에 관계되는 소송사건치고 어렵지 않은 게 없겠지만, 나까야 재판은 몇가지 특이한 점 때문에 더욱 그러했다. 첫째로 그녀의 남편은 기독교 신자가 아니었고(그는 별다른 종교를 갖지 않았다), 둘째 그녀는 남편의 합사에 참가하라는 요구를 누구로부터도 받은 일이 없었다. 셋째로 그녀가 시집에서 갖고 나온 남편의 유골이 교회 납골당에 안치되어 있었다. 이런 점들이 많은 사람들로 하여금 고개를 갸웃거리게 했다. 그녀 자신이 원하는 대로 남편의 유해가 분골(分骨, 유해를 나눠갖는 것 ――옮긴이)되어 있다면 나머지 부분을 어디에 모셔놓건 무슨 상관인가? 실제로 신또오의 합사에는 유골이 필요없고 다만 망자의 이름만 모셔놓을 뿐이므로, 그 점에서는 부정을 막고 피나 죽음에 의해 더럽혀지는 것을 꺼리는 오래된 관습에 아무 어긋날 게 없다. 그렇다면 나까야 재판의 근거는 무엇인가?

무엇보다 먼저 들어야 할 것은 사망한 자위대원을 신사에 봉안하려는 대우회에 대해 야마구찌현 자위대가 협력한 점이 국가의 종교활동을 금지한 헌법 제20조 제3항에 위배된다는 사실이다. 국가는 그렇게 함으로써 나까야 야스꼬의 '종교상의 인권'까지 침해했다고 그녀의 변호인단은 주장했다. 설사 그녀가 신사 신앙을 강요받지는 않았다 하더라도 그녀 남편의 죽음에 따른 제사의식이 국가의 한 기관에 의해 그녀 자신과는 무관한 종교적 활동 속에서 계속 집행되게끔 된 것은 그녀의 종교적인 마음의 평화를 어지럽힌다는 것이다.

야마구찌 지방재판소와 히로시마 고등재판소는 이러한 주장들을 실질적으로 인정했지만, 대우회가 이미 신사에 합사를 취소해달라고 요청했다는 이유(신사는 그 요청을 거절했다)를 들어 대우회에 봉사의 취소를 명령하지는 않았다. 최고재판소는 이들 하급심의 판결을 어떻게 뒤집었는가? 최고재판소는 그런 선례가 없음에도 불구하고 하급심이 인정한 사실들을 재심리한 끝에 합사 신청은 민간단체인 대우회의 단독행위였다고 단정했다. 따라서 국가는 책임이 없다는 것이다.

지방재판소의 심리에서 채택된 증거들은 신사나 대우회보다도 오히려 현의 자위대가 전사자를 합사하는 관례에 덧붙여 평화시에 순직한 자위대원에 대한 합사까지 이루어지도록 하는 데 얼마나 앞장서서 노력해왔는가를 잘 말해준다. 야마구찌현 자위대가 (평화시의 순직대원도 합사하는) 그 새로운 방법이 이미 정착되어 있는 큐우슈우의 각 현 자위대에 조회한 문서들과 그에 대한 큐우슈우 자위대들로부터의 회신 등이 이 재판에서는 '비밀문서'로 불리고 있다. 이것들은 자위대 내부자를 통해 하야시 목사 손에 들어왔다. (이 사람은 하야시 목사를 영웅이라 부르는 몇 사람 중의 한명인데, 그 이름은 영원히 하야시 목사의 가슴속에 묻혀 있을 것이다.) 이들 문서의 중요성은 야마구찌현 자위대와 큐우슈우 각 현의 자위대들이 한결같이 그 존재를 부인하고 있다는 사실로 뒷받침된다.[7] 최고재판소 재판관들은 야마구찌현 자위대가 헌법 제20조 제3항에 저촉되는 짓을 하지 않았다는 판결을 내리기 위해 이들 증거의 중요성을 극도로 낮게 평가해야 했다.

현 자위대와 대우회의 구별도 사실상 애매모호한 것이, 야마구찌현의 경우 딱 한 사람뿐인 대우회의 사무직원이 현 자위대의 정식 직원이며, 자위대 사무소 내에서 대우회 일도 보고 있는 것이다. 재판관들은 자위대가 신사의 합사를 추진하는 과정에 대우회에 '협력한' 것은 인정했다. 그렇다면 그 협력이 "국가 및 그 기관은 종교교육 기타 어떠한 종교적 활동도 하여서는 아니된다"고 헌법이 금지하고 있는 종교활동에 해당하느냐 여부가 결정되어야 한다. 이들 재판관도 그렇게 해석하고 있듯이 이 조항은 모든 종류의 종교활동을 다 배제하는 것은 아니다. 바로 이 점이 나까야 재판의 판결이 극히 중대한 영향력을 갖게 되는 이유인데, 재판관들은 국가 및 그 기관들의 종교활동 가운데서 허용되지 않는 것과 허용되는 것을 구분하는 기준을 정의해주어야 하기 때문이다. 여기에는 다음과 같은 점들이 고려되었다. (1) 종교활동이 행해지는 장소, (2) 그 활동의 종교적 성격에 대한 일반 시민들의 평가, (3) 그 활동을 행하는 당사자의 종교적 의도 유무 및 그 정도, (4) 그 활동이 일반 시민에게 끼치는 영향. 재판관들은 여기서 사회적 통념에 입각한 '객관적 판단'을 찾아내야만 했다. 그래서 그들은 나까야를 신사에 봉안하려는 대우회의 노력에 자위대가 협력한 것은 사실이나 그것은 간접적인 종교활동에 지나지 않는 것으로, 그 의도를 종교적이라 할 수 없다, 왜냐하면 그 목적은 자위대의 사회적 지위를 향상하고 대원들의 사기를 높이는 데 있었을 뿐이기 때문이다라는 결론을 끌어냈다. 재판관들은 한 국가기관의 목적 수행을 위해서 종교가 동원된 사실을 시인하는 데 전혀 주저하지 않은 듯하다. 그들은 결론을 보강하기 위해서, 아니 오히려 앞으로 있을 소송을 예방하기 위해서 헌법 제20조의 정교분리 규정은 개인의 신앙과 종교의 자유를 보장하려는 것이기보다는 국가와 그 기관에 금지되는 활동의 범위를 규정하는 데 목적을 두고 있다고 부연했다.[8] 최고재판소는 사뭇 참신한 개념인 '종교상의 인권'을 구명하는 일에는 전혀 열의를 보이지 않았다. 그들의 판단은 첫째, 합사를 신청한 것은 민간단체인 대우회의 단독행위였고, 둘째, 그 행위에 자위대가 협력한 것은 그 의도나 효과 및 사회적 통념에 비추어볼 때 종교활동이라 볼 수 없으며, 셋째, 합사 신청은 근본적으로 합사의 실행과는 다른 것이며 국가가 관여한 것은 전자, 곧 비종교적이라고 입증될 수 있는 행위에 대해서일 뿐이므로 결코 나까야 야스꼬의 종교적 권리를 침해했다고 해석할 수는 없다는 것이다.

아이러니하게도 법정은 나까야 변호인단이 피하려고 애썼던 바로 그 해석을 채택했다. 종교활동에 가담했다는 국가의 혐의를 일단 벗겨주고 나면 이 사건의 쟁점은 민간인 개개인들 사이의 종교적 알력으로 되어버리는데, 국가가 거기에 간섭할 수 없음은 물론이다. 종교의 자유의 보장이란 다른 사람들이 자기의 종교적 추구를 방해하지 않는 한 자기도 다른 사람의 종교적 행위를 용인할 것을 요구한다. 다시 말해서 그 자유는 모든 사람이 누군가를 자기 신앙의 대상으로 삼을 수 있고 자기가 믿는 신앙의 실천에 따라 누군가의 영혼을 추모하거나 그 안식을 추구할 수 있는 자유라는 것이다.[9] 기발한 생각을 잘하는 내 친구 하나는 이 소견을 보더니 이런 말을 하는 것이었다. "좌익 진영의 열성분자들이 좀더 상상력을 발휘한다면 천황의 영혼을 자기들의 목적을 위해 동원할 수 있겠는걸. 최고재판소가 괜찮다고 했으니까."

비록 정부 의향대로 내려지는 판결에 익숙한 사회라곤 하지만 반대의견을 내놓은 재판관이 딱 한 사람밖에 없었다는 나까야 판결에 대해서는 회의적인 반응이 꽤 많았다. 나까야 부인 자신도 신문기자와 지원자 들 앞에 모습을 드러냈을 때는 이미 저 유명한 나까야의 미소를 되찾고 있었다.

나까야 부인의 반대파들에게 승리의 길이 놀라울 정도로 험난했다는 사실은 기억해둘 만하다. 무엇이 그들에게 가장 큰 걸림돌이었던가? 하야시 목사가 입수한 '비밀문서' 속에 야마구찌현 자위대가 조회한 데 대해 1971년 후꾸오까현 자위대가 회신한 것이 있는데, 거기에 다음 같은 문장이 들어 있다.

작고한 군인의 유족들이 이후 사멸할 것은 자명하며 자위대 순직자의 봉안 없이는 호국신사의 타당한 장래를 생각할 수 없음.

이러한 행동방향을 지지해주는 역사적 고찰도 있다.

구군(舊軍)이 전쟁터에서 돌격의 제1보를 내디딜 수 있었던 것은 후방에서 국민 일체의 지지가 있었기 때문이다. 그러한 의미에서 자위대 순직자의 봉안에 찬동한다.[10]

전쟁이 끝난 뒤 태평양에 흩어져 있는 섬들을 뒤지고 다니며 일본 군들의 유골을 수습하는 일이 상당 기간 계속되었다. 그래서 그 신원이 확인되면 야스꾸니 신사나 호국신사에 봉안할 새로운 이름을 얻을 수 있었다. 지금은 그런 식의 유골줍기 행각도 뜸해졌고 그러한 봉안의식에 참여할 유족들도 사라져가는 추세다. 전후 몇십년이나 계속되고 있는 이 평화로 인해 국가는 그러한 의식을 위한 원료를 제공할 수 없게 되었다. 하나의 사회적 에토스(ethos)를 창출하고 유지하는 데 그 의식만큼 경제적인 것이 없는데도 말이다.

그러한 의식의 종교적 성격이 모호한 것은 우연이 아니다. 자주 지적되는 바이지만, 일본의 각 종교 신자수를 합치면 전체 인구의 두배가 된다. 이 낯설지 않은 숫자에 대한 변명도 대개 정해져 있다. 서양인들 눈에는 우리 일본인들이 너무 원시적으로 비칠 거예요, 하고 난감해하는 것에서부터 우린 서양인들과 달라, 같은 잣대를 갖다 대면 곤란해, 하는 도전파에 이르기까지. 이 나라에서는 주요 종교들이 담당하는 사업분야가 다르다는 점을 감안하면 그 엄청난 통계숫자가 전혀 놀랄 대상이 아님을 알 것이다. 신또오는 출생과 결혼식용(결혼 분야는 기독교가 많이 침식하고 있다)이고, 불교는 장례식을 담당한다. 이런 관습은 서로에게 관용적이지만, 기독교처럼 다른 신앙을 용납하지 않는 종교에 대해서는 편향되고 몰상식한 옹고집으로 치부한다. 그래서 나까야 부인은 까다롭고 괴팍한 사람이라 여겨지고 '켓 빼끼(潔癖)'라는 형용사가 따라붙게 되었다. 그러니까 최고재판소의 다수 의견은 국가에 면죄부를 부여함과 동시에 나까야 부인으로 하여금 시부모의 종교적 선택 및 호국신사의 관행에 대해 관용할 것을 역설하고 있는 것이다.

자위대 활동의 종교적 성격을 부정하는 이 교묘한 논법은 전후 버전의 신또오를 종교이기보다 민속이라는 법리(法理)로 변질시키기 위한 특이한 수법이라 할 수 있다. 양자의 차이가 무엇이냐고 물을 수 있을 것이다. 그러나 그 차이를 논하기에 앞서 지적해둘 것은, 그런 구별이 국가와 종교 관계에 관한 시끄러운 논의를 물리치려는 전략이라는 점이다. 나까소네 씨가 야스꾸니 신사에서 실연해 보인 '새로운' 예배방식(꽃 한 송이와 한번의 절)은 특기할 만한 모범이다. 최고재판소의 판결은 그 온갖 억지논리에도 불구하고 오늘날 일본의 사회적·정치적 통념을 확실하게 보여준다는 점에서 시사하는 바가 크다. 그 통념이란 이렇다. 모나게 굴지 마라. 상식화되어 있는 정치적 전략에 맞서 소송을 하는 것은 에너지 낭비다. 일본의 종교는 일본성(日本性, Japaneseness) 그것이며, 그것은 일상 생활 속에서 실천되고 있다는 것을 알라. 일상적 실천에 의해 눈에도 잘 띄지 않을 정도로 사회생활 속에 녹아 있는 이 종교는 어떤 도전에도 꿈쩍하지 않을 뿐 아니라, 때로 야스꾸니 또는 호국신사에서처럼 눈에 드러나는 경우에도 끄떡없는 저항력을 발휘하고 있다.

야마구찌시는 나까야 부인이 사는 유다에서도 자전거를 타고 금세 한바퀴 돌아올 수 있는 작은 도시다. 어느날 아침에 나는 그녀의 자전거를 빌려 타고―그녀는 스쿠터를 더 좋아한다―호국신사에 갔다. 물론 혼자서 간 것은 좋았지만 자전거를 세워두는 장소에 좀더 신경을 썼어야 옳았다. 자전거에 그녀의 이름과 주소가 적혀 있었기 때문이다. 일본에서는 어느 자전거에나 소유자가 표시되어 있고, 경찰관들은 자전거 도둑 잡는 일에 꽤 열성적이다. 경찰력을 이런 일에 써먹는 사회를 부럽다고 생각할 수도 있겠으나, 나는 오히려 이것이 호구조사의 연장선상에 있다는 느낌을 떨쳐버릴 수가 없다. 일본 경찰은 거의 1년에 한번꼴로 관내 가가호호를 방문해서 거기 살고 있는 사람들이 자기네 장부에 기록된 것과 일치하는지를 확인한다. 내 외할머니는 그때마다 손녀인 내가 몇해씩 없어졌다가 나타나곤 하는 것을 변명해야 하고, 경찰관들은 우스갯소리 섞어가며 도난방지법 따위를 전수하는 체하면서 실은 주거가 일정치 않은 주민들의 동태를 시시콜콜 캐어가지고 간다.

낯선 데를 헷갈리지 않고 찾아가는 재주가 없는 나인데, 이날은 운이 좋았다. 야마구찌의 호국신사와 자위대 본부는 서로 이웃해 있는데, 신사가 자위대 훈련장을 내려다보는──비호하고 있다 해야 할지──위치에 있다. 검정칠이 된 간소하고 나직한 목조건물, 그것이 호국신사의 양식이라고 설명서에 씌어 있다. 내 눈에는 단지 크기만 다른 신사와 차이가 날 뿐이다. 신사들은 시골이나 도시 할 것 없이 대개 숲으로 에워싸인 외딴 곳에 있고 어린이들의 놀이터 구실도 겸하여, 일본적 풍경의 한 특징적 요소가 되고 있다. 내 외가가 있는 마을의 신사도 예외가 아니어서 국화가 만발하는 계절이 되면 가랑잎 태우는 향내와 해거름에 꽃띠를 그리며 피어오르는 자줏빛 연기가 가을이 무르익었음을 알려준다. 나는 나가사끼에 사시는 이모를 따라 밤에 그곳에 가서 요란한 마법의 축제를 구경한 적이 있는데, 지금은 내가 아이들을 데리고 갔다가 공부 안하고 몰래 돌아다니는 친구들을 찾아다니는 규율반 학생을 만나기도 한다.

신사가 고풍스러운 분위기를 자아내는 것은 그만큼 토착화되어 있기 때문이다. 이 사실은 분명 그 자체가 어떤 잠재적 억압성을 지니고 있다. 내가 그 관내에 태어났다고 해서 거기 모셔놓은 신의 가호를 자청해야 할 것인지(또한 거기서 행하는 의식의 경비나 관리유지비를 당연히 기부해야 하는지)는 의문이다. 그리고 시민으로서의 생활과 종교적인 것의 이런 비공식적인 결합에는, 일찍이 신또오가 관료주의적 일관성과 효율적 감시를 목적으로 국가의 정책적 뒷받침을 받아 무수히 많은 작은 신사들을 하나의 행정단위를 대표하는 좀더 큰 신사로 통폐합하던 시대의 잔재가 그대로 남아 있음도 부정할 수 없다. 그러나 오늘날에도 남아 있는 이들 지역단위 신사는 특정한 역사적 인물을 받들어모시던 근대의 신사나 야스꾸니 또는 호국신사들과도 구별된다.

각 현에 하나씩 호국신사를 설치하도록 한 1939년의 정령(政令)에 따라 야마구찌현의 호국신사는 1941년에 건립되었다. 참배자들에게 나눠주는 팸플릿의 표지에는 신사를 '영전(靈殿)'이라 표기해놓았다. 이 자료를 보건대 이곳에 모신 영령은 모두 52,099주(柱, 영령은 전통적으로 기둥柱자로 표시한다)이며, 그 가운데 사위대원의 영령은 45주이다 (1985년 현재). 이들 영령에 대해서는 다음과 같은 설명이 붙어 있다.

전쟁의 참화 속에서 이 영령들이 일신을 바쳐 기원한 것은 오로지 일본국의 안태(安泰)와 세계의 평화였다.

그리고 이는 또한 뒤에 남은 유족들을 통하여, 모든 국민의 가내안전, 건강기원과 함께 태어날 후손들의 탄탄한 발전을 (…) 지켜보겠다는 뜻이기도 하다.

오늘을 사는 자들은 이 영령들의 가호를 받고 있음을 잊지 말고 감사하는 마음으로 참배토록 하자.

이 소책자가 '대동아전쟁' 당시의 언어로 씌어 있다는 사실은 놀라운 일이 아니다. 2차대전을 대동아전쟁이라 부르는 일본인들이 아직 적지 않게 살아 있고, 그들은 그 전쟁에 대해 어느정도 정당성을 주장하기를 아직껏 포기하지 않는다. 이 소책자는 '전쟁재판순국열사지비(戰爭裁判殉國烈士之碑)'에 대해 이렇게 설명하고 있다.

대동아전쟁 종결 후, 승전국의 일방적 재판에서 무실(無實)·오인(誤認)인 채로 처형되거나 혹은 자결 또는 옥사한 야마구찌현 출신 열사 33주를 위령(慰靈)하고 그 유덕(遺德)을 현창(顯彰)한다.

나는 신사 사무실이라는 데를 찾아가서 안내해줄 사람이 없는지 물었다. 칸누시(神主, 신사의 책임자 혹은 신사에서 일하는 사람—옮긴이) 한 사람이 얼른 달려나와 내 질문에 일일이 정중한 답변을 해준다. 비석에 새긴 문자는 수상을 지낸 키시의 휘호란다. 그는 야마구찌현 출신으로 A급전범으로 체포되었으나 용케 기소를 면한 사람이다. 국기 게양대에 커다란 대포와 프로펠러가 장식되어 있는데 팸플릿을 보니 그 게양대는 자위대원을 합사하게 된 기념으로 세워졌다고 되어 있기에, 이게 무슨 뜻이냐고 물어보았다. 아, 별거 아니에요, 하는 대답이다. 그 프로펠러는 낡은 미국 비행기에서 떼어왔음 직하다.

본전 옆으로 조금 떨어진 곳에 시꺼먼 토리이 때문에 한결 돋보이는 건물이 있다. 합사를 할 때 여기서 의식이 시작된다고 한다. 신으로 모셔질 영(靈)은 이곳에서 아침 8시에 호명을 받아 신성한 비쭈기

나무 가지로 옮겨진 다음 오직 이 목적을 위해서만 사용되는 가마로 본전까지 운반되는데, 비쭈기나무는 거기서 영구히 보존되고 예배받는다. 사까끼(榊)라 부르는 비쭈기나무는 상록수의 일종으로 전통적으로 신성시되어왔는데, 신들이 반들반들 윤이 나는 그 잎과 교감하여 그 위에 내려앉는다는 것이다. 합사의식에서는 비쭈기나무 가지가 신들의 화신(化神)이 된다. 숭배의 대상을 거울이나 칼 같은 것으로 대신하는 신사도 있다. 비쭈기나무라도 시들기는 마찬가지일 텐데, 안내하는 칸누시의 말에 의하면 시들어도 절대 버리지 않는다고 한다. 신들의 이름은 장부에 적혀 있다. 이름이 이렇듯 중요시되는 것은 이러한 영이 한편으로는 이름에 깃들이고 또 한편으로는 특권화된 예배대상에 깃들이는 이중의 존재 또는 이분(二分)된 존재임을 나타낸다.

이런 의식형태는 태평양전쟁의 서막과 전쟁 내내 야스꾸니 신사에서 거듭거듭 거행된 대규모 합사의 양식을 따르고 있다. 이런 의식은 라디오로 제국 구석구석까지 실황중계되었다. 그 가운데 1933년 4월 25일 1,711주를 합사할 당시를 보면, 아나운서는 참석한 유족들의 심정을 아래와 같이 드라마틱하게 들려주고 있다.

아, 환호소리, 만세소리를 뒤로하고 만주 벌판을 향해 떠나가던 그 모습, 용감하고 늠름한 아버지, 남편, 아들, 손자의 모습이 지금도 눈에 선한데 (…) 여기 지금 4천여 유족들이 경건하게 합장을 하고 고개 숙이니 비오듯 하는 눈물이 땅을 적시고, (…) 온 나라가 한마음으로 올리는 이 제전에서 신이 되어 광영의 자리에 오르시는 영령들이여, 지금 여기 감격의 눈물에 젖어서 그대들의 성스러운 의식을 지켜보는 유족들의 심경을 어찌 말로써 표현할 수 있으리오.

1941년으로 접어들면서 사망자 숫자가 엄청나게 불어나 감당하기 힘들 지경이 되었다. 아나운서들은 모여든 유가족들의 오열과 "살인자!" "내 아들을 돌려달라!"고 외치는 소리가 방송으로 나가지 못하게끔 마이크를 감싸기에 바빴다고 한다.[11]

이런 이야기는 나의 안내자가 해주는 간략한 합사의 역사 설명에 한마디도 나오지 않는다. 나는 나까야 재판에 대해 물어본다. 안내자도 익히 알고 있는 사건이다. 그는 이 사건을 나까야 야스꼬의 권리에 대한 신사의 권리 문제로 본다면서 영혼이란 각기 다른 차원에 존재한다고 말한다. 신또오의 영혼을 기독교의 그것과 비교하는 것은 사과와 오렌지를 비교하는 것과 같다는 것이다. 그는 반문한다. "실례의 말일지 모르지만, 그녀가 신또오의 봉안에 그토록 강경하게 반대하는 것은 그녀의 신앙심이 약하다는 증거 아니겠소?"

내가 다시 나까소네 씨가 취한 것 같은 새로운 예배방식을 어떻게 생각하느냐고 물으니 이런 대답이 돌아온다. "솔직히 말해서 웃기는 노릇이죠. 무엇 때문에 그 고생을 해가면서 종교적 행위를 부정해야 한단 말입니까?"

나는 그 순간까지 상대방의 솔직함을 기분 좋게 생각하면서 한마디 한마디에 신중을 기하고 있었다. 그런데 이 시점에서 갑자기 신또오는 종교가 아니지 않느냐는, 흔히 듣는 말이면서도 사뭇 난폭한 논리가 불쑥 튀어나와 스스로 당황했다. 교회와 국가의 분리를 에워싼 논의가 곧잘 초점을 빗나가는 이유가 바로 이것이다. 그는 '차아치'(church의 일본식 발음—옮긴이)라는 말을, 그것이 외래의 것임을 강조하려는 듯이 몇번이고 되뇐다. 마치 '차아치', 곧 기독교가 종교라는 관념을 모두 다 표현하고 있다는 듯이. 신또오는 그런 것이 아닙니다, 하고 그는 계속한다. "아마도 민간습속이라고 해야 옳을 거예요. 일본인들은 오랫동안 다양한 종교를 받아들여왔어요. 이를 비판적으로 보는 사람도 있지만, 이것이야말로 일상생활에서 얻어진 지혜라고 할 수 있지 않겠소? 이것을 일본적 지혜라고 불러도 좋겠지요. 이것이 있기 때문에 우리는 조화로운 삶을 영위할 수가 있는 겁니다." 나는 여기서 조심스럽게 국가신또오(國家神道)는 무엇이냐고 물었다. 그러자 그는 대답한다. "다소 지나쳤던 일이 없지는 않아요. 하나 지금은 시대가 달라요." 나는 다시 묻는다. "자위대와의 밀접한 관계는 어떻게 된 건가요?" "우리는 우리 조국을 지켜야 해요. 거기 사는 모든 국민들을 지키려는 것이죠. 극히 당연한 일 아니겠어요?" 나의 안내자는 '쿠니(國)'라는 말을 썼다. 이 말은 고향을 뜻하기도 해서 국가라는 말이 풍기는 강한 뉘앙스를 교묘하게 누그러뜨린다.

우리의 대화는 정중했다. 나는 고맙다고 인사하고, 혼자서 잠시 돌아보겠노라 했다. 평일 아침이어서 경내에는 사람이 없었다. '척혼비(拓魂碑)'라고 씌어진 비석을 발견하고 다가가보니 만몽청소년개척의용단(滿蒙靑少年開拓義勇團)의 야마구찌 출신자들을 위한 기념비다. "쇼오와 20년 8월 15일, (…) 종전으로 개척의 꿈이 깨어져 (…) 이국땅에 뼈를 묻은 젊은 영웅 3백여명." 이들 젊은 영혼은 신사의 위령식으로 안락을 얻었을까? 그들에게 속삭여진 감언이설 그대로 나라의 수호신이 되었을까? 전쟁으로 젊은 목숨을 마감한 5만 2천명의 영령이 여기에 모여 있다. 그리고 해마다 새로운 영령이 추가된다. 과연 이것이 안식의 땅이 될 수 있을까?

나까야 타까후미는 여전히 야마구찌현 호국신사에 봉안되어 있다. 이제 나까야 부인은 그것 때문에 괴로워하지는 않는다고 말한다. 지난 몇년간 그 고통스러운 재판투쟁의 의미를 생각해온 끝에 그녀는, 그 재판은 남편의 죽음을 국가가 이용하는 데 대한 항의였다고 결론을 내렸다.

언뜻 보기에는 간단한 말 같지만 실상 이 말 속에는 재판이 불러일으킨 온갖 고통스러운 기억들이 감추어져 있다. 그런 댓가를 치른 다음에야 비로소 공적 추상성과 사적 구체성을 접합하여 생각하는 법을 체득할 수 있었던 것이다.

그녀는 매우 조심스럽게, 16년간에 걸친 재판투쟁을 재정적으로도 받쳐준 지원운동에 부응하는 일이 대단히 어려웠다고 말한다. 이렇게 말하는 그녀의 마음 한구석에 도사리고 있는 것은 그 지원자들이 이른바 인텔리들이라는 사실이지만, 다른 한편으로는 지원자들 가운데 많은 사람이 그녀의 비판자들과 같은 의문을 품고 있었다는 점이다. 자위대라는 것에 대해서 그렇게 몰랐단 말이냐? 자위대원과 결혼한 사람이 자위대원이면 으레 맞게 될 일을 거부하는 건 또 뭐냐? 사실 이런 의문들은 맨 처음 그녀의 재판 이야기를 들었을 때 내 마음속에서도 일었던 의문들이다. 당시 나는 자위대라는 것이 큐우슈우 가난한 집안의 차남이나 삼남이 중학교만 마치고도 쉽게 얻을 수 있는 취직자리였다는 사실을 몰랐다. 내가 나까야 부인에게 이 말을 하자 그녀는 이렇게 대답하는 것이었다. "저도 사실은 자위대와 그 대원을 구별해서 말하려고 무진 애를 써왔답니다."

애당초 타까후미와 결혼한 것이 잘못인가? 이 물음이 몇년간이나 그녀의 머리를 떠나지 않았다. 그녀가 진정으로 이 물음에 긍정적인 대답을 내렸다고는 생각되지 않는다. 그러나 그녀가 한사코 갈구해 마지않은 것은 개인적 상실과 공적 갈등이 수렴되어 있는 그 질곡으로부터 해방되는 것이었다. 자위대가 위헌이라면 남편의 인생은 잘못된 것 아닌가. 그렇다면 우리의 결혼도 잘못된 것이고. 하지만 우리의 결혼생활은 진실된 것이었어…… 이런 생각들의 소용돌이는 견디기 어려운 것이었다. 그녀는 결국 원고로서의 소임을 충실히 다하는 것만이 중요하다는 결론을 내리고 자신을 너무 추궁하지 않기로 결신했다. 나까야 부인은 이제 자기 남편을 이야기할 때 '그이는 이용되었다' '복무했다'라는 표현을 쓴다. 자위대나 대우회 및 호국신사는 상상도 못할 일이지만, 그녀는 이 말을 긍정적으로 쓰고 있다. 천천히 그리고 우회적으로 나까야 부인은 남편의 죽음을 그들이 말하는 유용성과 봉사의 관념으로부터 탈환하여, 그녀 자신을 위해서뿐 아니라 아직 태어나지 않은 세대까지를 포함하는 하나의 상상의 공동체를 위해 재생시켰다. 그렇게 함으로써 자기 결혼의 정당성에 대한 의문을 해소할 수 있었을 뿐 아니라 봉안되어 있다는 움직일 수 없는 사실에 대한 참담한 자신의 기분을 감내할 수 있었던 것이다.

재판을 계기로 결집한 공동체 구성원들은——그들 자신이 꼭 그것을 자각한 것은 아니겠지만—최고재판소의 판결이 있은 뒤 나까야 부인에게 많은 편지를 보냈다. 한 10대 소녀는 만일 자기가 사랑해서 결혼한 남편이 죽는다면 자신이 믿는 종교의 의식으로 장례를 치르겠다고 하면서, 아무 상관 없는 헌법 같은 것 때문에 왜 골치를 썩여야 하는지 모르겠다는 게 자기 친구들의 생각이라고 덧붙였다. 사무원으로 일하는 한 여성은 지지를 표시할 용기는 없지만 공감하고 있는 사람들이 많다며 자기 직장에서 이 문제를 토의해볼 작정이라고 써보냈다. 한 주부는 30년의 결혼생활을 "아무것도 모르고 한번의 사색도 없이 지낸 것"을 반성한다고 하면서, 나까야 부인은 기독교인으로서 남편을 추모할 수 있는데도 불구하고 왜 굳이 봉안을 반대하는지 그 점을 가르쳐달라며 자기 주소를 적고 우표까지 붙인 봉투를 동봉해 보냈다. 77세의 한 남자가 보낸 편지에는 추신으로 이런 말이 씌어 있었다. "오늘날까지도 일본 사회에 뿌리 깊게 남아 있는 남존여비 풍조가 얼마나 강력한가를, 이 판결은 보여주고 있습니다." 법학을 공부하는 한 젊은 여성은 "전후에 자유민주국가를 확립하려고 노력하는 한편으로 천황숭배를 유지해온 일본의 모순"이 나까야 재판에 전형적으로 나타나 있다고 보았다. 그녀는 또 자기 어머니가 시민운동에 참여하고 있기 때문에 자기가 법조계에서 승진하는 데 지장이 있을 것이라고 내다보면서 나까야 부인이 보여준 모범에서 용기를 얻는다고 말했다. 한 젊은 남자는 나까야 재판이 시작될 때 자신은 여덟살이었기 때문에 아주 최근까지 그 일에 대해 아무것도 몰랐다면서 "15년이나 걸렸다니 지칠 대로 지치셨겠지요" 하고서는 그녀의 그 '보상 없는 투쟁' 덕분에 자기들 세대는 군대에 끌려가지 않고 평화롭게 살게 되었음을 감사한다고 적었다.

과장도 유분수지, 하고 나까야 부인은 웃었을지 모른다. 법정과 교회, 아니 그녀가 옮겨다닌 여러 직장들만이 그녀의 투쟁장소였던 것은 아니다. 그녀는 어떤 기회든 다 이용했다. 가령 은행을 예로 들어보자. 거기 쌓여 있는 각종 용지에는 연도를 서기가 아닌 원호(元號, 왕이 즉위한 해에 붙이는 연호——옮긴이)로 기입하게끔 미리 인쇄되어 있어서 순진한 시민들은 거기에 숫자만 기입하는 게 보통이다. 1979년에 제정된 원호법은 눈부신 번영의 시기에 입안된 또 하나의 놀랄 만큼 반동적인 입법으로, 그 당시 천황의 원호를 연호로 사용한다는 이 법률은 그때까지 관습에 지나지 않던 원호 표시를 공식화해버렸다. 예컨대 히로히또, 추호(追號) 쇼오와 천황이 죽은 것은 쇼오와 64년이었다. 히로히또가 죽고 이틀인가 사흘 밤 동안 TV가 되풀이해 보여준 장면은 24시간 쉬지 않고 고무도장을 만드는 사람들의 모습이었다. 쇼오와라는 글자를 ×표로 지움과 동시에 새로운 연호인 헤이세이(平成)를 찍는 고무도장을 만드는 모습 말이다. 주권은 국민에게 있는지 모르겠으나 시간은 천황의 목숨으로 계산된다.

나까야 부인은 원호법이 제정된 그해에 은행에 가서 용지에 인쇄된 '쇼오와 54'를 볼펜으로 지우고 '1979'라고 썼다. 창구에 앉은 직원이 이러면 받을 수 없다고 우겼다. 곁에 있던 노부인이 아무러면 어떠냐고 화해를 시도하려 했으나, 나까야 부인은 원호는 쓸 수 없다고 간단히 대답했을 뿐이다. 창구 직원이 상사들과 의논한 끝에 나까야 부인의 용지를 받아주었다.

나까야 부인이 이런 식의 의사표시를 하면서도 세간의 배척을 받지 않고 지낼 수 있었던 것은 신문에 난 그녀의 사진을 보고 누구나 깜짝 놀라는 그 '오동통하고 얌전한 용모' 덕분이기도 하다. 이러한 의외성은 또한 반체제인물에 대한 일본 사람들의 고정관념을 보여주는 증거이기도 하다. 즉 국가를 상대로 소송을 하는 사람, 더구나 그런 짓을 하는 여자라면 틀림없이 확연하게 다른(인종적으로 다른) 용모를 가졌으리라는 것이다. 나까야 부인은 너무도 평범하게 보임으로써 사람들을 안심시킨다. 그리고 그녀가 가꾸고 있는 풍성한 채소밭은 논쟁 따위와는 상관없는 폭넓은 교류의 터전이 되어준다.

나까야 부인은 이 채소밭을 자기 손바닥처럼 훤히 알고 있어서 보육원의 일과가 끝나면 곧장 달려가 불빛 없이 할 수 있는 일은 마지막으로 미뤄놓는 식으로 해서 밤늦게까지 밭일을 한다. 그런 다음에는 수확물을 스쿠터에 싣고 친지들 집을 돌며 나눠주면서 귀가한다. 무엇 하나 버리는 것이 없다. 솎아낸 어린 당근마저도 버리지 않는다. 솎아내는 것을 일본어로 마비끼(間引)라고 하는데, 먹을 것이 귀하던 시절 갓난애를 죽이던 일을 그렇게 부르기도 했다. 그렇게 한 바퀴 돌아서 집으로 온 그녀는 스쿠터를 주차장에 세워두고 곧장 샤워장으로 들어갈 수 있어서 집 안에까지 흙먼지를 묻히는 일이 없다—모두 그녀가 직접 설계한 것이다.

그녀가 어디서 농사일을 익혔는지 나는 모른다. 아마도 친정에서였을 것이다. 친정에서는 아직도 얼마간의 벼농사를 짓고 있고 그녀의 계모 사다꼬 2세는 채소농사를 짓고 있다. 나는 그 집에 꼭 한번 가보고 싶다. 흐릿한 기억 속에 사뭇 신비화되어 있는 어린 시절의 행복, 뒤미처 몰아닥친 불행들, 그리고 그녀를 '재판꾼'으로 만든 반역의 힘을 길러준 동시에 이웃과 직장 사람들로부터는 더없이 상냥하고 참하다는 소리를 듣게끔 한 바탕을 키워준 집. 그녀도 내게 그 집에 한번 가보고 사다꼬 2세도 만나보세요, 한다. 내가 있음으로 해서 그녀는 왕래가 거의 없던 친정에 나들이할 구실이 생긴다. 아마 이웃사람들은 틀림없이 재판 따위를 해대는 얏사(고향사람들이 그녀를 부르는 별명)가 이제는 외국인과 어울려다니는구나 하고 쑤군댈 테지, 하며 그녀는 유쾌하게 웃는다. 그 집은 식구들을 먹여살리다시피 한 바다로부터 채 열발짝도 안되는 곳에 있다. 그녀는 어릴 때 주우며 놀았던 조개 이름들을 하나하나 외워나간다.

빛나는 바다, 계절풍을 앞둔 6월의 푸른 논들, 이런 풍경에 어울리지 않게 오가와 집은 너무 초라하고 어둡다. 일본 사람들보다 키가 큰 나는 문간에서 현관까지의 좁고 가파른 공간을 성큼 뛰어오르기가 힘들다. 옛날에는 방문객의 편의를 위해 디딤돌이라두 놓았을까? 나는 박물관이 아닌, 사람이 살고 있으면서 이렇게 생긴 집은 처음 본다. 세운 지 70년쯤 되었다니까 내가 태어나고 자란 집은 이런 일본 가옥의 도시형 축소판임을 실감하게 된다. 타따미가 깔린 방을 하나 또 하나 거쳐서 들어간다. 이러한 칸살구조는 장사꾼들의 상거래를 고려한 것으로, 거래가 진전됨에 따라 점점 안쪽의 내실까지 들어가게 되어 있다. 옛날 지방호족들의 성곽이 그러했다. 우리가 앉아서 사다꼬 2세의 다과를 대접받은 곳은 현관에서 제일 안쪽에 있는 방이었다.

붉은 융단이 깔린 복도 저편으로 뜰이 보인다. 작으나마 일본적인

것을 세계에 선전하려고 만든 그림엽서에 나오는 뜰 그대로다. 그 깜찍함이 우리에게 고상한 얘깃거리가 되어준다. 얘기가 사다꼬 2세의 밭일 쪽으로 옮아가자(우리는 시종일관 예의바른 태도를 잃지 않고 그녀가 지금까지 농사일을 계속하는 데 대해 감탄사를 연발했다), 그녀는 신을 내기 시작한다. "봄이 되면 말야, 이 근처 산야에는 고사리가 지천으로 돋아나거든. 어떻게 집 안에 가만있을 수 있겠어? 허리가 아파도 꺾으러 나설밖에." 고사리(일본어로 와라비わらび)는 양치류 식물의 일종으로 살짝 볶거나 데쳐 먹으면 맛있다. 일본 요리를 오늘날과 같은 것으로 만드는 데 자연 속의 산나물이 얼마나 큰 몫을 했는지 보여주는 하나의 좋은 본보기다. 사다꼬 2세는 골격이 억세고 평생 들일을 해왔음에도 등이 꼿꼿하다. 얼굴에 잔주름은 있지만 살갗은 팽팽하며 실낱같이 가느다란 눈은 이젠 세상일 같은 것은 볼 필요가 없다고 말하고 있는 듯하다. 그러나 지금 사다꼬 2세는 의붓딸 쪽으로 반쯤 얼굴을 돌리고 말한다. "사람은 누구나 어릴 때 먹던 것을 좋아하는 법이지. 갯가에서 자란 사람은 해물을 좋아하지만 난 산속에서 자랐기에 산나물이 좋아." 하관을 온통 다 허물어뜨리며 짓는 미소. 이런 사람이 마냥 심술궂기만 한 의붓어미였을라고, 하는 생각이 든다. 나중에 나까야 부인에게서 들은 말인데, 사다꼬 2세 자신도 의붓딸로 자라나 자립하고 싶어서 가출해 만주로 갔었다고 한다.

뜰이 보이는 앞쪽의 방과 맞붙어 집 뒤로 어둑하게 그늘진 쪽에도 방 하나가 있다. 제단을 모셔놓은 방, 부엌 그리고 작업실. 첫번째 제단이 있는 방에는 조상들의 명복을 비는 불상과 신또오의 수호신이 모셔져 있다. 도시의 집 한쪽 귀퉁이에 쑤셔박아놓은 캐비닛 크기에

218

익숙한 나는 바닥에서 천장까지 닿는 큰 불단에 입이 딱 벌어진다. 수호신은 높직이 설치한 선반 위에 모셔져 있다. 나까야 부인은 으레 천황과 황후의 사진이 놓여 있어야 할 곳이 비어 있는 걸 보고 놀랍다는 듯이 속삭인다. "새 사진을 기다리고 있나봐요. 옛날에는 저 옆에 '육탄삼용사(肉彈三勇士)'의 그림이 있었더랬어요." 중일 간의 제1차 상하이사변 때 장렬하게 죽었다는 세명의 부라꾸민 병사들을 그려놓고 전의를 북돋웠다는 것인데, 그들 세 용사는 2차대전 때 폭탄을 등에 지고 미군 탱크를 향해 돌진했던 오끼나와 소년들의 선구자인 셈이다. 많은 가정에서 볼 수 있었던 이 그림은 지금도 오래오래 보존할 수 있는 청동판에 새겨져 야스꾸니 신사에 걸려 있다.

떠날 즈음 나는 덧문을 모두 닫아놓은 이 집의 모습을 상상해보았다. 나까야 야스꼬가 초등학교 1학년에서 4학년이 되기까지, 어머니가 돌아가시고 새어머니가 들어오기 전까지 학교에서 돌아오면 집은 어김없이 그런 모습을 하고 있었다. 지금도 그녀의 기억 속에는 아침밥을 먹기 전 제단이 있는 방에서 의무적으로 참배하고 나서 부엌까지 가는 그 복도가 으스스할 정도로 무서웠다는 것, 그리고 제단 앞에서 딱딱 손뼉을 치고 불상 앞에 놓인 종을 들어 부엌에까지 들리도록 크게 흔든 다음 복도를 뛰어갔던 일들이 남아 있다. 내게도 태어난 집의 뒷간으로 가는 짧은 복도가 밤에는 무서웠던 기억이 있다. 그 무서움은 복도에 걸린 거울 속에 응축되어서 키가 웬만큼 자란 뒤에는 그 거울에 비친 자신의 모습을 보지 않으려고 눈길을 돌리곤 했다. 이제 밝고 기능적인 공간에 갇혀 살고 있는 우리들 가운데 많은 사람들이 그 으스스하고 아늑한 구석이 있는 집을 도리어 그리워하고 있다. 하지만 이런 그리움은 어린아이를 때로는 꾸짖고 때로 달래주던 할머니와 시집 안 간 이모·고모들의 존재를 전제로 해야 한다.

오가와 씨 집을 나온 우리는 나가야 야스꼬가 다녔던 초등학교로 차를 몰았다. 그녀는 천황의 초상을 모신 봉안전(奉安殿)이 있던 장소를 정확하게 기억하고 있다. 그 무렵 남녀 따로 줄을 선 학생들이 교문 앞에서 우뚝 걸음을 멈추고 봉안전이 있는 쪽을 향해 머리 숙이던 그 일을, 그녀는 실연해서 보여준다. 천황의 초상은 특별한 날에 교장 손에 들려 행차를 하셨는데, 그런 날은 모든 학생들이 화사한 나들이옷을 입고 오도록 했다.

농사일은 필수과목이었다. 아이들은 땅을 개간해서 일종의 '빅토리 가든(victory garden, 2차대전 때 미국인들이 가정에서 채소를 길러먹던 채소밭—옮긴이)을 만들었는데, 일본에서는 이것을 아예 '결전의 밭'이라 불렀다. 학교에서는 무슨 일에든 전투라는 말을 붙였다. 지금 나는 나가야 부인이 옛날 초등학교 건물 앞에서 찍은 사진 한장을 갖고 있다. 얼굴을 반짝 들고 여름 하늘에 손가락으로 동그라미를 그리고 있는 듯한 모습. 그것은 일본 폭격기가 미국 전함을 격침시킬 때 생기는 물보라를 나타낸 것이라 한다. 그녀가 3학년일 때 마음씨 고운 여자 담임선생을 기쁘게 해주느라 곧잘 그리곤 했던 그림의 주제였다고. 그 무렵의 그녀는 또 선생님께 불려나가서 칠판에 쓰는 영예를 누리고 싶어서 '구축함(驅逐艦)' '폭격대(爆擊隊)' '기관총(機關銃)' '전함(戰艦)' 등의 어려운 한자 쓰기를 열심히 연습했다 한다.

학교에서 돌아오는 길에 우리는 야스꼬가 늘 그 애국의 어머니를 목격했다는 묘지를 지난다. 하지만 우리는 그 끝이 뾰족한 묘비들 속에서 그 이름을 발견하지는 못한다. 우리는 나까야가(야스꼬의 시댁)에 이르기 전에 개천을 건넌다. 지금의 나까야가 여주인인 후미꼬가 그 친정어머니로부터 다시 또 집으로 오려거든 차라리 빠져죽으라는 말을 들었다는 그 개천.

나까야가는 어마어마한 담장에 둘러싸이고 출입문이 여러개 있다. 야스꼬가 서시모(庶媤母)인 후미꼬에게 말한다. "오가와가는 그야말로 장사꾼 집이잖아요. 그래서 미국 손님에게 나까야가도 보여야겠다고 생각한 거예요. 이쪽은 뭐랄까, 벼슬아치, 관리의 집에 가까우니까요." 본채는 세운 지 백년, 증축한 부분은 70년쯤 되었다고 한다. 우리가 갔을 때 마침 정원사를 불러놓았다. 집 안에 전용 정원사를 두던 것은 이미 옛일이 된 모양이다. 그래도 20만엔이 든다고, 나까야 후미꼬는 부드러운 말소리로 들려준다. 이 집의 불단을 만드는 데는 어림잡아도 90만엔이 먹혔단다. 어찌나 번쩍번쩍 빛이 나는지 거기 모셔놓은 타까후미의 사진이며 의분의 죽음을 맞은 그의 형이며 그 밖의 모든 망자의 흑백사진들이 한결 초라하고 쓸쓸해 보인다.

이 댁 노부인과 자리를 함께하고 앉기 전에 방들을 둘러보기로 한다. 나까야 야스꼬가 자기의 그 탈출 현장을 보라고 말한다. 제단이 있는 방으로 가서 어떻게 타까후미의 유골을 안고 나왔는가, 개가 짖지 않았던 일, 시아버지 나까야 씨가 텔레비전을 보고 있던 모습, 친절한 정원사가 들어다준 가방은 어디다 놓아두었던가 등등을 상상해보라는 것이다. 나중에 우리는 차를 타고 나오면서 그녀가 정원사로부터 가방을 넘겨받은 장소도 본다. 그날 밤의 일을 세세한 부분까지 기억하고 있는 그녀에게 나는 깜짝 놀란다.

나까야 노부인과 우리의 대화는 사다꼬 2세와의 대화보다 편안하게 이어졌다. 서시모의 결점이 계모의 결점보다는 너그럽게 봐줄 수 있는 탓이리라. 실상 나까야 노부인은 야스꼬의 친정 쪽 작은할머니의 따님으로 혈연관계이기도 한데, 대갓집 여주인답게 주변에 놓인 골동품들을 하나하나 설명해준다. 집이 사뭇 보물창고처럼 보인다. 나중에 들었는데 부친의 미움을 받던 한 아들이 상당한 양의 골동품들을 팔아치운 모양으로, 그 부친의 초상은 지금 방 두개 건너 저편에서 우리를 노려보고 있다. 여든다섯살이라고는 보기 어려울 정도로 젊다고, 우리는 의견이 일치한다. 마치 그러기를 기다렸다는 듯이 나까야 노부인은 남편이 최후의 발작을 일으키던 때를 회상하면서 마지막 숨이 끊어질 때까지 곁에 있어준 것이 천만다행이었다고 몇번씩 되풀이해서 말한다.

인사하고 으리으리한 바깥대문을 나선다. 솎아 베어내 듬성해진 대밭이 바로 그 앞에 있다. 정원사를 데려다 정원 손질을 마친 다음 안도의 한숨을 쉬시던 내 할머니 생각이 난다. 아, 이제야 마음놓고 숨을 쉴 수 있게 되었다고 하시던 그 심정을 알 것 같다.

마지막으로 방문한 곳은 스기이(杉井) 숙부 내외의 집이다. 이 두 사람은 나까야 집안 사람들 중에서 타까후미와 야스꼬가 가깝게 지내던 유일한 친척이다. 타까후미의 숙부는 이미 세상을 떴고, 숙모 혼자서 야스꼬가 아들 타까하루를 데리고 도망쳐 들어갔던 그 집을 지키고 있다. 나는 이분을 '페더베드 앤트'(featherbed aunt, 깃털이불 아주머니)라고 부르기로 했는데, 깃털이불이 그 2월의 밤에 나까야 모자를 맞이해준 온정의 상징이기 때문이다. 야스꼬는 페더베드 안트! 하고 천천히 말하고 나서, 내 발음 괜찮지? 하며 좋아한다. "숙모님도 좋아하실 거야." 페더베드 앤트는 오늘 우리가 근황을 알기 위해서뿐만 아니라 기꺼운 마음으로 만난 유일한 사람이다.

일본어 '짓까(實家)'는 결혼한 여성의 친정집을 뜻하는데, 오늘날도 농촌이나 도시 할 것 없이 일본에서 널리 통용되는 말이다. 글자 그대로 본래의 자기 집 즉 '본가(本家)'라는 뜻으로, 여자가 자기가 태어난 집을 일컫는 말이다. 그런데 법률적으로는 그렇지 않다. 여자는 결혼을 하면 그 아버지의 호적에서 이름이 삭제되어 남편 호적에 올라가기 때문이다(신랑이 데릴사위, 곧 서양자婿養子가 되는 경우는 다르지만). 결혼한 여자가 법률상으로 본래의 자기 이름을 사용하기가 어려운 까닭이 바로 이것이다. 아무튼 대부분의 여자들은 그리 자주 '짓까'에 다녀오지 못하기 때문에 이 말에는 특별히 사람 마음을 끄는 울림이 있다.

나는 이날의 순례로 나까야 부인이 그 남년을 잃음으로써 얼마나 갈 곳 없는 신세가 되었는가를 알게 되었다. 그들 부부가 살던 저 먼 곳 모리오까의 작은 아파트는 그녀에게 외출하고 돌아가는 발걸음을 동동거리게 하던 최초의 장소였다. 그때 그녀는 언제나 마음속에 그리던 평범한 행복을 이제야 확실히 붙잡았다는 것을 실감했다. 그녀의 '짓까'에는 늘 어두운 그림자가 드리워 있었다—생모의 고생과 죽음, 조부의 횡포, 아버지의 무능 그리고 무엇보다도 살림솜씨를 뽐내는 계모가 풍기던 그 차디찬 분위기. (야스꼬는 계모 역시 계모 밑에서 어렵게 자랐다는 걸 이해하면서도, 어른이 된 지금까지도 애정에 굶주려 있던 어린 시절의 한을 풀어버리진 못하고 있다.) 야스꼬는 외로움으로 똘똘 뭉친 고집쟁이가 될 수밖에 없었는데, 어른들은 이런 아이에게 "너는 왜 다른 아이들 같지 않냐?"고 윽박질렀다. 그녀는 다른 아이들처럼 될 수가 없었다. 조금 더 나이가 들면서 그녀는 가까운 곳에 있던 정신병원인가 하는 시설은 자기 같은 사람이 가야 하는 곳이 아닐까 하는 생각을 했다. 밖에 나가 일할 곳을 찾아보았으나 허사였고 집 안에는 있을 곳이 없었다. 사다꼬 2세가 재봉틀을 사주었을 때는, 결혼 말이 나왔을 때처럼 얼른 집을 떠나라는 뜻이구나 싶었다. 그녀가 기독교를 접한 것은 이 무렵이었고, 교회는 사람들과 사귀는 것의 의미를 막연하게나마 느끼게 해주었다. 그러고 얼마 안 있어 타까후마를 만나 결혼했다. "집으로 가는 발걸음이 빨라지게 되었어요." 그녀는 되풀이해 말한다.

이렇듯 거듭되는 얘기 속에서 나까야 부인이 평범한 행복을 얼마나 갈구했으며, 또 그럼에도 그런 소망에서 멀어질 수밖에 없었다는 것이 잘 나타난다. 그렇게 할 수만 있었다면 그녀는 다른 사람처럼 되었으리라. 어린 시절 그녀에게 퍼부어졌던 "너는 왜 다른 아이들 같지 않냐?"는 물음을 그토록 잔혹하고 그토록 무익하게 만든 것이 바로 이것이었다. 평범한 행복을 끊임없이 희구했던 까닭에, 그것을 허물어뜨리는 힘에 대해서는 그게 잔혹한 힘이건 포착하기 힘든 미묘한 힘이건 간에 아주 민감해졌다고 할 수 있다. 그 때문에 그녀는 남편을 잃은 아내에게 국가가 가하는 부당한 압력을 어린 시절의 그 결핍감과 결부시켜서 생각할 수 있었고, 국가가 자위대나 대우회나 호국신사뿐만 아니라 다른 형태를 지닐 수도 있다는 것까지 이해하게 되었다. 예컨대 그녀의 시아버지, 조부(이 또한 그녀 어머니의 시

224

아버지다), 서시모(아내란 누군가를 모시기 위해서 태어났다고 가르쳐준 사람), 연호를 어떻게 쓰든 그런 게 무슨 대수냐고 은행에서 충고해주던 노부인, '재판꾼'이 같은 직장에 있다는 사실만으로 얼굴을 찡그리는 동료들, 일본의 한 평범한 미망인이 일본에서 상식화된 어떤 관습에 이의를 제기했다는 사실에 눈썹을 치켜세우고 심지어 호통을 치기까지 하는 수십명의 낯선 사람들 등으로 다양한 모습을 할 수도 있다는 것을.

비록 그렇긴 하지만, 평범한 행복을 찾는 나까야 부인의 갈망이 이들 시민의 그것과 같다고 생각되기도 하기 때문에, 그들 중에서는 더러 그녀를 노골적으로 비난하기를 주저하는 사람도 나타난다. 아마도 그녀의 호소가 잊혀진 상처를 건드리고, 일상생활의 규율을 유지하는 데 필요한 갖가지 장치 때문에 마비되어버린 희망을 되살려놓는 것이리라. 이러한 각성의 가능성은 물론 정교분리나 전쟁포기 같은 헌법상의 원칙으로 관심을 확대하는 것만큼 중요하며, 사실 양자는 밀접하게 연결되어 있기도 하다. 호국신사의 칸누시가 일본인들의 종교적 관용을 표현하면서 쓴 '일상생활의 지혜'라는 말은 진부하리만큼 의도적인 것이다. 이것은 학생, 어머니, 남편 그리고 아버지 들에게 강요되고 또 일반적으로 그들이 수용하는 통치체제를 표현하는 말일 수도 있다. 경우에 따라서 '일상생활의 지혜'는 젊은이들을 사지로 보내고, 여자들로 하여금 그들을 격려하게 한다. 이러한 일본인의 지혜에 대항해 나까야 부인이 찾는 평범한 행복은, 비판적이고 유토피아적이다.

야마구찌에서 보낸 마지막 날은 마침 일요일이어서 나는 나까야 부인과 함께 교회에 갈 참이다. 내가 묵는 널찍한 방에는 이른 아침의 햇살이 넘실거린다. 이 집은 피폭자회관이지만 흔히 두루뭉술하게 '유다온센(湯田溫泉)'이라 부르는데, 나까야 부인은 이곳을 좋아해서 손님들을 곧잘 여기에 재운다. 야마구찌현은 동쪽으로 히로시마와 접해 있어서 피폭자들이 많다. 아침 7시면 문을 여는 욕탕의 여탕 쪽에는 이른 아침부터 나를 포함해 적어도 대여섯명이 목욕을 하고 있다. 할머니 한분이 반투명 유리문 저편에 있는 할아버지를 향해 손자를 여탕 쪽으로 보내라고 시늉을 해대는 재미있는 광경도 벌어진다. 서로 안면이 있기도 하고 초면인 사람도 있지만 그들은 스스럼없이 가족 중의 누가 피폭자냐고 물으면서 대화를 시작한다. 이 회관은 싼 요금으로 쾌적한 설비를 제공하는데다 온천요법도 할 수 있고 분위기도 좋아서 피폭자와 그 가족들이 서로 마음을 터놓을 수 있다. 그밖에도 이 회관의 방들은 문선명(文鮮明)의 통일교에 휩쓸린 10대 청소년들을 가족들이 빼내와서 심리적 해독작업을 하는 장소로도 사용된다.

나까야 부인이 스쿠터를 타고 와서 내 가방을 교회까지 실어다주기로 했지만, 나는 버스를 이용하기로 한다. 버스 정류장에서 교회로 가는 길은 도시의 북쪽을 흐르는 시내를 따라서 나 있다. 냇가 둑에는 벚나무들이 줄지어 섰다. 반딧불의 계절이 지나버린 것을 모두들 서운해한다. 참으로 기분 좋은 아침이다. 지금의 토오꾜오에서는 흔적조차 찾기 힘든, 내 어린 시절의 추억을 일깨워주는 것들이 많다. 반쯤 열린 현관문 안쪽으로 들여다뵈는 깜깜하면서도 궁금증을 자극하는 복도에서부터 나무로 만든 쓰레기통까지. 덕분에 교회를 지나치고 말았다. 그 첨탑은 비록 조촐한 것일망정 낡은 집들의 지붕들 위로 확연하게 드러나 있는데도 말이다. 80년도 더 된 교회 건물은 사진으로 볼 때는 깔끔했는데 가까이서 보니 여기저기 칠이 벗겨지고 웅장한 구조에 비해서는 볼품이 없다.

일본에는 아직도 신발을 벗고 들어가야 하는 시설들이 있다. 학교, 절, 교회 들이 그렇다. 야부끼(矢吹) 목사의 부인을 만난다. 따뜻한 느낌을 주는 젊은 여성. 다섯살짜리와 그 밑으로 또 두 아이를 둔 어머니이자 교회 오르간 연주자이다. 널찍한 예배당에 사람이 20명쯤 모이자 오르간을 치기 시작한다. 이날의 성경 봉독은 마태복음 12장 1~14절. 안식일에 예수의 제자들이 배가 고파 보리이삭을 잘라 먹고 예수 자신도 예배당 안에서 손이 마비된 환자를 고쳐주었는데 바리새파 사람들이 이를 비난한 이야기다. 설교 제목은 '유해한 상식을 타파하는 예수'로, 휴식을 테마로 삼고 있다. 일본에서는 휴식에 대한 욕구를 최대한 억제하는 것이 상식화되어 있어서 휴식을 요구하는 것이 (죄가 아님에도) 죄악시된다는 요지다. 이런 패턴은 최근에야 인식되기 시작해서 거창하게도 '과로사증후군'이라는 일종의 씬드롬으로 불리고 있음을 나도 알고 있다. 지금은 이런 진단이 고용주를 상대로 보상을 요구할 수 있는 법적 근거가 되지만, 그 적용기준은 지극히 제한적이다. 과로사증후군은 30대 후반에서 50대 초반의 남자가 문자 그대로 급작스럽게 쓰러져 죽었을 때 적용되는 병명이다. 뒤에 남은 부인들은 남편이 살아 있을 때는 충성심을 있는 대로 요구하던 회사가 그 죽음에 대해서는 도무지 무관심하다는 사실에 아연실색한다. ('주식회사 일본'은 로봇이나 실험용 동물 위령제는 지내주지만 자신들의 산업역군을 추모하는 방법은 아직 개발해놓지 않았다.) 야부끼 목사는 일본적 노동윤리란 인간의 기계화를 강화한 것이라고 말한다. 그는 내가 언젠가 그에게 들려준 에피소드까지 동원한다. 내 딸이 토오꾜오에서 처음 유치원에 들어갔을 때 일어난 일로, 선생님이 아이들에게 도화지를 나눠준 뒤 자, 시작! 하는 신호를 내리면 그림을 그려야 하는데 내 딸이 이를 기다리지 않고 그리기 시작하자 한 아이가 선생님에게 고자질을 한 것이다.

헌금시간에 내 앞으로 온 헌금함을 보니 천엔짜리도 몇장 있지만 10엔짜리 동전도 있다. 일본의 기독교인들을 싸잡아서 돈 많은 속물들이라 생각했던 게 잘못임을 새삼 깨닫는다.

예배 후 활동으로 교회 마당의 풀뽑기가 계획되어 있다. 일본에서는 이런 일을 할 때면 으레 준비 책임을 맡는 사람이 있다. 각종 연장과 작업용 장갑이 충분히 마련되어 있다.

이야기꽃을 피우기에 좋은 기회다. 나까야 부인이 어떤 명사 부인에게 나를 소개한다. 그 여자는 시어머니를 생각해서 세례를 사양하고 있다 한다. 전쟁미망인인 그 시어머니는 남편이 나라를 위해 목숨을 바쳤다고 굳건히 믿고 있다. 최근에는 딸이 치과위생사가 되겠다고 해서 난감해하고 있단다. 딸을 보고 자신의 능력을 너무 과소평가하는 게 아니냐고 물었더니, 사람들의 입 속을 돌봐주는 일이 얼마나 훌륭한 일이냐고 한방 먹이는 바람에 자기도 엘리뜨주의에 사로잡혀 있다는 사실을 깨달았노라고 말한다. 나까야 부인도 아들과의 사이에서 비슷한 일이 있었다고 한다.

228

딸애는 이 문제를 목사님께 의논했어요, 의논할 사람이 있어서 다행이었지요, 하고 그 어머니는 말한다. 이 말을 듣고 나는 대부분의 일본 사람들은 의논할 일이 있을 때 어디를 찾아갈까 생각해본다. 전통적인 불교나 신또오의 성직자들 가운데 압도적 다수가 결혼식이나 장례식 또는 누구나 으레 치르는 기념행사 따위를 집전해주는 것이 자기 역할이라고 생각하지만(이런 방면에서 기업가가 되면 훨씬 더 성공한다) 실존적 문제의 의논상대가 되려고는 하지 않을 것 같다. 심리요법이라는 것은 어떤 형태로든 보급되어 있지 않다. 의료현장에서 사용되는 경우가 있다 하더라도, 환자가 두시간 이상 기다린 끝에 2분간 진료받고 약을 타가는 이른바 '2분 진료'가 표준화되어 있는 게 일본 현실이다. 학교의 교사들은 학생들의 학업성적을 올리고 학생들이 능력별 선발고사에서 합당한 등수를 딸 수 있도록 하는 데 급급할 뿐이다. 게다가 아버지는 집에 없고, 어머니 혼자서 자녀의 장래 문제로 애태우며 고민하는 모습은 시지프스의 고난에 비길 만한데, 여기서는 바위를 끌고 올라가야 하는 산 정상이 대기업에 종신고용되는 것이다. 어머니에게 가장 가까운 의논상대는 주로 같은 처지의 어머니들이지만 이들은 한편으로 경쟁상대이기도 하다. 다른 한편에는 교육산업이 생산해내는 엄청난 양의 정보가 있어서 이 어머니들에게 아이들의 잠재능력을 최대한으로 계발해내는 생활관리법이라는 것을 머리가 지끈거릴 정도로 상세히 가르쳐준다. 일본 사회는 그 교육열이란 면에서 미국적 야망을 무자비하게 밀어붙인 실현도(實現圖)라 할 만하다.

우리의 대화는 국수를 먹으면서 계속됐다──이 교회에서는 처음

온 사람에게는 공짜로 점심을 준다. 예배 후 마당에서 연출되는 이 화기애애한 분위기 덕분에 나는 모인 사람들이 정치적 활동 같은 것에는 반발하고 있다는 사실을 깜빡 잊고 나까야 부인이 고작 한달에 한번 예배에 참석한다는 데 놀랐다. 그렇다면 이 왁자한 환영분위기와 '사회 문제'를 싫어하는 사람들의 따뜻한 얼굴은 우라베 부인이 나를 처음 만났을 때 말한 그 '교회의 쌀롱화' 경향인가? 신도들 가운데 몇몇은 일찍이 하야시 목사를 비난했던 것처럼 나까야 부인이 자신의 문제를 모든 사람들에게 강요하는 것은 부당하다고 비난했다. 나중에 그들은 사과했지만, 나까야 부인은 지금도 그것이 사과하고 용서할 성질의 일이 아니며 한걸음 더 나아가서 그들이 진정 하고 싶어하는 것이 무엇인지 알고 싶다고 말한다. 그런 과정에서 그녀는 교회라는 것에 의문을 갖게 되었다. 교회도 결국 기성 제도의 하나에 지나지 않는 게 아닌가 하는.

설거지를 끝내자 모두들 돌아가고, 나까야 부인과 나는 어떤 토론회에 참석할 예정이어서 밖에서 기다린다. 그녀는 이제 막 채소밭을 가꾸기 시작했다는 야부끼 목사 부인에게 비료에 관해 조언해준다. 그 채소밭은 큰 일본식 건물인 목사관 옆 납골당과 맞붙어 있다. 납골당은 흰 벽토로 된 상자 같은 건물로 나까야 타까후미의 유골 일부도 여기에 들어 있다. 일본에서 가장 일반적인 매장형식은 절간의 묘지에 묻는 것인데, 노령인구가 급속히 증가하고 있으므로 기독교인들도 앞으로 자기들에게 합당한 매장형식을 발견해내지 않으면 안된다. 언젠가 나는 (도자기로—옮긴이) 유명한 하기의 가마에서 구워낸, 십자가가 새겨진 여러 크기의 골호를 본 일이 있다. 나까야 부인도 하기에서 구운 항아리를 두개 갖고 있는데, 하나는 장독대에 놔두고 장독으로 쓴다. "무엇에 쓰든 상관있나요? 하지만 아들이 보면 찡그리겠죠. 그애는 그런 것까지 내가 지나치게 자기 주장이 강하다는 증거라는 거예요." 내가 보기에는 이 또한 감상적이지 않고 매사를 꼼꼼히 따지는 그녀의 성격과 이어져 있다. 이런 성격의 그녀이기에 남편의 죽음이 갖다준 금전적 혜택을 받아들일 수 있는 한편으로 말뿐인 사과에 만족할 수 없는 것이다.

오후에 참석한 나까야 재판에 관한 토론회는 신깐센이 서는 마을 오고오리의 우라베 씨 부부가 다니는 교회에서 있었다. 우라베 부인이 사회를 맡기로 되어 있었으나 우라베 씨의 누이동생이 세상을 떠나서 참석을 못하고, 야부끼 목사가 대신하게 되었다. 야마구찌 교회에서 본 얼굴은 이 근사한 모임에서 하나도 발견할 수 없다. 누구에게 말문을 틔워달랄까 하고 사회자는 근심한다. 유난히 의젓해 보이는 남자 하나가 이야기를 시작하자 또 한 사나이가 뒤를 잇는다 그들 사이에 몇차례 얘기가 오가는데 한 여자의 목소리가 그때까지의 진지한 단조로움을 깨뜨린다. 그녀가 꺼낸 문제는 결코 새삼스러운 것이 아니다. 신사에 무슨 행사가 있을 때마다 초오나이까이(町內會, 우리나라의 반상회를 통 단위로 확대한 정도 규모인 주민회의 ── 옮긴이)를 통해서 기부금을 모집하는데 어떻게 대처하면 좋은가? 이웃사람들과 의논하기도 거북하고 남편은 그저 잠자코 있으라고만 한다는 것이다. 그러자 여러 사람이 천천히, 주저주저하면서 이야기에 끼여든다. 나는 여기서 알아채고, 확인한다, 나까야 부인이 직면해야 했던 그 반자위대 엘리뜨주의를. 물론 발언자는 그것을 편견이라 하고, 자기는 그 편견을 재판 덕분에 극복할 수 있었노라 한다. 유감스럽게도 나는 토오꾜오로 가는 총알기차를 타야 하기 때문에 바야흐로 열기가 고조되는 토론을 더이상 참관할 수가 없다. 자리에서 일어서는데 야부끼 목사가 묻는다. "나까야 타까후미의 신사 봉안 문제에 대해서 미국인들은 어떤 반응을 보일까요?" 그래서 나는 이게 미국인들의 생각을 대표한다는 보장은 없지만 나름대로 짐작해서 말해본다면 나까야 부인을 동정하는 사람들이 많을 것이다, 하지만 이것은 정교분리의 원칙에 입각해서라기보다는 기독교인인 나까야 부인에 대한 공감 때문에 그럴 것이다, 하고 대답한다. 나는 일본 기독교인을 상대하고 있음에도 불구하고, 대부분의 미국인은 신사 봉안을 원시적이고 괴상하다고 생각할 것입니다, 하고는 감히 말할 수가 없었다.

그로부터 한달 후, 나는 이와떼현(岩手縣) 북쪽에 있는 도시 모리오까의 한 레스토랑에서 나까야 타까하루를 마주하고 앉는다. 그날 저녁 거의 내내 그 식당에 손님이라곤 우리 둘밖에 없다. 타까하루는 처음 이 도시에 대학생으로 왔다가 대학원을 졸업하자 다시 이곳 병원의 심리치료사로 부임해 왔다. 왜 그랬을까? 그가 안전하다고 생각하는 유일한 곳이기 때문에.

나까야 야스꼬 아들의 이 의외의 솔직함에 나는 깜짝 놀랐다. 일본의 성인 남성에게서는 보기 힘든 상처받기 쉬운 마음의 소유자라는 생각이 든다. 이야기를 계속하는 사이에 아주 드물게밖에 맛볼 수 없는 어떤 희열감이 고조됨을 느낀다. 그는 전공분야의 훈련을 통해 내면적 성찰과 정교한 표현능력을 쌓았겠지만, 그의 이야기는 결코 심리학자들의 판에 박인 그것이 아니고 신선하며, 또 그는 나르시시즘과는 거리가 멀다.

모리오까는 그의 양친이 결혼해서 살던 도시고 그의 아버지가 죽은 곳이다. 그는 아버지에 대한 추억을 딱 두가지 갖고 있는데, 하나는 몹시 꾸중을 들었던 일이고, 다른 하나는 아파트 근처에서 함께 놀던 기억이다. "하지만 내게 있는 아버지상(像)은 목 아래쪽뿐이에요. 그러니까 거기에는 표정도, 목소리도 없죠." 아버지의 죽음과 관련해서는 석관에 못질하던 때의 돌소리만이 선명하다.

그에게 어머니의 재판은 친족들 간의 싸움 같았다. 그는 자위대와 대우회가 아버지의 친척들까지 끌어들인 것을 저주하며, 그 때문에 아버지를 탈취당했다고 말한다. 그에게 신사 봉안이 갖는 의미는 바로 그것이다. 만약에 재판이 그 자식에게 초점을 두고 진행되었더라면 일본 같은 사회에서는 더 폭넓은 지지를 얻었을 것이라고 그는 생각한다. 그가 아직 10대였을 때 그의 할아버지는 그에게 자기와 어머니 중 어느 한쪽을 택하라고 했다. 할아버지의 사랑을 받던 이 손자는 그 일 이후로, 정기적으로 찾아뵈라는 어머니의 권유에도 불구하고 할아버지를 뵈러 가지 않았다. 재판과정에서 상대 측이 그의 양친은 사이가 좋지 않았고 어쩌면 이혼하게 되었을지 모른다고 터무니없는 주장을 폈을 때 그는 더 충격을 받았다. 그래도 아직 그는 할아버지를 나쁘게 생각하지는 않는다. 할아버지의 장례식에 어머니는 초청을 받지 않았으나 그는 초청받았다.

그 자신으로 말하면, 재판투쟁 따위에 관여하고 싶지 않다. 아니 좀더 정확하게 말하자면 친척들까지 끌어들이지만 않는다면 법정에 제소하는 일에 반대할 생각은 없다. 그는 이른바 '운동'이라는 것에 회의적이다. 그가 운동을 기피하는 것은 이용당하는 것이 싫기 때문이다. 그는 스스로 타협적인 인간이라 생각한다. 어떤 상황에 처했을 때 우선 자신의 위치를 파악하고 그런 다음 타협점을 모색한다. 나는 그에게 그의 어머니가 보육원에서 신또오 의식을 치르는 문제로 원장과 다퉜던 일을 이야기한다. 그는 고개를 젓고 나서 말한다. "나라면 원장과 다투지 않고 나중에 아이들에게 물놀이할 때의 안전수칙을 이야기해주겠어요." 그는 자기 어머니가 재판을 치르면서 자기중심적으로 된 것 같다면서 아니, 난 어머니처럼 용감하지 못해요, 하고 덧붙인다. "그렇다면 심리학이 국가의 도구로 이용된다는 사실을 깨닫는다면 저항하겠어요?" "다른 사람들에게 조심하시오, 하는 경고 정도는 하겠지요." 그러면서 되뇐다. "아무튼 내게는 어머니 같은 용기가 없어요."

그는 어머니가 울던 때 이야기를 들려준다. 그가 물건을 훔치다가 붙잡혀 어머니가 학교에 불려갔을 때 일이다. 그때 선생이 '한부모 가정 아이는 곧잘 문제아가 된다'는 투의 일장 훈시를 한 모양이었다. 집으로 돌아온 어머니는 흐느껴 울었고, 모자는 아무 말도 나누지 않았다. 그런 지 얼마 후 그들은 이사를 해서 그는 다른 중학교에 다니게 되었다.

그는 아버지에 대해 아는 것이 아무것도 없다. 곧 결혼을 할 텐데 아버지가 되면 어떻게 해야 하는 것인가? 그는 미국인들이 흔히 말하는 아버지상 같은 것을 생각해본 일조차 없다. 그가 지도교수로 모시고 있는 사람은 대학 시절부터 가르침을 받은 여자 심리학 교수인데, 아직 어머니에게도 약혼자에게도 소개한 일이 없다. 그는 모든 것에 대해서 약혼자의 의견을 물어본다. 그는 이제 비로소 그녀를 평범한 보통 사람으로 바라볼 수 있게 되었다. 하지만 그는 옷 하나도 스스로 고를 줄 모른다. 가게에 들어가 잔뜩 쌓여 있는 셔츠들을 보면 속수무책이 된다. 무엇을 선택하는 기준이 그에게는 전혀 없는 것이다.

그는 어머니가 분명치 못한 사람이라고 생각한다. 내가 깜짝 놀라서 그렇지 않다는 것을 몇가지 예를 들어서 이야기하자 끄덕끄덕하기는 한다. 어머니가 교회를 떠날지도 모르겠다고 들려주자, 환영한다고 말한다. 그는 비록 세례는 받지 않았지만 교회는 꼬박꼬박 다닌다. 그와 재판에 관한 이야기를 하면 할수록 그들의 삶을 지배하다시피 해온 이 중대한 문제를 놓고 그들 모자 사이에 얼마나 이야기가 없었던가를 깨닫는다. 그는 어머니의 삶의 방식에 대해 여러가지로 반발을 느끼면서도 고집스럽게 사기 생각을 믿고 나가는 점에서 어머니를 빼닮았을 뿐 아니라, 어머니의 마음을 사로잡고 있는 문제에 대해 나름대로 열심히 연구하고 있다. 나는 어쩌면 이렇게 닮았을까 하고 감탄하지 않을 수 없었다. 그도 그렇다는 데 대해서 이의가 없다. 나는 토오꼬오로 돌아온 뒤 그에게서 한통의 정중한 편지를 받게 된다. "그 이튿날은 피곤해서 일에 지장이 있었습니다만, 제 인생에서 처음으로 그런 문제들을 가지고 낯선 사람과 함께 이야기할 수 있어서 대단히 즐거웠습니다."

타까하루는 다음날 토요꼬오로 돌아가는 기차를 타기까지 시간이 좀 있느냐고 물었다. 시간은 있는데 뭘 할 건가고 나는 되물었다. "켄지와 타꾸보꾸, 둘 중 어느 쪽을 택하시겠어요?" 미야자와 켄지(宮澤賢治)와 이시까와 타꾸보꾸(石川啄木), 19세기 말엽에 북국(北國)에서 태어난 이들 두 시인은 그 시대의 많은 시인들이 그랬던 것처럼 20세기에 들어와 폐병으로 죽었다. 나는 켄지의 분출하는 판타지와는 대조적인 타꾸보꾸의 간결하고 응축된 리리시즘(lyricism)에 더 매력을 느끼고 있어서, 시부따미(澁民)에 있는 타꾸보꾸의 생가를 찾아가는 새벽 버스를 탈 것에 대비해 그날 밤은 일찍 잠을 청했다.

토오호꾸(東北) 신깐센도 주변 경관을 망쳐놓기는 서남행의 산요오(山陽) 신깐센과 다를 바 없겠으나 부설된 지 얼마 되지 않았기 때문에 더욱 살벌해 보이는 것이리라. 하지만 이 지역 전부를 토오꾜오 교외로 삼아버리려는 듯이 내뻗는 탐욕적인 촉수의 범위를 일단 벗어나면 아직도 아름답고 가난한 토오호꾸, 가난하기 때문에 아름다운 토오호꾸가 펼쳐진다. 한칸 아니면 두칸만 달랑 달고 전원을 누비는 기차, 딱딱한 나무등받이가 있는 의자에 매력을 느끼는 것은 종일토록 타지 않아도 된다는 생각 때문일까? 높직한 천장에는 선풍기가 매달려 있고 설국(雪國)의 겨울을 대비한 보온용 창들은 승객이 손수 열게 되어 있다.

시부따미 마을의 공기는 쨍하게 맑다. 길가에는 들꽃이 흐드러지게 피어 있고, 빼어난 소리꾼인 휘파람새들은 듣는 이의 가슴속에 정표처럼 설렘을 남겨놓고 떠나간다. 여기에 한 유명한 노래비가 있음을 나는 안다. 그렇다. 일본에는 전몰자를 위한 기념비뿐 아니라 시가(詩歌)를 기념하는 비도 도처에 있다. 나는 타꾸보꾸가 그처럼 사랑하고 노래했던 산을 우러러보며 길게 이어진 논둑길을 걷는다. 이미 이 산들을 바라볼 수도 없게 된 채 머나먼 토오꾜오에서의 죽음을 2년도 채 남기지 않은 스물넷의 나이에 그는 이렇게 담담히 노래한다.

고향의 산을 향하여
아무 할말 없네
고향의 산 고맙구나.

그 산자락의 평지에 노래비는 서 있다. 타꾸보꾸가 죽은 10년 뒤 이름 없는 숭배자들이 세웠다 한다. 전쟁 중에는 완전히 버려져 있었다. 어느 중학교 교사는 시부따미 마을 칠판에 그의 시 한편을 썼다가 다음날 목이 달아났다. 그의 작품은 사람들에게 널리 사랑받았으나 그가 사회주의적 이상에 정열을 불태웠던 사실은 어둠에 가려져 잊혀졌다. 검열에 걸려 햇빛을 못 본 작품들이 세상에 공개된 것은 그가 죽은 지 40년이 지난 전후의 일이었다.

그가 신동이라 불리던, 또 그가 스무살에 어머니와 처자를 먹여살리기 위해 대리교사로 근무하던 그 학교는 지금도 있다. 그는 스스로 '일본에서 제일가는 대리교사'라 자부하면서 초등학생·고등학생 들에게 과외수업을 시키고 새 시대 국민에게는 필수불가결하다며 영어도 가르쳤다. 마침내 그는 고등과 학생들에게 학교 개혁을 위한 파업을 선동하여 개혁의 뜻을 이루었으나, 교단에서 쫓겨났을 뿐 아니라 영원히 마을을 떠나야 했다. 그리고 여러 해 뒤 그는 이때를 돌아보며 읊었다. "오늘도 가슴엔 아픔이 있네/어차피 죽을 거라면/고향에 가서 죽고 싶다."

역으로 돌아오는 길 내내 그의 산들이 내 시야에 있다. 젊은 타꾸
보꾸의 미처 태우지 못한 에너지가 내 몸속에 되살아난 듯이 나는 감
정이 고조된다. 그 감정을 나눠가질 수 있는 사람이 그립다. 이곳은
내가 다녀본 중에서 내 할머니의 고향과 가장 가까운 곳이다. 그분의
어머니, 곧 나의 증조모는 어찌나 예뻤던지 러일전쟁에 출전하는 장
병들을 전송하러 역으로 나가면 병사들에게 위안—아니 오히려 고
통—이 되었다는데, 그 증조모는 바로 이웃한 아오모리현(青森縣)
출신이고 타꾸보꾸와는 거의 동시대 사람이리라. 유복한 양복점 주
인의 딸로 그분은 바이올린을 배웠고 학교 선생이 되었다. 영어실력
이 어땠는지는 모르겠으나 영양학과 서양요리에 관심이 많았고, 위
생 문제가 아직 사치로 여겨지던 시대에 그것을 엄격히 실천했다고
한다. 그 증조모는 이질에 걸린 작은아들의 병간호에 시달린 나머지
심장발작으로 39세에 돌아가셨다는데, 그 작은아들 곧 나의 작은외
조부는 지금 토오꾜오의 우리 집 맞은편에 사신다. 증조모의 시신을
화장하기 전 그분의 딸(나의 외조모)은 MJB 커피 한통을 관 속에 넣
어드렸다고 한다.

길가에 이곳의 농협 청년부가 세운 커다란 입간판이 있다. "일본
농업을 붕괴시키는 농축산물 수입 자유화를 단호히 저지하자!" '붕
괴' '수입자유화' '단호히 저지'는 빨간색으로 썼다. 여태까지 나는
일본 대부분의 도시 소비자들과 마찬가지로, 또한 그것을 수출하는
쪽인 미국인들과 함께, 이런 입간판을 세우는 무리와 자민당 지지자
들 때문에 일본의 식료품값이 터무니없이 비싸다고 생각해왔다. 한

데 오늘은 마음속에 새로운 아픔을 느낀다. 논과 밭이 생활과 풍경을 이루고 있다는 이 생동하는 실감. 나는 생각하지 않을 수 없다. 재조정은 가능할 것이다. 마땅히 그래야 한다. 타꾸보꾸의 산마을을 씰리콘 밸리로 만들면 누가 혜택을 입는가?

시인이면서 사회주의자였고 코즈모폴리턴이면서 철저하게 지방인(地方人)이었던 사람. 나는 오늘 이 사람의 팽팽한 긴장감에 끌린다. 근대인으로서의 긴장 혹은 그에 대한 이중의 동경이다. 합리적인 것과 마술적인 것을 하나로 엮는 것은 시의 특권이다.

나까야 야스꼬는 (문장보다는) 말로 하는 쪽의 사람이지만 그럼에도 좋아하는 문장이 두가지 있다. 헌법 제20조와 성서의 고린도전서 10장 13절에 있는 말이다.

사람이 감당할 시험밖에는 너희에게 당한 것이 없나니
오직 하나님은 미쁘사 너희가 감당치 못할 시험 당함을 허락지 아니하시고
시험 당할 즈음에 또한 피할 길을 내사 너희로 능히 감당하게 하시느니라.

이 두 문장은 서로 보완적이면서 각각 다른 영역이 있음을 보여준다. 나까야 야스꼬가 헌법 제20조를 중요하게 생각하는 이유는 그것이 고린도서에 씌어 있는 신앙을 실천할 권리를 보장해주기 때문만은 아니다. 제20조에 근거하여 권리를 주장하는 싸움을 통해 그녀는

권위 일반에 대한 회의를 키워나가게 되었다. 그녀 식으로 집약해보자면, 교회 또한 억압적으로 될 가능성이 있는 위계제 때문에 그 자체가 하나의 천황제를 구성하고 있다. 나아가서 그녀는 '천황제'라고 부르는 그 구조를 대개의 사람들이 그러듯이 남성성 또는 가부장제로 한정하지도 않는다. 그녀의 기억은 가부장제와 마찬가지로 모계중심제도 경계하라고 다그친다. 나까야 야스꼬는 헌법 제20조와 고린도서를 좌우명으로 삼음으로써 양쪽을 다 포용하면서 초월하는 하나의 세계를 지향하기 시작했다는 생각을 나는 떨쳐버리지 못하겠다. 그녀는 언젠가 바쁜 시간을 아끼고 아껴서 채소밭에서 손수 가꾼 것으로 성찬을 차려 우리를 대접하는 자리에서 야부끼 목사를 향해 아주 정중하고 친근감 넘치는 태도로 말했다. "제가 읽은 게 빈약하다는 것 스스로 잘 압니다만 '우리 아버지 되신 하나님'이라는 말이 요새 자꾸만 마음에 걸립니다. '예수의 아버지 되신 하나님'이면 낫겠는데, '우리 아버지 되신 하나님'이라면, 어머니 되신 분은 어떻게 되었을까 하는 생각을 하게 됩니다."

시작한다는 것은 얼마나 어려운가, 아니, 좀더 정확히 말해서 시작하기 전 아직 확실한 모습을 갖지 못한 그 시간이 얼마나 괴롭고 불안한가를 나도 웬만큼 안다고 생각하는 터이지만, 재판이 끝난 지금 그녀가 어떤 시작을 계획하고 있는지, 그녀의 저항의 자세와 채소밭 가꾸는 정열을 어떻게 살려갈 것인지가 궁금하다. 강연 요청은 많다. 헌법을 올바로 해석하려는 시민과 변호사 들이 진행시키고 있는 재판은 달리 또 있기 때문이다. 그런데 가장 어려운 일이야말로 일상생활이라는 예측 불가능한 투쟁의 장 아닌가. 나는 기대 속에서 생각한다. 당신은 이렇게나 멀리 와버렸으니, 지금 여기서 멈춰설 수는 없다. 이만큼 끈질기게 강인하게 살아온 당신이 저 북국의 스산한 겨울에 일어난 사건으로 인해 태어난 공동체와 함께 당신의 여행을 계속하여, 끊임없이 새로운 동자들을 발견해가기를.

나가사끼:
시장 市長

3

1988년 가을로 접어들면서 천황은 병상에 누워 출혈을 계속했고, 각 지방 자치단체들과 궁내청(宮內廳)은 궁성 앞을 비롯해 전국 곳곳에 천황의 쾌유를 기원하며 이른바 기장소(記帳所)를 설치하여 국민들로 하여금 '자숙심(自肅心)'을 갖게 했다. 언론매체들은 한결같이 기장소에 이름과 주소를 기입하려는 인파가 비가 오나 눈이 오나 연일 장사진을 이룬다고 떠들어댔다. 국가, 현, 시, 정, 촌 등 모든 단위의 입법부들은 경쟁하듯 천황의 회복을 기원한다는 결의를 했다. 오늘날같이 바쁜 세상에 왕실에 관련된 일이 세상사람들의 이목을 끄는 경우란 무언가 불미스러운 일, 특히 염문 같은 게 들렸을 때가 고작이다. 그런 점에서 일본의 황실은 재미없는 대상이라고 할까, 좋게 말해서 영국 왕실 같은 엔터테이너는 못 된다는 게 정평이다. 그러던 차에 히로히또의 와병에 대한 이 엄청난 관심도는 아직껏 천황의 신성(神聖)을 믿는 사람들에게는 물론이고 그 존재가 자신의 목적을 위해 유용하다고 생각하는 사람들에게 말할 수 없이 신나는 일이 아닐 수 없었다. 그동안 그들은 황실에 대한 민중의 관심도가 옅어져가는 것을 못내 안타까워하던 참이었다. 그뿐만 아니라 히로히또 시대의 역사는 너무도 분명하게 어둠의 전전(戰前)과 빛의 전후(戰後)가 구분되는 만큼 이를 기억하고 있는 나이대의 사람들이나 얼마간이라도 되돌아보고 싶어하는 사람들이 있는 한, 천황의 쾌유를 기원하는 쪽으로만 세상의 여론을 유도할 필요가 있었던 것이다.

그런데 1988년 12월 7일 나가사끼 시의회 정례회의에서 한 공산당 의원이 시장을 향해 천황의 쾌유를 기원하는 기장소 설치와 천황의 전쟁책임 문제에 대한 견해를 물었다. 이에 대해 세번째 임기를 수행 중인 67세의 모또시마 히또시(本島等) 시장은 다음과 같이 답변했다.

전후 43년이 지난 지금, 그 전쟁이 어떤 것이었느냐 하는 데 대한 반성은 충분히 되었다고 봅니다. 외국의 여러 자료들을 보거나 일본 역사학자들의 기술을 보거나 또 본인이 실제 군대생활을 하면서 군대의 교육에 관계했던 경험에 비춰보아도, 본인은 천황에게 전쟁책임이 있다고 생각합니다. 그러나 대다수 일본인과 또 연합국 측의 의사에 따라 천황은 그 책임에서 면제되었으며, 새 헌법의 상징이 되었습니다. 그런 만큼 우리도 그런 선에서 해나가야 한다, 저는 그렇게 해석하고 있습니다.[1]

회의 후 기자들의 보충질문에서 시장은 이렇게 덧붙였다.

천황이 중신(重臣)들의 상주(上奏)를 받아들여서 종전을 좀더 일찍 결단했다면 오끼나와 전투도, 히로시마와 나가사끼의 원폭투하도 없었으리라는 것은 역사적 기록으로 명백하다. 나 자신 서부군 관구 교육대에서 복무하면서 천황을 위해 죽어야 한다고 가르쳤다. 내 친구들은 '천황폐하 만세!'를 외치면서 죽어갔다. 기독교 신자인 나는 어릴 때 주위 사람들로부터 '천황과 하나님 중 누가 더 위대하냐?' 하는 질문을 받고 난감했던 기억이 있다.[2]

일본공산당은 역사적으로 일관되게 천황제를 반대해왔으므로 시장에 대한 이 질문은 충분히 예상되었던 것이다. 그리고 시장의 대답은 온당했다. 그럼에도 불구하고 그가 '입 속으로 중얼중얼'했다고 거듭 묘사되고 있는 이 발언은 삽시간에 일본 전역에 알려졌다.

이 나라의 서쪽 끄트머리에 있는 이 아름다운 소도시에 언론매체들이 미치 먹이를 향해 덤벼드는 새떼처럼 몰려들었다. 이 도시는 인구로는 전국에서 24위, 큐우슈우에서도 제5위일 뿐이다. 물론 나가사끼는 3세기에 걸친 쇄국시대에 유일하게 세계를 향해 열려 있던 항구였으며, 1945년 8월 9일 이곳에 원폭이 투하됨으로써 그전 시대의 쇄국과는 정반대의 대외정책에 종지부를 찍었다는 사실 때문에 그 인구나 크기와 상관없이 지명도가 높다. 하지만 일본 국민들이 나가사끼 소식을 듣는 일은 고작 1년에 한번, 그것도 해가 거듭되면서 점점 짤막해졌다. 텔레비전은 매년 그날 오전 8시 15분 히로시마에서 실황방송을 시작하는데, 11시 2분에 시작되는 나가사끼의 행사는 아침 뉴스에 잠깐 예고만 나가거나 아니면 저녁 뉴스 때 마지못해 언급될 뿐이다. 하기야 에놀라 게이(Enola Gay)의 비행기가 도착한 시각이 아침 뉴스쇼 시간과 안성맞춤으로 일치하는 덕분에 히로시마에서 죽은 사람들의 명단은 해마다 한번씩 생방송으로 되새겨진다고 둘러댈 수도 있을지 모른다.

모또시마 발언의 시기도 시기려니와 우익의 가두선전차가 재빨리 시청사를 에워싸고 돌며 모또시마에게 죽음의 '천벌'을 내리라고 아우성을 쳐대는 상태 그것만으로도 뉴스 가치가 충분했지만, 시장의 정치경력 가운데 몇가지 사항이 사건을 더욱 흥미있게 만들었다. 모또시마 히또시는 원래 자민당원인데 지금은 당의 지지를 받는 무소속으로, 시장에 세번째 당선해서 임기를 반쯤 남겨놓고 있었다. 자민당 현련(縣連, 지구당들의 현별 연합회)의 간사장을 역임하고 현재는 고문이며 시에서 제일 큰 신사의 궁사(宮司, 신사에서 행하는 제례를 집전하는 신사의 장—옮긴이)가 이사장으로 있는 '나가사끼 히노마루회'(長崎 日の丸會, 국수주의적 우익단체의 하나인 듯하다—옮긴이)의 회장으로, 요컨대 흠잡을 데 없는 보수파의 자격증명서가 붙은 정치가로서, 시의 한 고위직 인사의 표현처럼 그런 일에 '총대를 멜' 사람이라고는 누구도 상상할 수 없는 인물이다. 누구나 시장이란 고속도로나 건설하고 신깐센 정차역을 자기네 도시로 유치하는 데나 힘을 쓰는 그런 자리로 생각한다. 모또시마 시장이 핵무기 철폐를 호소하러 UN에 간 일은 유명하다. 필시 이 사건이 터지고 난 뒤에 생각한 것이겠지만, 그와 중학교를 함께 다녔다는 한 자민당 정치인은 그때의 모또시마는 흡사 사회당이나 공산당 출신의 시장 같았다고 평했다.[3]

보수파 단체들이 줄을 이어 시장에게 발언 취소를 요구하고, 응하지 않으면 시정(市政)에 일절 협력하지 않겠다고 위협했다. 나가사끼 시 출신 현의회 의원단의 같은 요구에 대해 시장은 발언 철회는 자신의 죽음을 의미한다고 답했다. 이 답을 인용한 일본의 간행물들은 '죽음'이란 말 앞에 괄호를 치고 '정치적'이란 말을 써서 보도했다. 그야 물론 정확한 표현이긴 하겠지만 나라면 그런 사족은 달지 않겠다. 결국 이것은 천만뜻밖에도 매일매일 물리적 죽음의 위협에 시달리게 된 한 남자의 반응이었던 것이다. 그리고 아무리 보아도 영웅주의적인 구석을 찾아볼 수 없는 그의 모습이 이런 사태를 전혀 예기치 못했다는 사실을 웅변해주었다. 작달막하고 아기자기하고 목소리마저 사근사근한 모또시마 히또시는 아주 강력한 주장을 펴는 경우에도 간접화법으로 조심스럽게, 가끔은 사투리까지 섞어가며 이야기하는 사람이다. 그가 내뱉은 말의 위력은 청중들뿐 아니라 돋보기안경 너머에 숨어 있는 화자, 즉 그 자신까지 깜짝 놀라게 한 것이다. 자기가 뱉은 말 때문에 목숨까지 걸게 되어버린 지금, 그는 단지 상식을 표명했을 뿐이라는 설명으로 비극을 막아보려고 한다.

발언 철회를 거부한 지 사흘째 되는 날, 시장은 자민당 현련 대표들의 방문을 받고 그들에게 이렇게 말했다. "여기까지 와서 나 자신을 배신할 수는 없다. 그러나 자민당 현련에 누를 끼친 것은 사실이므로 받아줄지 어떨지 모르지만 사퇴서를 준비해놓았다."[4] 현련 대표들은 그 사퇴서를 받지 않았다. 그 대신 그들은 국정(國政)과 현정(縣政) 양쪽 다 그에게 협조하지 않겠다는 위협을 실행에 옮길 계획임을 강조하면서 해임이라는 훨씬 더 굴욕적인 방안을 선택한다. 앞서 말한 그의 동창생은 이에 대해 "누구 덕분에 시장이 되었는지 그에게 상기시켜주었다"5)고 명쾌하게 설명했다. 히노마루회도 그에 대한 비난과 해임으로 뒤를 이었다.

그러는 동안에도 극우파의 들끓는 협박이 결코 말로만 그치지 않을 것임을 시사하는 산발적인 사건들이 잇따라, 시장과 그의 가족들은 24시간 경찰의 경호를 받아야 했다. 그는 더이상 자택에서 잠을 잘 수도 없게 되었고 시장 공관에 설치된 러닝머신으로 아침 산책을 대신해야 했다. 크리스마스와 신년 예배에 참석할 때도 경찰의 삼엄한 경호를 받았다. 마음 놓고 식사를 할 수도 없어서, 그믐날 밤에 먹는 토시꼬시 소바(年越し蕎麥, 그믐날 밤에 먹는 메밀국수—옮긴이)를 인스턴트 컵라면으로, 일본 음식문화의 정점이라 하는 설날 아침 음식도 패스트푸드 가게에서 날라온 도시락으로 대신했다.

그에게 죽으라거나 사직하라거나 하는 극단적인 말을 하지 않는 사람들마저도 죽음 직전에 있는 군주에게 욕된 언사를 퍼붓는 따위의 무엄한 행동은 용서할 수 없다고들 생각했다. 시장은 그야말로 세상의 상식을 짓밟은 자에게 퍼부어지는 사회의 집중포화를 맞고 있었다. 그래도 시장의 대답은 한결같았다. "죄송하게 생각한다. 그러나 의회에서 받은 질문에는 정직하게 답변할 수밖에 없었다."

우익단체의 가두방송차들이 공포 분위기를 조성하는 가운데서도 일부 시민들이 시장을 지지하는 목소리를 내기 시작했다. 그러나 정치인들의 가세는 더뎠다. 가장 먼저 지지의 목소리를 낸 사람들 가운데 한 사람, 아마 그들 중에서도 최초의 인물이었던 이는 역시 오끼나와 요미딴촌의 야마우찌 촌장이었다. 그는 12월 21일에 천황은 전쟁에 대해 단독으로 가장 큰 책임이 있다고 언명했다. 그러고 나서 얼마 뒤 사이따마현(埼玉縣) 지사는 모또시마 시장의 발언은 나가사끼가 원폭의 역사를 가졌기 때문일 것이다, 따라서 그를 협박하는 것을 옳지 않다, 모든 사람은 각자가 처한 입장에서 이야기할 자유가 있다고 자신의 입장을 표명했다. 그러면 당신 자신의 견해는 무엇인가 하는 추궁에 대해 그는 "어려운 문제라서 뭐라고도 말할 수 없다"[6]고 답변했다. 1월 하순에 이르러 토오꾜오도(都) 산하의 호오야(保谷) 시장이 선거에서 당선된 직후 천황에게 전쟁책임이 있다고 생각한다는 성명을 발표했다. 마지막으로 일본사회당 여성 위원장인 도이 타까꼬가 일본기자클럽에서 발표한 긴 성명 가운데서 천황의 전쟁책임은 부정할 수 없다, 왜냐하면 천황의 이름으로 개전(開戰)되어 국민이 전쟁에 동원되고 인권탄압과 아시아 여러 나라에 대한 침략이 행해졌기 때문이라는 견해를 피력했다.[7] 그 전해 가을에 도이는 천황의 쾌유를 비는 기장(記帳)을 함으로써 여성운동가들의 비난을 받았는데, 이번에는 사회당원들로부터 성슬한 밀인을 했다고 호된 비판을 받았다.

여기까지 오는 동안 내내 사람들은 히로시마 시장이 무언가 연대의 뜻을 발표하지 않을까 하고 기다렸다. 그는 끝내 침묵을 지킬 뿐이었다. 타께시따(竹下登) 수상 역시 자민당 현련이 문제를 '검토 중'이라는 이유를 내세워 계속 입장표명을 회피했다.

모또시마가 발언한 시점에서 히로히또의 죽음까지는 1개월의 시간이 있었다. 그 죽음은 너무나 오래 걸렸기 때문에 사회 일각에서는 죽지 않을 것이라는 소리도 나왔다. 고대신앙과 현대의 기술이 공모해 신이면서 인간이기도 한 그 육체에 신종 불사성(不死性)을 부여하기라도 했다는 듯이. 하지만 또 달리 생각해보면, 설사 그런 불사성이 있다 하더라도 그것은 이미 그 유지기술에 의해 심하게 더럽혀진 불사성 대용품일 것이다. 아이러니하게도 현대의 기술만능에 대한 신앙은 인간의 의도까지 재수용하는 효과를 갖고 있다. 현대의학의 기적은 생명을——어쨌든 생명이니까——무한정 연장할 수 있다. 문제는 타이밍일 뿐이다. 국내 및 국제 정세, 정치적·경제적 문제 등 복잡하게 얽혀 있는 요건들을 면밀하게 고려할 때 이 생명에 종지부를 찍기에 가장 적합한 때는 언제냐 하는 문제는, 술잔이 몇차례 돌고 난 뒤의 질펀한 술자리에서 곧잘 내깃거리로 등장했다. 날이 가고 달이 가는 사이에 이 죽음은 시민들의 의식 속에서 좀체로 오지 않는 죽음으로부터 오랜 시간이 걸려서 제조되는 죽음으로 바꿔치기되었다고 할 수 있다.

히로히또 사후에 최초로 나온 신문들의 논조는 마치 약속이라도 한 듯이 그가 처음부터 평화를 사랑하는 입헌군주였다고 추켜세웠다. 감수성 예민하던 시절에 영국을 방문해 입헌제의 관념을 확실하게 지니게 되었기 때문에 개전 결정에 간섭하기를 자제했다는 것이다. 이는 전쟁책임 문제에 있어 히로히또가 군 및 정치지도자들에 대해 무력했었다는 종래의 논법을 좀더 다듬은 것이라 할 수 있다. 전후에는 일차적으로 생존 그리고 부흥이 무엇보다 절실한 요구였는데, 중국혁명과 한국전쟁 발발에 따른 미국 측의 안보상 이해관계가 이것들을 웬만큼 충족해준데다 그뒤로는 고도성장을 향해 저돌적으로 매진함으로써 히로히또의 전쟁책임 문제는 일단 한옆으로 제쳐질 수 있었고, 급기야 금기시되기에 이르렀다. 이제 1980년대의 이 업그

레이드된 면죄부는 국제사회에서의 일본의 지위 상승에 걸맞게 전술적으로 결정된 것으로서, 문제의 영구봉인을 겨냥하고 있다.

그러나 전쟁책임 문제는 '자숙'의 핵심에서부터 곪고 있었다. 그리고 인구가 고작 45만밖에 안되는 소도시의 시장이 일약 전국적인 주목을 받게 되고 자못 국제적인 인물로까지 부각된 것은 그가 그 핵심의 곪은 자리에 칼끝을 갖다댄 때문이었다. 이 일은 여러가지 면에서 확인될 수 있지만, 우익이 망설임 없이 '자숙'의 태도를 집어던진 것은 그 자체로 보면 무척이나 유쾌한 일이다. 그들이 내세운 명분은 1988년 12월 21일에 '전일본애국자단체회의 큐우슈우협의회'가 제시한 모또시마 시장 사직권고서에 밝혀져 있다. 그 첫머리는 이렇게 되어 있다.

첫째로, 무릇 우리나라는 천황폐하의 신성한 권위에 의해 통솔되어왔으니, 그 기나긴 역사와 전통을 생각할 때 천황폐하의 전쟁책임을 추구하는 것은 일본인으로서 감히 상상할 수 없는 일이다.[8]

한 필자가 썼듯이, 그런 상황에서는 모또시마 시장이 비록 입 속으로 중얼거리듯 한 말일지라도,

그것은 비유해서 말하면 9회 말의 굿바이 홈런처럼 장쾌한 것은 아닐지언정 노히트 노런으로 참패하려는 찰나에 우중간으로 빠지는 한방을 날린 격이라 할까. 뜻하지 않게 베이스를 밟고 선 모또

시마 선수를 향한 공감 어린 박수는 이대로 영패를 당하고 싶지는 않다는 전후 민주주의의 솔직한 표현이었다.[9]

철회하라, 사죄하라, 사임하라는 요구들에 직면해서도 시장은 굽히기는커녕 다음과 같이 부연설명을 함으로써 국민들을 놀라게 했다.

나는 천황 혼자서 전쟁책임을 져야 한다고 말하는 것이 아니다. 책임이 있는 사람은 많고 나 자신도 그중의 하나라고 생각한다. 그러나 지금의 정치상황은 정상이 아니다. (…) 천황에 관한 발언을 하면 감정적으로 받아들인다. 언론의 자유란 때와 장소에 따라 제한되는 것이 아니다. (…) 내가 42년간 공부해서 얻은 결론이 잘못되었다고 생각지 않는다. '그래도 지구는 돈다.' 나는 천황을 국가의 상징으로서 존경도 하고 경애도 하지만 그래도 그는 전쟁에 책임이 있다.[10]

갈릴레오가 이단(異端) 심문에서 자신의 주장을 철회한 후 중얼거렸다는 말을 차용한 것은 어쩌면 허세로 보일지 모르겠으나, 이 말은 일본 사람들에게 아주 친숙하거니와 나가사끼의 긴박한 분위기를 나타내는 데 아주 적절한 표현이기도 하다.

12월 21일 62개 우익단체들이 85대의 차량행렬을 이루어 시내로 들이닥쳤다. 시장은 시민들에게 호소했다.

이번의 제 발언으로 연말이 가까운 이 다망한 시기에 교통정체와 소음과 공포 분위기를 불러일으키게 되어 시민생활에 지대한 영향을 끼쳤습니다만, 언론의 자유는 반드시 지켜져야 하는 중요한 것인 까닭에 시민 여러분의 깊은 이해를 바라 마지않습니다.[11]

문장의 전반부와 후반부 사이에 사죄의 말이 들어 있어야 할 것 같은데 그것이 없다는 사실이 많은 것을 웅변해준다. 애당초 아무런 사전준비 없이 한 것이 틀림없는 시장의 발언이지만 그것이 시사하는 바는, 그 발언은 전후 생활의 온갖 유혹에도 불구하고 결코 얼렁뚱땅 얼버무리려고 하지 않았던 그의 과거에 대한 부단한 성찰에서 나왔다는 것이다. 하지만 사건의 우발성, 곧 문제의 발언이 불가피한 것이었다고는 말하기 어려운 점을 간과하지 말아야 한다. 그는 나가사끼 시장으로서 10년간 해마다 8월이면 평화선언을 해왔는데, 이제껏 한번도 천황의 역할에 대해 언급한 일이 없었다. 오랫동안 믿어왔던 것, 한 개인으로서 믿어해오던 것을 밖으로 토해내게 한 것은 때(moment)의 힘이었다. 그의 비판자들이 하는 말과는 반대로, 타이밍은 실로 적절했다. 비판적 문제제기가 예의에 어긋나는가 아닌가의 문제로 되어버리는 식의 터부에 얽매인 고루함이, 말해서는 안되는 것을 토해낸 발언에 의해 마침내 무너진 것이다.

산 자들의 마음을 위로하기 위해, 아니 오히려 마취시키기 위해 언론매체들이 죽은 자들을 찬양해대는 동안, 시장은 그들이 그려주는 군주의 초상을 수용하기는커녕 끈기있고 점잖게 거부했다. 결론적으로 그는 천황은 '인형이 아니었다', 언제나 보고를 받고 있었다고 지적한다. "만일 그가 진정으로 평화주의자였다면 그들(대신들)에게

재고를 요청한다든가 개각을 요구할 수 있었을 것입니다. 마음 약한 평화주의자였다면 무슨 소용이 있겠느냐고 내게 편지를 써보낸 사람도 있습니다." 그의 면모는 자신의 확신이 결코 역사책에 의해 형성된 게 아니라고 말하는 데서 더욱 뚜렷이 드러난다. 그는 자기가 전쟁에 참가했던 시점, 부하들에게 죽으라고 교육하고 자기 또한 영원한 죄인이 된 그 시점으로 우리를 끌고 간다. 그리고 천황 또한 그 사실을 알고 있었다고 말한다.

천황은 신문도 보고 라디오도 들으니까 그것(천황폐하를 위해 신민들이 죽어간 사실)을 충분히 알고 있었다고 생각합니다. 이른바 '황군(皇軍)'이었으니까요. 요컨대 그 당시에는 천황폐하나 우리나 서로 대화를 하지는 않았어도 뜻이 통하고 있었단 말입니다. 전쟁은 그렇게 수행된 것이죠. '천황폐하를 위해 죽는다'는 국민감정을 천황도 충분히 알고 있다는 것을 모든 사람이 알고 있었죠.

시장은 미국을 대신해 천황을 추궁함으로써 일본의 수난을 되짚어보려는 게 아니다. 근년에 그는 기회 있을 때마다 일본의 아시아 침략과 그 결과에 대해 언급해왔다.

조선에서 강제로 끌려온 사람들과 그 자손인 2세, 3세 들이 작년의 한 조사에 의하면 대략 60만명 된다고 합니다만, 그들은 일본에서 태어나고 일본에서 교육을 받아 일본인과 조금도 다름이 없음에도 불구하고, 공무원이 될 수 없고 학교 선생도 될 수 없습니다. 경찰관으로 임명하지도 않고 참정권도 주지 않으며 일류기업은 그들을 채용하지도 않습니다. 그렇게 하는 게 우리 일본인이란 말입니다.

그 침략의 역사와 온갖 잔학행위를 반성하는 일은 일본인 모두의 의무라고 그는 말한다.

물론 일찍이 유럽 국가들이 취했던 그 식민지정책을 일본도 답습했을 뿐이라는 면은 있습니다. 백년 전의 전쟁이란 대개 그런 것이었죠. 하지만 그러니 어쩔 수 없지 않았느냐 하는 생각은 옳지 않다고 봅니다.[12]

천황의 죽음에서 장례식까지의 6,7주간 '자숙'은 최고조에 달했다. 이제 사태는 흘러가는 대로 내버려둘 수 없는, 다시 말해 대개의 일본인들이 그렇듯 남의 이목을 끄는 행동을 하기 싫어하는 그들의 성향에 맡겨둘 수는 없는 것이었다. 문부성이 각 현의 교육위원회에 보낸 공문에는 학교장들이 학생들에게 상장(喪章)의 의미를 이해시키고 특히 묵도를 올리도록 지도할 것을 지시하고 있다. 히로히또가 죽은 것은 1월 7일 토요일, 그 다음주 월요일이면 겨울방학이 끝나 첫 등교를 하는 날이었다. 그날 밤의 뉴스 프로들은 각 지방 학교들을 차례차례 방문해 학생들이 경건히 고개를 숙이고 있는 모습이며 새로운 연호의 한자를 연습하는 장면들을 내보냈다. 이렇게 해서 국민들에게 슬픔 가운데서도 얼마나 절도있게 조화를 이루며 이행기를 넘기고 있는지 보여주려는 것이었다. 거기에 전적으로 획일성만 있었다고 말할 생각은 없다. 적어도 죽음을 관료적이면서도 신비롭게, 현대적이면서도 고풍스럽게 표현하는 학교장들의 기량이라는 면에서는 획일성과 거리가 멀었다. 그들이 동원한 어휘만 해도 놀랄만큼 거창했다. 그 1개월 동안 대부분의 어른들마저 장례를 '대상례(大喪禮)'라고 부르는 등의 새로운 낱말들, 천황의 죽음에 따른 복잡한 의식이나 절차를 표현하는 어떻게 읽어야 할지도 모를 한자어들을 접해야 했다.

교실이란 미래의 국민 협력을 확실히 다지는 장소다. 경찰은 그 협력을 지금 당장 발휘할 것을 요구한다. 그래서 1989년 1월과 2월에는 토오꾜오 중심부와 능원(陵園)이 있는 교외지역 도처에서 경찰관들의 모습이 목격되었다. 노상검문은 교통정체를 일으켜 그러잖아도 곤두서 있는 사람들의 신경을 더욱 자극했다. 자동차 트렁크에 든 과도 하나 때문에 구류를 살거나 조사를 받는 일도 있었다. 늘 하던 습관대로 개를 몰고 산책을 하던 사람과 학교에서 귀가하던 소녀가 미행을 당하기도 했다. 아파트 관리인은 거주자 명부를, 회사 인사과장은 직원들의 이름과 전화번호를 제출해야만 했다. 한 펑크록 그룹은 장난삼아 '천황제 반대'라고 적힌 깃발을 내걸었다가 공안경찰에 호되게 곤욕을 치렀다.

수뢰사건으로 휘청이던 타께시따 수상은 국내에서 실추된 위신을 호도하기 위해 국제적으로 성대한 구경거리를 연출해낼 필요가 있었다. 그러나 그는 헌법 제20조의 정교분리 원칙을 고수하라는 반대

세력과 신또오 의식만이 국민의 자존심을 보증한다며 한치도 양보하지 않으려는 우익세력 사이에 끼여 처음에는 우유부단함을, 나중에는 무능함을 드러냈을 뿐이다. 해묵은 논의가 재연되었다. 한편은 신또오는 종교가 아니다, 그리고 아무튼 최고재판소가 나까야 재판에서 판시한 것처럼 공공생활에 어느정도의 종교는 용인되는 것 아니냐 하는 입장이고, 다른 한편은 신또오가 종교라는 것은 부정할 수 없다, 헌법 제20조가 존재하는 이유는 신또오라는 명분 아래 수없이 많은 권력남용이 전전에 자행되었기 때문이다 하는 입장이다.

점점 더 모순만 드러낼 뿐인 해결책을 타께시따가 차례로 제안해가는 동안, 논쟁은 또 새로운 모순을 드러내기 시작했다. 황실의 종교의식과 국가의 공식적인 비종교적(세속적) 의식이 같은 장소에서 잇따라 집행되었다. 처음에는 신또오의 상징물인 토리이를 세우지 않기로 했다. 그런데 자기 당 내 우파의 성화에 밀린 수상은, 사까끼로 장식한 토리이를 일단 설치하되 비종교적 의식이 시작되기 전에 이를 제거하도록 했다. 식장에 거대한 휘장을 설치해 헌법상 문제가 될 만한 순서가 진행될 때는 휘장으로 가리게끔 한다는 것이었으나, 결국 그 휘장은 설치만 해둔 채 한번도 펼치지 못하고 말았다. (덕분에 외국에서 온 귀빈들은 색다른 이국정취를 듬뿍 맛볼 수 있었다.) 이러한 신경과민성 작태를 멋지게 꼬집은 신문 만평이 있었다. 수상 타께시따가 상반신 왼쪽은 양복을, 오른쪽은 신또오의 신관 차림을 하고 섰는데, 그의 머리 위에는 두가지 색깔이 엇갈리는 레오타드 차림의 육상선수 그리피스 조이너(Florence Griffith Joyner, 1988년 제24회 올림픽에서 세계신기록을 세우며 3관왕을 차지했다──옮긴이)의 모습이 조그

맣게 그려져 있다("이건 조이너식 옷차림새로군요……"). 그리고 아래쪽에는 "정교합체(政敎合體)!"[13]라는 설명이 붙어 있다.

외국 귀빈들이 오가는 데 아무런 불상사도 일어나지 않았으니 치안대책은 훌륭했던 셈이다. 귀빈의 숫자는 JFK나 티토, 브레즈네프의 장례식 때보다 많았다고 한다(연대순으로 열거한 것인데, 그때까지의 최고기록은 티토 때였다). 정확히 말하면 163개국에서, 아니 외무성이 나중에 확인한 바에 의하면 164개국에서 참석했다. 2월 24일자 『뉴욕 타임즈』는 총영사를 단장으로 한 남아프리카공화국 대표단이 포함된 164개국의 명단을 게재했다. 그건 틀림없는 사실이긴 했다. 인간이 체계화한 우주의 시간의 표상인 저 날짜변경선 덕분에 뉴욕의 24일은 토오꾜오의 25일, 곧 장례식 다음날이었기 때문에 아프리카의 다른 나라 대표단들이 항의하고 철수하기에는 이미 때가 늦었던 것이다.

토오꾜오 시가지는 조용했다. 여유있는 젊은이들은 스키장으로 갔다. 집에 있는 사람들은 모처럼 광고방송이 없는 날이건만 장례식 중계에 신물이 나서 비디오 대여점마다 바닥을 냈다. (이런 경우 광고방송은 단지 내용이 걸맞지 않다는 이유만으로 금지되는 것이 아니다. 한때 신으로 여겨졌던 천황의 죽음처럼 어떠한 조건에서도 절대적인 존재를 현시하기 위해서는 모든 것을 가격으로 환산해버리는 따위 광고방송의 기본전제가 용납될 수 없는 것이다.) 나가사끼의 시장은 죽이겠다는 새로운 협박과 지지자들의 비난에도 불구하고 장례식에 참석했다.

3개월 남짓한 기간에 일본 전국은 물론이고 해외에서까지 시장 앞으로 보내온 7,300통 이상의 편지, 엽서, 전보 들이 모또시마 발언의 위력을 가장 웅변적으로 그리고 확실하고도 오래도록 증언하고 있다. 시장은 이것들이 혼자서만 간직하기에는 너무 귀중하다 생각해서 출판할 것을 고려했다. 출판사는 의외로 빨리 결정되었다. 대표자 하라다 나오오(原田奈翁雄)를 포함한 4인의 스태프가 운영하는 코미찌쇼보오(径書房)로 토오꾜오에 있으며, 하라다는 꽤 유명한 출판사를 박차고 나와 코미찌를 시작했다고 한다.

　지금 60대 초반인 하라다 나오오는 스스로 전쟁 말기에는 우익이었다고 말한다. 당시 10대였던 그는 전쟁에 몸을 바치기로 다짐하고 가족의 죽음도 슬퍼해서는 안된다고 생각했다. 1945년 8월 15일은 그에게서 군인이 되어 복무할 기회를 박탈하고, 격심한 혼란 속에서 어른들의 언행을 지켜보게 만들었다. 어제까지 천황폐하를 위해 죽자고 말하던 이른들이 오늘은 민주주의의 신봉자로 자처하고 있있다. 10대 청소년은 그렇게 유연하지 못했다. 오히려 그는 일본의 적과 싸워야겠다는 각오를 더욱 굳혔을 뿐이다. 코미찌쇼보오가 출판해온 책들에서 어떤 공통분모를 찾는다면 그것은 갖가지 형태의 상식에 대한 저항이라고 할 수 있다. 사춘기의 하라다 나오오가 하룻밤 사이에 상식의 안장을 바꿔 탄 사회와 대결하기 시작한 때부터의 유산이다.

　모또시마 시장에게 보내온 편지들을 출판하기까지의 경과를 보면 '작은 길'이라는 뜻의 이름을 가진 이 출판사의 특이한 성격을 알 수 있다. 우선 한 독자를 통해서 코미찌쇼보오에 출판하자는 제안이 들어왔다. 전국에 흩어져 있는 코미찌쇼보오의 독자들은 일종의 공동체를 이루고 있다. 책에 삽입된 『코미찌 통신』이라는 팸플릿에 매호 독자의 편지를 게재하며, 해마다 여름에는 합숙모임을 개최해 독자들이 서로 만나기도 한다. 회사의 규모에 걸맞지 않을 만큼 알찬 출판목록을 유지하는 데는 토오꾜오 근교에 사는 독자들의 시간을 아끼지 않는 협력이 큰 보탬이 된다. 모또시마 시장의 편지를 출판할 때는 핵심 독자그룹이 연일 방이 두개뿐인 코미찌쇼보오에 더러는 도시락까지 싸들고 모여들어 편지들을 읽고 토의하고 채택 여부에 대한 의견을 개진하는 등 하라다가 최종적으로 300통을 골라낼 수 있도록 도와주었다. 다음으로, 편지를 쓴 사람들에게서 수록 허락을 받는 것 또한 보통 일이 아니었다. 독자들의 노력봉사는 이렇게 근사한 것만 있었던 것은 아니다. 어떤 사람은 식사당번을 하고 어떤 사람은 전화 받는 일에 매달렸다. 그밖에도 사진 복사를 하는 사람, 편지 겉봉을 쓰는 사람, 친구와 가족들까지 동원해 오는 사람도 있었다. 심지어 어떤 사람들은 가속도가 붙은 작업상태를 계속 유지하기 위해 연차휴가를 내서 일요일이고 주말이고 낮이고 밤이고를 가리지 않고 일했다. 초교지가 나올 무렵에 좌담회를 열어서 그것을 『코미찌 통신』에 게재했는데, 참가자는 학생부터 자유기고가, 사진가, 재봉사, 공무원, 주부, 디자이너, 출판업자 등 다양했으며, 모두 이름을 밝히고 있다. (그러나 출판된 책에서는, 으레 밝히게 마련인 인쇄소 및 제본소의 이름은 밝히지 않았다. 그들은 우익의 보복이 두려워 신문기자의 취재에도 응하지 않았다.)

이 좌담회가 있은 직후 모또시마 시장은 코미찌쇼보오에 전화를 걸어 출판을 연기해줄 것을 요청했다. 실탄이 든 우편물이 둘씩이나 배달되어 경찰의 경비가 한층 강화되었기 때문에, 시장은 시정을 수행하는 데 중대한 지장이 초래되지 않을까 염려하고 있었다. 그의 가족들이 받는 스트레스도 극심했다. (딸과 손자들이 그에게 세배하러 오는 데도 밤에 몰래 다녀가야만 했고, 부인은 입원을 해야 할 지경이었다.) 게다가 그를 세번이나 당선시켜준 후원회 간부들이 생명의 위험을 이유로 출판을 완강히 반대했다. 이들은 처음부터 출판에 난색을 표시해왔고 내용에 대해서도 이러쿵저러쿵 말이 많았는데, 이제는 아예 내면 안된다고 버티는 것이었다. 초조한 기다림과 논쟁의 나날이 한참이나 계속된 끝에, 코미찌쇼보오의 스태프와 독자그룹은 또 한번의 결단을 내렸다. 익명의 테러를 겁내어 출판을 무기한 연기한다는 것은 현명치 못할뿐더러 우리 스스로 맡고 나선 책임감에도 위배되는 것 아니냐, 우리의 이 책임감은 시장이 져야 할 책임과 다르다, 시장은 할 만큼 했디, 이번에는 코미찌쇼보오가 편지를 보낸 사람들과 함께 전진해나가야 한다고. 그리하여 이들은 편지를 쓴 한 사람 한 사람에게 상황의 변화를 설명하고 게재 승낙을 구했다. 이에 대한 답신 중에는 이제 발표할 생각이 없다, 출판사에 대한 보복이 염려된다, 시장이 압력에 굴복한 것 같아 유감이다, 이제는 출판해봤자 시장을 격려하는 데 아무런 도움도 안될 것이다 등등의 내용이 있었다. 동의하지 않는다는 답신 가운데는 가정에 풍파가 일어났다고 호소하는 것이 있는가 하면, 아내가 남편에게 일절 말을 걸지 않는다는 것도 있었고, 쇼크로 말문이 막혔다는 것도 있었다.[14] 그래도 압도적 다수가 편지 출판에 동의해주었다. 어쨌든 이 기획은 첫 단계부터 범상찮은 관심을 끌고 있었다. 4월에는 공영방송인 NHK가 한시간짜리 다큐멘터리를 방영해 몇편의 편지를 낭독함과 동시에 실제 편지를 쓴 몇 사람과 인터뷰도 가졌다. 인터뷰할 사람을 고를 때는 시장의 지지자와 비판자를 동수로 하여 균형을 맞췄다. 실제로는 비판적인 내용의 편지가 전체의 5%에 지나지 않았는데도 말이다. 비평가들이 얘기했듯이, 그래도 NHK로서는 최선을 다한 것이었다. 미국 사람의 입장에서 볼 때는 보통 사람의 편지를 성우를 시켜 낭독하고 편지그 자체를 화면 가득 비춰주는 등의 수법이 TV쇼로서는 어색하고 지루했을 것이다. 그러나 시청률은 엄청나게 높아서 곧 재방송이 결정되었다. 언론매체에서는 시장에 대한 협박이 계속되고 있으며 그 때문에 그가 출판에서 손을 뗐다고 보도하는 가운데 책의 판매가 시작되었고, 한달이 못 되어 토오꾜오 최대 서점 한군데서는 판매순위 20위 내에 들었다. 초판은 몇주 만에 6쇄를 찍어 36,000부가 팔렸다. (수익금은 나가사끼의 평화단체로 보내졌다.)

코미찌쇼보오의 책에 수록된 300통 가량의 편지를 선택하는 데는 하나의 원칙이 적용되었다. 모또시마 발언에 대한 지지 표명이든 반대든 간에 편지를 쓴 사람이 그 자신의 역사에 의해 그 입장을 취할 수밖에 없었음을 확실히 보여주는 편지를 선택한다는 것이었다. 하라다 씨의 말로는 코미찌쇼보오는 입장 그 자체를 평가하지는 않았다. 그러나 시장을 비난하는 사람들 쪽에는 '애국심'이니 '폐하에 대한 충성'이니 하는 추상적 관념만 내세우는 경향이 있었다.

이 편지들은 쇼오와라는 시대를 산 사람들이 자발적으로 쓴 그 시대의 하나의 역사가 되었다. 일본의 몇몇 언론매체가 투서를 게재할 때 쓰는 관행에 따라 나이와 직업이 명기되어 있기 때문에 편지를 쓴 사람들의 분포 범위가 환하게 드러난다. 우선, 전쟁을 겪은 사람들과 전후에 어른이 된 사람들이 일목요연하게 구별된다. 전자가 주로 기억을 되살려가며 쓰는 낡은 경어체와 한자투성이 문장은 표현방식의 역사를 보여주는데, 그것은 교육상의 명백한 변화를 반영할 뿐 아니라 과거 반세기에 걸쳐 일어난 감수성과 제반 사회적 관계에서의 눈에 보이지 않는 변화를 시사한다. 죽어가는 천황과 그 천황의 인생을 진지하게 받아들인 것 때문에 도리어 죽음의 협박을 받고 있는 시장이 먼지 낀 기억을 흔들어깨웠으며, 교과서적 지식에다 지금의 절박한 공기를 불어넣은 것이다.

오늘날의 저 코미찌쇼보오의 존재는 하라다 나오오가 1945년 8월 15일 직후 일본 사회의 변모에서 느낀 충격에 그 뿌리를 두고 있다. 똑같은 바로 그 현상을 역사적 위선으로 경험했다고 말하는 야노 토시로오(矢野敏郞)는 편지에 이렇게 썼다.

사적인 이야기지만 나는 61세의 의사입니다. 어떤 정당에도 가입하지 않았으며, 자기의 이해 때문에 어느 특정한 정당을 지지하는 것을 즐기지 않는 사람입니다.
나이를 보면 알 수 있듯이 나는 군국주의 일색인 사회에서 자랐고 나라와 천황을 위해 한몸 바치는 것이 남아로서 최고의 길이라고 배웠기 때문에, 중학을 마치자 곧 해군에 지원 입대했으나 입대한 지 4개월 만에 8월 15일을 맞았습니다.

이날을 경계로 하여 세상은 달라졌습니다. 무엇보다 놀라웠던 것은, 그때까지 '짐은 너희들의 대원수(大元帥)'라며 제1종 군복을 입고 개전조칙(開戰詔勅)을 비롯한 여러 칙어들——나는 지금도 그것들을 외울 수 있습니다——을 어새(御璽)를 눌러서 공포해온 천황이 양복을 걸치고 중절모를 눌러쓰고 평화의 상징인 흰 비둘기를 안은 모습으로 변신하여 국민과 점령군에 아양을 떨기 시작한 사실이었습니다.

신에서 인간으로의 그 멋들어진 변신을 보면서 나는 이런 일이 용납된다면 이 세상의 그 어떠한 악도 용납 안될 수 없다고 생각했던 것입니다.[15]

미즈사와 마꼬또(水澤周)는 59세의 작가로 토오꾜오에 거주한다. 이 사람은 이른바 그 변모라는 것의 겉치레에 대해서도 공격한다.

흔히들 전쟁종결에 대한 천황의 '성단(聖斷)'만을 평가하여 천황이 일본 국민을 멸망으로부터 구했느니 하는 소리들을 합니다만, 우리는 개전의 '성단'을 내린 것도 천황이었다는 사실을 똑같은 평가의 대상으로 삼아야 할 것입니다. 천황의 귀에는 일방적인 정보밖에 주어지지 않았느니 하는 소리도 합니다마는, 그것도 옳은 얘기가 아닐 것입니다. 코노에 후미마로(전쟁기간 동안 두차례 수상을 지냈으며 1945년 2월에는 천황에게 항복하라고 종용한 측근의 조언자)라든가 타까마쯔노미야(高松宮) 같은 지끼미야(直宮,

천황의 직계가족. 타까마쯔노미야는 히로히또의 아우──옮긴이)도 있어서 꽤나 풍부한 정보 브레인들을 거느리고 있었으므로, 그들의 정보는 천황의 판단 재료로 전달되었을 것입니다.

쇼오와 20년 2월 14일 코노에 후미마로가 전쟁을 종결해야 한다고 진언했을 때 천황은 한번 더 전과를 올리기 전에는 이야기하기 어렵다며 코노에의 의견을 받아들이지 않았습니다. 이것은 정확한 정보를 무시하고 스스로 행한 선택입니다.

또 나는 천황이 자신의 책임에 대한 분명한 자각 없이 그 생애를 마치려 하는 데 깊은 슬픔과 분노를 느낍니다. 흔히 말하기를 천황은 전후 일본의 부흥에 힘을 다했고 국민통합의 상징으로서 큰 역할을 했다고 합니다. 그렇게 말할 수 있는 측면이 있다는 것을 부정하지 않겠습니다. 또 그는 자신이 일본 국민을 사랑한다는 말을 자주 하고 있고, 국민들 역시 그를 경애한다고들 말합니다. 그렇게 말할 수 있는 측면이 있다고 나도 생각합니다. 그러나 나는, 천황이 전후에 한 다음과 같은 말을 결코 잊을 수 없습니다.

"오끼나와를 비롯해 류우뀨우의 섬들에 대한 군사점령을 미국이 계속할 것을 희망합니다."(1947년 9월 매카서에게 보낸 메시지)

"(전쟁책임에 대해서) 그러한 말의 수사학에 대해서는, 문학 분야를 깊게 연구한 적이 없어서 잘 알지 못합니다."(1975년 10월 31일 신문기자단과 가진 인터뷰)

"원자폭탄이 투하된 데 대해서는 유감으로 생각하고 있습니다만, 다 전쟁 중에 일어난 것이기 때문에, 히로시마 시민들에게는 미안한 얘기가 될는지 모르나 어쩔 수 없는 일이었습니다."(같은 인

터뷰)

　이런 말들을 볼 때 천황이 일본 국민을 사랑한다는 소리는 전부 빈말이라는 생각이 드는 것입니다.

　더구나 일찍이 일본 각 도시를 대량의 소이탄(燒夷彈)으로 야간에 무차별적으로 공격하여 인류 역사상 유례가 드문 비인도적 학살과 파괴행위를 자행한 미국 전략폭격부대 사령관 커티스 리메이(Curtis LeMay)가 전후에 일본을 방문했을 때, 천황은 그에게 훈일등아사히장(勳一等旭日章)을 수여했습니다. 해괴한 행동이 아닌가 말입니다. 훈장 수여는 천황에게 남겨진 몇가지 '국사행위(國事行爲)'의 하나입니다. 그것을 분별없이 행사했을 리 없습니다. 이렇게 봤을 때, 원폭공격을 지휘한 사령관이 일본에 온다면 당연히 훈장을 수여하리라 생각됩니다. 따라서 나는 천황의 책임을 단지 전쟁 중의 행위에 대해서만 물을 것이 아니라 전후의 관련행위에 대해서도 물어야 한다고 보는 것입니다. (『편지』 20면)

　앞에서 말한 민간인에 대한 미국의 무차별 폭격은 1945년에 시작된 것으로, 사상자 규모는 정확히 산출된 바 없으나 3월 10일의 두시간 반에 걸친 토오꾜오 공습만으로도 8만명이 죽었다. 히로시마와 나가사끼에서는 각각 13만명과 7만명이 폭격 후 3개월 안에 사망했다. 정보의 불확실성과 무지가―진실한 정보와 의도적인 정보가 있으나―원폭 사망자 수의 확정을 한층 곤란하게 했다. 피폭 2세 즉, 폭격 때 태내에 있던 사람과 그 몇년 후에 피폭자인 부모에게서 태어난 사람들을 희생자에 포함시키느냐 여부도 아직 정해지지 않았다.

그런 현상이 있느냐고, 짐짓 기본적인 데서 의문을 제기하는 사람까지 있다. 계산방법에는 으레 숨은 의도가 깔려 있다. 피폭 2세가 확인되면 누가 의료비를 지불할 것인가? 원자로에 대한 세상사람들의 불안감을 새삼 불러일으키게 되지 않을까? 그래서 '공식적 숫자'를 다루는 것은 항상 신중을 요하는데, 1990년 현재 히로시마와 나가사끼의 사망자 수는 합계 295,956명으로 되어 있다. 재래식 병기의 폭격에 의한 본토의 사망자 수는(언제나 오끼나와는 제외된다) 256,000명으로 추계되고 있다.[16]

모또시마는 원폭투하 당시에는 나가사끼에 있지 않았지만 지금은 그곳 시장인 까닭에, 누구나 그에 관해 이야기할 때는 원폭을 언급하게 마련이다. 신중한 공적 인물들은 그의 발언에 공감을 표시할 때에도 모또시마는 나가사끼 시장이기 때문에 그런 극단적인 발언을 하지 않을 수 없었다는 설명으로 교묘하고 안전한 도피구를 마련했다. 그러나 원폭이야말로 그를 지지하는 최대의 이유라고 말하는 사람도 있다. 피폭자인 타까기 토메오(高木留男)는 70세의 무직자인데, 그 역시 천황이 기자회견에서 히로시마와 나가사끼에 관한 질문을 받았을 때의 일을 상기한다.

나가사끼라는 말은 비치지도 않았습니다. 나는 천황의 답변을 듣는 순간, 텔레비전의 브라운관을 향해 소리쳤습니다. "이 바보야, 누가 전쟁을 하라고 했느냐. 너희 멋대로 전쟁을 일으켜놓고 성전이니 천황의 적자니, 황군, 극동평화, 아시아공영권 수립 따위의 말을 떠벌리지 않았는가 말이야. 전쟁에 반대하거나 비난하는 사람은 용서 없이 감방에 처넣던 시대였어. 심지어 천황을 비판했다고 무조건 학살당한 사람도 많다고 들었다고!"

당시 나는 군인이었지만 실은 상등병으로서 신병교육계 조교였습니다. 우리가 초년병이었을 때는 거의 밤마다 매질을 당했습니다. 전쟁터에서 말라리아에 시달렸을 뿐 아니라 731부대가 살포했다고 보이는 약품에 의해 세균성적리(細菌性赤痢)에 걸려 많은 병사들이 죽었습니다. 야전병원이라는 것은 중국인 민가에다 여기저기서 날라온 식탁을 늘어놓고 침상이랍시고 그 위에 수숫대를 적당히 깐 다음 모포를 한장씩 덮은 것이 고작이었습니다. 날이면 날마다 줄지어 들어오는 시체들, 머리카락이나마 잘라서 유족에게 보냈는지 나는 알지 못합니다. 중국인들을 시켜서 구덩이를 파고 묻게 했습니다.

(히로시마의) 운명의 그 8시 15분의 한순간을 나는 영원히 잊지 못합니다. 한줌의 재, 한조각의 뼈도 남기지 않고 초등학생, 중학생, 남녀노소 가리지 않고 모조리 죽이는 무기, 두번 다시 맞이해서는 안될 비참한 전쟁이라고 말은 그렇게 하면서, 갖가지 전쟁이 되풀이해 일어나고 있다는 것은 참으로 안타까운 일입니다.

인간선언을 한 천황을 국가의 원수로 받드는 것은 그 자체가 헌법 위반일 것입니다. 이번에 시장께서 하신 발언에 대해서 경의를 표하는 동시에, 앞으로도 그 뜻을 굽히지 말고 단호히 싸워나가시기를 바랍니다.

그것이 무슨 뜻인지도 알지 못한 채 기장을 하고 있는 저 사람들을, 나는 이해하기가 어렵습니다. (『편지』 38~39면)

토오꾜오에 사는 65세의 오가와 후사꼬(小川房子)는 4년 9개월 전에 세상을 떠난 남편이 결혼 직후에 수마트라인지 버마인지로 끌려갔다가, 심한 영양실조에 걸리긴 했으나 무사히 살아서 돌아와준 것은 큰 행운이었다고 쓰고 있다.

나는 쇼오와 58년(1983) 5월에 남편과 함께 나가사끼에 여행을 가서 원폭세례를 받은 물품들을 전시해놓은 곳을 보았을 때, 당시의 일이 떠올라 오싹오싹해지면서 온몸에 두드러기가 나 애를 먹었습니다. 그렇게 참혹한 일을 당한 나가사끼 땅에 계시는 시장님의 발언은 너무도 당연한 것이라 생각합니다. 당연한 그 말을, 참으로 용기있게 말씀하신 것에 박수를 보내고 싶습니다.

(시장님에 관한) 텔레비전 뉴스를 보다가 흥분을 가눌 길 없어서 펜을 들었습니다. (『편지』 58~59면)

전쟁세대에 속하는 대부분의 여성 지지자들과 대조적으로, 이바라끼현(茨城縣)에 사는 69세의 우찌다 스미꼬(內田壽美子)는 후방에 남아서 고생한 아내의 관점에서가 아니라 일본 군대와 식민주의자들이 제국주의적 야망을 위해서 지불한 희생의 직접적인 목격자로서 이렇게 쓰고 있다.

현시점에서 그런 발언을 하면 이번 같은 반향이 있으리라는 것을 시장님 자신이 잘 알고 계셨을 텐데도 불구하고 감히 발언을 하신 것에 쾌재를 외쳤습니다. 나 같은 시정의 서민으로서는 소리를 지를 기회도 용기도 없습니다만, 비판정신까지 버리지는 않고 있습니다. 제 자신의 좁은 견문일 뿐이긴 해도 전쟁과 천황에 대해서는 속에 옹어리진 것을 넘칠 만큼 많이 가지고 있습니다.

나는 20대 초반에 (필리핀) 북부 루손 섬에서 굶어죽은 시체들이 즐비한 산속을 방황했고 패전이 되고는 구사일생으로 귀국하였습니다. 같은 세대의 청년이, 또한 일가의 기둥이, 무위무책(無爲無策)한 전쟁의 희생물이 되어 허무하게 군복누더기에 싸인 백골로 버려져 있던 광경을 잊지 못합니다. 히노마루(일장기)의 붉은색에서 전쟁에서 흘린 피를 보고 키미가요 제창에서 한없는 생명에 대한 집착을 단념하려고 애쓰던 한 요까렌베이(豫科練兵, 일제 때 해군비행학교의 예비훈련병으로 비행기를 몰고 적 군함에 충돌하는 이른바 '카미까제 특공대'로 훈련받았다─옮긴이)의 동안(童顔)이 떠오릅니다.

폐허 속에서 훌륭하게 소생한 나라의 번영을 기뻐하는 한편으로, 따뜻이 입고 배불리 먹는 데 길들여진 현재의 생활이 과연 언제까지 계속될 것인가 하는 위구심을 금할 길 없습니다. (『편지』 41면)

아이찌현(愛知縣)의 55세 된 주부 모리 타즈꼬(森田鶴子)는 어린 소녀 시절에 믿었던 것들이 회의로 바뀌어버린 심정을 이렇게 표현하고 있다.

나는 초등학교 6학년 때 패전을 맞았습니다. 그때까지 나는 일본은 신국(神國)이다, 그러므로 유사시에는 신풍(神風, 카미까제)이

불게 돼 있다, 우리는 천황을 위해 싸워야 하며 포로가 되는 치욕을 당했을 때는 스스로 목숨을 끊어야 한다고 배웠습니다.

어린 소녀는 가슴에 아무런 의심도 품지 않고 얌전하게 신사참배를 하였으며, 공습에 대비해 싸웠던 것입니다. 그러나 뜻하지 않은 패전이 닥쳤습니다. 그때 나는 천황이나 직업군인들이 왜 배를 갈라 죽지 않는지 이해할 수가 없었습니다.

패전의 그날, 천황은 스스로 목숨을 끊어야 했던 것 아닌가요? 혹은 오끼나와가 반환되던 날이나 아니면 천황 나이가 50세 또는 60세 되는 날쯤, 그것도 아니면 천황 재위 50년 또는 60년 되던 때쯤, 희생당한 백성들을 위해 천황은 스스로 퇴위해야 했던 것 아닌가 하는 생각이 내 가슴속에 오랫동안 자리하고 있었습니다.

그러나 올해도 종전기념일에 그 늙으신 몸을 헬리콥터에 싣고 식장으로 향하는 모습을 보면서, '죄송합니다' 하고 말할 기회를 삽시 못하는 그 사람이야밀로 스스로 가장 괴로운 길을 긷고 있는 것이나 아닐까 하는 생각도 들었습니다.

추신

토혈한 이후의 의료조처, 오로지 연명을 위한 수혈, 이것은 현대의 고령화 사회에서 단지 목숨의 연장을 위해 의료를 낭비하는 것을 상징하고 있다고 생각합니다. 의료보험의 위기가 외쳐진 지 오래임에도 불구하고 여전히 불필요한 의료가 증가하고──이런 일이 계속되면 장차 우리나라는 파탄에 이르고 말 것입니다.

천황에게 그 부끄러운 생명의 연장을 위해 의료조처를 함으로써 궁내청은 또 하나 나쁜 선례를 만든 게 아닐까요? 이제 할 수 있는 데까지 다했습니다, 하고 자연에 맡기는 겸허함을 잊은 것 같아 안타깝습니다. (『편지』 43면)

천황이 마지막으로 받은 의료조처에 대한 비판은 또 있다. 58세의 세무사 하야시 아끼라(林昭)는 다음과 같이 적고 있다.

지금은 쇼오와 63년(1988), 생소한 표현이 떠돌고 있습니다. "약간량보다는 많고 상당량보다는 적은" 하혈이니, "이 정도의 변동은 예견된 범위 내의 것으로, 폐하의 용태는 변함이 없다"는 따위의 일본어입니다. 이런 표현은 옛날의 저 "제국 해군은 적 전함 1척을 격침하고 순양함 2척을 격파하였는데 아군 피해는 경미하다"하는 표현과 어디가 다른가요?

누군가를 위해 정보는 조작되고 있으며, 그 정보를 믿은 대중의 행동결과만이 역사적 사실로 남는다는 이 무서운 상황은 조금도 달라진 게 없지 않느냐 말입니다. (『편지』 44면)

전쟁세대에 속하는 사람들의 편지 가운데 많은 부분이 1945년 8월 이후에도 비판적 발언을 하기는 어렵다고, 거의 불가능에 가깝다고 증언하고 있다. 75세의 토요시마 치에꼬(豊島千重子)는 그 연배의 사람들이 대부분 '무직'이라 적은 것과는 대조적으로 '전(前) 초등학교 교원'이라 밝히고 자신의 침묵에 대해서 이야기했다.

『중국신문』(中國新聞, 히로시마에서 발행되는 일간지 — 옮긴이) 12월 10일자 및 11일자 기사로 선생의 발언의지를 알게 되어, 앞뒤 가릴 겨를 없이 붓을 들었습니다.

우선 밝혀야 할 것은 선생의 의견에 전적으로 동감한다는 사실입니다. 오늘 11일자 신문에는 반대하는 사람들도 있다 했습니다만, 그 반대의견이 널리 퍼져서 시장님의 의견을 시들게 하는 일이 없도록 기도하고 있는 사람입니다.

저는 시장님과 똑같은 의견을 쇼오와 16년(1941) 5월부터 가져왔습니다. 그토록 오랫동안 생각이 그랬는데 그 사이 왜 아무 발언도 하지 않았는가 한다면, 사실 할 말이 없습니다. 그것은 시정의 한 이름 없는 시민으로서, 히끼아게(引揚, 조선이나 만주 같은 식민지에 나가 있던 일본인들이 종전 후 본국으로 철수한 일 — 옮긴이) 등 생활고에 쫓기는 세월이 계속된데다가 남녀평등 어쩌고 하지만 그것도 극히 처근에 아서아 거우 뿌리를 내리려 히는 일본 내지에서 아무 소리도 할 수 없었던 일개 시민에 불과했기 때문이라 생각해주십시오.

오랜 세월 동안 세상일을 한탄은 하면서도 그것을 밖에다 대고 발언하거나 감히 행동으로 옮기는 짓은 못한 채 어언 75세가 되고 말았습니다. 이러한 나의 생각도 마침내 땅속에 묻혀버리고 말겠구나 싶던 참에 선생의 발언을 신문에서 읽고, 몇 글자나마 쓰지 않고는 도저히 배길 수 없었습니다. (『편지』 15면)

조금 젊은 57세의 나까모또 키미꼬(仲本きみ子)는 새로운 결의를 보여준다.

귀하가 행하신 발언에 머리를 한대 얻어맞은 것 같은 충격을 받았습니다. 저는 57세인데, 여태까지 제 자신이 생각하고 느낀 것을 사석에서 이러쿵저러쿵 떠들어대기는 했어도 공적으로 나서서 말한 적은 없었습니다. 이 얼마나 무책임한 생활방식인지!

저는 오끼나와 출신으로, 오끼나와를 무엇보다 사랑합니다. 초등학교 4학년 때 고향을 떠나 오오이따(大分)에 있는 절간으로 갔다가 또 나가사끼로 옮겨가는 등 부평초 같은 생활을 강요받아 정신적으로나 신체적으로 피폐해졌습니다. 무엇 때문에, 그리고 누구 때문에?

앞으로 성장해갈 (온 나라) 어린이들에게는 우리 세대가 받은 슬픔과 고통을 절대로 맛보게 해서는 안되며, 그러기 위해서도 책임은 분명하게 해두어야 한다고 생각합니다.

저도 이제 조금 용기를 나눠받아 지금부터는 작으나마 평화운동에 가담해야지, 시장님의 발언이 결코 헛된 것이 되지 않도록 하기 위해 용기를 내야지, 하고 생각합니다. (『편지』 27~28면)

'책임은 분명하게 해두어야 한다'는 말의 일본어 원문은 '責任はあきらかにしてもらわねばならない'로, 직역하자면 '책임은 분명하게 해받아야 된다'이다. 꼭 해야만 할 일을 누구에게 요구할 때 일본인들은 이런 표현을 쓴다. 히로히또가 '죄송합니다' 하고 말할 기회를 놓친 것이라면, 보통의 일본 시민들 또한 그 사죄를 요구할 기회를 놓쳤고, 따라서 자신들의 책임 가능성을 생각할 기회도 놓쳐버린 것이

다. 그 책임은 분명 공직에 있는 사람이나 천황의 그것과는 다른 것일지라도 내내 인정할 수 없었던 책임인바, 이는 경제적 성공을 위해 필요했던 가혹한 규율에 묵묵히 복종한 데 대한 책임과 같은 것이다.

그렇긴 하되, 사죄의 요구 또는 갈망은 거듭해서 나타나는 테마다. 이와떼현에서 어업에 종사한다는 66세 하따께야마 에이이찌(畠山榮一)는 일찍이 자기도 모또시마 시장처럼 군인들에게 천황을 위해 죽으라고 교육하던 장교였다면서, 이렇게 말해준다.

나는 오래전부터 천황에게서 그의 생전에 짐은 나빴다, 하는 말을 듣고 싶었다. 해마다 8월 15일 행사에서 행하는 그의 공허한 말에는 신물이 난다. 만약에 짐은 나빴다, 하고 말하지 못하겠다면 짐도 나빴다, 하는 말은 했어야 한다. 그랬다면 죽은 우리 친구들이 편히 잠들 수 있었을 것이다. (『편지』 88면)

그런 사죄는 끝끝내 이뤄지지 않고 끝났다. 그랬기 때문에 82세의 타니모또 미찌따로오(谷本道太郎)는 카나가와현(神奈川縣)에서 시장에게 한줄의 메시지를 보내지 않을 수 없었다.

귀하의 발언은 검은 구름 사이로 비치는 한줄기 햇살입니다. (『편지』 87면)

그러나 73세의 하시모또 요시사다(橋本義定)는 폭설이 내린 아오모리현에서 시장에게 이렇게 써보냈다.

우리 지방에서 제일 발행부수가 많은 『동오일보(東奧日報)』에서 귀하의 발언을 읽었습니다. 불학무식한 한 사람의 촌로일 뿐이오마는, 천황의 책임론을 불경하다고 생각하는 자들에게 꼭 읽혔으면 합니다.

하시모또 씨의 동생은 홋까이도오에서 북쪽 캄차카 반도로 뻗어 있는 쿠릴 열도에서 전사한 것 같다고 한다. 현의 병적부(兵籍簿) 기록이라는 게 허술하기 짝이 없어 하시모또 씨는 자기 동생이 어떻게 죽었는지는 고사하고 죽은 장소가 어딘지도 알 길이 없다. 최근에도 후생성에 문의를 했으나 판에 박은 관료적인 대답으로 그의 슬픔은 더 커질 뿐이었다.

누구를 위해 군복무에 힘썼단 말입니까?
위령비에는 "영령이여, 평안하소서"라고 새겨져 있지만 공식기록과 실상이 판이하고 전우도 한 사람 없는 내 동생, 그 어느 땅에 못다 한 한을 남기고 스러졌는지 알 길 없는 내 동생이 어떻게 평안할 수 있겠습니까.
고요히 잠들라고 말할 수 있겠습니까? 사람 목숨이 이렇게 가벼운 것이었단 말입니까? 전쟁의 잔인함, 비참함, 냉혹함, 공허함, 이것을 누구에게 호소하고 누구에게서 이해를 받으며 누구에게 구원을 바라야 합니까?
이런 말들이 터져나와야 합니다. (『편지』 58면)

비판적인 편지들은 대부분 익명으로 보내왔지만, 그 말씨나 문장부호 쓰는 법으로 나이와 성별을 가늠할 수 있다. 다음의 편지는 그 부드러운 말씨와 완곡한 표현으로 봐서 지긋한 연배의 여성이 보낸 것이라 생각된다.

인격도 자격도 없사오며 불학무식한 채로 삶을 점지받은 사람이올시다. 나가사끼 시민을 사랑하고 또한 지도해나가셔야 할 당신의 그 발언은 취소할 수도 정정할 수도 없을 만큼 중대한 말씀인가요? 정치가의 생명이란 부정(不正)을 정(正)으로 고치려는 노력에 있다고 생각합니다. 귀하는 그 발언을 조속히 취소하거나 정정하는 것이 옳다고 생각합니다.

그 당시 군대가 정권을 쥐었기 때문에 국민도 일치단결하여 국난에 대비한다는 것이 내동아선생으로 발전한 것이므로, 그것은 국민 전체의 책임인 것이며, 전후에 오늘날의 평화가 있는 것도 각 가정에서 바친 영령들 덕택입니다.

신대(神代)로부터 황통(皇統) 2648년을 이어받은 124대 금상(今上) 폐하와 이세신궁(伊勢神宮, 일본민족의 시조라는 아마떼라스 오오미까미天照大神가 모셔져 있다─옮긴이)의 가호 아래 일본은 존속하고 있습니다.

전후에는 전국민이 총력을 다하여 전에 없는 노력을 함으로써, '지는 것이 이기는 것'이라는 옛말처럼 세계 최대의 경제대국으로까지 발전해온 일본국입니다.

당신도 신문지상이나 텔레비전으로 숭경(崇敬)이니 존엄이니 하는 말을 비치고 있고 (…) 여전히 본심은 일본인이라고 나는 믿고 있습니다.

이제 21세기를 바라보는 시점에서는 전전·전후를 알지 못하는 젊은이들의 세상이 될 것이지만, 이럴 때일수록 지도자들은 바르고 자상하게 가르치는 것이 사명일 것이므로, 부디 초심(初心)으로 돌아가 시정 최고책임자 된 것을 감사함과 동시에 시민 한 사람 한 사람에게 용서를 비십시오.

끝으로 부탁드릴 말씀은, 벼이삭은 영글수록 고개를 숙인다는 격언처럼 당신 마음을 바꾸어 신령님, 부처님, 황족, 황실, 천황폐하, 궁(宮) 등에 대해 불경스러운 말은 절대로 삼가주실 것을 앙망합니다. (『편지』27면)

다음의 편지도 나이든 사람의 것인 듯한데, 아마 남자일 것이다.

모또시마 시장은 인간인가 아니면 짐승인가 혹은 바보인가. 천황을 비판하면 민주주의가 생긴다고 하는데 민주주의가 무엇인지 알기나 하는가. 그저 짖어대기만 한다고 민주주의는 아니다. 천황폐하는 지금 중증으로 병상에 드신 지 3개월여, 내일을 알 수 없는 중태의 몸, 하필이면 이때에 속히 죽으라고 채찍을 두들겨대듯 하는 발언이 민주주의냐. 이미 바보의 경지를 지나 인간으로서 눈물도 없는 짐승, 아니 귀신이다. 언론의 자유를 말하지만 인간에게는 상식이라는 것이 있다. 말해서 좋은 것과 나쁜 것이 있다. 그저 짖어대기만 한다고 민주주의가 아니다. 언론의 자유라 하더라도 타인을 중상하고 인격을 손상하는 따위는 삼가야 하는 것으로, 타인에게 폐를 안 끼치는 것이 민주주의다. 말해두거니와 민주주의에는 정의(定義)가 없다. 나라마다 각기 법률도 다르고 국민성도 다르기 때문에 일정한 형태의 민주주의란 없는 것이다. 2차대전 후 동남아시아, 남아프리카, 한국, 북조선, 남태평양에 많은 독립국이 생겼지만, 소련도 폴란드의 일부와 핀란드의 일부 및 일본의 쿠릴 열도를 빼앗았으며 거대한 군사력으로 동유럽을 제압하고 아프가니스탄을 침공했는데, 이러한 소련 같은 나라도 자기네가 민주주의 국가라 하고 있지 않는가?

도대체 양식이 있는가? 관광도시 나가사끼의 위신 추락 아닌가? 무슨 생각을 하고 있나? 지방 자치단체장이라면 공부 좀 하는 게 어떤가? 해야 할 말, 안 해야 할 말도 구별 못하는가. (…) 미국의 한 여인이 말했더라, 민주주의란 남에게 폐를 끼치지 않는 것이라고. 민주주의는 각국마다 다르다는 것을 알아야지. 상식이 없는 인간은 안돼. (『편지』 23~24면)

모두가 다 우익의 가두선전차들처럼 절규조인 것은 아니다. (관광 어쩌고 하는 말은 묘하게 실리적이다.) 시가현(滋賀縣)의 신사에서 일한다는 41세의 야마모또 켄지(山本賢司)는 천황의 책임이라는 관념 그 자체와 일본적 관습에 서양적 가치관을 적용하는 데 대한 상투적인 반론을 늘어놓고 있다.

매우 성실한 분인 것 같아서 미리 부탁인데, 끝까지 읽어주시오.

결코 전제군주가 아닌 일본의 천황은, 나라의 결정기관인 의회가 결의한 것을 단지 선언할 뿐이었다. 이것을 전후에 와서 비평한다는 것은 '천황은 전제군주였어야 한다'라고 주장하는 것과 같다.

당신이 말하는 책임이 어떤 의미인지 분명치 않으나 가령 도의적 책임까지를 포함하는 것이라면, 전쟁 직후에 행하신 폐하의 순행을 어떻게 설명할 것인지, 매년 8월 15일에 폐하께서 지금도 가슴이 아프다고 하시는 말씀을 어떻게 받아들이는지? 폐하는 각지로 행차하실 적마다 반드시 그 지방의 호국신사를 찾아 머리를 숙이시는데 그 기분, 그 심정은 헤아리고 남음이 있다. 그 이상의 도의적 책임을 폐하께 요구한다는 것은 일본인의 도리가 아니다.

당신은 크리스천인 모양인데, 크리스천인 것과 나가사끼 시장이라는 것은 별개다. 시장이라는 공인의 입장과 크리스천이라는 개인의 입장을 혼동해서는 안된다. 시의회라는 공적인 장소에서 행하는 발언 내지 시장이라는 입장에서는, 크리스천이라는 당신의 주관적인 주장은 결단코 배제해야 한다고 생각한다. 고(故) 오오히라(大平正芳) 수상도 개인적으로 크리스천이었으나 한 나라의 수상 된 입장에서 야스꾸니 신사에 참배하고 순국영령들 앞에 위령과 감사를 드렸던 것이다. 훌륭한 일이다.

크리스천을 포함한 서구 지향적인 사람들, 인텔리로 불리는 사람들이 흔히 저지르는 잘못은, 서구 사회와 일본 사회는 근본적으로 종교이념이 다르다는 점을 잘 파악하지 못하는 것이다. 이 전제를 망각하고 성질이 다른 하부구조 위에 서양에서 발원한 상부구조를 놓아버린다.

공산당원들의 도발에 섣불리 말려들었다고 해도 어쩔 수 없을 것이다. (『편지』 40면)

냉정한 논증을 펴는 척하면서 논의의 바탕을 슬쩍 바꿔치는 논법으로 보건대, 이런 사람과 얘기를 하기는 어려울 것 같다. 천황의 개전선언이 충실한 입헌군주로서의 행위라는 그의 처음 주장은——이것은 완전히 서양의, 근대적 사고방식이다——그에 이어지는 논점에 의해서 허물어져버린다. 나중 주장을 전체적으로 지배하고 있는 것은 일본인됨이 의미하는 것에 대한 집착이기 때문이다. 그러면서 이 논의는 하부구조니 상부구조니 하는 맑시스트 용어를 원용하고 있다. 일본 사상가들이 지난 몇세기에 걸쳐 체득한 바이지만 일본을 서구적 근대로부터 구출하려는 노력 자체가 서구적 도구, 특히 그것을 정식화하는 데 쓰이는 철학 개념과 언어에 어쩔 수 없이 오염돼 있는 것이다.

반대의견을 담은 편지들 가운데는 논쟁적이라 할까, 억압되어온 쟁점을 들고 나온 것이 꽤 있다. 어미(語尾)의 용법을 보고 판단하건대 남성이 썼다고 생각되는, 토오꾜오에서 발송된 한 익명의 편지는 진부하기 짝이 없는 분개의 말들을 늘어놓고 있는데("진실과 사람을 볼 줄 모르는 시장을 가진 나가사끼 시민은 불행하다. 천황이 누구보다도 가장 많이 2차대전을 피하려 하고 종결시키려 했다는 사실은 세계적으로나 일본적으로나 이미 오래전에 명백히 실증된 진실이다"), 그 속에 다음과 같은 대목이 있다.

원폭을 투하한 것은 미국이지 천황이 아니라는 것도 모르는가.
또 원폭을 발명한 것도 천황이 아니라 독일인, 유대인, 미국인이
다. 또 나가사끼의 원폭재해만이 전쟁피해가 아니다. 토오꾜오, 오
오사까에서도 미국의 대공습으로 사람들이 죽었으며 전선의 병사
들도, 수송단도, 나아가서는 만주에서 불법적으로 전후 장기간에
걸친 시베리아 억류——당신은 어째서 이런 것들이 소련에 의해서
저질러진 아우슈비츠에 버금가는 비인도적 행위라고 당당히 말하
지 못하는가? (원문대로임)

전쟁이란 서로 죽이는 일이라는 것을 알고 있는 바보 같은 사나
이들을 몰아가는 눈먼 야심의 종착역이다. (『편지』 25면)

카고시마현(鹿兒島縣)에 사는 22세의 젊은 무직자 타네가시마 야
스오(種子島泰夫)도 천황에게 전쟁책임은 없다고 말한다.

전쟁을 지도하는 행위가 죄라면, 일본으로 하여금 미국에 선전
포고를 하게끔 유도한 루스벨트(Franklin Roosevelt)나 원폭투하를
명령해 수많은 민간인을 학살한 트루먼(Harry Truman)에게는 어
찌하여 죄를 묻지 않는 것입니까?

그 이유는 극동군사재판과 뉘른베르크 군사재판이 모두 승자가
패자에 대해 행한 일반적 보복재판이었기 때문이라 할 수 있습니
다. (『편지』 42~43면)

반대의견을 담은 편지들이 절대로 건드리지 않는 화제가 하나 있다. 일본이 행한 아시아 침략의 결과에 대해서다. 여성으로 보이는 33세 된 익명의 편지 필자는 역사에 관심이 많아 책을 많이 읽었고 시아버지한테서 이야기도 많이 들었다고 한다.

시아버님은 "죽이지 않으면 죽는다. 이 손으로 일본도를 휘둘러 포로들의 목을 쳤다. 명령이니까 안 따를 수가 없었어. 전후 민주주의는 헤아릴 수도 없는 사람들의 희생 위에 왔는데, 텔레비전을 보고 있으면 혈압이 올라. 천황 찬미만 해대다니, 놀려도 유분수지!" 하며 분개하십니다.

전쟁에서 죽은 일본 사람들의 몇갑절도 더 되는 사람들이 중국과 조선에서 죽었다는데 이런 사실은 어디서도, 누구에게서도 들을 수 없어요. 그러면서 아시아의 리더 일본 어쩌고 함으로써 이웃 나라들의 반감을 사고 있어요. 슬픈 일이에요. (『편지』 56면)

모또시마 발언은 분명히 나이 먹은 세대의 일본인들로 하여금 전쟁의 기억을 되씹게 하는 역할을 했으나, 그와 동시에 세대 간에 의견을 교환하는 기회도 주었다. 나가노현(長野縣)에 사는 회사원이라 밝힌 사사끼 유우지(左々木祐治)는 이렇게 써보냈다.

저는 쇼오와 34년(1959)생입니다. 고인이 된 우리 아버지는 타이쇼오(大正) 5년(1916)생이시니, 패전하던 그해에 지금의 제 나이와 같았을 것입니다.

아버지는 직업군인이셨습니다. 어려서 함께 목욕탕에 갔을 때 몸에 흉터가 여러 군데 있는 것을 보고 그 연유를 궁금해했지요. 아버지는 욕조에 몸을 담근 채로 '군대 시절의 추억'을 들려주시곤 했어요. 그러나 왜 직업군인이 되었는지, 왜 전쟁이 시작되었는지에 대해서는 제가 어렸기 때문에 설명해주지 않으려 하신 것 같았습니다.

패전하던 그해에 현재의 저와 같은 나이였던 아버지는 무엇을 생각하고 계셨을까요? 왜 직업군인이 되었는가, 왜 전쟁을 긍정하는 사고방식을 갖게 되었는가, 왜 사실대로 말하지 못하는 상황을 낳는 사회가 되어버렸는가……

아버지로서는 패전의 충격이 대단히 크셨던 모양으로, 전쟁 중의 극한체험에 관한 기억을 지워버리려고 전기충격치료법까지 시도하셨습니다.

당신의 발언과 행동으로 제게는 하나의 명제가 주어진 느낌입니다.

그것은 앞으로 저의 자식들이 제게 던질 소박한 질문에 대한 대답을 마련하는 일입니다. 1988년과 89년 사이에 아버지는 무엇을 생각하고 어떤 행동을 하셨죠? 하는 물음에 대한 답변으로서, 우선 이 편지를 써야겠다고 생각했습니다. 이제부터는 '대중에 있어서의 전쟁책임의 문제' '사실대로 말하지 못하는 상황을 만드는 일에 가담한 자의 책임의 문제'를 생각해봐야겠습니다. (『편지』 126면)

카나가와현에 사는 신문기자 세리자와 키요히또(芹澤清人)는 자식들이 더 어렸을 때 자기가 느꼈던 장래에 대한 불안을 이야기해준다.

나는 쇼오와 5년(1930)생입니다. 25세, 21세 되는 두 아들이 있습니다. 이 아이들이 중학생 고교생 또 대학생으로 성장하는 과정에서 나는 이애들이 또 군복을 입어야 하는 때가 올 것인가? 하는 불안에 문득 사로잡히기도 하고, 그런 사태를 절대 용납할 수 없지 하는 등의 생각을 여러번 했습니다.

일본 젊은이들의 장래를 생각할 때, 교과서 문제(문부성이 검열을 하고, 특히 일본의 아시아 침략에 관한 서술이 문제가 되었다)나 히노마루·키미가요에 관한 일이 아무래도 마음에 걸립니다. 특히 최근에 리크루트 의혹을 덮어버리기 위해 소비세 채택을 강행한 자민당 내각의 움직임을 보고 있으려니, 일본이 위기로 가고 있다는 생각을 하지 않을 수 없습니다. 나는 한 사람의 기자로서 천황의 죽음을 누구보다 두려워하고 있습니다. 사후에 나갈 지면은 이미 제작이 되어 있으며, 그것이 '천황 찬미' '국민총상복(國民總喪服)'을 강요하는 내용이기 때문입니다.

신문사 안에서도 많은 기자들과 인쇄현장의 종업원들이 보도태도에 의문을 갖고 주권재민의 헌법을 지킬 것을 회사 측에 요구하고 있습니다. 나는 한 언론인으로서 진실을 감추고 역사를 왜곡하는 보도는 할 수 없다는 양심을 버리고 싶지 않습니다.

나는 당신의 말을 나 자신의 생각과 함께 친구들이나 아는 사람들, 특히 신문기자 동료들과 토론하는 기회를 의식적으로 만들어가려고 합니다. '말하지 못하는 시대'가 오지 않도록 하기 위해 우리들도 최선을 다하자는 결의를 하고 있습니다.

　일본은 아직 절망할 상태는 아니다 하는 실감을 갖게 해주고, 민주주의를 발전시켜나갈 전망이 있다는 희망을 많은 국민들로 하여금 갖게 해주신 데 대해 감사드립니다. 고맙습니다. (『편지』 95면)

사이따마현의 47세 된 교사 스즈끼 케이스께(鈴木啓介)는 그 아버지 역시 교사였다.

　교사였던 제 아버지는 '성전(聖戰)'이라고 '속여서' 100여명의 학생들을 죽음에 몰아넣고, 수많은 중국인·아시아인 들을 죽게 한 것을 통한의 염(念)으로 이야기해주셨습니다. 고교 교사인 제게 평화교육의 중요성을 늘 말씀하셨습니다.

　한 교사가 그 책임의 중대성을 고백했던 것입니다. 하물며 대원수에게 책임이 없단 말이 이 세상에 통하겠습니까? 천황 일족을 이세신궁으로 낙향시키는 것이 자손들을 위하는 일이라고 생각하는데 어떨지요? (『편지』 117면)

스즈끼 씨의 기발한 제안은 천황 일가가 성스러운 조상의 땅으로 물러가 있으면 정치에 휘말려들 염려도 없어지고 일가도 평안할 것 아니냐는 것이다.

32세의 타나까 사와꼬(田中佐和子)는 후꾸오까현에서 초등학교 2학년을 맡고 있는 교사다.

사람의 목숨은 덧없는 것입니다. 천황도 오래 살고 싶겠지요. 그리고 천황의 가족들도 어떻게든지 그를 오래 살려두고 싶겠지요. 그러나 전쟁에 나가서 죽은 사람들, 원폭이나 공습을 맞아 미래를 빼앗긴 어린이들, 또한 일본군에 학살된 오끼나와의 어린이들도, 천황의 목숨과 똑같은 하나하나의 목숨입니다. 그리고 그 가족들의 생각도 지금의 천황 가족들과 똑같을 것입니다.

오늘은 2학기 종업식이었습니다. 아이들도 기다리고 기다리던 겨울방학이 마냥 기쁘기만 하여 신바람 내며 집으로들 돌아갔습니다. 틀림없이 가족들과 함께 즐거운 크리스마스와 설날을 보내겠지요. 나는 이 어린이들 중 어느 하나도 전쟁 따위에 잃고 싶지 않습니다.

추신

나는 지금 담임하고 있는 36명의 어린이들을 위해, 그리고 내년에 태어날 내 아이의 미래를 위해 이 편지를 쓰지 않고는 배길 수 없었습니다. (『편지』 86면)

24세의 토미야마 케이꼬(富山佳子)는 카고시마현의 교사이다.

며칠 전 학생이 제게 이런 질문을 했습니다. "천황이 죽으면 공휴일이 되나요?" "연하장도 보내면 안 되나요?" 나는 망설이지 않고 대답했습니다. "천황은 선생님의 가족도 친척도 아니니까, 학교

에도 오고 연하장도 마음대로 보낼 거야." (『편지』 24면)

토미야마 선생의 이 말을 들으면 틀림없이 기뻐할 익명의 중학
교 1학년생 소녀가 있다. 그녀는 '산리오'의 'Wee, White & Warm-
Hearted Li'l Chillun' 용지(일본어판 번역자 주에 의하면 일본 소녀들에게 인기
있는 편지지의 일종. 영어로 된 문구와 그림이 인쇄되어 있다 한다―옮긴이)에 이
런 말을 써보냈다.

천황이 죽는다고 연하장이 팔리지 않는다니 이상해요. 그 사람
의 친척이라면 모르지만 왜 우리까지 못 보내냐고요. 저희 아버지
도 천황과 전쟁에 관한 문제를 많이 생각하시는 분인데, 평소에 연
하장 쓰는 걸 싫어하시더니 금년엔 듬뿍 뿌리시려나봐요. (『편지』
48면)

이것은 코미찌쇼보오의 책에 활자로 옮기지 않고 사진을 찍어서
게재한 3매짜리 편지의 일부이다. 글씨가 형편없는데다 전체적으로
어지러운 느낌인데, 용지 한장은 'Li'l Chillun'이라고 인쇄된 부분이
밑으로 가게 해서 쓴 것을 나중에 발견하고는 "죄송해요. 종이를 거
꾸로 썼네요"라고 써놓는 등 이 소녀가 편지를 쓴다는 사실 자체에
흥분해서 허둥거렸음을 짐작게 한다. 아마도 이 소녀는 학교에서 듣
는 진부한 말들에 진력을 내고 좋은 점수를 못 받는 아이일 것이다.
이 소녀의 사고와 표현에는 생동감이 넘친다. "천황은 '상징'이라는
데, 어째서 우리들의 피를 사용하는지 모르겠어요. 나는 그런 데다

피를 쓰고 싶지 않아요." 마지막에 가서 소녀는 "천황은 지금까지 죽인 사람들(외국인 포함) 모두의 고통을 맛보고, 그다음에" 해놓고 그 뒤의 말은 까맣게 지워버렸다. '피를 쓴다'는 말은 수혈을 뜻할 텐데, 그 사고의 거친 면이나 그런 사고의 표현들을 지워버리지 않고는 못 배기는 충동, 이러한 것들은 그야말로 '평화와 번영을 지켜주는 인자한 늙은이'가 된 쇼오와 천황이 수십년의 노력으로도 지워버리지 못한, 그를 에워싼 논의들 속에 잠재하는 피비린내의 증거일 터이다.

카가와현(香川縣)에 사는 37세의 오자끼 마찌꼬(尾崎眞智子)는 두 아이의 어머니인데, 다른 많은 사람들과 마찬가지로 발언의 철회나 수정을 하지 말라고 시장에게 요구한다. "지지 마십시오. 지지 마십시오. 지지 마십시오." 그리고 이렇게 맹세한다.

나는 어디에도 소속돼 있지 않습니다만, 쇼오와 시대가 끝나는 때에는 붉은 스웨터를 입을까 합니다. 싸움에 니기 죽은 사람들의 핏빛입니다. (『편지』 96면)

상중에 밝은 색깔의 옷을 입는 것, 더구나 획일화가 한결 더 강화된 지금 검은색 이외의 옷을 입는다는 것은 아주 무엄한 짓이다. 아쉽게도 이런 오자끼 부인 같은 가정주부들과는 연계가 없는 듯하지만, 급진적 조직들 중에는 장례식 날 화려한 옷을 입고 풍선을 듭시다 하고 외치는 단체도 있있다.

나가꾸라 쿠미꼬(長倉くみこ)는 다소 실망스러운 이야기를 전해준다. 그녀는 자기 아이가 다니는 학교에서 같은 의견을 가진 사람들의

모임을 조직해보려는 가장 어려운 일의 하나를 시도했다.

나는 초등학교 2학년과 5학년에 다니는 아이가 있는 37세의 엄마입니다. 지난 연말에 초등학교에서 'X날'(천황의 사망일)에 조의표시를 강요하는 짓은 하지 말아달라는 요구서를 작성해 주위 사람들에게 보이고, 여덟명의 찬동을 얻어 연명으로 제출하려고 했습니다.

그뒤 찬성자 한 사람으로부터 실효성도 없고 소문만 좋지 않게 날 것 같아 빠지겠다는 전갈이 왔습니다. 그녀의 말인즉 학교 측에 찍혀서 앞으로 학부모회 활동을 하기도 어려워지리라는 것입니다.

열심히 학부모회 활동을 해온 사람의 말이라 설득력이 있었습니다. 나도 실효성이 없으리라는 각오는 하고 있었지만 싫은 것에 대해서는 싫다고 말하자, 복잡하게 생각하면 아무 일도 행동에 옮기지 못한다는 생각이었습니다. 그뒤에 또 한 사람의 찬성자가 이것으로 산휴대리교사(교사의 출산휴가 기간에 업무를 대리하는 교사―옮긴이) 노릇은 더이상 못하겠군요, 하고 말하는 소리를 듣고 좀더 신중할 필요가 있다는 생각을 했습니다.

나는 힘도 빠지고 종업식도 다가오고 해서 다음해로 미루기로 했습니다.

무기력한 가운데 X날은 와버렸고, 친구에게 전화를 걸어 최소한 시업식(始業式)에는 참석할 것인가 하는 문제를 얘기했으나, 결국 둘 다 안 가버려 무엇 하나도 행동에 옮기지 못했습니다.

나는 모또시마 씨의 발언을 생각할 때 마음 밑바닥에서부터 감동이 일어나는 것을 느낍니다. 내내 터부가 돼 있는 문제에 대해 이렇듯 꼿꼿하게 발언한 이것이야말로 용기가 아니고 무엇이겠습니까?

크리스천이라 말씀하셨는데, 마음을 확고하게 잡아주는 신앙의 힘이 이렇게 크구나 하는 생각을 합니다.

그런데 시장이라는 입장을 생각할 때 더욱 놀랍습니다.

내가 아무것도 하지 못한 점, 부끄럽기 짝이 없습니다. 그러나 이제부터라고 생각하고 있습니다.

찬성해주신 분들과 정기적으로 만나기로 했습니다. 첫번째 모임은 나흘 뒤에 있을 텐데, 어떤 모습이 될는지 모르겠습니다만 표현의 자유, 사상·신앙의 자유를 지켜갈 힘을 키우는 지역모임이 되었으면 하는 바람입니다. (『편지』 133면)

하시모또 노조무(橋本望)는 홋까이도오에서 엽서를 보내왔다.

안녕하십니까?

저는 초등학교 6학년생입니다. 사회과목에서 국민의 권리라는 것을 배웠는데, 언론과 사상은 자유다라고 했습니다. 하지만 아버지께서는 세상은 아직 그렇지 못하다고 말씀하십니다. 그런데 시장님께서는 교과서에 있는 그대로 자신이 생각하고 있는 것을 말씀하셨다고 생각합니다. 저도 시장님같이 되고 싶습니다. (『편지』 21면)

모또시마 시장은 한때 교사로 근무했는데, 그때의 제자가 보낸 편지도 있다. 54세의 사노 모리이찌로오(佐野杜一郎)는 아이찌현에 사는 회사원이다.

이렇게 불쑥 올리는 편지, 용서하시기 바랍니다. 선생님께 이런 일로 편지를 쓰게 될 줄은 상상도 해보지 못했습니다.

이번에 선생님의 천황론을 신문에서 읽고 감동하고 있습니다.

저는 그 사이 나고야로 이사했습니다. 제가 아는 한 이곳 주민들 가운데 선생님의 의견에 반대하는 사람은 아무도 없습니다.

끝으로, 선생님께서 학생들에게 가르치신 그대로 사회에서도 실행하고 계시는 것을, 30여년 전의 한 제자는 대단히 기쁘게 생각합니다. 선생님의 수업시간을 떠올리며 감회에 젖어 있습니다.

(『편지』 139면)

시장을 지지하는 사람들 중에서 나이 먹은 세대는 시장의 발언이 자기들의 고충을 대변해주었다고 생각하는 데 반해, 전후세대 지지자들은 장래에 대한 교훈을 얻었다고 생각한다. 다음의 편지는 45세된 채소장수 노무라 미즈에(野村瑞枝)의 것이다.

『아사히신문』의 '히또(人)'난에 당신이 나왔을 때, 나는 눈물을 철철 흘리면서 몇번이나 읽었습니다. 오랜만에 고귀한 마음을 만난 기쁨 때문이었습니다.

나는 지난해부터 '시민의 전쟁책임'에 관한 것을 조금씩 공부하고 있는데, 공부를 하면 할수록 시민의 책임보다는 천황의 책임이 명확해집니다.

「메릴린과 아인슈타인」(Marilyn and Einstein)이라는 영국 영화가 있는데, 이 영화 속에서 아인슈타인이 가진 시계는 8시 15분에 멈춰 있습니다. 그는 그 시계를 볼 적마다 히로시마의 처참한 광경을 생각합니다. 그러고는 메릴린(먼로)에게 매달리듯 하면서 나는 많은 아이들을 죽였어 하고 말하는 것입니다. 이런 감수성을 왜 일본인들은 가질 수 없는지 내게는 오랫동안 의문이었습니다.

최근에 내가 만나서 이야기를 나누는 사람들은 주로 가정주부들인데, 리크루트 사건, 세금, 그리고 이번의 당신 발언 등등 이제 우리들도 그냥 얌전히 들어앉아 살림이나 하는 여자는 아니게 되었습니다.

"무언가 의사표시를 해야 할 것 같은걸" "모또시마 씨에게 편지를 써야 할까봐" 하고 말하는 사람들이 있어서 나도 속으로 그래야겠다고 생각했는데, 막상 생면부지의 사람에게 편지(특히 팬레터)를 쓴다는 게 쉬운 일이 아니군요.

아무튼 당신이 일깨워주신 그 소중한 것을 우리가 실천에 옮겨야겠지요. 정말 고맙습니다. 당신은 우리에게 시장의 모습은 어떠해야 하는가를 보여주셨고, 사람이 취할 바가 어떤 것인지도 가르쳐주셨습니다. 참으로 감사합니다. (『편지』 105~06면)

또다른 40대 여성도 시장에게 편지를 쓰는 데는 일대 결심이 필요했다고 말한다. 그녀는 일찍이 연애편지를 못 써서 실연까지 당한 경험도 있다고 한다.

나는 1942년생입니다. 46년을 살아오는 동안 팬레터 같은 것은 단 한번도 쓴 일이 없습니다. 사실 나는 편지를 쓰지 못해서 첫사랑에 실패했습니다. 그러나 이번만은! 하고 붓을 잡았습니다.

물론 모또시마 씨(이렇게 불러도 될는지 모르겠으나, 이렇게 부르기로 하겠습니다)가 거듭거듭 확언하고 계시듯이 '천황에게 전쟁책임이 있다'는 것은 역사적 사실이므로, 그것을 가지고 '용기 있는 발언' 어쩌고 하며 떠들어서는 안된다고 생각합니다. 그러나 그것이 일대 충격이 되어 온 열도를 휩쓸고 일부 사람들로 하여금 비이성적이고 강압적이고 히스테리컬한 행동을 하게 만든, 이것은 오늘날 일본 상황의 반영입니다.

나는 서독의 바이츠제커(Richard von Weizsacker) 대통령이 종전 기념일에 의회에서 "모든 독일인은 과거의 역사에 책임을 져야 한다. 과거를 고치거나 부정할 수는 없다. 과거에 눈감는 자는 현재도 보지 못한다"고 했다는 말을 들었습니다.

오늘날의 이 '평화'는 결코 확고한 것이 아닙니다. 시장님이 적절하게 표현하셨듯이, 우리는 "엄청나게 쌓인 핵무기를 슬쩍 덮어놓은 보루 위에 앉아 술을 마시고 있는" 상황인 것입니다.

학교 교과서의 원폭 사진과 전쟁의 참화에 대한 서술은 '너무 잔혹한 것은 어린이들의 마음에 상처를 준다' '일본인으로서의 자부심을 잃게 한다'는 이유로 국가의 검열에 걸려 삭제되었습니다. 그 결과가 앞에서 말한 것 같은 어린이들(8월 6일, 9일, 15일이 무슨 날인지도 모르는 어린이들)을 낳는 원인들 중의 하나가 된다고 생각합니다(6일은 히로시마에, 9일은 나가사끼에 원폭이 투하된 날이며 15일은 종전기념일—옮긴이).

그리고 매스컴의 상황으로 말할 것 같으면, 1월 7일 이후로 우리가 보고 있는 그대로입니다.

자기소개가 늦었습니다만 나도 실은 출판사에 근무하는 사람입니다. 언론매체의 상황에 대해 남의 일처럼 이야기할 처지가 못 되지요. 자신의 문제로 여기고 그날그날의 일터에서 싸워나가야 할 일이지요. 여태까지도 그런 마음을 가지고 살아왔으나 노력은 크게 미치지 못했을 뿐 아니라, 역류에 휩쓸려버릴 것 같은 절망감에 사로잡히는 적도 많았습니다.

애써서 문장 쓰는 일을 게을리한 업보로 이렇게 중요한 때에 자신의 감정을 적절히 표현할 말을 찾지 못하는 것은 참으로 유감입니다.

판에 박은 소리 같습니다만, 부디 몸조심하시고 건투해주십시오. 저희가 발행하는 주간지의 1월 30일호에 의하면 모또시마 시장께서 간밤에도 너무 피곤해서 잠을 못 잤어요, 하고 몹시 지친 모습을 보이셨다는데, 마음이 아픕니다.

모또시마 시장 본인은 물론이고 가족 여러분을 위해서도 하루빨리 심신의 평안을 찾으시기를 마음으로부터 기원하고 있습니다. 나가사끼 시청과 시민 여러분을 위해서도!(『편지』 130~31면)

60세의 남성 자영업자도 따뜻한 성원을 보내왔다. 놀랍게도 그는 자민당 지지자이다.

소생, 지난 열흘 동안 시장이 진심을 표명했다는 보도기사를 읽을 때마다 눈에서 뜨거운 눈물이 솟는 충격으로 몸을 떨고는 했습니다. 마음으로부터 경의를 표합니다.

제 일생을 통해 가장 감명을 받고 존경하는 인물로 당신의 이름을 영구히 잊지 못하리라 생각하며, 손자들에게도 이야기하겠습니다.

부디 신변을 조심하시고 진실을 관철해주십시오. 가족분들께서 위험을 느끼신다면 소생의 쿄오또 집을 이용해주십시오. 생판 인연 없는 인간이라 안전하고 기밀이 보장될 것입니다. 아라시야마(嵐山) 뒤편에 노부부만 살고 있는데, 작년에 개축한 집이 2층은 텅 비어 있습니다. 제 아내도 눈물을 흘리며 시장과 가족의 안위를 염려하고 있습니다. (『편지』 64~65면)

코미찌쇼보오에서 나온 책의 마지막 장은 해외거주자 및 재일외국인들의 편지에 할애되었다. 이른바 '재일조선인'의 편지도 들어 있다. 1910년의 한일병합으로 야기된 비참한 경제적 혼란 때문에 어쩔 수 없이 일본으로 품팔러 온 조선인들과, 문자 그대로 전시의 노동력 부족을 메우기 위해 강제연행당해 와서 노예노동을 강요받았던 사람들의 자손들이다. 재일조선인은 지문을 날인해야 하고 모욕을 당하는 등 2급시민 취급을 감수해왔다. 정부 정책과 일반인들의 편견 탓이다. 모또시마 시장은 그들의 권리를 위해 단호하게 싸워온 사람인데 '발언' 이전에는 이 사실이 거의 알려져 있지 않았다. 기후현(岐阜縣)에 거주하는 51세의 전문직 종사자 변원수(원서에는 변원충 Byun Won Chung으로 되어 있는데 저자가 직접 감수한 일어판에는 변원수로 되어 있다—옮긴이)는 이렇게 썼다.

이번에 귀하가 시의회에서 행한 천황에 관한 발언에 큰 감명을 받았습니다.

오늘을 사는 인간으로서 과거를 무시하다니 말이 됩니까? 전쟁이라는 범죄를 저지른 침략국의 국민으로서 오늘, 세계를 향해 나몰라라 하는 태도를 취하는 일이 이제부터의 역사를 짊어져야 할 인간의 미래를 위해 좋을 수가 없습니다.

전쟁이 끝나자 혹은 중국에서 혹은 조선에서 군인들과 민간인들이 돌아왔습니다. 침략국의 국민으로서 그들이 어떻게 행동해왔는지 현지인들이 망각했겠습니까? 내지의 일본인들이 우리에게 취한 행동을 우리는 잊지 않고 있습니다.

외지에서 돌아온 일본인들이 천황이 전쟁의 책임을 면하는 것을 보고 짐보따리를 내려놓는 그때부터 착한 일본인으로 변신하는 것을 나는 지켜보았습니다. 침략전쟁에 강제동원된 조선인들이나 천황을 최후까지 지키기 위한 본토결전(本土決戰)에 대비한 답시고 신슈우(信州)의 마쯔시로(松代, 일본 중북부 나가노현에 있는 마을—옮긴이)로 끌려갔던 7천 내지 8천명의 조선인들은 오욕의 역사속에 묻힌 채 그 영혼들이 갈 곳 없이 떠돌고 있는데, 일본인들은 누구 하나 아는 체도 하지 않습니다. 귀하의 발언처럼 신 앞에서 신앙고백을, 인류에 대해서는 양심선언을 하는 사람에게 돌을 던지고 채찍을 휘두르는 상황인 것입니다.

귀하는 전국의 수많은 시장들 가운데 한 사람일 뿐이지만 당신에 의해 오늘 우리는 인간다운 인간을 보았다는 위안과 격려를 받습니다.

부디 꺾이지 말고 버텨주십시오. 당신을 지지하는 수효가 2천명이나 3천명만 있는 것은 아닙니다. 비록 말은 하지 못하지만 대다수 시민이 우리와 같은 마음이라는 말씀을 드리고 싶습니다. (『편지』145면)

전쟁시대를 평가하는 데 두가지 방법이 있다는 것을, 이 편지들은 보여준다. 하나는 시간적 순서를 인과관계로 바꿔놓는 그릇된 논리, '이 이후에, 그러므로 이 때문에'(post hoc, ergo porpter hoc)를 따르는 것으로, 히로시마·나가사끼 이후에, 즉 이것은 히로시마·나가사끼 때문이라는 식이다. 전쟁의 공포는 그 덕분에 오늘의 평화와 번영이 있는 것이라고 정당화된다. 이것은 옛 군인과 유족 들이 흔히 갖고 있는 견해다. 큰 희생을 치른 사람들에게 그 고난이 오늘의 번영을 갖다주었다는 화법이 호소력을 갖는 것은 이해하기 어렵지 않으나, 그와 동시에 이 논리는 천황주권과 제국부활을 꿈꾸는 우익 군국주의자들과 검열 권력을 확립하고 싶어하는 문부성 따위에 이용되고도 있는 것이다. 이런 생각의 소유자들은 쇼오와 천황에게서 결코 사죄를 기대하지 않았다. 그러나 다른 한편에는 그 사죄가 없었기 때문에 오늘의 이 번영에 먹구름이 끼어 있다고 보는 옛 군인·유족 및 노년층도 있다. 그밖에도, 주로 전쟁체험이 없는 젊은 세대이긴 한데, 후자의 견해를 따르면서 그것을 한걸음 더 발전시켜 전시 중의 억압이 전후 번영에 필수적인 질서와 조화를 확보해준, 좀더 은밀하면서 생명을 위협할 정도는 아닌 강제형식과 어느 면에서든 연계되어 있다고 생각하는 사람들이 있다.

나는 이 편지를 쓴 사람들이 책을 뛰어넘어 실제로 만날 수 있었으면 하는 바람을 버릴 수 없다. 서로가 이야기를 나눔으로써 그들의 가슴과 머리에 활력과 위안이 불어넣어진다면 얼마나 좋을까. 이름을 감추지 않고 버젓이 서명해서 편지를 보낸 사람들, 특히 교사, 언론인, 회사원, 어머니 들, 지금도 현대 일본 사회의 중견으로 활약하고 있는 사람들의 신상에 무슨 일이 있었을까? 일단 냉혹한 일상생활로 돌아서면 무모한 결심을 한 댓가를 혼자서 외롭게 치러야 했을까? 다른 어머니들과 얼굴을 대할 때 갑자기 여느 때보다 정중한 인사를 받게 되거나, 친구 사이가 갑자기 서먹해져시 술집으로 끌고 가 얼큰하게 퍼마신 뒤에야 그 까닭을 알게 되는, 그런 일이 일어나고 있을까? 그들이 서로 만날 수 있다면. 혼자서는, 더구나 흥청거리는 사회에서는, 시장과 자기 자신을 향해 이제부터 할말 하고 살겠다고 한 그 약속을 지켜나가기가 너무도 어려울 테니까. 너무 늦기 전에 지금 당장 그랬으면!

내가 어렸을 때부터 가장 따르던 어른들 가운데 한분인 나가사끼의 이모는 속은 뜨거우면서 겉으로는 그것을 내비치지 않는 지성의 소유자이다. 지금 돌이켜 생각해보니 그분은 지성을 사회적으로 표출하지 못해서 언제나 고독했고, 그래서 지성의 자가중독(自家中毒) 현상을 보이신 게 아닌가 싶다. 이모는 내가 결혼하기 전부터 또 내가 일본을 떠날 때까지 나를 무척 귀여워하셨다. 그랬던 분인 만큼 내 딸에게도 똑같은 사랑을 베풀어주실 것이기에, 나는 딸과 함께 나가사끼로 여행할 결심을 했다.

이 정도의 나들이를 여행(journey)이라고 부르다니 호들갑스럽다는 생각이 없지 않지만, 나가사끼라는 지명이 나 개인에게나 일반인들에게 환기해주는 정신적·역사적 의미를 생각할 때 그렇게 부르는 것이 어울릴 것 같다. 나가사끼는 멀리 큐우슈우 섬에 있는 현의 이름이자 현청 소재지로, 일찍이 타국과의 교역과 키리시딴 박해의 땅, 지금은 그 시장이 오직 한마디 말 때문에 붙잡힌 몸이 되어 있는 땅, 그리고 일본 고도 경제성장기의 모범적 아내인 내 이모가 병중에 계시는 도시.

내가 태어났을 때 이모는 첫 월급을 톡톡 털어서 내 흔들의자를 사주셨다. 그분은 무슨 일에나 좀 과하다 싶은 짓을 잘하셨는데, 그것은 도리어 외국영화시장의 부침에 따라 기우뚱거리던 우리 집안의 살얼음판을 걷듯 아슬아슬한 고비가 많은 생활에 환하게 밝은 빛이 되어주곤 했다. 그분은 언니인 내 어머니처럼 160센티미터도 안 되는 작은 키이고, 내가 아는 한 체중도 40킬로그램이 간신히 될 터였다. 그러나 한번 마음만 먹으면 큰 옷장이며 테이블, 책장 등을 혼자서 움직여 온통 위치를 바꿔놓으셨는데, 일본 사람들은 이모처럼 몸집에 비해 힘이 센 사람을 가리켜 '바까지까라'(ばか力, 바보 힘)라 부른다. 가구를 다 옮기고 나면 그다음에는 주름장식이 달린 모슬린 커

튼을 해달고 의자 커버들을 벗겨 빳빳하게 풀을 먹이고 못 쓰는 천에 수를 새로 놓아서 흠집투성이 테이블을 덮는 등 하루나 이틀 새에 완전히 새 방을 꾸며놓으시는 것이었다. 결혼을 앞두고는 네글리제와 파자마를 여덟벌이나 새로 맞추셨다. 그로부터 몇년 뒤 어머니와 할머니 그리고 나 이렇게 3대가 크리스마스 무렵에 감기에 걸려 나란히 드러누웠을 때, 예고도 없이 달려온 이모의 손에는 십자매가 가득 든 새장이 들려 있었다.

그분은 내 교육 담당자셨다. 예쁜 그림과 글씨로 연습문제지를 작성해주셨는데, 1학년생인 내가 날마다 학교에서 받아오는 흐릿한 등사판 숙제지를 그냥 베끼기만 한 게 아니라 손수 고심해서 만든 문제도 있었다. 영어 단어를 조금밖에 알지 못하는 나를 책을 읽을 수 있게 만드는 것이 당신의 임무라고 여기셨다. 그뿐만 아니라 내 몸가짐에도 신경을 많이 써서, 일단 겉보기로는 어엿한 집안의 아가씨 같이 만들어내셨다. 그러나 그게 겉치레뿐인 것은 한눈에 폭로되고 만다. 인종적 차이는 오관으로 금세 느끼는 법이다. 40년 가까운 세월이 지난 지금 생각하건대 이모는 내 몸가짐을 위해서도 내 공부에 쏟은 정성 못지않은 노력을 기울이신 것 같다. 역사에 의해 해석되는 생물학이 내게 지워준 불리함을 교양화로 극복해보려고 했던 것이다.

그분의 노력은 어느정도 성공을 거둬서, 나는 이웃 아이들이 나를 피하더라도 그건 내가 그들보다 우수하기 때문이라 생각했지, 혼혈아에다 폐병으로 앓아누운 어머니를 버려두고 아버지가 다른 일본 여자에게로 가버린 아비 없는 자식이기 때문이라고는 생각해보지 않았다. 아마 위치 좋은 모퉁이에 자리 잡고 근사한 정원이 있는 할머니의 집이 나의 그런 환상을 부추겼을 것이다. 거기서도 또 우리 집안에서도 나는 관심의 초점이었다. 나의 공부와 예의범절 교육은 큰이모 담당이고 그림과 음악과 놀이는 작은이모 담당이었는데, 보건위생 담당인 내 어머니는 마치 아버지의 유전자가 내 소화기관을 당신의 것과는 생판 다르게 만들어버리기라도 했다는 듯이, 내가 열 살이 되도록 물은 끓여서 먹이고 식기들도 끓는 물에 일일이 삶았다. 이 모든 일을 자비롭게 감싸준 것은 언제나 위안과 기쁨을 길어낼 수 있는 할머니의 품이었다.

이 정교하고 오묘한 세계는 낡았지만 아늑하고 기분 좋은 고가(古家)의 다섯칸 방과 옛이야기에 나오는 것 같은 할머니의 정원 속에서는 잘 유지가 되었지만, 거기서 밖으로 나가야 할 일도 생겼다. 스쿨버스를 타고 미군기지라는 또 하나의 울타리로 둘러싸인 세계로 가는 일만이 아니라 소아과, 이비인후과, 치과에 가기도 했는데, 그럴 때는 대개 할머니가 데리고 가셨다. 이럴 때 할머니는 내가 아주 보통의 일본 아이인 듯이 행동하시고, 옛날 집주인한테도 데려가시고 이모할머니(이분의 딸들은 가톨릭 신자가 되었다)가 더 고급 주택가로 이사 가기 전까지는 그 댁에도 스스럼없이 데리고 다니셨다. 할머니는 일흔다섯살쯤 되셨을 때 대상포진이라는 병에 걸리셨다. 그때 마침 나는 일본에 장기 체류 중이었기에 매일같이 피부과나 안과에 가야 하는 할머니를 모시고 다녔다. 찌는 듯 무더운 여름이었으나 할머니는 감색 모슬린으로 된 베일로 얼굴을 가리고 나가셨다. 그러고는 내게 이런 꼴을 한 사람과 같이 다니게 해서 미안해, 하고 말씀하셨다. 하지만 그 베일은 느닷없이 걸린 병 때문에 몹시 조심스러워진 할머니의 걸음새와 함께 할머니의 우아함을 한결 더 돋보이게 할 따름이었다. 게다가 할머니가 다니시는 안과는 내가 어렸을 때 다니던 이비인후과와 같은 방향에 있었으므로, 우리 두 사람은 그리운 옛날을 회상하면서 그때 그대로의 모습을 하고 있는 정원을 만나면 멈춰서서 감탄사를 연발하거나, 주차장이 되어버린 장소에서는 한숨을 쉬기도 했다.

아버지는 내가 막 2학년에 올라갔을 때 집을 나갔다. 그가 우리를 버렸는지 아니면 외할아버지가 그를 더이상 사위로 보지 않겠노라 호통을 치셨는지 지금껏 내게는 분명치 않다. 그로부터 한달쯤 뒤에 이모는 결혼식을 올리고 나가사끼로 갔다. 결혼식 때 어머니와 나는 식장에 가지 않았는데, 아마도 남의 입길에 오르내리는 게 싫어서였을 것이다.

다행히 이모부 되신 분은 나에 대한 이모의 사랑을 질투하기는커녕 도리어 좋아해주셨다. 그분은 북유럽 신화에 정통하고 상당히 박학다식했다. 기하(幾何)를 가르쳐주고, 나를 미술전람회라는 데에 처음 데리고 가준 것도 그분이었다. 그것은 1960년대 초 루브르 박물관에서 미술품을 대량으로 빌려와 개최한 전람회였는데, 이 역시 일본이 이제 국제사회에 새롭게 받아들여졌음을 보여주는 한 사건이었다. 그때 그분의 그림 해설이 어찌나 근사했던지, 등뒤에 섰던 대학생이 자기도 좀 듣게 해달래서 점심까지 같이 먹었을 정도다.

멀리 나가사끼로 가신 이모는 편지라는 형태로 내게 애정 표시를 계속했는데, 그 편지들은 할머니가 지금도 보관하고 계시다. 기념우표가 나올 때마다 그것의 최초 발행일 소인이 찍힌 편지가 왔는데,

그때마다 전통적 문양이 인쇄된 편지지에 설명을 적어 보내주셨다. 이모는 상업문화의 예쁘고 깔끔함에 현혹되지 않으셨던 것이다. 설명문에는 으레 그것을 기념하는 의미가 씌어 있었다. 예컨대 국제아동주간을 기념하는 우표에 대해서는 다른 나라에서 공부하는 어린이들, 특히 나보다 혜택받지 못한 어린이들을 잊지 말라 하셨고, 남극 탐험을 기념하는 우표에 대해서는 일본 과학자들과 함께 한떼의 충실한 일본견(日本犬)들이 거기에 참여했으며 건설된 기지 이름은 물론 '쇼오와 기지'라는 것이 씌어 있었다. 떨어져 있기 때문에 한층 더 교육적이 되신 것 같았다. "이제 곧 봄이 와서 해가 길어지니 공부하고 놀기가 좋아지겠구나. 이렇게 긴 방학이 있으니 얼마나 행복하냐. 나는 아침 여섯시 반에 라디오 강좌로 독일어 공부를 하고 있는데, 독일어 발음에는 허프, 퍼프 하는 게 많아서 강좌가 끝날 때쯤에는 심장이 지쳐버린단다. 내가 너무 과장이 심한 건지? 너도 엄마한테 말해서 같은 씨리즈의 라디오 강좌로 일본어를 배우면 어떨까? 일본어를 읽고 쓰는 건 고사하고 정확하게 말할 수 있는 외국인도 드무니까 말이야." 그러나 이모는 하품 나게 하는 진부한 설교, 잘해라, 힘내라, 절대로 져서는 안돼 하는 식의, 나 같은 아이가 부딪히기 쉬운 갖가지 유혹에 넘어가지 말라고 질타하는 설교는 결코 하지 않으셨다.

이모가 내게 교육적인 격려 이상으로 듬뿍 들려준 것은 그들 신혼살림에 대한 생생한 묘사였다. 이모부가 수박을 사왔는데 냉장고가 없어서 물속에 담가두었다가 둘이서 한꺼번에 다 먹어치우고는 뻗어버렸다는 이야기. 풍경(風磬)장수가 풍경을 하나 가득 실은 수레를 끌고 창밑을 지나가며 "풍경 사아—류!"(이모는 일부러 사투리를 그대로 옮겨놓으셨다) 하고 외치는 광경. 그 무렵에 가장 흔히 볼 수 있던 풍경은 금붕어 등의 여름 풍물을 그려넣고 유리조각들을 가늘고 긴 유리막대기에 주렁주렁 매달아놓은 것으로 '개구리 퐁당…' 어쩌고 하는 시구가 적힌 쪽지 한장이 붙어 있곤 했다. 이모 말씀인즉 이랬다. "풍경 하나가 처마 끝에 매달려 소리를 내는 건 시원하고 좋지만 수레에 가득 실린 풍경들이 일제히 흔들리며 내는 소리는 숨이 콱 막힐 지경인데, 너는 어떻게 생각하니?" 그리고 끝에는 언제나 초대의 말이 적혀 있었다. "나가사끼에 놀러 오렴. 여름 내내 있어도 돼. 엄마랑 와도 되고 친구를 데려와도 괜찮아(이모는 나의 아메리칸 스쿨 때 친구들 이름을 잘도 기억하고 계셨다). 이모부가 너희들 모두에게 요트를 태워주신대. 뱃전에 부딪치는 파도는 정말 상쾌한 기분을 일으켜준단다. 이모부는 돛단배를 만들어서 세상을 한바퀴 도는 게 꿈이란다. 그 꿈이 언제 실현될는진 모르시만 태평양에서 하는 수폭(水爆)실험은 빨리 끝났으면 좋겠어."

그리고 내 어머니와 할머니에게 보낸 편지도 있었다. 그래도 (옛날이나 지금이나) 동그스름하고 아름다운 필체로 제일 정성들여서 쓰신 것은 역시 내게 보내는 편지라고 생각되었다. (게다가 이모는 다른 사람들이 하듯이 내 이름을 외래어처럼 카따까나로 쓰는 법이 없었다.) 어른들께 보내는 편지는 대개 용건부터 적었는데, 예컨대 우리 어머니에게는, 신다 버릴 구두 있으면 한켤레 보내렴, 색은 검었으면 좋겠고 굽은 중간치라야 해, 또 할머니에게는, 빳빳한 1천엔권 석장을 주말까지 준비해주세요 하는 식이었다. 이모는 한동안 큰아들을 나가사끼대 부설유치원에 넣으려고 안간힘을 쓰셨는데, 조금이라도 도움이 될 듯싶으면 할머니가 구해준 영국제 쿠키상자와 소개장을 들고 누구라도 찾아다니셨다. 용건과 인사치레로 편지지가 빼곡히 차버려 근황을 이야기할 자리가 없었지만 그래도 이따금씩은 자상한 이야기가 씌어 있었다. 이를테면 아들의 유치원 입시 이야기도 그중 하나다. 원서를 교부받으려고 긴 줄을 서서 기다리던 일, 그러고 있는 새에 한번 낙방한 아이 어머니의 경험담을 듣고 풀이 죽었던 일. 내 이종사촌은 첫번째 시험에서 능력 테스트에는 붙었으나 뺑뺑이 돌리기식 추첨에서 떨어져버렸다.

이모는 이제 누구에게도 편지를 거의 쓰시지 않는다. 이쪽에서도 직접적으로는 편지를 드릴 수가 없어서 앞에서 말한 아들—두번째 시험으로 무사히 부설유치원에 들어간 나의 이종동생—앞으로 보내야 한다. 그는 그것을 받아 특별송달 편으로 나가사끼에 보낸다. 이모는 우편배달부가 집으로 오는 것을 싫어하신다. 신문이 집으로 배달되는 것도 싫어하시는 까닭에 모또시마에 관한 기사를 읽어보시란 말씀도 드릴 수가 없다. 극히 최근에 외할아버지가 고령인 것을 이유로 전화 통화를 할 수 있도록 하자는 합의가 이뤄졌는데, 그것도 이모와 이모부는 팩스로 하자는 것을 발신음 횟수를 이용한 암호를 쓰기로 했다. 그러나 이 암호마저 당신들 멋대로 바꿔버리기 일쑤요, 바뀐 암호는 이모부의 수첩에만 적혀 있고 할머니나 어머니는 알지도 못하는 일이 잦다. 이모가 가장 가까운 피붙이들과의 접촉까지 거부하게 되어가는 동안 이모부는 그에 대해 전혀 손을 쓰시지 않았다.

아니면 손쓰는 게 불가능했을까? 그로서는 속수무책이었을까? 자기가 하는 일에 정력을 쏟기 바빠서 이모를 사회적 존재로 되돌려놓는데 쓸 여력이 없었던가? 아니면 그건 애정의 무의식적인 보상 형태였을까?

내 사춘기의 영웅이었던 이모부는 그 시대의 많은 청년들이 그랬듯이 좌익 성향의 소유자였다. 내가 고등학교를 졸업할 무렵에는 무소속의 혁신파 도지사 미노베 료오끼찌(美濃部亮吉)를 지지하는 반공해 캠페인 '푸른 하늘' 배지를 착용하는 게 유행이어서 할머니와 어머니도 곧잘 그러고 다니셨는데, 이모부는 이들과 함께 외출할 때면 자신의 가슴에 붙은 회사 배지를 감추려고 거꾸로 뒤집어 다셨다. (도지사의 아버지 미노베 타쯔끼찌美濃部達吉는 이른바 '천황기관설 天皇機關說'로 불경죄 시비에 휘말렸던 헌법학자로 유명하다.) 1960년대 초 그 시절에는 토오꾜오에 스모그가 어찌나 심했던지 방독마스크를 착용한 경찰관 사진이 외국 신문에 게재되기도 했다.

이모부는 인생의 중요한 시기를 고도성장기에 보낸 사람인데, 그 시기는 바로 온 세계가 일본 경제를 '기적'이란 말로 표현하던 1950년대 중반부터 20년간에 걸친 기간이다. (그 당시에 그 기적과 방독마스크를 나란히 놓고 생각해보려 한 사람이 있었을까?) 이모부와 이모가 결혼한 것은 1954년이다. 1955년의 일본 GNP는 세계경제의 2~3%를 차지하는 데 불과했다. 그들은 이모부가 독신 때부터 빌려 쓰고 있던 6첩짜리(六疊, 일본 주택은 짚으로 짠 두터운 타따미를 방바닥에 까는데, 타따미 여섯장을 까는 넓이의 방을 6첩방이라 한다─옮긴이) 2층 단칸방에서 결혼생활을 시작했다. 그 방은 서향이어서 여름에는 남국의 따가운 햇살이 오후 내내 그 좁은 공간에 사정없이 들이비쳤다. 그러니 해가 진 뒤 수돗물에 채웠다 먹는 수박맛이 오죽이나 시원했을까? 그런 방에서 이모는 독일어를 공부하고 십자매를 기르고 편지를 쓰고 재봉틀을 돌려 해진 옷을 기우고 그 지방에서 나는 싸고 신선한 생선을 사다가 하나뿐인 풍로를 써서 몇가지 음식을 만들고, 유산도 몇번인가 하셨다. 이모부는 일벌레였다. 당시의 나로서는 루브르 미술관전에 가서 그림엽서를 사고 점심까지 사먹는 일이 시간과 돈이 얼마나 많이 드는 일인지 알지 못했다. 이모부는 일하고 일하고 또 일했다. 대학원에 이르기까지 줄곧 엘리뜨 교육을 받아 고도의 기술을 몸에 익힌 그는 일본의 산업과 금융의 근대화를 초기 단계부터 선도하고 실현해온 굴지의 대기업에 들어가 있었다. 물론 수입도 문제였지만 단순히 그것만을 위해서는 아니었다. 이모부는 이른바 '쇼오와 한자릿수 세대'(昭和一桁世代, one-digit Showa)에 속한다──1920년대 후반에 시작되는 쇼오와 시대의 첫 10년 동안에 태어난 세대로, 전후 일본의 부활이야말로 자기들의 두 어깨에 걸려 있다고 생각한 사람들이다.

어쨌든 그 결과 이모네는 집도 갖게 되고 두 아이와, 이모가 완전히 고독해진 시기로 접어든 뒤로는 유일한 동반자가 된 개 한마리도 갖게 되었다. 아이들의 유치원 입시 문제는 지나갔지만 나날의 생활 그 자체가 무미건조하고, 끝없는 위기였다. 이모부는 아침 일곱시에 집을 나가 새벽 두시에 귀가하는 생활을 몇년씩이나 계속했다. 그의 직장에서 사고가 생기면 이모는 병원에 가서 부상자들을 돌보셔야 했다. 이모부는 부하 직원과 정기적으로 회식을 하는 것을 의무로 여겼고 그들을 집에까지 데리고 오는 일도 많았다. 몸도 건강한 편이 아닌데다 두 아이 치다꺼리에 지친 이모는 그런 때 필사적으로 음식솜씨를 발휘하셔야만 하는 것이었다. 선거 때가 되면 회사가 지지하는 후보자의 포스터를 사원들 집 담장에 붙이는 것이 관례였다. 그런데 이모는 이것만은 단호히 반대하셨다. 꽤 많은 세월이 지난 뒤에 이모는 내게 말씀하셨다. "최소한 투표만은 내 마음대로 해야 한다고 생각했어!" 그래서 이모는 자기네 앞으로 배정된 포스터를 단골 가게에 갖다주셨다.

이러한 의사표시와 그 성공은 상징적이다. 이모와 이모부는 토오꾜오에서 이주해 간 사람들이었다. 직장에서는 이모부 같은 토오꾜오대학 출신이 아니면 승진이 안된다. 집에 계신 이모는 그런 남편의 수하에 삶의 모든 것을 맡겨버린 남자들의 아내들에게 에워싸여서 지냈다. 그래서 이모는 그 아내들의 적의를 온몸으로 느끼고 상상하고 흡입해야 했다. 어머니를 닮아 꽃 가꾸는 일에 열성인 이모는 '샤론'이라는 장미를 특히 잘 키우셨는데, 그 꽃이 피기 시작하면 이웃사람들이 꽃송이마다 교묘하게 흠집을 내기 위해 들락날락한다고 굳게 믿는 것이었다. 그래서 침입자를 감시하기 위해 엄청나게 큰 손전등을 준비해두셨다. 또 누가 엿듣는 걸 방지하기 위해 부엌의 환풍기와 라디오를 줄곧 켜놓았는데, 가족들과의 전화 통화마저 단절해놓은 터이니 엿들을 무엇이 있을 리 없었다. 우편물 배달을 끊기 전에는 봉투를 세겹으로 만들어 행여 누가 열어볼 시도를 하면 반드시흔적이 남게끔 대비하셨다. 그러다보니 집은 한여름에도 꽁꽁 닫혀있는 게 보통이었다. 창과 문짝에는 이중 삼중 잠금장치가 달렸고 그것도 점점 더 크고 단단한 것으로 바뀌어갔다. 이모는 전부터 좋아하던 생선초밥까지 전자레인지로 살균을 한 뒤에야 입에 대셨다. (나가사키의 팔팔 뛰는 생선을 그토록 좋아하시던 이모가!) 남편과 아들들은 모든 명령을 충실히 따랐다. 큰아들은 도리어 그 어머니가 정한 규칙들을 권장하기도 한다. 그는 자기 아파트 출입구에 소독조를 놓아두고 있으며, 공산주의자를 혐오하고(레이건을 지지한다) 천황을 숭배한다. 작은아들은 중학교에 다닐 때 이미 자기 어머니에게 '심리적 문제'가 있다는 생각을 하게 되었다. 그리하여 그는 자기 방에 혼자 들어앉아서 이중 작전을 세웠다. 심리학책을 탐독하는 한편 어머니가 이웃사람들과 무슨 싸움을 벌이든 나 몰라라 하는 것이었다. 이들 세 남자는 외출에서 돌아올 때면 반드시 집에서 10미터 거리에 있는 공중전화에서 집에 전화를 걸어야 했다. 그러면 이모는 그게 몇시건 간에 빗자루와 물통을 들고 대문간에 나가서 그들이 외출한 후에 생긴 쓰레기며 오물 등 일체의 비위생적인 것들을 쓸어내기 시작하시는 것이다. 이모는 점점 더 잠을 이루지 못하시게 되었다. 몸은 속에서부터 썩기 시작해 우선 이가 다 못쓰게 되었다. 가까운 치과의사한테는 가지 않았기 때문이다.

아름답고 정의감 넘치고 다재다능했던 이모. 나는 20대 중반에 그 변해버린 모습을 처음 보았을 때 분노의 눈물을 흘렸다. 그 분노는 대부분 이모 자신에 대한 것이었다. 왜 스스로, 파괴되는 대로 내버려두었는가 하고. 그때는 자각하지 못했으나 나의 그 질문은 왜 그녀가 고도 경제성장의 파트너가 되는 데 동의했는가 하는 것이었다. 마치 그녀가 뻔히 알면서 그랬다는 듯이, 혹은 또 사태를 인식하고만 있으면 주변의 많은 사람들과는 다른 삶을 생각할 수 있었으리라는 듯이. 물론 그 인식은 나보다는 그녀에게 더 먼저 왔다. 내가 대학에 입학해서 오래 만나지 못하던 사이에 이모에게서 요새는 뜨개질에 열중해 있다는 내용의 편지가 왔다. 그 무렵의 이모는 40대 초반, 그러니까 지금의 내 나이쯤 되셨으리라. 내게 이렇게 써보내셨다. "세월이 어떻게 흘러갔는지, 내가 왜 이 나이가 되었는지 모르겠다. 생각하면 등골에 식은땀이 흐르는 거야. 그 공포감을 느끼지 않고 지내는 유일한 방법은 뜨개바늘을 정신없이 놀려서 아무 생각도 일어나지 못하게 하는 거란다." 그녀의 가족인 우리는 그녀의 공포 덕분에 꽃병받침이랑 의자 등받이 또는 호화로운 테이블보 등을 선물로 받은 수혜자들이었다. 까칠한 백색의 실이 짜내는 복잡한 문양, 그것이 그렇게도 발랄하던 이모의 흔적인가.

그러나 이모의 명석함, 날카로운 통찰력은 결코 무뎌지지 않았다. 이모부가 하시는 일이 잘되어 하늘 높은 줄 모르고 솟구칠 듯이 보이던 시기에도 이모는 꿰뚫어보고 계셨다. "일본 경제의 기적이 뭐가 어쨌다는 거야? 저 사람을 보라구, 넝마조각이 다 됐지. 써먹을 만큼 써먹고 나면 내던지는 거야." 그렇게 오랫동안 꽁꽁 막힌 유아론(唯我論, solipsism)에 빠져 지내온 지금도 그녀의 정신이 이를 데 없이 너그러워지는 순간이 있다. 예고도 없이 십자매 새장을 들고 찾아오는 따위의 행동은 이제 안 하지만, 우리가 일본을 떠나게 되어 어머니와 할머니가 공항으로 전송을 나오시는 날 혼자 계실 할아버지를 보살피려 토오꾜오까지 날아오시기도 한다. 그리고 풍부한 상상력을 동원해서 가족의 역사를 누구보다 구체적이고도 생생하게 이야기해주시기도 한다. 러일전쟁에 출정하는 병사들을 전송했다는 증조할머니 이야기를 해준 것도 이모였다. 지금 이웃에 살고 계신 작은 이모가 초등학생 때 선생님 형님의 무용담을 듣고 울음보를 터뜨린 이야기도. 그 사람은 중국인 아이들을 모아 같이 놀아주는 척하다가 우리 달리기 하자, 하고 아이들을 지뢰가 깔린 곳으로 몰아넣어 살아 있는 지뢰탐지기로 삼았다는 것이다. 혹은 또 내 아버지가 디스템퍼(distemper, 강아지가 걸리는 전염병의 일종—옮긴이)에 걸린 강아지 입에다 부엌에 있던 가스버너의 호스를 쑤셔넣어 죽인 이야기도. 그럴 때마다 나는 이모가 비록 병들긴 했지만 패배하진 않았다는 생각이 드는 것이었다. 하지만 이것은 어디까지나 안타까워하는 조카의 낭만적 미화일 뿐, 이모의 무참히 부서진 모습은 부인할 길이 없다.

레이건 지지자인 이모의 큰아들이 내게 자기 어머니는 보호를 받아 마땅한 여성이고 그래왔다고 말했을 때, 나는 그에게 분노를 느꼈다. 이모를 나무라거나 이모부에게 항의하거나 하는 일이 무의미해진 지금 그들의 박살난 인생에 대해 해명할 사람은 오직 그뿐이라는 듯이. 그러자 문득 그의 젊고 고독한 얼굴이 내 망막에 떠올랐다. 미국식으로 꾸며놓은 토오꾜오의 한 레스토랑에서 에스까르고를 시켜놓고 앉아 젓가락을 달라고—어쨌든 여기는 일본이니까—사뭇 당당한 태도로 요구하고 있는 얼굴이다. 바깥세계로 통하는 출구라면 일일이 쫓아다니며 괴팍한 소리를 시끌벅적 떠들어대는 그의 목소리도 들린다. 중학생 때는 꽤나 현학적인 어조로 베르사유, 모차르트, 대영박물관등 서양 문명의 기념비들을 찬미하던 그의 편지가 성인이 되자마자 전전의 구식 문체, 국수주의적 정서의 표현이라고밖에는 생각할 수 없는 양상을 띠게 된 것이었다. 그리하여 나는 그 또한 희생자임을 인정하지 않을 수 없었다. 출생이 불공평함에 따라 정도의 차이는 클지언정 우리 모두가 희생자이듯이 말이다. 물리적 강제 때문만이 아니라 사회화를 통해서도 우리는 희생자인 것이다. 내 이종사촌들이나 그들 부모 못지않게 고지식한 나는 그들이 바란 인생은 저런 것이 아니었을 것이다, 아니 그들은 적어도 저렇지는 않은 인생을 원했어야 하며 그렇게 행동했어야 한다고 믿고 있다. 이 말은 그런 희생은 어느정도 합의에 의해 이루어진 것이라는 뜻이기도 하다. 그렇다면 도대체 몇살 때부터, 어떤 상황에서 이루어진 합의였을까? 역사의 어떤 순간에도 평화와 질서를 지닌 듯 보이는 사회는 특이한 옷차림 또는 단식투쟁 혹은 논쟁의 와중에 있는 자치단체장에게 편지를 보내는 등의 비폭력적 이견 표출에 대해서도 갖가지 형벌을 가하는 것이다.

신깐센은 큐우슈우 오지까지는 들어가지 않는다. 섬의 현관 격인 도시, 도기인형으로 예부터 유명한 하까따(博多)가 종점이다. 거기서 나가사끼까지 가는 열차는 들쭉날쭉한 해안선을 따라 이모부가 사랑하는 멋진 바다 풍경을 보여준다. 17년 만에 다시 보는데도 그렇게 많이 변하지는 않았다. 이모부가 역까지 마중을 나와 택시로 태워다주신다. 불과 며칠 전에 정년퇴직을 하셨단다. 일본의 부부들이 흔히 그렇듯이 이모부도 일 때문에 별거를 하다가 4년 만에 집으로 들어오셨다.

이모부는 예의 그 공중전화에서 전화를 거셨고, 이모는 깜깜한 가운데 빗자루와 물통을 든 채 우리를 맞으신다. 우리가 들 잠자리는 미리 마련되어 있었는데, 빳빳하게 풀먹인 시트는 무더위에 지친 우리에게 참으로 상쾌한 느낌을 주었다. 수를 놓은 베갯잇은 아름다움에 대한 의욕마저 잃어버린 이모가 만들다 내동댕이쳐둔 것을 이모부가 완성하신 거란다. 창을 열 수 없어 밤새도록 켜놓는 에어컨 소리를 자장가 삼아 우리는 참으로 편한 잠을 잤다.

이튿날 아침 미처 날이 밝기도 천인데 이모가 일어나 움직이는 소리가 들려왔다. 내가 아래층으로 내려갔을 때 이모는 이미 지쳐서 방바닥에 웅크리고 앉아 텔레비전 뉴스를 켜놓은 채 깜박깜박 졸고 계셨다. 그래도 원폭 기념공원과 기념관에 동행해달라는 내 요구에 응해주셨다. 이모부가 나를 처음 그곳에 데려가주신 것은 내가 처음으로 일본을 떠나기 직전이었다. 이번에는 내가 나의 딸에게 보여주고 싶다.

이모부가 택시를 불러주셨다. 택시가 금방 와서 타고 (이모부 혼자 집에 남겨두고) 떠났는데, 차 안의 온도가 바깥 날씨나 마찬가지였다. 에어컨 좀 세게 트세요, 하고 몇번이나 이모가 주문을 하신다. 나는 걱정스러워지기 시작한다. 이모의 세계에서는 의미 없는 것, 다시 말해서 근거 없이 일어나는 일이란 존재하지 않는다는 것을 나는 오랜 경험으로 알고 있었다. 그렇기 때문에 나는 이모가 멋대로 갖다 붙일 의미가 아닌 다른 의미를 얼른 갖다대지 않으면 안된다. 그래서 나는 운전사에게 말했다. "하루 종일 에어컨 바람을 쐬며 지내는 것도 고역이죠?" 운전사도 눈치는 있었다. "그럼요. 그래서 빈 차로 다닐 땐 꺼놓는다구요." 이모는 마음을 가라앉히신다. 불만스럽긴 하지만 운전사가 적어도 부단히 자기를 괴롭히려는 음모에 가담한 사람은 아닌 것 같기 때문이다.

원폭기념관에서 내가 놀란 것은 인간의 수난을 말해주는 사진이나 설명보다는 폭격을 받으면 온갖 물건들이 녹고 휘어지고 한다는 것을 보여주는 쪽에 전시의 비중이 더 놓여 있다는 사실이다. 10대에 여기 왔을 때는 일본어와 영어로 된 안내문에 차이가 있다는 것을 내가 일본어를 잘하지 못했는데도 알 수가 있었다. 일본어 설명이 훨씬 상세한 거야 그렇다 치더라도, 가장 소름끼치는 장면에 대한 구체적인 설명이 영어 안내문에는 으레 생략된 것을 이해할 수 없었다. 지금은 고치고 충실해졌으려니 했는데 여전하다. 도중에 이모가 물으신다. "기분 나쁘지 않아? 난 그래." 그러면서도 내 열성에 등을 떠밀려 끝까지 따라다니시긴 한다. 일본이 아시아 침략전쟁을 일으켰다는 맥락 속에서 원폭을 보려는 새로운 움직임이 일어나고 있다는 이야기를 최근에 들었기에 그런 징조가 나타나 있는지 보고 싶었다. 그러나 전연 없다. 직접적으로 엄청나게 피해를 당한 도시인 만큼 그런 관점을 받아들이기는 어려울 거야, 하고 나는 스스로 타이른다. 나는 막연한 실망감을 품은 채 이모를 냉방이 잘된 로비에 남겨두고 딸애와 함께 평화공원을 보러 뙤약볕 속으로 나선다. 공원은 나가사끼시의 초록빛 숲이 우거진 언덕 위 꼭 알맞은 위치에 있으나, 으레 '구름 한점 없이 무더운 날'이라고 표현되는 그날보다 열흘이 앞선 날 오후의 햇볕은 우리의 감각을 몽땅 마비시킨다. 공원 끝까지 기계적으로 걸음을 옮겨서 비탈길을 내려가면 매점—기념품가게?—이 있다. 오끼나와의 위령탑 히메유리의 가게에는 폭탄 모형의 연필꽂이가 있었는데, 버섯구름 모형이 이곳에는 없다. 피폭자들이 만들었다는 물품들이 있는데 수익금의 일부는 그들을 위해 쓰인다. 볼 만한 책이랑 자료들, 영어로 된 책자도 있다. 그러나 비극과 돈벌이의 만남을 보는 일은 당혹스럽다. 나는 아직 히로시마에 가보지 않았으나 거기서는 원폭 유산(遺産)의 관광화가 훨씬 급속하게 진행되고 있다고 한다. 그런 과정을 밟는 것은 불가피해 보인다. 히로시마는 "세계에서 종교적 색채가 없는 유일한 성지"라고 한 시청 간부는 말했다.[17] 시에서는 지금 원폭이 폭발한 높이만큼의 평화탑(Peace Tower) 건설을 계획 중이다.

이모 계신 데로 돌아가니 이모는 우리가 유괴되지 않았나 안절부절 못하고 계신다. 이래저래 안도의 한숨을 내쉰 우리는 냉방이 잘된 택시를 타고 귀로에 오른다.

'언론자유 쟁취를 위한 나가사끼 시민의 모임'(이하 시민의 모임)의 발단은 모또시마 시장의 발언 다음날 밤의 한 술자리로 거슬러올라간다. 그 자리에 모인 네 사람은 반핵·반군수산업운동을 해온 역전의 투사들로서, 보수파인 시장에게 호감을 가졌을 리 없는 인사들이었다. 그러나 시장의 발언을 듣고 흥분한 그들은 몇차의 술집 순회 끝에 시장 공관으로 전화를 걸었다. 직접 전화를 받는다는 소문 그대로 시장이 직접 나왔다. 같이 한잔 합시다, 하니까 안돼요, 경비가 심해서, 하는 대답이다. "거 안됐군요. 그럼 우리가 쳐들어갈까요?" "안돼요, 그건 더욱 곤란해요." 하는 수 없이 그들은 시장과의 만남을 단념했다. 그러나 그날 밤의 뜨거운 논의는 또다른 모임으로 이어져서,

무언가 가시적이고 공개적인 형태로 '모또시마를 홀로 세워두지 않아야'겠다는 인식이 형성되었다.

시민의 모임이 일정한 형태를 갖기 시작할 때의 회원들 생각은, 이렇게 뜻을 같이하는 사람들이 모이는 것은 언론자유를 지키기 위해서라는 것이었다. 그러나 곧 그들은 도대체 나가사끼에 지킬 만한 언론자유가 있느냐, 이제부터 쟁취해야 하는 것 아니냐 하는 생각을 갖게 되었다. 이런 인식을 바탕으로 그들은 성명서 초안을 만들어 서명을 받기로 했다. 이 성명서는 우선 시장의 발언은 역사적 사실을 근거로 한 합리적인 주장이며, 시장에 대한 협박이나 압력은 언론과 사상의 자유를 압살하려는 시도라고 못 박은 다음 이렇게 계속된다.

우리는 전쟁을 일으켜 아시아 사람들에게 헤아릴 수 없는 공포와 참화를 강요한 나라의 국민으로서, 국제사회에서 세계 인민들로부터 신뢰를 받기 위해서는 침략의 역사들 검허하게 반성하고 천황제와 천황의 책임에 대해 자유롭고 광범위한 논의를 일으켜야 할 책임을 가졌다고 생각합니다. 민주주의 사회에서는 어떠한 터부도 용납될 수 없기 때문입니다. (「모또시마 발언과 언론의 자유에 관한 시민들의 성명」)

12월 15일 모또시마 발언이 있은 지 8일째부터 22일까지의 일주일간 시민의 모임은 전국에서 13,783명의 서명을 받아냈다. 최초의 반응은 전화를 통해서 오오사까로부터 왔다. 오끼나와와 히로시마의 시민들은 서명기간 내내 고무적인 반응을 보여주었다. 2, 3개월 사이에 서명인원은 37만명으로 불어나고 수없이 많은 편지와 상당액의 기부금이 몰려들었다. 이에 자극을 받아 반대파도 서명받기를 시작했으나 수적으로 지지파에 압도돼버렸다. 가두방송과 협박질은 무법천지로 계속되었다.

시민의 모임 회원들이 맨 먼저 서명을 받으러 찾아간 것은 이웃사람도 평화운동단체나 노동단체도 아닌 가까운 친구와 동료들, 다시 말해서 신뢰할 수 있는 개인들이었다. 처음부터 대단한 호응이 있었음에도 불구하고 그들은 2월로 접어들기까지 서명을 받으러 가두로 나가지 않았다. 처음 가두로 나선 사람들은 겁에 질려서 근처에 공중전화가 있는지부터 확인하고 (긴급전화 110을 걸기 위한) 10엔짜리 동전을 한움큼씩 준비했으며(110번을 거는 데는 동전이 필요없다는 사실을 잊어버리고), 여차하면 달아나기 편하게 운동화를 신었다. 그런데 막상 시작하고 보니 그런 염려들이 모두 기우였다는 것과, 사람들의 지지를 직접 접함으로써 자기들이 생각했던 만큼 고립되거나 특별한 (비일본적인) 소수파가 아니라는 사실을 알게 되었다. 그러나 한편으로 개인적으로 서명을 부탁하는 경우에도 망설이는 사람이 있음도 알게 되었다. 가령 원자력발전 반대 청원을 할 때는 서명용지를 몇장 더 주면 자기가 받아주겠다는 사람이 있었는데, 이번엔 그런 경우가 없었다. 자발적인 사람은 오히려 나가사끼가 아닌 타지방 사람들이었다. 그리고 '천황제'나 '천황의 전쟁책임'보다는 '언론자유'를 토대로 호소하는 편이 서명받기에 편했다.[18]

내가 만날 수 있었던 시민의 모임 회원들은 교사, 트럭 운전사와 그 아내, 경제학자, 프랑스근대사 연구자, 고교생, 그리고 부라꾸민

해방운동의 투사 등이다. 원래는 모두가 모또시마의 시정을 비판하던 사람들이었다. 시장에 대한 그들의 종전의 평가는 '대규모 군수기업의 호주머니 속에 든 도시를 관리하는 그렇고 그런 정치인'일 뿐이었다. 그는 나가사끼를 비핵 도시로 선언하지도 않았고 핵무기의 제조·보유·반입을 거부하는 이른바 비핵3원칙도 채택 못하지 않았는가, 하고 비난했다. 하지만 1988년 12월 7일 이후에 그들은 시장에 대한 평가를 수정해야만 했다.

나는 이들에게 왜 모임에 참가하게 되었느냐고 물었다. 트럭 운전사의 아내는 아니라고 말할 수 있는 사람이 되기 위해서라고 대답했다. 그녀가 반전을 위한 연좌시위에 가담한 것은 고교 때 오끼나와를 여행한 직후의 일인데, 그 여행의 인솔자였던 선생도 시민의 모임 회원이다. 그녀의 남편은 미국의 대규모 해군기지가 있는 사세보(佐世保)에서 자랐다. 재즈를 좋아해서 미군을 상대하는 클럽엘 자주 드나들었다. 베드남전쟁 중의 어느닐 밤, 일본인 클립주인이 술을 마시고 있는 흑인병사들을 향해 소리를 질렀다. "이 한심한 놈들아, 너희는 백인들의 총알받이로 이용되고 있다는 걸 모르나?" 이 한마디가 트럭 운전사에게는 새로운 교육의 시작이었다. 그는 미국 인권운동의 역사를 나보다 더 잘 알고 있다. 고등학생이 이 모임에 참가한 이유는, 학교에서는 전쟁 전의 교육에 대해 아무것도 가르쳐주지 않을 뿐 아니라 지금의 학교체제 안에서는 학생이 자기 생각을 표현할 기회가 없다는 것을 깨달았기 때문이라 한다. 그 학생은 규칙으로 옭아맨 학교 생활에 숨이 막힐 지경이지만 천황에 대해서는 별로 생각해보지 않았다. 그의 부모님은 천황을 존경해야 하는 인물로 생각한다.

프랑스근대사를 연구하는 회원의 대답인즉, 일본의 자본주의는 여전히 천황제를 필요로 하는데다 일본에는 시민이라는 개념이 전연 없으며, 그렇기 때문에 지금이라도 유치한 그 입지나마 확고하게 디디고 서서 기본적 자유를 지켜내는 일이 절대적으로 필요하다는 것이다. 경제학자는 원폭을 체험한 사람이다. 피폭자는 자신을 희생자 중의 하나로만 볼 것이 아니라 자기 세계관 속에 일본의 침략의 역사를 집어넣어야 한다고 일찍부터 주장해왔다. 시장과는 오래전부터 친하게 지낸 사이로, 그를 존경하고 있다는 점에서 이 모임에서는 예외적인 존재다.

다른 시민그룹과 함께 쓰는 사무실에 회원들이 끊임없이 들락날락한다. 시끌벅적 떠들면서 장부를 기입하는 사람, 편지의 답장을 쓰는 사람, 갓 인쇄돼 나온 팸플릿을 발송하는 사람 등 제각기 맡은 일에 열심이다. 코미찌쇼보오에서 나온 책 속의 한 편지가 논쟁거리가 되었다는 이야기를 언뜻·들었기에 그에 대한 의견을 물어본다. 문제의 편지는 공산당 계열의 한 전직 교사가 쓴 것으로, 그의 언론자유가 부라꾸해방동맹(部落解放同盟)에 의해 침해되었다는 경위가 적혀 있다. 이 동맹은 조상의 직업 때문에 천민시되어온 일본인의 한 집단(인구의 약 1~3%)을 위해 싸우는 대중조직의 하나이다. 부라꾸민을 천대하는 근거가 된 직업이란 대개 가축의 고기(도살 또는 가죽가공 등)나 사람의 죽음(처형 또는 시신 다루기)에 관계되는 것으로 부정한 일로 생각되었는데, 불교의 살생계(殺生戒)를 범한 때문이라고 설명하기도 한다. 이들은 지금까지도 사실상의 게토(ghetto, 본래 강제격리 유대인 거주지역을 가리켰으나 현재는 슬럼가와 동의어로도 쓰인다—

옮긴이) 생활을 하고 있으며, 인종적으로나 민족적으로 전혀 다른 점이 없음에도 불구하고 다른 곳으로 이주하거나 다른 일본인과 결혼을 하면 말할 수 없는 불안과 고통을 겪게 되어 있다. 오싹하게 만드는 차별이 집요하게 이어지고 있기 때문에 해방동맹의 활동가들은 규탄이라 부르는 전술을 개발해서 펼치고 있는데, 부라꾸 차별주의자라고 지목된 사람을 납치해놓고 장시간 대결집회(對決集會)로 혼뜨검을 내는 극단적인 형태의 전술이다. 이른바 주류 언론매체나 학자들의 세계에서도 그들의 이런 활동에 대해 언급하지 않는다. 단지 언급하는 것만으로도 차별주의자로 간주되어 규탄을 자초하지 않을까 전전긍긍하는 것이다. 부라꾸 문제에 대한 이 터부는 황실에 대한 비판적 논의를 봉쇄하고 있는 이른바 '국화의 터부'와 곧잘 비교되어왔다. 이런 까닭에 하라다 나오오가 반론이 있을 것을 각오하고 이 전직 교사의 편지를 채택한 것은 아주 적절한 결단이었던 것이다. 이 전직 교사는 편지 속에서 지기기 모모시미 시장을 지지하는 깃은 부라꾸해방동맹의 규탄을 받은 경험이 있기 때문이라고 말한다. 하지만 지금 시민의 모임 지도자 가운데 한 사람은 코미찌쇼보오가 이 편지를 채택한 것은 잘못이었다고 내게 그 이유를 누누이 설명한다. 바야흐로 나는 곪아터진 과오와 서로 어긋나는 치료법들이 뒤범벅이 된 또 하나의 수렁에 다다른 느낌이다. 별 도리 없이 가만히 앉아 작은 냉장고에서 꺼내다주는 보리차나 마시고 있어야지 ── 보리차는 언제나 상쾌한 느낌을 주는 일본의 여름 음료다.

이모와 이모부가 이렇게 환대해주실 줄은 정말 몰랐다. 애당초 시장을 만나러 나가사끼에 간다는 소식을 전할 때는 이모에게 부담이 될까봐 호텔에 묵을 생각이었다. 그런데 이모는 금세 편지를 보내서 자기 집으로 출두하라는 명령을 내리셨다. 큐우슈우에는 '정체불명 분자'들이 설쳐대는데, 너희를 유괴해 북조선으로 보내버릴지 모른다는 것이었다. 우리들의 방문 시기도 이상적이라 할 수는 없었다. 이모는 할머니를 닮아선지 더울 때는 늘 건강이 안 좋으셨다. 그럼에도 이모는 요즘 아무리 말려도 듣지 않고 열그루도 넘는 무궁화나무의 꽃을 해질녘에는 모조리 따버리신다. 그래야 이튿날 아침에 산뜻한 새 꽃만 즐길 수가 있다는 것이다. 게다가 이모부가 나가사끼의 집으로 돌아온 직후여서 두분 다 지쳐 계실 게 틀림없었다. 그런데도 두분은 너무도 자애롭고도 각별하게 따뜻한 정성을 쏟아주신다. 집에서 전화를 걸고 받을 수도 있게 허락해주신다. 그래서 나는 감히 시민의 모임 팸플릿 한권을 이모께 드린다.

　몇해 만에 처음으로 이모부로부터 긴 이야기를 듣게 된다. 그는 옛날이나 지금이나 자기 생각을 주장하는 타입으로, 풍부한 지식과 경험에서 얻은 통찰로 그 주장을 뒷받침하려 한다. 그리고 내 기억 속에 있는 모습 그대로 물 흐르듯 흘러나오는 지식에 일정한 매듭을 짓듯 이따금 통쾌한 웃음을 터뜨리신다. 그래도 나는 옛날에 그랬던 것처럼 그의 결론보다는 그가 당연시하는 전제에 반론을 제기하고 싶어진다. 하지만 역시 옛날에 그랬듯이 아무 말도 하지 않는다. 내가 일곱살 때부터 귀여워해준 이 지적인 사람이 평생을 바쳐 쌓은 철학에, 실례가 되지 않게 도전할 방도를 나는 알지 못한다. 이모부는 막 60대에 접어들었다. 그 나이에 은퇴라니 어이가 없지만 어쩔 수 없이 회고적으로 되어가는 조짐을 느낄 수 있다.

어쩌면 나는 이분을 내내 오해해왔는지 모를 일이다. 돌이켜 생각하니 그는 이미 30대 후반부터 나이 들고 의젓한 사람의 확신을 가지고 이야기를 했던 것 같다. 그는 나가사끼에서 고도 경제성장기의 빛나는 고조기에 공헌했을 뿐 아니라 그것이 퇴조한 후의 뒤처리, 다시 말해서 사그라지는 번영의 비극적 영향에 대한 대책을 마련하는 데도 고심해야 하는, 그런 역사적 시대에 살았다. 내가 나가사끼에 간 목적에 대해서 그는 한마디도 하지 않는다. 딱 한번 이 얘기 저 얘기 두서없이 주고받는 중에 잘했어 그 사람, 결국에는, 하는 말을 비치신다. 나는 시장이 택한 진로가 이모부의 경력을 지배해온 논리로 볼 때 전혀 말도 안되는 것인 줄 알기에, 그 말을 들으면서도 그냥 고개만 끄덕이고 있다. 또 한번은 베란다에 서서 끊임없는 태풍과 산사태의 재앙을 당하면서도 산중턱을 깎아 집들을 다닥다닥 지어놓은 광경을 바라보며 중얼거리시는 것이다. "나는 늘 자문해본단다. 인류는 스스로 멸망을 향해 달려가고 있는 게 아닌가, 멀지 않은 장래에." 그러고 보면 내가 옛날부터 그에게서 느끼던 나이에 걸맞지 않게 자신만만하던 태도는 너무 일찍 느낀 실망과 소외감에 대한 일종의 해독제였던가? 여기에도 역시 전쟁의 그림자가 드리워 있다. 이모부와 그 가족은 1945년 3월의 대공습 중에도 토오꾜오를 떠나지 않았고 패전도 거기서 맞이했다. 그는 혼란의 와중에 내몰린 사람들 사이에서 갑자기 나타나는 친밀감을 경험했고, 정상화될 기미가 보임과 동시에 그것이 재빨리 사라지는 것 또한 경험했다. 이모부는 마을의 지도적 위치에 있는 사람의 아들인 까닭에 줄곧 이 일 저 일에 불려다녀야 했는데, 특히 잊을 수 없는 경험은 하루에 41구의 시체를 태워서 유족들을 찾아다니며 그 재를 전달한 일이었다. 사람 하나를 태우는 데 걸리는 시간이 얼마나 되는지 넌 모를 거야, 하고 이모부는 말씀하셨다. "열일곱살 나이에 41구의 시체를 태우고 나면 인생관이 달라진단다."

이모는 이모대로 그녀의 인생을 일관되게 이야기해주는 물건 하나를 꺼내놓으신다. 35년 전 작은할아버지(할머니댁 맞은편에 살고 계신 분)에게서 결혼선물로 받은 다리미이다. 이모는 내가 시장을 만나러 갈 때 입고 갈 옷을 이것으로 다렸으면 하신다. 무게가 최소한 2킬로그램은 될 것이다. 무거워서 다리기도 힘들뿐더러 뾰족한 끝부분의 각도에 따라서는 접속부에서 불꽃이 튄다. 이제 그만 새로 장만하세요, 하고 권해보는 것은 이모에게 반론하는 기쁨을 드리기 위해서일 뿐이다. 아니나 다를까 펄쩍 뛰신다. "무슨 소리야. 무거우니까 잘 다려지는 게야." 측은할 정도로 왜소해진 이모지만 팔뚝만은 놀랍게 건장하다. 역시 그 '바보 힘'인가. "너 그 옷 입고 갈 거니? 난 싫다얘. 낡고 빛이 바랬잖니? 더 나은 것 없어?" "없어요. 난 이게 편하고 좋은걸요." "그럼 풀이라도 좀 빳빳하게 먹이자꾸나." (내가 아는 한 어머니도 이모도 스프레이식 풀을 쓰시지 않는다. 이모가 선물로 주신 내 잠옷은 여름을 세번이나 지나는 동안 미국 세탁기와 건조기에 시달렸건만 그래도 여전히 풀기가 남아 있다.)

1989년 7월 하순, 그날의 나가사끼 시청은 그전의 8개월여 동안에 비하면 꽤나 평온한 편이다. 까닭인즉 이 지방의 한 병원 원장이 시장에게 실탄과 함께 천황 장례식에 참석하면 죽이겠다, 사임하지 않으면 죽이겠다는 협박편지를 몇번씩 보낸 혐의로 체포된 때문이다. 이 남자는 시장과 개인적으로 아는 사람이다. 그러나 시장실 밖에는 여전히 사복경찰관 두 사람이 지키고 있다. 앞으로도 당분간 그럴 것이다.

대기실에는 나가사끼 공예품이 여러가지 전시돼 있다. 일본이 이른바 국제화의 물결을 타기 시작한 지금, 나가사끼는 적어도 그 역사적 선두주자로 자부할 자격이 있다. 이 나라가 3세기 동안 외국인에게 문을 닫고 있을 동안에도 이곳에는 제한된 숫자나마 포르투갈과 네덜란드 상인들이 계속 머물러 있었다. 실제로 포르투갈 예수회 수도사들은 16세기 후반에 항구를 개설하고 또 그럼으로써 도시 자체를 건설하는 데 크게 기여했다. 나가사끼는 이들 포르투갈과 네덜란드의 무역상이나 선교사뿐 아니라 중국인의 왕래에 의해서도 급속히 번창해갔다. 나비부인이 핀커튼(Pinkerton, 뿌끼니 G. Puccini의 오페라 「나비부인」에 나오는 주인공. 미국 해군장교—옮긴이)이 탄 배를 눈물 속에서 전송하기 훨씬 전부터 세계화, 외래화돼 있었던 곳이다. 그 이국정취의 상당 부분은 기독교에 호의적이던 정책이 17세기 초에 와서 가혹한 탄압으로 바뀐 뒤의 어두운 수난의 그림자에 기원을 두고 있다. 나가사끼에서는 많은 사람들이 배교도 하지 않고 순교의 길도 선택하지 않은 채 사람의 눈을 피해가며 신앙을 지키고, 그것이 자자손손 이어져서 독특한 형태의 기독교를 탄생시켰다. 이들은 '숨은 키리시딴'이라 불리는데, 모또시마 시장은 바로 그런 집안 출신이다. 또 하나 특기할 일은, 시장이 피폭 40주년 기념식 때 지적한 바와 같이 부라꾸민들이 사람 못 살 불모지로 쫓겨가서 키리시딴을 염탐하는 임무를 떠맡게 된 사실이다.[19] 이것은 소수파의 공동전선 구축을 방해하는 작전이었다. 이것만으로도 시장이 차별과 군국주의 문제가 연결되어 있다는 사실을 꿰뚫어보고 있음을 알 수 있다. 그의 1988년 발언이 우연이 아니었다는 생각이 점점 더 강해진다.

직접 대면한 모또시마 히또시는 작은 몸집에 걸음도 사뿐사뿐 걷고, 말투는 어눌하면서도 호감이 간다. 그는 우선 『레 망다랭』(Les Mandarins, 1954년 발표한 씨몬 드 보부아르의 장편—옮긴이)에 대한 언급으로 말문을 연다. "그 대목을 기억하시죠? 싸르트르와 보부아르가 원폭에 대한 사실을 처음 알게 되는 장면요." 신문들은 대문짝만하게 승리를 보도하고 있는데 보부아르의 작중인물들은 사망자의 숫자에 전율을 느낀다. "상대가 독일이라면, 백인이라면 그럴 수 있었을까? 황인종이야! 그들은 황인종을 증오하는 거야!"[20] 그때 시장에게 들려주었어야 하는걸, 하고 아쉽게 생각되는 이야기를 나는 그후에 아프리카계 미국인 친구한테서 들었다. 그 친구는 그때 다른 친구와 함께 뉴욕의 지하철 안에 있었는데, 원폭투하 소식이 실린 신문을 보고 그들 역시 비슷한 반응을 보였다는 것이다. 나는 어떤 정치적 견해를 가졌는지 알지 못하는 전후세대 미국인을 앞에 놓고 원폭 이야기를 꺼낼 실마리로 『레 망다랭』을 선택한 시장의 그 명민함에 감탄한다. 내가 알기로 그는 다른 상황에서도, 즉 일본의 침략을 거론하는 자리에서도 세계에는 원폭투하 소식을 듣고 박수를 친 사람도 있다고 말한 바 있다.

그가 화두로 삼은 또 하나의 주제는 우노(宇野宗佑) 수상의 여자 스캔들이다. 일본 여성들은 이 일을 두고 어떤 점을 가장 기분 나쁘게 생각하는지 아십니까, 하고 묻는다. 내가 뭐라고 주워섬기기 시작하자 그는 무슨 이야기든 열마디 미만으로 줄여서 말하는 데 이력이 난 사람처럼 내 말을 가로막고는 이렇게 얘기한다. "돈이에요. 우노가 만일 상대한 여자에게 돈을 주지 않았다면 여자들이 그렇게 화내지는 않았을 거예요." 일반적으로 말해서 여성 문제는 자민당의 뜨거운 시험대라고 그는 확신하고 있다. 한달 전 어떤 여성 의원이 시에서 주최하는 미인선발대회는 연령과 결혼을 기준으로 여성을 차별하는 것 아니냐고 힐난하자 시장은 공감을 표명했다.

그는 우리—나와 조수 한 사람—를 자신의 집무실로 안내한다. 탁자 위와 마룻바닥에는 요즘 그가 읽고 있는 책들이 가득 쌓여 있다. 대개는 천황제에 관한 책이다. 최근에도 죽음에 관한 책들 속에 묻혀 지냈는데 이따위들만 읽고 있어야 하다니, 하고 불평했다는 소리를 신문에서 읽은 기억이 난다.[21] 비로소 니도 그와 가까운 화세 하나를 입에 올렸다.

용의자가 체포되었다니 이제 마음이 좀 놓이시나요, 하고 묻는다.

—지긋지긋해요. 어린이들은 장차 커서 해야 할 일을 배우기 위해 공부하는 것 아닙니까? 내가 지금 공부해야 할 것은 어떻게 죽느냐 하는 겁니다.

언제부터 죽음 문제에 관심을?

—한참 됐어요.

한참이라면?

—나는 1922년생이오. 생각해야 할 나이지요.

그는 읽고 있는 책들의 저자 이름을 주르르 꿰고 나서, 그 가운데
한 사람에 대해서는 프로테스탄트라고 주석을 단다. 무엇이든 암기
해버리는 초등학생 때부터의 버릇 덕분에 그의 머릿속은 흥미있는
테마를 다룬 무수한 책의 일람표를 비롯해 몇천행의 시구, 역대 중
국의 왕조 이름들, 그리고 무슨 서(書) 몇장 몇절 하는 성경 구절들로
꽉꽉 차 있는 듯하다.

—미국 의학은 그 방면에서 꽤 앞서 있는 것 같더군요. 궁극적으
로는 이것이 의학의 문제, 글쎄 의학이라고 표현할 수 있을지 모르
겠지만, 21세기에 가면 사람들이 희망을 가지고 죽을 수 있을 것인가
하는 문제로 되지 않겠소?

희망이란 어떤 의미인가요?

—아, 나는 태어날 때부터 가톨릭신자였어요. 바로 어제도 아우슈
비츠전(展)을 봤어요. 왜 인간들은 전쟁을 하는가? 무엇 때문에 짐승
보다 잔인한 살육을 하는가? 왜 젊은이들은 죽어야 하며, 그들을 죽
게 한 책임은 누가 져야 하는가? 삶이라는 은총을 받아서 태어난 젊
은이들이 그것을 펼쳐보지도 못한 채 죽어가는 이건 도대체 무엇이
냐? 나는 이런 문제들을 생각할 때 천지만물을 다스리시고 인간을
심판하시는 신의 존재를 의식하지 않을 수 없어요. 그리고 신으로부

터 서로 사랑할 것과 이방인을 존중할 것을 명령받고 있다는 것을 말입니다.

그런 신앙이 시장님의 생각을 계속 뒷받침해왔습니까?

—그렇겠죠. 나는 2월 1일생인데 바로 그날 세례를 받았습니다. 그런데 출생신고를 할 생각을 아무도 하지 않아서 2월 20일이 되어서야 촌 사무소에 했다고 해요. 그래서 이날이 나의 공식적인 생년월일로 되어 있지요. 나는 곧잘 이렇게 말하죠. 나는 태어나기도 전에 세례를 받았다고 말입니다.

죽음의 문제로 돌아갈까요? 일본에서는 아직도 암환자에게 병명을 알려주지 않는 것이 일반적이라고 들었어요. 금년 초에 나고야에서 있었던 재판을 기억하시나요? 암이라고 알려주지 않았기 때문에 치료도 제대로 받지 못하고 죽어간 한 여성의 딸과 남편이 의사의 병원을 상대로 소송을 제기했지만 재판부는 의사에게는 고지(告知)를 유보할 권한이 있다는 판결을 내렸어요. 하기는 쇼오와 천황의 병이 암이었다는 문제와도 관련이 있겠죠. 내게는 이 관행이 천황제의 또 하나의 형태가 아닌가 하는 생각이 든단 말입니다. 흔히들 이렇게 말합니다. 일본 사람들은 기가 약해서 그런 끔찍한 뉴스를 들으면 안된다, 환자를 쇼크사하게 할 수야 있는가. 하지만 나는 이런 설명을 더 이상 믿지 못하겠어요. 물론 의사로서는 환자가 암이라는 사실을 몰라야 다루기가 더 쉽겠지요. 환자의 공포나 불안에 대처하지 않아도 되니까요. 하지만 대개의 암환자는 통고를 받지 않았더라도 암이 아닐까 하는 의심을 갖게 마련이고, 암이 아닌 사람도 그런 염려를 하기 십상입니다. 오늘날 같은 일본의 관행은 죽어가는 사람과 유족들 사이의 감정 표현마저 차단하는 것이죠.

─그래요, 뭔가 문제가 있어요. 어느 책을 보더라도 미국 의사와 간호사 들이 일본에 비해 훨씬 친절하고 인정스럽다고 씌어 있습니다. 일본 의사들은 환자에게 진실을 말해주지 않으니까 환자와 가까워질 수가 없지요. 간호사도 마찬가집니다. 환자들이 진실을 물을까봐 두려워하는 거죠. 친절하고 싶다가도 아니지, 하고 뒤로 물러납니다. 하여튼 여기서는, 의사들이 병의 내용에 대해 얘기하기를 꺼리는 게 사실입니다. 그러나 암이라고 알려주어야 하는지 아닌지는 나도 잘 모르겠어요. 나 자신이 암이라는 사실을 아는 게 좋을지, 아니면 처자식들만 알고 나는 끝까지 사회에 복귀할 수 있다는 희망을 갖는 게 좋을지 단정하기 어려워요.

강요된 감금상태에서 지내신 이 기간에도 나름대로의 소득은 있었다고 생각하시는지요?

─글쎄요, 벌써 7월이니 꽤나 길군요. 돌이켜보면 12월 7일부터 연말까지는 아, 차라리 잘되었다 하는 생각도 했어요. 이렇게 보호받는 생활도 괜찮구나. 그전까지 너무 바쁘게 살았던 거죠. 하루하루를 분 단위로 쪼개서 살았고, 밤마다 두세군데의 파티에 얼굴을 내비쳐야 했고. 시장이란 으레 그래야 하는 거다 하면서 살았어요. 한데 그게 딱 그쳤어요. 오라는 데가 하나도 없어요. 오후 다섯시 정각에 퇴근할 수 있고, 생각할 시간과 독서할 시간이 있어요. 하기야 읽고 싶

은 책을 다 읽자면 시간이 부족하겠지만요. 건강에도 좋아요. 나는 술을 좋아하는 편이어서 몸에 안 좋은 줄 뻔히 알면서도 시작했다 하면 도를 넘는단 말입니다. 하여튼 어둡기 전에 집에 들어갈 수가 있게 됐어요. 난생처음이에요, 이게. 일본 사람들은 가정에서 보내는 시간이 세계에서 제일 적답니다. 나는 해 떨어지기 전에 집 앞에 서서 스스로에게 말하곤 하죠. "보라고. 아직 환해." 4월 19일이 우리 부부의 결혼 40주년이었는데, 40년 만에 처음으로 마누라와 이런저런 얘기를 나눴죠.

그럼 부인께서도 이 감금생활에 어떤 보람을 느끼시나요?

— 글쎄요, 물어보진 않았지만…… 언제나 혼자 앉아서 밥을 먹다가 누군가가 옆에 앉아 같이 먹어주는 편이 낫지 않겠소? 여자란 바가지 긁을 상대가 있어야 해요. 내가 한마디 하면 마누란 세마디 하는데, 그것도 나쁘진 않더군요. 그러나! 가고 싶은 델 갈 수가 없어요. 갈 수 없다는 그 사실이 나를 짓누릅니다. 만일 내게 갈 수 있는 자유가 있다면 가고 싶다는 생각조차 하지 않을 그런 곳에 대해서도 말입니다.

이 기간에 누리고 계신 은총이랄까 그런 것을 자유로워진 뒤에도 누리고 싶으십니까?

— 이 나이가 되고 보면 내가 지금 무엇을 하고 있는지에 대해 생각해보는 그런 시간이 정말 필요합니다. 나는 새 삶, 르네상스를 원합니다! 마침내 자유로워졌을 때 나는 이 시기를 돌아보게 될 텐데,

그때 나는 지금의 이 지겹고 막연한 억압상태를 회상함으로써 새로 얻은 자유를 더욱 소중히 여기게 되겠지요.

　이런 질문을 드린 까닭은요, 오늘날에 있어서 천황제의 효용이란 것을 이해하기 위해서는 세계적인 경제대국으로서 일본의 현실과 그 지위를 유지하기 위한 요건이라는 관점에서 보지 않으면 안된다고 생각하기 때문입니다. 무엇이 이 사람들로 하여금 평생 동안 죽어라 하고 일하게 만드는가? 어린이들까지 도무지 흥미를 느끼지 못하는 공부를 죽자고 해댄단 말입니다. (가장 나쁜 것은, 그들이 암기식 공부를 극히 당연한 것으로 알고 남들이 다 하기 때문에 한다는 식으로 그에 대해 별다른 의식조차 없어 보인다는 점입니다.) 제가 생각하기에 일본의 교육은 시민을 유능하게 만듦으로써 노예화하고, 미국의 교육은 그냥 내버려두어 무능하게 함으로써 노예화하는 것 같습니다. 일본에서는 전국민이, 심지어 어린아이들까지도 늘 바삐 움직여야 하기 때문에 탈선할 여지가 없습니다. 이토록 애쓰고 노력하는 능력을 길러주는 것은 예전부터 있어온—전통적이라 말하고 싶은 사람들도 있겠지만—사회통제 방식, 곧 천황제가 결정적 몫을 수행해온 방식임에 틀림없겠습니다. 그러나 경제적 성공의 가시적 요구와 그 보상이 이처럼 모든 사람을 한결같이 들뜨게 하는 시기에는 그들을 분발시키기 위해서 옛날의 가치관을 들이댈 필요도 없겠지요. 물론 제가 지금 이것이 표면화되고 있다는 얘기를 하고 있는 것은 아닙니다. 하지만 내적 요인에 의해서건 외적 요인에 의해서건 어떤 종류의 긴장이 발생해서 사람들이 좀더 깊은 의미를 찾으려 하게 되면, 천황제는 희생을 바칠 만한 가치체계로서 유효성을 크게 발휘할 수 있다는 것입니다. 일장기와 키미가요를 강요하는 문부성의 신지도요령 같은 것은 분명 세련되지 못한 전술이지만, 천황제를 들이대야 할 날이 오면 기대한 효력을 발휘할 것입니다. 그것은 국가적 요구의 강요에 대한 보증으로서 그 필요는 기업의 필요와 광범위하게 일치하며, 그 스펙트럼의 한쪽 끝은 전쟁, 다른 한쪽 끝은 하루 열아홉시간의 공부라는 형태로 역사적 시점마다 작동하는 것입니다. 천황제는 가령 배경으로 물러나 있을 때에도 전통이나 일본적 가치관의 거점으로서의 몫을 다하고 있는 것입니다. 이런 체제 속에서, 다시 말하면 모두가 이렇게 끝까지 행동과 운명을 함께하도록 연결되어 비판정신이 길러질 가능성이 없는, 문자 그대로 시간이 없는 여기서 민주주의가 가능하겠습니까?

—이곳의 민주주의는 미국의 민주주의도, 프랑스의 민주주의도 아닙니다. 다시 말해서 자유와 평능의 깃발 아래 발선한 민주주의가 아니라는 것입니다. 진짜가 아니란 얘기죠. 하여튼 미국식도 프랑스식도 아닌 건 확실합니다.

이 문제에 대해서는 지난 수개월간 줄곧 생각해왔습니다. 왜 전쟁을 피할 수 없었는가? 흔히들 그 당시로서는 어쩔 수 없었다, 하고 말하죠. 나도 긍정합니다. 나도 물론 그 와중에 있었죠, 제일 젊은 세대긴 했지만 말이죠. 금세기 초에 아주 짧은 기간이긴 했습니다만, 이른바 타이쇼오 데모크라시라는 게 있었어요. 그러니까 자유주의적인 무엇이 뿌리를 내리는 것처럼 보였단 말입니다. 지금 와서 나는 그것이 과연 무엇이었던가 하는 생각을 해요. 그때 거기에는 수직적이고 계층적인 관계는 있었어도 수평적인 관계는 없었다 싶어요. 가령 어떤 훌륭한 학자가 그럴싸하게 민주주의를 말한다 해도 그게 여러 사람에게 확산되지는 못했던 거죠. 게다가 우리나라 지식인들은 지나칠 정도로 독일식이어서 관념적이고 이론적인 데만 관심을 쏟았지 구체적으로 적용하는 일은 하지 않았어요. 그러니까 결과적으로, 문제를 충분히 인식하고 양심적으로 행동하려는 사람들은 있었지만 그들의 노력이 확산되거나 뿌리를 내리지는 못했다는 얘깁니다. 그러다보니까 모두가 전쟁은 불가피하다고 말하는 상황에 이르러버린 것입니다. 그 지경이 되면 전쟁에 나가 싸우는 일은 옳은 게 되고 말죠.

시장님 자신, 저항감 같은 것 못 느끼셨나요?
──없었어요.

기독교적 배경이 있으신데도요?
──물론 나도 천황과 그리스도 가운데 어느 쪽이 더 위대하냐는 질문을 받았죠. 그리고 천황이 신이라고는 물론 생각지 않았습니다. 내가 자라난 고또오 열도(五島列島)에선 학교공부보다 교리공부를 더 많이 시켰고, 난 정말 성서공부를 많이 했어요. 그런 면에서 나는 어쩌면 서구의 크리스천들보다 더 착실히 종교교육을 받았을 겁니다. 그렇기 때문에 천황이 무슨 신이야, 하는 생각이 머릿속에는 있었죠. 하지만 모든 사람들이 다 그렇다 하니까 감히 부정할 생각은 못했죠.

순교자가 되실 생각은 없었다는 뜻인가요?

—아, 난 그때 어렸어요. 또 물론 천황 따위는 필요없다, 죽어야
마땅하다, 하는 소릴 떠들고 다닐 생각도 없었고요. 그리고 이건 기
억하셔야 해요. 내가 고등학교에 들어갈 무렵에는 이미, 예컨대 맑스
(K. Marx)에 관한 서적 같은 것은 자취를 감췄더랬어요.

그러면 대학에 입학하기까지 맑스는 못 읽으셨습니까?

—그렇죠. 전쟁이 끝나 돌아온 다음에 쿄오또대학엘 들어갔어요.
하지만 다 잊어버렸죠. 난 그때까지 군대에 있었기 때문에 독일어고
영어고 수학이고 죄다 잊어버렸어요.

공학부(工學部)를 다니신 걸로 아는데?

—네. 사실대로 말하면 이래요. 등에 배낭을 짊어지고 창틀 아래
가서 들여다보며 물었죠. 나 여기서 공부하고 싶은데요? 그랬더니
그래라, 그래서 다니게 된 거죠.

대학생활은 어떠셨나요?

—학생운동도 했고, 경제학부며 문학부를 기웃거리기도 했죠. 강
의실엔 한번도 들어가지 않았어요. 진짜 시험시간에 들어가 앉아서
야 이 과목을 이 사람이 가르치나, 하고 쳐다볼 정도였으니까요.

맑스주의자가 되셨나요?

―네, 하지만 잠깐 동안이었소.

입당(入黨)은 하지 않으셨군요?

―네. 그 이유는 이래요. 사적 유물론을 잠시 제쳐두고 보면 맑시
즘을 지탱하고 있는 것은 정의(正義) 관념인데, 그 정의를 억압자-피
억압자 관계와 불가분의 것으로 파악하고 있어요. 나는 지금 기독교
가 어떻게 해서 로마제국 전역으로 확산되었는가에 관한 책을 읽고
있는데, 기독교인은 정의와 도덕은 신이 명하신 바이고 인간생활의
최고가치라는 확신을 가지고 감연히 박해에 맞섰던 것이오. 그러니
까 나 같은 사람에게 정의는 본질적으로 기독교적 관념이며 맑시즘
은 부차적이라고밖에 생각이 안돼요. 학생운동을 할 때 나는 공학부
대표였어요. 그때 우리가 쿄오또대학 가톨릭학생회라는 것을 만들었
는데, 그것이 마침내 홋까이도오에서 카고시마까지 확산되어 일본가
톨릭학생연맹이 됐습니다. 이 조직은 지금도 활동하고 있어요.

큰 사업이었네요?

―하여튼 난 공부 같은 거 전혀 안했어요. 학교 다닐 때도 전공에
관련된 책은 거의 가지고 있지 않았죠. 손에 잡히는 대로 무엇이든
읽었습니다. 덕분에 잡학(雜學)의 대가가 됐어요.

그게 도움이 되었겠죠?

―네. 상황이 이렇게 되고 보니 더욱 그렇단 생각이 듭니다. 여기
이 『주간요미우리』(週刊讀賣, 7월 23일호) 좀 보세요. 미인선발대회에

관한 기사인데, 난 여성의 복식사(服飾史)를 이야기해주었죠. 거기에는 동서양을 막론하고 두가지 특징이 있습니다. 첫째는 여자의 패션을 결정하는 것은 남자라는 거요. 남자들은 언제든 마음 내킬 때 여자를 붙잡을 수 있도록 해두고 싶어서 하이힐도 만들고 전족도 시켰죠. 여자옷은 단번에 벗길 수 있게 돼 있어요. 찰싹 달라붙는 타이트 스커트가 발명된 것은 1601년이오. 그전엔 코르셋이라는 게 있었죠. 여자옷은 반드시 몸의 윤곽이 드러나게끔 늘 디자인이 되었어요. 그것 역시 사내들 짓이죠.

시의 미인선발대회에 관한 발언을 듣고 기분이 좋았어요.

—아, 그것 말이오? 나 자신이 크리스천으로서 차별대우를 받아왔기 때문에 차별에는 민감합니다.

어렸을 때 겪은 어려운 일을 잊어버리시 않고 지금도 삶에 활용하고 계신 것, 대단히 감명 깊게 생각합니다.

—아시겠지만 나는 줄곧 전중파(戰中派)에 관한 얘길 해왔습니다. 『서부전선 이상 없다』(*Im Westen nichts Neues*)의 마지막에 레마르크(E. M. Remarque)가 이렇게 썼지요. "어른이 된 뒤에 전쟁에 나간 연장자 세대는 돌아갈 고향이 있고 생활이 있기 때문에, 10년쯤 지난 뒤에는 전쟁을 한갓 악몽이었다고 말할 수 있겠지. 그러나 젊어서 전쟁에 나가 청춘을 몽땅 희생당한 사람들은 평생 동안 전쟁에서 벗어나지 못하리." 내 경우가 바로 그겁니다. 지금도 전쟁을 살고 있어요. 아직 끝나지 않았단 말입니다. 어릴 때 받은 차별도 그래요. 생각해보세요,

내게는 어머니도 아버지도 안 계셨고 당신 한몸 거두시기도 힘든 할아버지 한분뿐이었죠.

　시장의 외조부는 메이지 초기에 박해를 받은 저 불행한 키리시딴 가운데 한 사람이었다. 열살 소년의 몸으로 이른바 이시다끼(石抱き) 고문을 당했는데, 무릎 뒤쪽에 장작을 끼워 돌 위에 꼿꼿이 앉게 한 뒤 무릎 위에다 돌을 쌓아올리는 고문으로, 끝내는 뼈가 부서지고 살갗이 찢어진다. 어린 모또시마 히또시의 기억 속에 새겨져 있는 것은 불편한 다리를 끌며 대장간 일을 하시던 외할아버지의 모습이다. 그곳은 나가사끼 해안에서 저 멀리 떨어진 고또오 열도의 작은 마을로 30세대 남짓한 주민 전체가 이른바 '숨은 키리시딴'의 후예들이었다. 그 사람의 딸인 모또시마의 어머니는 '오시에까따'(敎え方, 가르치는 사람)라 불리는 신부(神父)의 조수가 되기 위해 마을 사람들이 추렴한 돈으로 학교를 다녔는데, 거기에는 5,6년 동안 시집을 못 간다는 조건이 붙어 있었다. 시장의 아버지는 배 한척을 가지고 수박이며 생선류를 사세보의 큰 시장까지 팔러 다니는 사람이었다. 그는 이미 이웃한 큰 마을에 처자식을 둔 처지였으나 모또시마네가 살고 있는 마을이 생선잡이가 잘된다고 늘 와서 살다시피 하고 있었다. 모또시마의 어머니를 접한 것은 딱 한번. 그래서 생긴 아이가 이그나티우스 로욜라(Ignatius Loyola)라는 세례명을 받은 모또시마 히또시다(그러니까 시장은 외가 쪽 성을 따랐다). 그 일로 해서 아버지는 마을에서 추방당하고 어머니는 '오시에까따'가 되지 못했다. 그나마 다행이었던 것은 아이가 두살이 되기 전에 딴사람에게 시집을 간 일이다.[22] 모또

시마 히또시는 결국 외조부모에게 맡겨졌고, 나중에는 이모 밑에서 컸다.

어머니와 함께 사신 적은 있나요?
— 네. 초등학교 졸업하고.

그뒤부터 쭉 함께 사셨어요?
— 아니 아니, 1년 만에 뛰쳐나왔어요. 그런 점이 미국하고는 다를 것 같은데, 의붓자식이란 건 아무튼 정상적인 부모 자식 사이는 아니란 말입니다. 어머니에게는 남편과의 사이에 태어난 자식들이 있었어요. 내가 나와버렸지요.

고또오를 떠난 시장은 신문배달원, 은행 사환, 인쇄소 견습 문선공(文選工), 어시장의 잡역부, 내상산 견습공, 치과병원 심부름꾼 등을 전전하면서 띄엄띄엄이나마 형편껏 야간학교를 다닌 끝에 마침내 구(舊)학제의 고등학교까지는 졸업을 했다. 직업을 자주 바꾸는 습성은 결혼한 뒤에도 계속되었다. 처음에는 나가사끼에서 고등학교 교사가 되었는데 영어, 국어, 수학, 과학 등 무엇이건 다 가르쳤다. 1950년대 중반에 먼 친척뻘 되는 시라하마 니끼찌(白浜仁吉)가 중의원 의원에 당선되자 그 비서가 되어 토오꾜오로 갔다. (시라하마는 뒤에 우정대신郵政大臣이 되었다.) 4년 뒤에 나가사끼로 돌아온 그는 모교인 야간중학교 교사, 미용학교 강사, 조선단기대학(造船短期大學) 강사로 전전했다.[23]

그렇게 직업을 전전하신 덴 이유가 있습니까?

—생각해보세요. 아무것도 날 얽매지 못해요. 누가 잔소릴 하기 시작하면 잘 있으시오, 한마디 던져놓고 떠나는 거요. 싸고 자시고 할 짐보따리랄 것도 없었어요. 기껏해야 한두가지를 배낭에 넣어서 달랑 메고 떠나면 그만입니다. 한번은 뱃사람이 됐더랬는데 배가 뒤집혀서 물에 빠진 일도 있죠. 하지만 이렇게 살아 있어요. 내 이모부는 유서를 써서 낚시 봉돌에 매달아두곤 했어요. 아직 젊었는데 처자를 남겨두고 전사했죠. 하지만 내게는 유서를 남겨줄 사람이 그땐 없었어요.

이번에는 전혀 다른 질문을 드리겠습니다. 몇년 전부터 일본의 조선업은 쇠퇴하고 지금은 무기생산이 나가사끼의 주요 산업이 됐습니다. 반전·반핵을 주장해오신 시장님으로서는 매우 어려운 처지가 되었는데, 지지자들 가운데도 시장님이 막상 지역사회를 위해서는 하신 일이 없지 않느냐 하는 사람들이 있습니다. 이 점에 대해서 시장님은 어떻게 생각하시는지요?

—1925년도 국세조사(國勢調査)를 보면 나가사끼가 큐우슈우 최대의 도시였습니다. 1930년이 되면서는 후꾸오까에 밀렸고 지금은 큐우슈우에서 5위, 전국에서는 25위입니다. 흔히들 경제에 대한 책임을 정치가에게 묻는데, 실제는 그렇지 않습니다. 경제가 발전하는 것은 어떤 유리한 조건이 있어서 그런 것이지 정치가가 무슨 강제력을 발휘해서 되는 게 아니란 말입니다. 십수년 전의 다소 낡은 수치이긴

합니다만, 일본 전국에서 이용 가능한 자금의 80%가 14개 도(都)·도(道)·부(府)·현(縣)의 금융기관에 집중돼 있었습니다. 한 정치가가 제아무리 힘을 쓴들 무엇이 되겠습니까?

저로서는 반전운동가와 환경운동가 들이 경제를 공부해야 한다는 생각이 점점 절실해지고 있습니다. 시장님도 줄곧 경제 문제들에 부딪히고 계신데, 대안을 내놓을 수 없으면 설득력을 갖지 못할 텐데요?

—물론입니다. 지금 평화운동에서 가장 큰 문제가 경제 문제에 어떻게 대응하느냐 하는 것입니다. 세계 모든 사람이 평화를 원하고 있습니다. 그런데 일본은 군비를 확장하고 있습니다. 미국도 그렇죠. 실례지만 당신네 나라에서도 대학 교수들이 군비경쟁과 무관하게 생계를 유지하기가 어렵죠? 일본보다 심할 겁니다. 자본주의체제하의 기업은 생존과 확대 방안을 끊임없이 강구해내지 않으면 안됩니다. 금년에는 작년에 보여준 것보다 큰 수치를 보여주어야만 합니다. 우리는 산(産)·학(學)·관(官) 복합체라는 괴물을 상대해야만 합니다. 핵무기산업 같은 군수산업이 경제의 중추가 되어가는, 이것이 가장 큰 난제지요. 이 역학관계를 어떻게 바꿔놓느냐, 여기에 대해서는 아직 누구도 해답을 내놓지 못하고 있어요.

확장의 논리를 어떻게 바꾸느냐 하는 거군요.

—맞습니다. 그러니까 미떼랑(F. Mitterand, 1981~95년 재임한 사회당 출신 프랑스 대통령. 남태평양에서의 핵실험 계속 진행, 핵잠수함 증대 등 군비경쟁

에 주력했다─옮긴이)은 바보다, 하고 욕해봤자 아무 소용이 없어요. 옛날에는 죽음의 상인이라고들 했는데, 지금은 죽음의 정부지요.

일본 정부도 포함됩니까?

─일본요? 어느 정부건 마찬가지지요. 프랑스가 최악이죠. 다음이 서독, 미국의 순서요. 화학무기까지 만들고 있잖아요? 경제가 좀 정체되었다 싶으면 잽싸게 그 길로 가는 거요, 확실히 이익이 있으니까. 적대국끼리 싸움터에서 맞닥뜨리면 무기가 우수한 쪽이 이기게 마련이오. 그래서 광기의 경쟁은 계속되는 거죠.

일본은 생활을 절제해야 합니다. 나무젓가락을 예로 들어봅시다. 일본에서만 1년에 소비되는 나무젓가락이 무려 5억 4천만갭니다. 말할 필요도 없는 일이지만, 오늘날 가장 큰 문제의 하나는 개발도상국과 선진국 사이의 격차입니다. 여기 제가 요새 애독하는 책이 있는데, 수전 조지의 『왜 세계의 절반이 굶고 있는가─식량위기의 실상』이오.[24] 아마 여남은번 읽었을 거요. 개발도상국 인구의 90%가 농민인데 그 가운데 3분의 1은 땅을 못 가졌어요. 아프리카 인구는 3억 5천만명, 그 가운데 1억 5천만명이 굶주리고 있소. 일본의 각 가정과 레스또랑에서 먹지 않고 내버리는 음식량은 그들을 먹여살리고도 남아요.

일본에 있으면 그런 사실을 실감하기 어렵지요. 화제를 바꿔도 될까요? 시장께서 회장으로 계시다가 이번에 해임당한 '히노마루회'는 어떤 단체입니까?

—평화운동을 하는 데는 폭과 질의 문제가 있습니다. 질을 가지고 말할 것 같으면, 누가 평화의 적이냐를 먼저 생각해야 합니다. 일본의 경우는 미일안보조약을 금과옥조로 삼는 사람들이 말하는 평화가 있는 한편에, 그것을 반대하는 사람들이 말하는 평화가 있어요. 나는 어느 편이냐 하면 이들 양쪽 사람들이 손잡고 함께 노력해야 한다는 입장입니다. 걸음은 느리더라도 함께 나아가야 한다는 얘기죠. 다소 건방진 소리로 들릴지 모르겠소만 시장이나 지사 같은 위치에 있는 사람에게는 대중을 교육해야 할 임무도 있습니다. 지금도 나는 히노마루회 회장직을 계속 맡았으면 좋겠다고 말합니다. 왜냐? 회장이 회원들과 한자리에서 만나는 일은 1년에 딱 한번, 건국기념일(2월 11일. 전설적인 초대 천황 진무神武의 즉위 기념일이라고 해서 메이지 시대에 제정했던 기원절을 1966년에 부활시켰다)뿐입니다. 4, 5천명을 앞에 두고 연설을 하는 거죠, 높직한 단상에 올라가서 꽤 근사하다고요. 나는 주로 애국심이란 무엇이냐 하는 이야기를 하죠. "애국심이란 고향을 사랑하고 부모를 사랑하고 역사와 전통을 사랑하는 일이다." 그다음에 이렇게 말합니다. 하지만 그런 애국심은 이웃의 한국인들도 똑같이 가지고 있다, 일본이 잘못했던 것은 우리는 남달리 우수한 선택받은 백성이다 하는 국수주의로 나갔기 때문이다, 그것이 우리를 침략의 길로 이끌었다, 하고 말입니다. 요컨대 내가 그들에게 역설하는 것은 자기 가정과 고향을 사랑함으로써 남의 가정과 고향도 똑같이 존중할 수 있게 되어야 한다는 그것입니다.

나는 우경화를 저지하는 일에 삶을 걸고자 했습니다. 그리고 히노마루회가 천황을 향해 합장배례하지 않고 일본인의 우월의식도 갖지 않는 그런 사람들의 모임이 되게 하려고 했습니다. 사람들이 무어라고 말하건, 그것이 내 힘으로 가능하건 안하건, 나는 그들이 또다시 전쟁을 지원하는 사태가 오지 않도록 하기 위해 가능한 모든 노력을 다하려 했습니다.

회장직에 복귀 하실 수는 있을까요?

—아니, 없어요. 하지만 후회는 하지 않습니다. 나는 히노마루를 세계인들이 받아들이는 깃발로 만들기 위해 목숨을 걸고자 했어요. 그리고 내가 왜 특별히 한국과 중국 얘기를 하는가 하면, 일본인들은 여태껏 미국과 유럽의 부자들이나 학자들을 상대하는 데만 관심이 있었기 때문입니다. 일본에 소중한 것은 동남아시아입니다.

오늘날은 일종의 '경제공영권'이 구축돼 있지요.

—끔찍한 일이오. 한때 총으로 정복했던 것을 엔(円)으로 하는 거죠.

꼭 여쭙고 싶었던 건데요, 일본의 침략전쟁에서 원폭이 차지하는 위치는 어디일까요?

—내가 꽤나 생각해온 문제요. 원폭 문제의 뿌리는 메이지 시대로 거슬러올라가야 해요. 일본의 침략, 특히 1910년의 한일병합 문제까지 말이오. 나도 그 문제에 대해서 나름대로 공부를 하고 있지만 우리가 절대 간과해선 안될 것은, 원폭이 히로시마에 떨어졌을 때 그것을 기뻐한 사람이 세계 곳곳에 있었다는 사실입니다. 그래서 나는 미

국에 갈 때마다 말합니다. 진주만 공격은 우리가 잘못한 거고, 원폭 투하는 너희들이 잘못한 거라고 말입니다.

작년 12월 시장님의 발언은 극히 당연한 얘기를 하신 건데, 그게 엄청난 사건이 되고 말았어요!
—나는 그저 늘 하던 생각을 대수롭잖게 이야기했을 뿐이오. 영웅이 되려는 생각은커녕 화제의 중심인물이 될 생각도 추호도 없었어요.

본인의 의지와는 상관없이 상황이 영웅을 만들어버린 셈이군요.
—이제 졸업했으면 좋겠어요!

하지만 그것도 능력 밖이잖아요?
—그렇지요. 내가 할 수 있는 일은 그만두는 것뿐이쇼.

안돼요, 그만두시다뇨? 영웅은 월급쟁이가 아니라고요.
—다음 선거에 안 나선다는 뜻이오. 숨어버리고 싶소. 여행을 떠났으면 해요.

배낭 메고 말이죠?
—아니, 이제는 바퀴 달린 쌤소나이트 가방 정도는 끌어야죠. 속에는 등산화도 넣고. 아는 사람들 속에서 사는 것도 즐겁지만 생판 낯선 사람들 틈에 끼여서 사는 것도 재미있을 거요.

저는 이번에 오래간만에 1년 동안 일본에서 생활을 해보았는데 참으로 답답한 곳이라는 느낌이 들어요.

─그럴 거예요. 끊임없이 남의 눈치를 보면서 지내야 하니까. 남이 뭐라고 할까, 평생 그것만 생각해야 해요.

그리고 가장 용기가 필요한 일은, 이렇게 말하면 남들이 싫어하리라는 걸 알면서 그 소리를 하는 것 아닐지요?

─맞습니다.

그런 의미에서 시장님은 가장 어려운 때에 가장 하기 힘든 말씀을 하셨어요.

─단지 자기 생각을 말한 것뿐인데 그야말로 충격적인 사태가 벌어지고 말았어요. 그러나 고립무원의 상황은 아니에요. 그런데 말입니다, 이걸 보십시오. 이건 천황제와 쇼오와 시대에 관한 신간서적인데, 전국적으로 나를 지지하는 운동이 일어나고 있는 것이 마치 언론자유의 수호를 위해서인 것처럼 다루고 있어요. 그게 아닙니다. 나는 천황의 전쟁책임을 말한 거라고요. 신문마다 사설로 이 문제를 다룰 때는 언론자유 이야기밖에 하지 않으니, 이게 뭡니까?

언론자유 문제로 추상화해버려야 다루기 편하기 때문이겠죠. 그리고 시장님을 영웅으로 만듦으로써 모두들, 특히 언론매체들은 언론자유를 위해 싸운다는 자기들의 할 일을 시장님이 대신해주기를 기대하는 거죠.

— 하지만 한발짝만 일본 밖으로 나가면 어떻습니까? 히로히또는 2천만명을 죽였고, 히틀러는 6백만명을 죽였다고들 합니다. 전범재판 당시『뉴욕 타임즈』는 '피고인석 한 자리가 비어 있다. 천황이 앉아야 할 자리다'라고 썼어요. 하지만 그 자리를 비워두기로 한 결정이 옳았는지 틀렸는지의 판단은 역사만이 내릴 수 있다, 이런 소리도 그 기사에 있었어요. 그래서 나는『뉴욕 타임즈』기자가 인터뷰하러 왔을 때, 그 이야기를 물으러 왔소? 하고 말했어요.

저는 지금 미국인들도 자기들의 전쟁책임을 회피하고 있다는 생각을 하고 있습니다.

— 옳은 말씀. 미국인들은 자기들 편한 대로 생각하지요. 원폭은 미국인 100만명이 개죽음당할 것을 막았다느니……

정말 미국인 100만명의 목숨 문제였는지, 아니면 냉전시대를 내다본 조치였는지는 의문입니다.

— 어느 쪽이든 마찬가지죠. 난 지금 마젤란(F. Magellan)에 관한 책을 읽고 있소만 기독교인들도 잔혹하긴 매일반이었어요. 나는 기독교인으로서 가슴을 펼 수가 없어요. 누가 내게 당신들 크리스천이 얼마나 야만적이었는지 아느냐, 하고 묻는다면 난 그걸 부정할 수 없어요.

금년 기념일에 행할 '평화선언'을 지금 쓰고 있는데, 늘 혼자서 씁니다. 그런데 일본어가 가진 독특한 운율이 있잖아요? 그게 어쩐지

내 체취랄까, 그런 걸 풍긴단 말입니다. 나이 탓인가요?

　핵무기의 제조·보유·반입을 거부하는 비핵3원칙에 대해서 시장님은 분명히 3이 아니라 2.5라고 말씀하신 일이 있지요? 그러면 그 0.5는 뭔가요? 핵무기의 반입거부 원칙은 거짓이란 뜻인가요?
　――그렇소.

　주일대사를 역임한 미국의 에드윈 라이샤워(Edwin O. Reischauer)는 1981년에 일본 영해 안에 있는 미국 군함의 핵무기 탑재 문제를 이야기하면서 그로부터 18년 전 당시의 오오히라 외상과 나눈 대화 내용을 공개해 일대 소동을 빚었다. 미일안보조약의 규정에 의하면 미국이 핵무기를 일본 영내에 반입할 경우에는 사전에 일본 정부와 협의하게 되어 있다. 그런데 지금까지 한번도 그러한 협의가 없었기 때문에 핵무기 반입은 없다고 일본 정부는 늘 주장해왔다. 미국은 일본에 기항하는 군함의 핵무기 탑재 여부에 대해서 긍정도 부정도 하지 않는다는 공식 입장을 취하고 있다. 1965년 오끼나와 근해에 있던 미국 항공모함 타이콘더로가(Ticonderoga)호의 갑판에서 수폭탑재기 한대가 굴러떨어져 수몰되는 사고가 발생했는데, 내내 비밀에 부쳐져 있다가 1989년 6월에 가서야 이 사실이 폭로되었음에도 불구하고 이 공식 입장은 그대로 견지되고 있다.
　나가사끼 시의회의 보수계열 의원들은 시의 평화헌장 채택을 오랫동안 반대해왔다. 그것이 어렵사리 의회를 통과한 것은 1989년 3월, 그때는 이미 전국적으로 1,350개 자치단체들이 비핵도시선언을 한 뒤였다. 이처럼 뒤늦은 것이야말로 나가사끼를 특징짓고 있는 아이러니한 현실의 한 표현이다. 원폭의 직접적 피해지역이면서 무기산업을 끌어안고 있는, 아니 차라리 거기에 기생하고 있는 아이러니. 비핵3원칙같이 법률로서의 구속력이 없는 상징적 조치조차 끈질긴 저항을 받는다는 사실은 많은 것을 이야기해준다. 나가사끼의 경우 피폭자 유족들에 대한 정부 보조금은 삭감되었다. 내가 시장을 만나기 직전인 7월 중순에는 새로운 헌장의 의의를 설명하는 게시판을 시내 77개소에 설치하기 위한 예산이 시의회에서 거부당했다. 결국 게시판은 3개소에만 설치하기로 되었다.[25)]

시장은 내게 지금 쓰고 있는 평화선언의 초고 몇구절을 읽어준다. 많은 일본 시민들이 핵무기가 일본에 반입되어 있다고 생각한다는 점을 지적한 다음, 그는 이렇게 묻는다. "일본 정부는 핵무기가 실렸다고 생각되는 미국 군함의 입항을 거부하면 미일 동맹관계가 깨진다고 생각하는 걸까?" 그렇게 말한 시장은 내가 자기 말을 잘 이해하지 못하리라고 생각하는지 비꼬아서 하는 소리요, 하고 사족을 단다. 시장은 '2.5원칙'을 이야기하는 부분에서 핵반입의 현실을 더이상 호도하지 말라고 요구하고 있다.

일본 정부의 위선적 태도를 비난하는 이 무엄한 말들은 나중에 선언기초위원회의 뜻에 따라 삭제되었다. 그 대신 시장은 1989년 8월 9일이 되면 정부에 다음 네가지 요구를 촉구할 것이다. (1) 핵무기의 제조·보유·반입을 금지하는 비핵3원칙에 법적 지위를 부여할 것, (2) 피폭자원호법을 제정할 것, (3) 해외에 거주하는 일본인 피폭자 및 외국인 피폭자(전쟁포로, 선교사, 남북한인 등)에게도 같은 원호

혜택을 줄 것, (4) 히로시마·나가사끼의 피폭자 및 핵실험과 원자로 사고 피해자를 위한 국제의료센터를 설립할 것. 그리고 시장은 원폭 기념일의 평화선언 속에다 '진주만에서 나가사끼까지'라는 그 특유 의 문구를 삽입함으로써 일본의 책임 문제를 건드리게 될 것이다.

지난해 12월에 시장님 발언이 불러일으킨 소용돌이 이후로 시장 님을 지지하고 일어선 사람들은 대부분 평범한 시민이었습니다. 정 치가로서 그런 용기를 발휘한 사람은 극히 소수였습니다. 그러나 또 하나의 피폭도시 시장이 뭔가 연대의식을 표명해주기를 많은 사람 들은 기대했다고 생각합니다. 어째서 히로시마 시장은 지지표명을 요리조리 피했다고 생각하십니까?

―글쎄 말입니다. 그가 그때 모또시마의 말 그대로다, 하고 한마 디만 했더라면 일본은 달라졌을 텐데, 그렇죠?

최근부터의 일이긴 합니다만 저는 히로시마와 나가사끼의 차이를 느끼기 시작했습니다. 물론 나가사끼에는 키리시딴 탄압의 기억이 있죠. 그건 먼 옛날의 일이라서 지금은 아무런 의미도 없는지 어떤진 모르겠습니다만. 그러나 또 하나, 두번째 도시라는 점도 있는 것 같 아요. 나가사끼 사람들은 늘 두번째 취급을 당해왔기 때문에 히로시 마 사람들보다도 더 비판적인 안목을 기르게 되지 않았나 하는데요.

―물론 그렇지요. 그 두개의 폭탄은 애당초 의미가 달랐어요. 히 로시마에 떨어진 것은 전쟁을 속히 종결하려는 전략이었다고 단순 하게 표현할 수 있겠지요. 그러나 나가사끼에 떨어뜨린 것에는 여러

가지 요소가 담겨 있었다고 말할 수 있습니다. 말하자면 많은 돈을 들인 맨해튼 프로젝트(원폭 제조 프로젝트의 별칭—옮긴이)가 결코 낭비가 아니었다는 것, 반소련전략, 실험 그 자체에 대한 관심 같은 거요.

그리고 같은 시장의 처지가 되고 보면 또다른 미묘한 무엇도 있죠. 열등의식 같은 것도 약간 있을 테고.

아라끼(荒木) 시장 쪽에 말씀인가요?

—아니, 내 쪽에 말입니다. 지금 히로시마와 나가사끼는 처지가 달라요. 2년 전 이딸리아의 꼬모(Como)라는 도시에서 '세계평화를 위한 시장연대회의'라는 회의가 열렸어요. 히로시마 시장이 회장, 그밖에 하노버, 쌔크라멘토, 볼고그라드, 동베를린 그리고 나가사끼의 시장들은 모두 부회장입니다. 히로시마 시장은 논의의 범위를 핵무기 철폐에 한정할 것을 주장했습니다. 하지만 유럽 도시들도 지난번 전쟁으로 완전히 폐허가 됐잖아요? 그들은 좀더 범위를 넓혀서 전쟁 그 자체를 반대하는 논의를 하자고 주장했어요. 오늘날 세계 인구의 70~80%가 도시에 살고 있습니다. 시장들이 시민을 지키기 위해 무엇을 해야 할 것인가 하는 문제를 생각하는 것은 당연하지요. 물론 나가사끼 시장인 나로서도 핵무기 철폐 문제를 다루고 싶었지요. 하지만 그 의견대립을 어떻게든 조절해야겠더란 말이에요. 그때 내가 나서서 좋아요, 반전 문제는 내가 떠맡겠소, 하고 말했어요. 무슨 얘기냐 하면 히로시마 시장과 내가 총회에 나가서 연설하기로 돼 있었단 말입니다. 그는 핵무기 철폐 문제 외에는 일절 이야기하지 않겠다니까 서로 분담을 해서 내가 반전 연설을 하겠다고 제안한 셈인데,

그렇게 되니까 사람들이 히로시마는 히로시마만을 위해 존재하느냐, 하는 거예요.

원폭이 떨어졌을 때 청년 모또시마 히또시는 나가사끼에 있지 않았으나, 그 직후에 귀향해서 참상을 목격했다.

─그는 줄곧 세계 거물들이 참석하는 국제회의를 히로시마에서 개최하고 싶어해요. 그거야 좋은 일이죠. 하지만 히로시마나 나가사끼가 제아무리 발버둥을 쳐봐도 그 당시 참상의 1천분의 1도 남아 있지 않습니다. 그때의 분위기가 어디서 느껴져요? 그래서 나는 그런 소린 안합니다. 히로시마에서 하고 싶으면 하시오, 할 뿐이죠. 하지만 히로시마와 나가사끼가 싸워선 안되겠죠.

시간이 거의 다 됐습니다만, 한가지만 더 여쭙겠습니다. 자민당엔 어떻게 해서 들어가셨나요? 현실적인 판단 때문이었나요?
─아니, 그건 아닙니다. 시라하마 니끼찌의 비서를 하다가 나가사끼로 돌아왔을 때만 해도 정계에 입문하겠단 생각은 없었어요. 아시겠지만 학교 선생이 되었죠. 그리고 사회당에 들어갔습니다. 그러나 결국 지방정치에 발을 들여놓게 돼서 현의회에 무소속으로 선출됐어요. 그런 지 3년 후 지사 선거가 있었는데 시라하마로부터 자민당에 들어오라는 권유를 받았어요. 그래서 생각을 했죠. 평생을 사회주의자로 지내는 사람도 있고 도중에 방향을 바꾸는 사람도 있다, 나는 후자가 되자, 그렇게 된 겁니다.

감사합니다. 잘 지내시기 바라요.

—난 더이상 천황 이야기는 안할 겁니다.

왜요?

—공격받기 싫어서요. 그리고 나도 선출된 공무원의 한 사람인 만큼 헌법을 존중할 의무가 있죠. 상징적 천황에 대해서 말입니다.

내가 자리를 뜨려고 하자 시장은 내게 대기실에서 보여줄 것이 하나 있다고 한다. 벽걸이용 대형 지도가 바닥에 펼쳐져 있다. 이게 어디 제품인지 아느냐고 하기에 쪼그리고 앉아 자세히 살펴보니 서독제다.

—됐습니다. 일어서세요. 일본이 지도 한가운데 있지 않다는 걸 아셨지요? 일본에서 만든 세계지도에는 반드시 일본이 중심에 놓여 있습니다. 그래서 나는 여기 들어오는 모든 사람에게 이걸 보라고 합니다.

그러고 보니 내가 지금까지 보아온 미국제 세계지도에서는 이 독일제 지도에서처럼 일본이 언제나 오른편 구석에 위치해 있었다.

밖으로 나서니 오후의 마지막 햇볕이 따갑게 등을 찌른다. 역을 향해 걸으면서 사가지고 갈 만한 기념품이 없을까 해서 주변의 쇼윈도

를 기웃거린다. 어디나 나가사끼 유리제품들이 쌓여 있다. 네덜란드
인들이 남겨준 것 가운데 가장 세련된 유산일 터이다. 홈이 팬 접시
며 꽃병, 그 가운데서도 특별히 눈길을 끄는 것은 조개껍데기 모양의
대접들인데, 연분홍색, 하늘색, 자주색, 초록색, 주황색 등 형형색색
의 뚜껑들이 덮여 있다. 값도 결코 비싸지 않고 금방 바스러질 듯 섬
약해 뵈면서도 천박한 느낌이 없어서 선뜻 그냥 지나치기 힘든 이것
들은 지금, 야단스러운 색깔의 합성수지 제품인 주제에 값을 세배나
비싸게 매겨놓은 이른바 등록된 캐릭터 상품들의 습격을 받아 소멸
될 처지에 놓여 있다. 그러고 보니 아까 모또시마 시장이 들려준 경
제활성화 구상 중에 공예품 생산이라는 항목이 들어 있었다. 베네찌
아식 유리제품(Venetian glass)을 만들까 하오, 하기에 이미 여기에는
유리공예가 있지 않습니까 하고 물었더니, 그는 대답하는 것이었다.
"베네찌아에서 유리기술자들을 데려다가 진짜를 만들어야죠."

쇼핑한 것들을 보퉁이 보퉁이 끌어안고 돌아간다. 이모가 추천한
가게에 가서 도시락도 샀다. 먼저 전화를 걸고 택시로 오라시던 말씀
을 어기고 전차역에서부터 걸어왔다고 하면 이모가 화내시겠지? 하
지만 이건 우리가 함께 지내는 마지막 밤인 만큼 너그럽게 봐주실 거
야. 게다가 오늘은 이모에게 들려드릴 얘깃거리도 듬뿍 있으니까.

"헤어질 때 시장이 뭐랬는지 아세요?"

"글쎄?"

"제 아래위를 훑어보더니 실례지만 돌아갈 차비는 충분하시오? 그
러시더라구요."

"그것 봐. 좀 좋은 옷을 입고 가랬잖아?"

356

"그래서 난 염려 마세요, 하면서 깔깔 웃었죠. 그랬더니 시장은 너무너무 쑥스러워하시지 뭐예요? 충분히 있으니까 염려 놓으세요, 그랬죠."

이모도 큰 소리로 웃으신다. 우리가 찾아온 이후 처음으로.

다음날, 이모부는 우리를 역까지 태우고 갈 택시를 부르신다. 이모가 우리를 따라가신다니 이모부는 또 한번 혼자서 집을 지키셔야 할 것이다. 우리가 가져갈 도시락을 동나기 전에 가서 사야 한다고 이모는 안달이시다. 마침내 도시락까지 다 사놓자 이모는 한시름 놓고 냉방이 잘된 대합실 의자에 털썩 주저앉으신다. 하지만 남 보는 앞에서 무례한 짓은 절대 못하는 이모는 곧 앉음새를 고치고 비어 있는 주변 좌석들을 찬찬히 둘러보신다. 때마침 참의원 선거를 이틀 앞둔 시점이라 바로 앞좌석에 놓여 있는 선거용 전단 한 뭉치가 눈에 들어온다. 안경을 안 가져왔다며 나더러 그걸 읽어달라 하신다. 한 혁신계 여성 후보를 비방하는 내용이다. 그걸 몽땅 쓰레기통에 갖다버려라, 하고 이모는 명령하신다.

차가 도착하자 이모는 열차 안까지 따라들어와 열세살 난 내 딸이 쾌적하고 안전하게 여행할 수 있는지를 확인하신다. 플랫폼으로 나가 손을 흔들고 떠나는 열차를 따라 종종걸음을 치신다. 우리 눈에 그 모습이 보이지 않을 때까지.

8월로 접어들자 모또시마 시장은 줄곧 무대 위에 서 있는 상황이 된다. 한국과 한국인에게 일본 정부가 사죄해야 한다고 주장하는 의견광고에 정치가로서는 유일하게 서명을 한 것이다.[26] 더이상 천황

이야기는 하지 않겠다고 말했지만, 새로 즉위한 천황이 처음 가진 기자회견에서 전쟁 문제에 대해 언급하지 않은 것은 유감이라는 발언도 한다. 들리는 말에 의하면 그는 경찰에 이젠 염려없으니 경호를 그만둬달라고 요청했는데, 그 결정은 시장이 하는 게 아니라며 경찰이 거절했다고 한다. 그가 무슨 발언을 할 때마다 항상 공격 가능성이 존재한다. 그의 선거후원회마저 더이상 못 참겠다고 아우성이다. 30년의 정치경력으로 쌓은 지지기반이 8개월 남짓한 사이에 뒤죽박죽이 된 것이다.

기념일을 전후한 소동이 끝나가던 8월 하순, 한 무리의 보트 피플이 베트남으로부터 나가사끼에 밀어닥친다. 이웃한 오오무라시(大村市)의 수용소(한국전쟁 뒤 한국에서 일본으로 밀항해 갔다가 붙잡힌 사람들도 이 수용소 신세를 졌다—옮긴이)가 넘치자, 모또시마 시장은 나가사끼시의 시설을 개방한다. 그러는 사이에 정부 측에서는 베트남인이라는 사람들이 실상은 대부분 중국인이며 일자리를 찾아왔을 뿐 결코 정치적 망명자가 아니라는 단정을 내린다. 이에 시장은 또 한마디 한다. 최근의 중국 상황으로 볼 때, 그리고 동남아시아 전역의 실업률을 고려할 때 경제대국인 일본이 그들에게 숙소 정도는 제공해야 할 인도적 의무가 있다고. 그러자 내각 관방장관이 곧바로 "국가의 방침은 그게 아니다"라고 밝힌 것으로 미뤄봐서도[27] 시장의 그런 발언이 환영받지 못했음은 명백하다.

시장은 9월 중순에 일련의 이례적인 사건에 직면하게 된다. 1974년 이래로 나가사끼시는 핵보유국 군함의 기항을 인정하지 않는 방침을 취해왔고 그때까지 한번도 그런 일이 없었던 게 사실인데, 드디어 9월 15일 미국 해군의 소형 구축함이 승무원의 휴양과 '우호'를 목적으로 기항하러 오는 사태가 벌어졌다. 피폭자단체 대표들로 이뤄진 시위대가 함선에 접근하는 것을 막기 위해 현의 경찰이 동원된다. 함장 피터 로버츠(Peter Roberts)가 시장을 예방하자, 시장은 함장에게 로드니 M. 데이비스(Rodney M. Davis)호에 핵무기가 탑재돼 있지 않다는 것을 증명해달라고 요구한다. 로버츠 함장은 미국 정부의 방침을 방패로 그 요구를 일단 거부하고, 그러나 미일안보조약의 조항들을 충실히 지킬 것이며 자기는 시민들의 감정을 이해한다고 말했다.[28] 그리고 그 이해를 증명하려는 듯이, 모또시마 시장이 동행을 거절했음에도 불구하고 평화공원을 찾아 화환을 봉헌한다. 그런데 그가 그 자리에서 돌아서자마자 화환은 고인의 영정을 든 피폭자 유족들에게 처참하게 짓밟힌다. 시장은 이 일이 국제의례에 어긋나는 일이라며 재일본 미해군사령부에 사과하는 한편 피폭자들의 감정에 대해서도 공감을 표시한다. 이에 피폭자들은 분노의 칼날을 시상에게로 돌려, 어느 쪽이 더 예의 없는 행동을 한 것인지 밝히라고 요구한다. (피폭자협의회는 사전에 후꾸오가 주재 미국 영사관에 로버츠 함장의 평화공원 방문을 자제해달라고 요청했다.) 현 경찰은 화환을 짓밟은 사람을 기물손괴죄로 다스릴 생각이었으나 시장은 고소할 뜻이 없음을 명백히 한다. 한편, 로버츠 함장은 사태가 유감스럽기는 하지만 나가사끼 시민에 대한 자신의 '우호감정'에는 변함이 없다고 성명을 발표한다.[29]

로드니 M. 데이비스호 사건은 나로 하여금 소녀 시절에 겪었던 일

을 떠올리게 한다. 그것은 내게 일종의 타고난 반미감정을 되살려놓
는다. 기지 안에 있는 학교로 가는 초콜릿색 버스에서 나의 온몸과
말씨에 밴 일본 냄새를 깡그리 지워버리고자 필사적으로 안간힘을
쓰던 그 순간에 느끼던 반미감정을. 로버츠 함장은 이미 껌을 씹을
나이도 지위도 아닐 테지만, 나가사끼 사람들에 대한 그의 우호 표명
은 (그가 나가사끼라고 말할 때의 액센트까지 나는 기억한다) 1950
년대 토오꾜오에 군복을 입고 떼지어 다니던 모든 아메리칸 보이들
을 회상케 한다. 이 세상에 사는 모든 소녀들과 마찬가지로 나도 미
국식 드레스와 바비 삭스(bobby socks, 소녀들이 신는 목이 짧은 흰 양말—
옮긴이)와 프루츠 칵테일을 좋아했다. 하지만 내 속 깊이 뜨거운 감정
이 향하는 곳은 너무 긴 바짓가랑이를 질질 끌고 다니는 키 작은 사
내들, 고쳐 만든 오버코트를 운 좋게 얻어입고 으쓱대는 여인들, 꼬
리마저 잘린 말라깽이 고양이들, 그런 것들이었다. 로드니 M. 데이
비스호 사건이 나는 도무지 이해가 되지 않는다. 누가 그따위 계획을
세웠는가, 무엇 때문에? 꼴사나운 미국적 오만은 사치와는 거리가
멀던 지난날의 일본에 대한 애틋한 향수를 불러일으키지만, 끝내는
그것이 그 순박함을 떨어내버림으로써 향수를 그로떼스끄하게 만들
어버린다는 사실도 내 모르는 바 아니다. 지금은 1989년 겨울, 혹한
의 시카고에 앉아 빠나마에 대한 군사개입 진행상황을 TV로 지켜보
고 있는 내 머릿속에 만화경이 돌아간다. 내가 어렸을 적에 카메라를
어깨에 늘어뜨린 채 토오꾜오 거리를 활보하던 GI들, 검은색 비닐주
머니에 담겨 베트남에서 오끼나와로 수송돼오던 미국 병사들, 알링
턴(Arlington) 묘지로 실려갈 아직도 살아 있는 듯한 시신들.

"뉴스라는 게 온통 빠나마와 루마니아 소식뿐이야." 할머니의 푸념이다. 세계 어느 곳에서건 전쟁만 났다 하면 걱정이시다. 언제 끝나나, 또 얼마나 죽고 다칠까 안달을 하신다. 우리 사이에 태평양이 가로놓여 있는 지금, 우리가 다시 만날 날을 이야기할 때의 할머니 마음속에는 전쟁의 불확실성에 대한 불안이 넘나들고 있는 것이다.

이제 또 한해가 저물고, 할머니는 지금쯤 설날 음식 장만에 분주하실 게다. 불구멍이 네개인 가스버너에는 옆집 이모네 냄비들이 김을 내뿜고 있겠지. 눈도 어두운 분이 그 가스버너는 어찌나 빤짝빤짝 윤이 나게 닦아놓으시는지. 할머니는 지난 한해 동안 손자, 손녀, 증손자, 증손녀 들이 좋아하는 음식을 만들어 먹이고 싶은 일념으로 특별히 정성들여 그것을 닦고 또 닦으셨던 것이다. 버너 맞은편에는 냄비며 프라이팬 들이 금세 와르르 무너질 것같이 위태위태한 형태로, 하지만 눈을 감고도 손만 뻗치면 필요한 물건이 척척 삽히게 쌓여 있다. 지금쯤 창틀 위로 뻗은 으름덩굴은 잎을 모두 떨어뜨리고 줄기만 남아 있겠고, 그래서 아침나절 부엌에는 햇살이 넘실대겠다. 헐어빠진 수세미와 세모꼴 쓰레기통은 하수구 옆에 얌전히 놓여 있을 테고, 눌러서 물을 뽑아내는 대형 보온병은 차는 언제든지 대령하겠습니다, 하는 듯 항시 뜨거운 물을 담고 있으리. 조리대 아래 선반에는 또 여러가지 것들이 숨겨져 있다. 태평양전쟁 말기 무기제조에 필요한 금속이 부족해서 잡화점 진열대의 조리기구까지 몽땅 쓸어갈 때 가까스로 빼돌려놓았던 찜통이 거기 들어 있고, 과일주들이 위풍당당하게 늘어서 있을 테고. 병마다 날짜와 과일 이름이 적혀 있는데 그

건 뜻밖에도 남자 글씨다. '매실(梅實)' '밀감(蜜柑)' '모과(花梨)' 등
등. 이 병들의 뚜껑은 우리가 태평양을 건너갈 때만 열린다. 내 외가
는 할머니의 기력과 그 몸에서 마냥 뿜어져나오는 온정으로 활기에
넘친다. 그 활기는 날마다 이른 아침 어둠이 채 가시기 전부터 마룻
바닥을 통해 나와 내 남편이 1년 동안 점령하고 있던 2층 방까지 퍼
져나가는 것이다. 소리가 눈에 보이지 않는 결이 되어 전파된다는 사
실을 어떤 과학실험도 그처럼 잘 보여줄 수는 없으리라. 할머니가 어
머니에게 아이들 도시락 반찬에 이게 좋을까 저게 좋을까 의논하시
는 그 말씀들이, 음절의 구별을 잃은 채 아슴푸레한 감각의 결이 되
어 내 몸에 전해지는 것이다.

할머니의 설음식을 올해는 맛볼 수 없겠다. 내가 이렇게 말하는 것
을 들으면 할머니는 깔깔 웃고 나서 정색을 하며 이러실 테지. "아니
야, 난 이제 아무것도 못 만들어. 밤낮 그게 그거지 뭐냐?" 지쳤거나
병중이거나 걱정거리가 있거나 전혀 개의치 않고 언제나 아궁이 앞
에 서서 볶고 지지고 끓이시면서. 걱정거리는 언제나 있게 마련이다.
기우는 가세, 멀리 있는 손주, 정원수에 생긴 해충, 중상모략당하는
사회당, 병든 금붕어, 지붕에 비 새는 것, 천치 같은 남편, 검정콩의
낱알이 너무 작은 것까지. 이 온갖 근심걱정들이 냄비 속에 들어가
끓으면서 김을 내뿜고, 그것이 우리들 콧구멍 속에 들어가 이 세상에
대한 애착을 느끼게 해준다.

1990년 여름. 토오꾜오. 언론매체마다 떠들어대는 양대 뉴스가 있다. 하나는 등교시각을 어긴 한 여고생이 교사의 부주의로 죽음에 이른 사건이고, 다른 하나는 천황 아끼히또의 차남이 평민 출신 여자와 결혼하는 일이다. 고교에 진학한 지 석달밖에 되지 않은 여학생이 등교시각에 늦은 건 그때가 처음이었다. 교문을 지키던 교사는 시간이 되자 손에 든 시계만 들여다보면서 육중한 철문을 밀어 닫았다. 허겁지겁 달려온 여학생의 머리통이 철판과 철기둥 사이에 낀 사실을 몰랐는지, 알고도 손을 쓰기에는 이미 늦었든지, 확실히 알 바는 없으나 일은 벌어지고 말았다. 학교 당국은 피를 씻어내고, 경찰에 신고도 하지 않았다. 이튿날 조례시간에 교장은 학생들이 교칙을 좀더 잘 지켜준다면 교사들이 이토록 규칙에 정신이 팔리지 않을 것이라는 내용의 훈시를 했다. 한 교사는 또 다가오는 기말시험에 더욱 철저히 대비하여 비명에 간 친구가 따지 못하는 점수까지 너희들이 따야 한다고 다그쳤다.

시끌벅적하게 논의가 벌어지고, 이 사건이 보여주는 교육현장의 한심한 작태는 빙산의 일각에 불과하다는 이야기도 나왔다. 그러나 대부분의 시민들은 결혼식 이야기를 더 듣고 싶어했다. 새로운 황자비가 되는 사람은 가꾸슈우인(學習院)대학 출신으로, 그 학교 교수의 딸이다. 가꾸슈우인은 원래 황족과 귀족 자녀들만 다닐 수 있는 화족학교(華族學校)다. 그녀는 어릴 적부터 교수 아버지로부터 카메라 앞에서 미소 짓는 훈련을 받아 미소 짓는 데 명수라는 등, 어려서 한때 해외생활을 한 일이 있어 '국제인'으로서의 이미지를 갖췄다는 등 그녀에 관한 갖가지 이야기들이 떠돌았다. 그들의 결혼식은 '로열 커플'이 출연하는 '로열 웨딩'으로서 당당히 대중매체 시장을 석권했다. 로열 커플이니 로열 웨딩, 이런 외래어들은 고풍스럽기 때문에 도리어 이국적으로 보이는 전통적 의식에 사뭇 스릴까지 곁들여주었다. 뿐만 아니라 이런 말들은 서양의 호화현란함과 동양의 신비스러움을 겸하고 있어 일본 황실을 유럽의 왕실들과 동등한 위치, 아니 어쩌면 그보다 더 높은 곳에 올려주었다.

아무튼 이 결혼은 좋은 청량제로서 천황의 장례식 이후 계속되어온 회의적인 분위기를 불식하는 데 충분 이상의 효과를 발휘했다. 사람들은 이 젊은 황자가 황태자인 형이 결혼할 때까지 기다리지 않는 것은 물론이고 할아버지 히로히또의 탈상 때까지 혼인 승낙이 유보되는 것조차 참지 못하고 안달하는 로맨스 이야기를 재미있어하면서, 이만큼이나 민주화된 황실이라는 이미지를 얌전히 받아들이는 것이다. 젊은 황자비가 황자의 이마에 흘러내린 머리카락을 쓸어올려주는 장면을 포착한 한장의 사진이 궁내청의 비위를 건드려 그 사진을 촬영한 사진기자가 궁내청 촉탁 자리에서 쫓겨난 사건도 이 커플의 인기를 높이는 데 기여했다. 지방을 여행하면서 군중의 환호를 받는 장면, 박물관에서 전시품을 들여다보는 황자 뒤에 지친 표정으로 서 있는 황자비의 모습, 혹은 조깅하는 황자비를 자전거를 타고 쫓아가는 황자의 모습 등, 이 커플의 일거수일투족이 매일 신문지면을 장식했다.

새 황자비는 복제되기 시작했다. 연한 파스텔톤 의상, 어깨 위로 치렁거리는 머리, 리본 달린 모자를 쓴 여성들이 토오꾜오 지하철에 나타난 것이다. 이들 복제 여성의 등장은 지금 한창 준비 중에 있는 2막짜리 드라마, 곧 세속행사와 종교행사를 한데 아우른 천황즉위식을 두고 천문학적 액수의 혈세를 그런 일에 쓰는 것은 위헌이라는 시비를 무색하게 만드는 데 기여하고 있다. 돌이켜 생각해보면 지난번 히로히또 천황의 장례식도 황실의 가장 중요한 행사인 이 즉위식의 리허설인 셈이었다. 그 시기도 수확기인 가을을 택함으로써 비록 재정적 부담은 전자산업에 지울망정 일본의 뿌리는 쌀의 문화에 있다는 서민들의 정서에 부합하려 한다. 장례식이나 즉위식은 근대국가의 서로 모순되는 요소 즉, 합리성에 대한 요청과 신화적인 것에 대한 위험한 유혹이 분출해 태평스러운 일상성의 표면에 균열을 일으킬 듯 아슬아슬한 순간의 표본 같은 것이다. 일본 정부는 양립할 수 없는 것을 화해시키는 편법으로 세속적인 것과 종교적인 것을 병치함으로써 한편으로는 되돌아갈 수 없는 과거에 대한 충성을 부르짖는 세력을 다독거리고 다른 한편으로는 헌법상의 권리를 지키라고 요구하는 사람들을 회유하여, 경제적 희생은 어떻게든 피하자는 방침인 것이다.

이러한 전략은 20세기 막바지에 다다른 우리를 몽땅 집어삼키려는 여러 문제들에 대한 성찰을 지연시키는──어쩌면 무기한으로──데는 성공할지 모르나, 다른 사람들을 해침으로써 현대의 불확실성에 대한 불만을 직접적으로 불식하고 싶어하는 사람들을 저지하지는 못한다. 황자의 결혼식과 일상생활의 압박으로 사람들의 기억에서 거의 사라졌지만, 1990년 1월에는 모또시마 시장 암살미수 사건이 일어나 신문지면과 TV화면을 독점했다. 이때는 온 나라가, 일찍이 '발언' 당시에는 시장을 비판하기에 여념이 없던 보수파 의원들마저 언론자유의 지지파가 되었다. (파스텔톤 의상을 걸친 젊은 여성들은 대중매체들이 생소한 경어를 남용해가면서 자기네 평민 중의 한 사람을 별세계 인간으로 만들어가는 것이 무엇을 의미하는지 전혀 생각해보지도 않는 듯하다. 이번의 경어 사용으로 말하면 30년 전 또한 사람의 '평민'이 황실에 들어가 지금의 황후가 될 때보다 더 철저히 획일화되어 있다.)

모또시마 저격사건이 일어난 것은 세금 낭비라는 보수파 의원의 지적도 있고 해서 시장의 신변 경호가 해제된 지 채 한달이 못 가서였다. 쇼오와 천황의 일년상을 치른 직후이기도 하다. 한 우익단체 회원이 치과에 가려고 청사를 나서는 시장을 등뒤에서 쏘았다. 탄알은 폐를 관통했다. 시장은 피를 토하고 승용차에 실려 뒷좌석에 조용히 앉아 구급차가 오기를 기다렸다. 구급차가 오자 그는 스스로 들것 위에 몸을 뉘었다. 봄이 되어 이 시련의 기간에 그를 지지해준 사람들에게 그는 죽음을 기다리면서도 자신이 비교적 냉정할 수 있었던 것은 조상인 '숨은 키리시딴'에게서 물려받은 신앙 덕분이라고 감사의 편지를 썼다.

1990년 7월, 나는 다시 한번 시장을 만나기 위해 나가사끼로 갔다. 그는 완전히 회복되었다며 신문을 읽고 있었다. 걸음걸이가 다소 느릿해진 듯싶었다. 그러나 그보다 나를 흠칫하게 만든 것은 1년 전에는 그에게서 전혀 찾아볼 수 없었던, 어딘가 나약해 보이는 인상이었다. 나는 그제야 비로소 내가 그동안 사건의 공적·정치적 측면에만 정신이 팔려 미처 생각지도 못했던 사실을 깨달았다. 저격은 한 개인에 대한 살해 기도이기도 했으며 그는 결코 옛날 그대로의 존재로 돌아갈 수 없다는 것을 미처 생각지 못한 것이다. 가슴이 쓰려왔다. 나 자신도 대중매체의 언론 플레이에 놀아나고 있었던 것이다. 누구에게서건 목숨을 뺏으려 할 정도의 증오를 받는다는 경험이 얼마나 충격적인가에 대해서는 생각해보려고도 하지 않았던 것이다.

시장의 익살은 여전해서 글쎄요, 가끔 자신에게 타이르죠. '져선 안돼, 강하게 버텨야지'라고요. 하지만 움찔움찔하면서 지내는 때가 많죠, 하고 털어놓는다. 기도를 자주 하고, 그 피격사건은 생명의 소중함을 상기시키기 위한 것이었다고 자위한단다. 이런 단순한 말을 할 때도 상투적인 느낌이 들지 않고 절실하게 들린다. 그러나 그가 산다는 것을 재인식했다고 해서 그것이 엄숙하기만 한 것은 아니다. 그는 지금 책을 집필 중인데, 그 책에 기술될 갖가지 소년 시절의 일화들을 재미나게 주워섬기기도 했다. 산꼭대기 가장 높은 나무 위에 지은 까마귀 둥지를 끌어내린 일, 맨손으로 물고기를 잡던 일, 개미

떼에 끌려가면서 꿈틀대던 벌레를 구해준 일 등등을 주워섬기던 그는 갑자기 목소리를 낮춰 묻는다. "이따위 이야기들을 써서 세상에 무슨 도움이 될까요?"

그러나 모또시마 시장은 1990년 8월 9일에 발표한 그의 평화선언에서 그 어느 때보다 강한 어조로 외국인 피폭자들에 대한 사죄와 재정지원을 일본 정부에 요구했다. 그의 말에는 위험에 직면한 그의 일관된 입장의 무게가 실려 있었다. 그에 비하면 히로시마의 아라끼 시장이 기념사에서 행한 인권에 대한 호소는 너무나 공허했다. 조선인 원폭희생자 위령비는 아직도 히로시마 '평화공원' 바깥에 서 있고, 노예노동에 끌려온 조선인들은 죽은 뒤에도 살아 있을 때와 매한가지로 차별받고 있는 것이다. 올해(1991)는 그 비석이 공원 안쪽으로 옮겨진다고 하지만, 그것을 이전하기 위해 조직된 시 당국의 위원회는 비석에 새겨진 문장에서 강제연행이니 강제노동이니 하는 말을 삭제해야 한다는 주장을 굽히지 않았다. 히로시마 평화공원은 오로지 히로시마의 수난에 대해서 바쳐졌으므로 불순물이 들어가서는 안된다는 소린지.

8월 9일, 모또시마 시장은 피로가 말끔히 가신 모습이었으며 당당하고 확고하면서도 잘난 체하는 구석이라고는 전혀 없는 이전의 자세를 완전히 회복하고 있었다. 친구들 말에 의하면 그는 그 이후에 또 긴장이 연속되어 많이 지쳐 보였다고 한다. 그럼에도 불구하고 그는 심사숙고를 거듭한 끝에 4선을 위해 1991년 선거에 출마한다고 발표했다. 그는 지금 68세, 보수진영의 지지기반은 상실했다. 사회당 공천을 얻든가 아니면 혁신계 무소속으로 나와야겠지만 그것은 미

정이다.[1)]

죽어가는 천황과 함께 시작된 모또시마 시장의 르네상스 탐구는 끝내 그 자신을 죽음의 벼랑으로까지 끌고 갔다. 그가 자유의 몸이 될 전망은 아직 없으므로 그의 탐구는 계속될 것이다. 그로 하여금 고독한 르네상스를 계속하게 하는 힘은 무엇인가. 그것은 아마도 자신이 할 수 있는 것은 극히 적지만 그나마도 할 수 있는 사람은 그 자신밖에 없다는 인식, 그것일 터이다.

죽음이라는 것은 삶에 있어 대담한 성찰과 상상 및 행동을 가능케 한다. 그 점에서 쇼오와 천황은 그의 죽음이 천천히 진행됨으로써 확실히, 본의가 아니었을 커다란 공헌을 했다고 할 수 있다. 나도 그 은혜를 입은 사람 중 하나다. 왜냐하면 여기 실린 글들은 그 질질 끄는 죽음 때문에 빛을 보게 된 한편의 시, 이 책 앞머리에 있는 시와의 우연한 만남에서 비롯되었기 때문이다. 재일 조선여성인 종추월은 유명한 일본 여류시인 요사노 아끼꼬(與謝野晶子)가 러일전쟁 전야인 1904년에 썼던 반전시에서 "당신, 죽지 말지어다"라는 구절을 빌려다가 거기에 교묘하게 복합적인 의미를 부여하여 천황은 잠깐 죽음을 연기하라, 그리하여 전전에는 신으로서, 전후에는 상징으로서의 정체성 때문에 부정되어온 인간성을 획득하라고 외친다. 가학적이기조차 한 이 요구는 유토피아적 차원을 지니고 있다. 일본 천황은 죽음의 심연 속에 가라앉으려는 지금에야 가까스로 죽은 조선인 노동자들과의 상관성을 인식할 수 있을 만큼의 인간성의 싹을 틔우게 될는지 모른다고, 시인 종추월은 말하고 싶은 것이다. 조선인 노동자들은 일본인과 똑같이 천황의 적자(赤子)가 되는 특권을 구실로 일본인 정체성을 강요받음으로써 그 자신의 인간성을 부정당했다. 그러나 그 특권이란 강제노동과 죽음에의 초대장이었을 뿐이며, 간신히 살아남은 자들도 태어날 때부터의 적자가 아니면 일본 시민이 될 수 없음을 알았다. 천황은 식민지에서 데려온 양자들을 곧바로 내버렸던 것이다.

세계는 지금 페르시아만 위기를 앞에 놓고 흔들리고 있다(1990년 8월 이라크의 쿠웨이트 침공에 맞서 미국을 주축으로 다국적군이 결성되었고 1991년 1월부터 '걸프전'이 벌어졌다―옮긴이). 우리는 죽음의 가능성과 함께 살고 있으며, 전자매체 덕분에 죽음과 너무 친밀해져서 공포감조차 느끼지 못한다. 죽음을 대수롭지 않은 것으로 만드는 일은 인간들의 삶을, 특히 우리가 같은 인간으로 인정하고 싶지 않은 사람들의 삶을 하찮게 여기게 한다.

태평양 건너편에서는 미국이 자의적으로 아라비아에서 벌인 미친 짓에 일본의 기여가 적었다고 아우성이었다. 미국의 지도자들은 일본의 운명이 걸린 헌법상의 한 허구적 조항에 대해 자기들 편할 대로 생각할 뿐이다. 일본 정부로 말하면, 국가의 종교활동을 금지하는 제20조를 유명무실하게 만들어버린 실적도 있는 터여서 이번에는 그 허구 조항, 곧 무력행사를 금지하는 제9조를 재고하고 싶어한다. 이 '부전(不戰)'조항이 일본의 번영에 중요한 역할을 한 것은 사실이다(미국 측에서 보면 그런 조항을 삽입하게 한 것이 저주스럽겠지만). 그러나 그렇다고 해서 전쟁을 인간 문제의 해결책으로 보는 관점을 포기한 것도 아니요, 그런 관점에서의 전쟁의 가치가 떨어진 것도 아니다. 이 허구의 허구성에는 두 방향이 있다. 하나는 세계의 새로운 배치를 상상하는 방향이고 다른 하나는 현실을 호도하고 기만하는 방향, 다시 말하자면 꿈으로서의 허구와 기만으로서의 허구다. 제9조는 오늘날 폭력 없는 세계에의 꿈과 대규모 '자위'대에 관한 기만, 이 양쪽의 원천이 되고 있다. 일본에서는 지금 이 허구를 마침내 폐기할 것인가 여부를 놓고 위험한 논쟁이 대두하고 있다. 그것이 왜 위험하냐 하면, '행사될 수 없는 무력'을 해체함으로써 이 어처구니없는 기만을 바로잡으려는 사람들 쪽이 강력한 육해공군을 설치함으로써 아예 기만책 따위를 폐기하자고 하는 사람들에게 수적으로 확실히 밀리기 때문이다.

우리는 현실주의라는 명분으로 여태까지와는 다른 세계를 만들고자 하는 꿈을 내동댕이칠 수 없다. 그러한 현실주의는 파괴와 죽음의 근거가 될 뿐이다. 지금 우리에게 무엇보다 시급한 일은 "당신, 죽지 말지어다, 아직은" 하는 말에 주목할 것과, 성취할 수도 단념할 수도 없는 르네상스에 스스로를 바치는 일이다.

1990년 10월

일본 때리기에 대하여

태어날 때부터 미합중국 대사관에서 발행한 여권을 소지하고(그 나라에는 단 한발짝도 디딘 적이 없었으나), 어릴 때부터 일본 정부의 외국인등록법에 따라 지문날인을 한 나는 일찍부터 국민국가라는 것이 사람들에게 갖는 호소력에 회의를 품었다. 학교에서는 미국 아이들에게, 집에서는 일본 아이들에게 무언가 자기들과는 다르다는 것 때문에 놀림감이 되었던 나를 어머니는 이런 말로 위로하려 하셨다. "어른이 되면 미국인이니 일본인이니 하는 건 아무도 상관하지 않는단다." 어머니는 때때로 비장한 표정으로 말씀하셨다. "어느 나라 시민권을 가졌건 그게 무슨 상관이람?" 어머니는 합중국 시민의 해외 출생 자녀들은 미국 내에서 5년 이상 계속 거주해야 한다는 법 규정을 무척 염려하셨다. 미국 연방대법원이 이 규정을 특정한 일부 미국 시민에 대한 차별대우라고 명시해 폐지하기까지는 10년 세월이 더 필요했다. 아니 그보다 더 오랜 세월을 요구한 것은, 우리 어머니같이 외국 국적을 가진 사람과 결혼한 일본 여성이 그 자녀에게 일본 시민권을 물려주는 일이었다. (외국인과 결혼한 일본 남성의 자녀가 일본인 자격을 갖는 일은 물론 오래전부터 당연시되어왔다.)

어머니 말씀은 옳기도 하고 틀리기도 했다. 국제화된 사회에서 평화롭고 번영하는 시대를 살고 있는 사람들에게는 어머니 말씀이 옳을 것이다. 그런 사람들에게는 시민권—더 직접적이고 체험적인 국적이란 말이 있으나 이것은 자칫 민족이란 말, 결국에는 불가피하게 인종이란 말로 대치되어버린다—따위가 아무 의미도 없다. 그러나 문명은 사치품이다. 시대가 어려워지면 우리는 대개 추상적인 설명에 만족하지 못하고 어느 나라 어느 국민 하며 죄를 뒤집어씌울 구체적 상대를 원하게 된다.

장소, 사람 그리고 한층 더 미묘한 언어에 대한 애착은 애국심과 혼동되기 십상이다, 세계 도처에서 깃발을 흔들어대는 무리들이 우리에게 믿게 하려고 하는 것과는 달리, 그것들은 서로 맞물려 있는지는 모르겠으나 같은 것은 아니다. 의도적이건 아니건 간에 그런 혼동을 조장하는 제도들이 있다. 국제적인 스포츠 대회는 매우 효과적이다. 1970년대의 일인데, 내가 마침 쎈트럴파크에 갔을 때 뉴욕 마라톤의 선두주자들이 공원 안으로 막 들어서고 있었다. 그 속에 일본 선수가 한명 있는 것을 보고 가슴이 찡해지면서 눈물이 솟아나 나 자신도 놀랐다. 몇명인지 일장기를 든 사람들도 있었다. 나는 들고 흔들 어떤 것도 갖고 있지 않았다. 하는 수 없이 들리지 않을 정도의 목소리로, 그 선수를 향해 일본어로 성원을 보냈다. 토오꾜오 올림픽이 있은 지 10년이나 되었건만 나는 그때까지 일본인이 세계적인 대회에서 우승하리란 생각은 하지 못했었다. 그리고 나는 일본말을 할 기회가 없어 안달을 하고 있었다. 이렇게 착잡한 감정이 되었을 때 깃발은 언제나 편리한, 그리고 자칫 치명적인 단순화의 도구다.

1년 전 여름, 나는 토요꾜오의 한 백화점에서 한쌍의 미국인 부부와 함께 그들이 관계된 어느 특별전람회의 개장을 기다리고 있었다. 그 남편은 양복 앞섶에 일장기 배지를 달고 있었다. 아직 문이 열리기 전의 묘하게 썰렁한 분위기 속에서 점원들이 몇십년 전부터 NHK가 틀어대고 있는 방송 테이프에 맞춰서 아침체조를 시작했다. 친구 남편도 그들 속에 끼여들었다. 나는 그가 자동차는 미국제를 사야 한다는 저 '바잉 아메리칸'(Buying American) 운동의 확고한 신봉자임을 알고 있었지만 그가 그렇게 한 것은 분명 우호의 표시인 것 또한 믿어 의심치 않았다. 그 직전까지만 해도 나는 그가 일장기 배지를 달고 나와서 몹시 당황했으며, 일본인들 중에도 그 씸벌에 심한 불쾌감을 갖는 사람이 있다는 것을 알아듣게 설명해주고 싶었다. 그러나 그 행동이 너무 자연스럽고 악의라고는 조금도 찾아볼 수 없었기 때문에 ―자기 나라에 대한 충정과 또 하나의 나라, 그러나 한때는 적국이었던 나라에 대한 선의의 표현이므로― 나는 그에게 아무 말도 하지 않았다.

나는 금년 봄에 유럽에서 열린 한 국제대회에서 일본 어린이들에 관한 논문을 발표했는데, 그 가운데 초등학교 상급반에서 중학교에 이르는 일본 어린이들 중에 혈중 콜레스테롤 수치가 높은 아이들이 매우 많다는 통계를 인용했다. 그러자 한 일본인 전문가가 발끈해서 일어서더니 트집을 잡기 시작했다. 그가 말하고자 하는 바는 이를테면 높은 콜레스테롤 수치를 갖게 만든 원흉은 미국에서 수입해온 전기구이 통닭이라는 것이었다. 그리고 마지막으로 일본에서 3년 이상 살아보지 않은 사람은 일본에 대해서 이러니저러니 해서는 안된다고 결론을 내렸다. 내 동료들은 분개해서 말했다. "당신이 일본에서 태어나고 자랐다는 사실을 왜 말하지 않았어요? 당신은 절반은 일본인이잖아요?" 나는 동료들에게 말해주었다. "그런 근거를 가지고 내 논의의 정당성을 주장하고 싶진 않아요. 게다가 저 신사는 틀림없이 내가 절반은 일본인이라는 사실을 알게 되면 더 해괴한 소릴 할 거예요."

이런 경우, 실제와 본질은 겉보기 이상으로 공통점을 갖고 있다. 자기 연구주제에 관해서는 직접적 경험에 근거한 지식이 있어야만 한다는 저 일본인 전문가의 요구는 그 나름대로 타당성이 있다. 하지만 그의 분개하는 태도는 더 많은 것을 시사한다. 그것은 내 연구보고가 비판적이었다는 사실에서 나온 것이다. 무엇에 대한 비판인가? 내 관심사는 오늘날 일본 사회가 보여주는 어떤 국면, 어떤 실태를 주로 교육분야에서 고찰함으로써 그것들이 선진자본주의 사회에서 일반적으로 나타나는 경향을 어떻게 예증하고 있는가를 살펴보려는 것이었다. 그 질문자가 내 보고를 그렇게 받아들이지 않은 것은 분명하다. 오히려 그는 내가 '일본'을 공격하고 있다, 아니 더 확실히 말하면 '일본적인 것'을 매도하고 있다고 받아들였다. 만일 내가 일본을 더 잘 알고 있다면 그렇게 비판적일 수는 없을 것이다, 아니 더 적절히 표현한다면 내가 일본인이라 할 만큼 일본에 친숙한 사람이라면 모든 것을 이해하고 비판 따위는 하지 않을 것이다, 하는 매라인 것이다. 나에겐 그의 이러한 가정이 그 성난 목소리 뒤에서 들려왔다.

이렇듯 국적이라는 것에다 법적·유전적·정신적 의미를 잔뜩 갖다 붙이는 정체성 의식을 갖고 있는데, 내 절반은 일본인이라고 말하는 것은 아무 소용이 없다. 거기서 한걸음 더 나아가 법적·유전적·정신적인 것들이 한데 어우러져 일본인이란 곧 일본인의 피가 흐르는 사람이라는 뜻이며, 그것은 또 일본이라는 국민국가의 시민이란 뜻이며, 또한 일본적 감각의 소유자라는 뜻이라는 일련의 등식이 이 열도에 살고 있는 다른 여러 종류의 사람들을 옴짝달싹 못하게 묶어놓는 바이스(vise)가 되고 있다. 그러나 확실히 덧붙여두고 싶은 것은 이러한 일련의 등식은 세계 어느 곳에서나 발견할 수 있으며, 그것을 받쳐주는 국가의 지위나 성격에 따라 그 효과의 불쾌지수가 다를 뿐이라는 사실이다.

어떤 사회를 비판할 수 있는 권리는 누구에게 있는가? 오직 그 시민들에게만? 그들은 앞서 말한 그 바이스에 묶여 있다고는 결코 생각지 않으며 그래서 억압을 받고 있다는 것을 모르거나, 알아도 침묵을 강요받고 있는데도? 하지만 그보다 우선 비판을 정당화하는 원칙들은 무엇인가? 이른바 '일본 때리기'(Japan bashing)라 부르는 현상이든 그에 대한 비판적 논의든, 경제적 이해와 얽혀 있기 십상이다. 아무런 대책 없이 미국 경제퇴조의 영향을 받은 사람들, 특히 일본이 진출해 있는 지역의 그러한 사람들이 기를 쓰고 일본 때리기에 나서는 것도 무리가 아니다. 뒤에서 그들을 부채질하는 것은 이른바 그들의 지도자로 자처하는 정치가들, 그리고 일본 기업과의 경쟁에서 밀린 회사들, 가장 두드러진 예로는 미국 내 본거지를 포기하고 저임금을 찾아서 해외로 나간 기업들이다. 그 반면에 일본 때리기를 비판하는 축을 보면 일본과의 우호적 유대를 유지함으로써 경제적 이익을 추구하려는 사람들이 대부분이다. 예절이라는 것은, 반드시는 아니더라도 대개의 경우 경제적 이익의 상호관계에 의존한다. 지금 탄식해봐야 너무 늦은 일이다.

더욱 입장이 난감할 사람들이 있다. 미국은 세계를 지배하고 싶어하는 나라요 자칫 인종주의로 흐를 염려가 있는 사회라고 상당한 근거를 가지고 진지하게 믿고 있는 사람들인데, 그렇게 생각하면서도 그들은 일본에 대한 어떤 비판도 일본 때리기나 다름없다고 생각한다. 인종주의가 여전히 미국 사회를 괴롭히고 있는 것은 사실이지만 일본에 대한 모든 비판이 인종주의적인 것은 아니다. 그렇다고 하는 주장은 인종주의적인 일본 국수주의와 맥락을 같이한다. 지금 우리에게 필요한 것은 국민국가의 경계선과 경제적 이해의 닫힌 지평을 넘어선 곳에 설자리를 마련하는 일이며, 거기서 우리는 20세기 말을 사는 인간으로서 정의롭고 의미있는 삶의 조건은 무엇인가를 물어야 할 것이다. 이 물음을 던지면서 우리는 특정 사회들과 그 사회들 상호 간의 관계에서 직면하는 장애들을 밝혀내야 할 것이다.

아이러니하게도 '미국에서 수입한 전기구이 통닭' 운운하는 발언이 맨 먼저 내 머릿속에 불러일으킨 반응은 부끄럽다, '일본'을 위해서 부끄럽다는 느낌이었다. 아, 여기에 또 한 사람 국제무대에서 무식을 드러내는 일본 남성이 있구나. 내게는 그 사회에서 생활한 역사가 있고 또 거기에는 내 친구들이 많고, 나는 거기서 애틋한 정과 지식과 가혹할 만큼의 자기성찰을 배웠다. 나의 그 부끄러운 감정은 아마도 20년 전 쎈트럴파크에서 경험한 착잡한 감정과 뿌리를 같이하고 있을 것이다. 하지만 나는 비판에 대한 일종의 전통적인 동기를 무시해왔음을 절감한다. 그것은 애착이다. 이 책을 쓰는 나를 줄곧 지탱해준 것은 일본 사회에 살면서도 그 속에 녹아들지 못하는 사람들에 대한 나의 찬탄과 공감이었다. 나는 그들에 대해서, 그들을 침묵시키려 하는 사회와는 별개의 사회를 그려보는 그 사고에 대해서 애착을 가지고 있다. 애착이란 출생 또는 문자 그대로의 혈연에서도 생겨날 수 있고, 공통된 경험, 지적 공명(共鳴), 단순한 공상에서도 생겨날 수 있다. 그것은 비판의 질이나 그 정당성에 대한 보장은 될 수 없을망정 왜 구태여 어떤 구조나 일련의 관행을 비판하고 싶어졌는가에 대한 설명은 될 수 있다. 마음에 걸린다는 것은 경제적 관심과는 다른, 아니 어쩌면 기기에 추가되는 이유인 것이다. 나는 경제적 이유를 배제할 생각이 없다. 사고의 가능성을 위해서나 기쁨을 주고받기 위해서나 인간답게 살기 위해서 경제적 윤택함은 필요한 것이다.

일본 비판을 모조리 일본 때리기로 치부해버리는 일은 사람, 장소, 음식, 자동차, 영화, 제스처, 그리움 등의 복합물을 꽁꽁 응고시켜서 '진짜' 일본인들이 사는 '일본'이라는 단일체에 동결시키는 것과 같다. 미국에 대해서도 같은 말을 할 수 있다. 그것은 복잡한 사랑을 표명할 수 있는 가능성을 봉쇄해버리는 것이다.

1992년 6월

『죽어가는 천황의 나라에서』를 읽는 분들께

이 책을 쓰던 1989년 가을에 나는 마흔두살이었고, 두 아이를 키우고 있었다. 온갖 걸 요구하는 대학생활에서 한숨 돌릴 수 있는 일이라면 언제라도 환영할 만했지만, 이 무렵의 몇달은 특히나 소중했다. 이 원고 속에 나오는 사람들의 투쟁에 걸맞은 분투하는 말들, 그 진실한 말들을 찾기 위해 애쓸 기회를 갖게 된 건 내게 선물이었고, 돌이켜보면 기적 같았다. 이들과의 만남과, 그들이 다른 많은 일본인과 나누었던 이야기를 통해 얻은 영감은 세상을 희망적인 곳으로 보이게 해주었다. 그들은 평화주의에, 역사의 증인으로서의 자세에 생생한 헌신을 보여주었고, 그럼으로써 이웃들과의 화해를 추구했다. 내가 처음 그들의 이야기를 전하고 다음에는 일본어로, 그리고 한국어로 번역되면서 그 선물은 몇배로 커져갔다.

이제 나는 이 선물을 새 한국어판 독자들과 나눌 기회를 얻었다. 지금은 2014년 한여름, 나는 예순일곱살이 머지않았고, 은퇴했고, 학머니가 되었다. 세상은 훨씬 덜 희망적이다. 그런데 나는 자문해본다. 이런 세상을 정당화할 수 있을까? 분명 이 글을 쓰는 순간에도 가자 지구에서는 대량학살이 자행되고 있다―또다시. 미국은 유엔 인권 이사회가 '팔레스타인 점령지역 내 국제인권과 국제인도법상 모든 폭력'에 대해 조사단을 파견하겠다는 결의에 반대표를 던졌다(이번 결의는 찬성 29, 반대 1, 기권 17―대부분이 유럽 국가들이었다― 로 통과되었다). 이에 대해 나는 미처 기록도 못할 만큼 아주 잠시 놀랐을 뿐이다. 즉각적인 경험은 반복되고, 고통받는 타자에 대한 잠시 뿐인 관심은 희망을 점차로 축소하는 데 기여했다. 실제로 세상 대부분은 이스라엘의 방벽에 갇혀 '죽느니보다 못한 삶'을 사는 가자를 잊고 있었다. 인터넷 시대에는 분노와 체념의 순환이 확연히 악화되었지만, 물론 이것은 전혀 새로운 일도 아니다. 아니, 물론 내가 소극적인 탓도 있다. 예컨내 어제만 해도 이스라엘 공습에 항거하느라 잠을 잃은 토오꾜오의 반핵운동가에게서 이메일을 받았는데, 심지어 그는 후꾸시마원전행동대(福島原發行動隊, 60대 이상의 숙련된 엔지니어들이 조직한 원전처리 결사대로 창립자는 야마다 야스떼루山田恭暉이다―옮긴이) 대표의 추모행사를 준비 중이기까지 했으니 말이다.

지금으로부터 25년 전인 1989년에 나는 내가 글을 쓰던 순간이 역사적으로 얼마나 예외적인 순간인지 이해하지 못했었다. 그것은 천황 히로히또의 느린 죽음으로 연장되면서 한편 촉진된 균열의 순간이었고, 나는 거기 사로잡혔다. 캘리포니아 남부에서 보낸 나의 대학 시절은 공교롭게도 베트남전 반대운동이 시작되던 시점은 물론 민권운동이 급진화하던 때와 겹친다. 1968년 5월에는 프랑스에서 공부할 기회가 있었는데, 그곳에서 나는 학생운동이 국가를 정지시키는 광경을 보았다. 그 열광적 순간의 예외성을 알아보기에는 나는 역사에 무지했고, 어쨌거나 너무 어렸다.

이후로 20여년이 지나는 동안 나는 일과 가족에 사로잡혀 더 큰 세상에서 무슨 일이 일어나고 있는지에 대해서는 작은 관심을 잠시 스치듯 기울였을 뿐이다. A급 전범들을 복귀시키고 노동운동가들에게 레드 퍼지(red purge, 공산주의자 추방)를 가함으로써 더욱 과열양상으로 번진 재무장에 반대하는 전후의 투쟁들, 1960년대 미일안보조약 개정에 반대한 전국적인 참여, 1970년대 억압적인 정권이 고도성장경제로 가면을 바꿔쓴 것에 항거한 학생운동, 이 모든 것의 기억이 1989년 무렵에는 멀어져버렸다. 이미 밝혀진 대로 거품은 곧 터질 것이었지만, 돈이 넘쳐나는 현기증 나는 사회는 멀리 있었는데, 그건 내 가족이 거기서 배제되었기 때문만은 아니고 보이지 않는 다른 많은 일본인들에게도 마찬가지였다.

그 요란한 번쩍임이 주식시장의 붕괴가 아니라 어느 특정한 사람에 의해 중단되었다는 사실은 여전히 주목할 만하다. 그리고 그걸 중단시킨 방식은 그때만큼이나 오늘날에도 놀랄 만한 것인데, 즉 많고 많은 일본인들—단지 반전운동가들, 역사의식이 있는 지식인들만이 아니라—이 태평양전쟁에서의 일본의 역할과 그것이 오늘날 사회에 미치는 결과를 되돌아보기 위해 그들의 바쁜 삶을 잠시 멈춘 것이다.

만일에 [경제적—옮긴이] 번영이 대부분의 사람들로 하여금—부가 제공하는 오락거리 때문이든 그걸 유지하는 데 필요한 노동 때문이든 간에 —— 너무 바빠서 이 책에 나오는 사람들이 제기한 문제에 참여하지 못하게 만들어왔다면, 이후의 경기불황은 그들이 일자리를 찾는 데 혈안이 되게 했다. (우리는 이 시기에 과로사가 낯설지 않았음에 주목해야 한다.) 나는 매일매일을, 현대 생활의 별스러울 것 없는 시간들을 이루고 있는 구조적 힘과 씨름하는 데 몇년을 보냈다. 21세기의 첫 10년간 반전(전후 헌법 제9조의 '부전'조항 수호)과 빈곤퇴치 운동이 함께 이루어지기가 얼마나 힘든지를 보고서야, 나는 이런 아젠다들에 참여할 필요성이 노동운동 부재의 시대를 알려주고 있음을 겨우 이해할 수 있었다. 사람들은 역사적 책임 또는 소수자와 인권 전반을 추구하는 데 힘을 쏟기 위해서는 다소간의 경제적 안정을 필요로 한다. 특히나 그들의 지도자들이 이웃 국가들과 분쟁을 일으킬 때 민족주의의 유혹을 뿌리치기 위해서도 경제적 안정은 필요하다. 그리고 지금, 후꾸시마 원전사태로 분명해진 것은 오래된 진실, 사람들이 단지 자신의 건강, 즉 자기 존재 자체를 소중히 하기 위해서도 경제적 안정이 필요하다는 사실이다. 나는 이 지점으로 돌아가야만 한다.

20여년간의 불황과 최근의 헌법 제9조에 대한 전례 없는 도전 이후로, 전쟁이 번영의 수단이라는 호소는 너무도 그럴싸하다. 실제로 정권 2기째인 아베 신조오는 미국을 난처하게 하면서까지 야스꾸니 신사 방문을 고집한 것은 물론 지난 2013년 12월 국회에서 '특정비밀보호법'을 강행 처리한 데 이어, 2014년 7월에는 처리하기 힘든 헌법 개정을 잠시 유보하고 '집단자위권'에 관여해 자위대를 허용하는 것으로 내각의 결정을 날조했다. 지금으로서는 이것이 헌법 제9조에 대한 가장 치명적이고도 가슴 아픈 공격이다.

대개 보수파이던 수상과 장관들의 참회와 사죄의 발언이 이어지던 시절은 너무도 먼 옛날이 되었는데, 특히나 코오노 요오헤이(河野洋平) 전 국방장관은 '위안부' 배치에 일본군이 관여했음을 인정했고, 호소까와 모리히로(細川護熙) 전 총리는 침략전쟁에 일본이 참여했음을 인정했으며(모두 1993년의 일이다), 이는 1995년 종전 50주년을 맞아 이루어진 무라야마 토미이찌(村山富市) 전 총리의 인정과 사죄로 더욱 확고해졌다. 분명 이런 몸짓들이 불충분했기 때문에, 그들은 이제 지속적으로 위협을 받고 있다. 헌법 제9조에 대해 말하자면, 계속되는 '해석 개정'으로 거의 처참해졌다. 그것이 (여전히―옮긴이) 전면적 재무장을 막을 방어벽으로 남아 있다는 사실은 실제로 재무장 시도를 끝장내려면 우리 모두의 지속적인 노력이 필요하다는 것을 입증하는 셈이다.

이러한 최근의 조치들은 그 내용과 그것을 도입하려는 반민주적 분위기 모두에 대한 시민들의 집요한 항의를 불러올 수밖에 없었다. 이미 일본 내 미군기지의 대부분을 수용하고 있는 오끼나와의 깨끗한 항구 헤노꼬에 해안 매립을 요구하는 미 해군 항공기지를 이전하라. 아베 정부는 자신들의 의지를 강화하기 위해 매수를 넘어 점차 더 가혹한 수단들을 적용하고 있다. 아니면 재가동된 핵 문제를 들어보자. 내 어머니는 곧잘 한숨을 쉬면서 이렇게 말하곤 하셨다. "왜 일본인들은 한국인들처럼 할 수 없는 걸까? 왜 우리의 분노를 공개적으로 표출하지 않을까?" 어머니는 지난 2011년 가을 후꾸시마 원전 사태로 시작된 대규모 시위에 전율을 느끼고, 토오꾜오 올림픽(2020)

유치, 핵 수출 준비와 무엇보다도 원자로 재가동 주장에서 보여준 아베의 막무가내와 이중성에 경악하셨다.

민주주의적 저항의 거듭되는 패배가 우리를 희망 없는 상태로 놓아둘 것인가?

이노우에 히사시(井上ひさし, 1934~2010)가 그의 마지막 연극 「조곡학살」(組曲虐殺, 2009)에서 1933년 스물아홉살의 나이로 경찰의 고문으로 목숨을 잃은 프롤레따리아뜨 작가 코바야시 타끼지(小林多喜二)의 대사로 썼던 문장들을 떠올려본다. "세상에는 절망에 굴복하는 선한 사람들이 너무 많다. (…) 하지만 희망에 찬 나쁜 놈들도 너무 많다." 아마 영웅이라면 의아해하겠지, 누군가 우리를 절망에서 희망으로 옮겨줄 (밧줄 같은) 무언가를 찾아내지 못하는 건가?

*

2011년 일본어판 재출간을 앞두고 더 상세한 「후기」를 준비하던 중에 나는 이 책에 나온 '세상의 선한 사람들' 몇몇과 연락을 취해보았다. 이제부터의 이야기는 내가 그들을 처음 만나고 20여년이 흐르는 동안의 그들 삶에 대해 내가 알게 된 내용의 일부다.

치바나 쇼오이찌(1부)는 일본 불교의 한 종파인 정토진종(淨土眞宗)의 창시자라 불리는 신란(親鸞, 1173~1263)의 철학을 공부하기 위해 오끼나와의 집을 떠나 1년간 쿄오또에 머물렀다. 공부 환경이 엄격한 탓에 그를 만날 수는 없었지만 그의 아내로부터 얼마간의 소식을 들을 수 있었다. '맑스부터 신란까지'라는 제목의 글에서 쇼오이찌는 두 사람의 행보는 완전히 달랐지만 맑스와 신란 모두 평범한 사람들과 평등에 대해 관심을 기울였음을 짚었다. 한센병 환자들을 지원하는 만큼이나 야스꾸니 문제에 대해서도 고심하는 정토진종 승려들의 존재에 그는 감명을 받았다. 그는 커뮤니티 내에 새로운 종류의 열린 모임 장소를 만들고자 했다. 한때는 일장기를 태웠다는 이유로 거부당했으나 이후에는 촌의회의 일원으로 참여하게 된 쇼오이찌는 이제 성직자이자 운동가다.

나까야 야스꼬와 우라베 유리꼬(2부)는 야스꾸니 신사의 역할과 정교(政敎)혼합의 추악함에 반대하는 광범위한 운동의 일부로서 나까야 부인 남편의 계속되는 신사 합사에 대한 저항을 이어왔다. 우라베 부인은 헌법의 '작용'을 위해 뭉친 현 단위 시민들의 모임에서 지도부를 맡아 대법원 패소 기념일인 6월 1일 야심차게 연례집회를 개최했다. 2008년 20주년 기념식 때 이 모임은 야마구찌 호국신사를 공격하러 나온 '좌파 기독교인들'이라고 해서 '재일특권을 허용하지 않는 시민의 모임', 즉 자이또꾸까이(在特會)의 타겟이 되었는데, 자이또꾸까이는 특히 특권을 누리고 있다고 여겨지는 한인 '외국인'에 지독한 적대감을 지닌 것으로 알려진 집단이다. 충돌은 피했지만 이후로 나까야의 모임은 신사와 그 어떤 접촉도 할 수 없게 되었다.

우라베 유리꼬는 2013년에 사망했다. 그녀는 그녀의 능력—호기심 많고 사색적이며, 언제라도 행동을 개시하고 지원 요청에 응답할 준비가 된—이 절정일 법한 때에 췌장암 진단을 받았다. 운 좋게도 나는 그녀와 그녀 남편의 안내를 받아 이와이시마(祝島)를 방문할 수 있었는데, 그 섬에서는 농부와 어부로 살아가는 주민들이 연합해 새로운 원전 건설을 30년 동안이나 막아왔다.

법정 싸움을 하는 동안 나까야 부인은 지역별 호국신사의 활동을 국가가 지원하는 일에 대해, 판사들의 부수적 의견(obiter dicta)을 빼면 그 합법성에 의문을 품는 판사들을 거의 볼 수 없었다. 2005년에 처음으로 오오사까 고등법원이 야스꾸니 신사 참배 관행에 국가가 협조하는 것을 위헌이라 평가했다. 나까야 부인은 새로운 말, 기존의 말이 아닌, 대법원까지 이르도록 딸이자 아내이자 엄마로서 해온 그녀의 투쟁을 충분히 표현해줄 새로운 말을 찾는 노력을 계속하고 있다.

그녀의 아들 타까하루는 여전히 아버지가 교통사고로 세상을 떠나기까지 부모가 짧은 결혼생활을 함께했던 그 남쪽 마을에 살고 있다. 그는 임상심리학자이자 연구원이자 교수이고, 우리 짐작처럼 자기성찰적인 성격으로 지금도 그와 그의 어머니가 가는 길에서 다양한 의미를 찾으려 애쓰고 있다. 그는 3·11 지진, 쓰나미 피해자와 원전사고 피해자들을 위해 자신이 지닌 자원들을 적극적으로 기부해왔다. 임시 거처에 있으면서 사회 내에서 자기 자리를 잃어버린 이들, 분노에 차서 스스로를 공적 기금이나 타먹는 존재로 비하하는 이들에게서 그는 어린 시절 자신의 그림자를 본다. 그는 후꾸시마의 아이들이 강하게 자라서 그들의 말이 이 사회에서 권위를 갖게 되기를 바란다──〔좋기로 이름난──옮긴이〕 북부의 사과를 일본 서쪽, 야마구찌에 사는 친척들에게 선물하면서도 그들이 좋아할까 궁금해하는 그이지만 말이다.

모또시마 시장(3부)과의 만남을 추진하는 데는 약간의 노력이 필요했다. 나는 일본의 북쪽 끝에 위치한 홋까이도오에 있었고, 그는 남서쪽 끝인 나가사끼에 있었다. 상상 속에서나 가능할 법한 배려로 그는 나에게 중간에서 만나기를 제안했다. 결국 나는 그와 가까운 후꾸오까로 가기로 했다. 그는 아내를 간병하고 있어서 너무 오래 집을 비울 수가 없었고, 그의 아내는 "이러저러한 이유로" 집에 있고 싶어 했기 때문이다.

89세인 그는 천천히 조심해서 걸었지만(이즈음 그의 보행 기준은 그의 말에 따르면 "넘어지지 않는 것"이었다) 그의 언술은 여전히 익살맞았고, 그 대단한 기억력도 여전했다. 그의 혀끝에서 오래전의 사람과 장소의 이름들과 중국 시구(詩句)가 줄줄이 흘러나왔다. 그는 시장으로서 네번의 임기를 보냈고, 마지막 임기는 공산당원들과 무소속 의원들의 지지를 받았다──자민당 정치인으로서는 이례적인 행보다. 다섯번째 도전에서 그에게 승리를 거둔 인물은 이또오 잇쪼오(伊藤一長)로, 그는 2007년 조직폭력배의 총에 맞아 사망했다. 모또시마는 1990년에 총격을 당해 가까스로 살아났다. 총격 사건이 드문 나라인데도 나가사끼의 두 시장은 총격을 입은 것이다. 이에 대한 생각을 묻는 질문을 받으면 그는, 이또오는 자신을 이긴 사람이니까 그가 두들겨맞거나 걷어차인 일이었다면 크게 마음 아프지 않았을 텐데 살해당한 데 대해서는 진심으로 유감이라 생각한다고 답했다. 만약 그에게 그런 일이 일어났다면 그는 아마도 폭력배 두목을 만나려 했을 것이다. 그리고 아마도 살해당하는 일은 면했을 것이다. "시장이 할 수 있는 일이 많지는 않습니다. 다만 시장이 그들의 이야기를 듣고 있다고 느끼면 만족해서 돌아갈 시민들이 많을 뿐입니다." 이또오 씨는 "친구와 적을 분명하게 구분하는" 사람이었다. 모또시마의 경우에는 '용서'를 강조한다는 점에서, 그가 냉정하게 구별짓지 않는다는 것은 분명하다.

네번째 임기 동안에 모또시마는 그의 모든 열정을 핵무기 폐지와 원폭 피해자 지원책 개선에 쏟았다. 1992년 한국을 방문하게 되면서 그는 중앙정부를 상대로 해외 거주 피해자들을 지원하도록 하는 활동을 시작했다. 그러한 노력이 실패하자, 그는 나가사끼시 예산에 이 지원 자금을 편성하기 시작했다. 2002년 그는 한국의 원폭 피해자들과 나가사끼의 원폭 피해자 후손과 학교 선생님들이 모여 설립한 한일평화교류 공로상의 첫 수상자로 선정되었다. 오랫동안 핵무기를 반대해오다 보니, 그는 일본이 15년간 자행한 침략전쟁에 핵폭탄은 필연적이고 또 적절했다는 논란 많은 관점에 대해 확고히 말할 수 있게 되었다. 그는 히로시마에 원자폭탄이 떨어졌을 때 사실은 세계가 기뻐했다고 주장하면서 히로시마 평화기념관을 세계문화유산으로 등재하려는 히로시마의 오만을 꾸짖기도 했다. 핵무기 폐지 논의는 침략전쟁의 책임을 기꺼이 마주하려는 자세와 함께 가야만 한다. 또한 기독교인으로서 그는 용서를 주장한다.

헤어질 무렵, 그는 불쑥 공식적인 얘기를 꺼냈다. 이전에 그는 나에게, 최근 아내에게 자신이 자랑스럽게 생각하는 일이 딱 한가지 있는데 그건 바로 그가 대대로 가톨릭을 믿어온 집안의 후손과 결혼한 것이라고 고백했다는 이야기를 한 적이 있었다. 이제 그는 이에 더해 그가 자랑스럽게 생각하는 한가지가 바로 '동아시아 100권의 인문도서'(동아시아출판인회의가 선정한 20세기의 인문서들. 한국·중국·

홍콩·대만·일본이 참여했고, 각 나라 언어로 번역 출판하기로 했다)
에『죽어가는 천황의 나라에서』가 선정된 점이라고 말했다. "저는 이
사실이 자랑스럽습니다." 그는 거듭거듭 말했다. 나는 이것이 아시아
에서의 일본의 역할에 대한 깊은 책임감에 따른 표현이라 생각지 않
을 수 없었다.

*

이 책은 재일조선인 종추월의 시로 시작한다. 그 시가 포착한 재일
한국인들의 역사와 그만큼이나 아이러니하고도 신선한 천황에 대한
발언들의 그 복합적인 아름다움에 먹먹해져서 나는 오오사까로 시
인을 만나러 갔고, 그녀가 운영하는 바와 그녀의 이웃, 그녀의 집을
방문했다. 그녀는 재일조선인의 정치와, 일본에서 재일조선인 남성
으로 사는 일의 어려움에 대한 자신의 관점을 시와 소설로 써서 나누
었다(소설은 그녀가 시간이 있을 때 쓰고, 시는 그녀가 바에 서 있는
동안에 짬짬이 쓴다고 했다). 그녀는 마음씨가 따뜻하고, 학식이 있
고, 열정적이며, 현실적이었다. 내가 그녀에 대해 더 많이 알 수 있는
시간이 있었더라면. 그리고 그녀에게 더 많은 시간이 있었더라면. 그
녀는 2011년 예순여섯살로 세상을 떠났다.

일본에 사는 한국인들은 이제 내가 종추월을 처음 만났을 때의 그
들에 비해 일본인 사회에서 훨씬 더 다양한 역할을 하고 있다. 그러
나 아직까지도 그들의 지위와 대우 면에서 불안정성의 요소는 여전
하다.

일본의 대한(對韓) 관계 또한 엄청나게 변했다. 한국 자체가 선호하는 여행지가 된 점은 말할 것도 없고 일본 내에서는 한국 드라마와 영화배우들, 한식 붐이 일었다. 우익의 반발이나 영토분쟁에 대한 정치적 조작이 이 모든 현상을 무효로 만들 수 있을까? 그렇다면 얼마나 대단한 낭비인지! 일본 쪽 바다에서 봐도 한국 내 다양한 진보적 조직들과의 연대를 확장해나가는 시민들 세대의 노력(최근의 과거 위안부 여성에 대한 지원처럼)을 무효로 돌리는 것은 엄청난 비극일 것이다. 그리고 더 가볍지만 훨씬 결정적인 맥락에서, 한국 문화에 대한 친밀함이 커지면서 가져다준 그 엄청난 즐거움을 포기한다는 건 정말 어리석은 짓이다.

영토분쟁보다 더 심각하지만 아직까지 덜 주목받은 것으로 다음의 문제들을 꼽을 수 있다. 방사능 오염수를 태평양으로 계속 방류하는 도오꾜오전력(TEPCO)에 맞서 한국과 중국 정부가 시작한 저항이 실망스럽게도 뜨뜻미지근한 점 말이다. 아마도 이들 정부가 여전히 원자력발전을 시행하고 있기 때문에 그런 것일까? 역사가 우리에게 반복적으로 가르쳐준바 정부는 시민 다수의 복지를 우선시하지 않는다. 결론은 하나뿐이다. 시민들은 자신의 삶을 유지해나가기 위해서 국경을 넘어 서로의 손을 맞잡아야 한다는 것이다.

반전과 빈곤퇴치 운동이 반드시 함께 이루어져야만 한다는 교훈은 원전재해를 통해 한층 확실해지고 굳어졌다. 후꾸시마 사태는 우리의 세상을 지배하는 불공정의 근본 구조를 드러내주었다. 그것은 인종·성·교육 때문이든 아니든 경제적으로 취약한 계급이 생계를 유지하기 위해서는 자신들의 생물학적 생존, 삶 그 자체를 위험으로 몰아갈 수밖에 없는 구조이다. 이러한 조건은 곧 일련의 믿음을 불러 일으켰다. 핵발전은 건강에 크게 해롭지 않으며 경제적 경쟁력을 위해서 꼭 필요하기 때문에 그게 걱정되는 이들은 이 나라를 떠나야만 할 것이다, 무기 제조는 번영에 기여하고 번영은 국가 정체성의 문제이며, 자존심이 있는 나라라면 어디든 강력한 군대를 유지할 것이라는 믿음들을 말이다. 그리고 이밖에도, 통합과 절대적 복종을 만들어내는 데 천황이 이용되었음을 다시금 상상해볼 수 있지 않을까?

이 세기를 살아남기 위해서 우리는 생명과 생계의 분리를 극복해내야만 한다. 그것은 우리 모두가 추구해야 할 정의이다. 우리가 희망이라고 부를 수 있는 투쟁을 절대 포기해서는 안 된다.

2014년 5월, 후꾸이(福井) 지방법원의 히구찌 히데아끼(樋口英明) 재판장은 지진 위험이 있다는 이유로 오오이정(大井町) 원전 재가동에 반대하는 법원명령을 청구한 시민들에게 최초의 승리를 안겨주었다. 판결문에서 히구찌 재판장은 이렇게 밝혔다. "피고(칸사이전력關西電力)는 원전 재가동이 전력 공급을 안정화하고 전기 생산비용을 낮춘다고 주장했다. 하지만 전력비의 높고 낮음에 대응해 사람들의 생존권의 무게를 저울질하는 시도는 그 어떤 것이라 할지라도 법적으로 금지된다."

인간의 생명은 수익성에 대응해 측정할 수 있는 것이 아니다.

*

이제 글을 마치며, 나는 이 책을 번역해준 고(故) 박이엽 선생에게 깊이 감사드리고 싶다. 책이 출간되었을 때 친구들은 내게 박이엽 선생이 라디오 스크립트를 쓴 경험이 있어서인지 번역이 유려하고 생생하다고 전해주었다. 수년 전에 시카고에서 그를 만나는 행운을 얻었는데, 그의 겸양과 고요한 따뜻함에 나 자신이 겸손해졌다.

출판사 창비에도 감사를 전한다. 그들은 한국 독자들에게 그들의 손을 꼭 잡아줄 동지들을 대표하는 이 일본인들을 만나게 해주었다.

2014년 7월 27일 시카고에서

노마 필드

어느 책에나 사족 비슷한 것을 달아야 한다는 법도 없거니와 분야도 약간 어긋난 듯하여 망설였는데, 모처럼 좋은 책 한권을 번역해놓고 한마디 안 하기도 서운하여 딱 두가지만 이야기해볼까 한다.

첫째는 이제 이 지구상의 어떤 일도 남의 일로 치부할 수 없다는 사실이다. 예컨대 일본의 총무청 장관 에또오(江藤隆美)라는 사람이 과거 일본의 한국 지배가 한국인들에게 유익했었느니 하는 소리를 하여 잠시 동안 세계 여론이 들끓은 일이 최근에 있었는데, 실상 그 소리가 우리 한국 사람들에게는 대단히 친숙한 것이었다. 지금부터 40여년 전에 당시 외무성 장관 자리에 있던 쿠보따(久保田貫一郎)가 한번 불러젖힌 이후로 일본의 각료급 정치가들이 꽤나 애용해온 레퍼토리이다. 40여년 전 그때 우리들의 반응은, 저들이 우리를 만만히 여기고 뇌까리는 시대착오적 망언이라는 것이었다. 그러나 40여년이 지난 지금 그 소리를 다시 듣는 우리들의 인식이 여전한 것일 수는 없지 아니한가? 저들의 망언은 이제 발언자 개인의 단견 또는 두 나라 사이의 국민감정 차원의 문제가 아니라, 전체 인류의 역사에 대한 인식의 문제인 것이다. 프랑스가 남태평양에서 핵실험을 계속하는 일이 그 지역 국민들만의 문제가 아니듯이, 한국의 과거사에 대한 일본의 태도와 대응은 이미 두 나라 사이의 문제가 아닌 것이다.

그러므로 저자가 이 책에서 다루고 있는 오끼나와의 슈퍼마켓 주인, 야마구찌의 가정주부, 나가사끼의 시장이 안고 있는 문제가 바로 우리들 자신의 문제로 다가서는 것이다.

내가 지적하고 싶은 또 한가지는, 어떤 문제에 대한 그러한 공통된 인식에도 불구하고 한 언어를 다른 언어로 옮겨놓는 일은 만만치 않게 어렵다는 사실이다. 노마 필드의 이 책『죽어가는 천황의 나라에서』(*In the Realm of a Dying Emperor*)를 번역하는 데 랜덤하우스(Random House, Inc.)의 Pantheon Books판(1991)을 대본으로 하고 여기에 같은 출판사 Vintage Books의 보급판(1993) 후기를 추가했으며 필요한 경우 원서의 주와는 별도로 옮긴이의 주를 덧붙였는데, 일본어 역서『天皇の逝く國で』(大島かおり 譯, 東京: みすず 1994)를 비교하면서 옮길 수 있는 혜택을 누렸음에도, 저자의 유려한 문체를 살리는 데는 크게 미치지 못한 것 같다.

책이 되어 나오기까지 애써준 백낙청 형과, 김이구 부장을 비롯하여 실무과정에서 수고해준 여러분께 감사드린다.

1995년 11월 28일

박이엽

히로히또는 죽지 않았다,
죽어가고 있을 뿐이다

인문학과 사회과학의 다른 점은 대상과의 관계 맺기에 있다. 대상을 자신과 무관한 존재로 철저히 객관화할 수 있다는 믿음을 전제로 한 것이 사회과학이라면, 대상과 얽히고설켜 그 안에서 허우적거리면서 자신을 대상과 분리하는 것이 불가능하다는 자각 위에 서 있는 것이 바로 인문학적 감수성이라 나는 이해하고 있다. 노마 필드의 이책에 등장하는 일본은 철저히 대상화된 존재, 즉 객관적인 분석대상으로서가 아니라 지은이의 삶과 얽히고설켜 지은이의 밖에 있으면서도 동시에 안에 있는 이중의 의미로 등장한다. 따라서 때로는 비판이나 규탄의 대상이면서 동시에 지은이의 삶의 일부를 구성하는, "복잡한 사랑"을 느끼게 만드는 존재이다.

이 책에는 세 사람의 주인공이 등장한다. 1987년 국민체육대회가 열린 오끼나와 요미딴촌 쏘프트볼 경기장에 게양되어 있던 일장기를 끌어내려 불태워버린 슈퍼마켓 주인 치바나 쇼오이찌. 1968년 공무 수행 중 교통사고로 사망한 자위대원 남편을 유족 동의 없이 일방적으로 신사에 합사하는 것에 반대해 소송을 일으킨 부인 나까야 야스꼬. 히로히또가 병석에 누워 있던 와중에 천황에게 전쟁책임이 있다는 발언을 해 1990년 우익으로부터 총격을 받은 나가사끼 시장 모또시마 히또시. 이 세 사람은 일본이면서 일본이 아닌 오끼나와, 그리고 초대 수상 이또오 히로부미(伊藤博文)를 시작으로 현재의 아베 신조오(安倍晋三) 수상까지 무려 여덟명의 일본 수상을 배출한 보수본류 야마구찌, 일본 기독교의 중심지이면서 원자폭탄의 세례를 받은 나가사끼를 각각 지역적 거점으로 한다. 이미 잘 알려져 있는 인물과 사건이지만 이 책의 새로움은 지은이 노마 필드의 개인사와 기억이 이들 세 사람의 역사와 어떻게 얽혀 있는가를, 지은이가 우연히 일본 체류 중에 접하게 된 천황 히로히또가 병석에 누워 '죽어가던' 시점에 재구성하고 있다는 점에 있다. 따라서 노마 필드는 이 책의 지은이이면서 동시에 네번째 주인공이기도 하다.

이 책의 시대적 배경은 히로히또의 '죽음이 서서히 진행'되던 1980년대 후반이다. 신문과 TV에서 연일 '하혈'이니 '수혈'이니 하는 비일상적인 단어가 등장하고 가게가 철시하고 축제가 축소되고 연말연시의 연하장조차 내지 못하게 만드는 자숙/엄숙이라는 체제 순응의 사회파시즘이 전쟁에 대한 의도적인 망각/왜곡과 함께 일본 사회를 뒤덮고 있던 시기이다. 지은이는 이 같은 체제 순응의 흐름과는 다른 삶을 살았던 혹은 살 수밖에 없었던 세 사람의 주인공 그리고 그들의 삶에서 파생되는 다른 사람들의 이야기를 찬찬하고 꼼꼼하게 끄집어낸다. 그리고 저항의 가능성을 선동하거나 주장하지 않

고 선과 악을 나누지도 않고 그 사람들의 미시적인 삶의 이야기를 일
상 속에서 차분하게 엮어 거시적인 일본 근현대상을 재구성한다. 그
런 점에서 이 책은 근현대 일본에 대한 '거시적 현미경'이면서 동시
에 '미시적 망원경'이기도 하다.

이들 세 사람은 "기만을 바로잡으려는 사람"들이고 동시에 히로
히또의 죽음에 "경의를 표하기를 거부하는 사람"들이지만, 그렇다고
해서 의식화된 직업적 운동가는 아니다. 저자의 말을 빌리자면 "자유
를 만인이 골고루 향유하지 못하고 있다는 것을 누구보다 확실히 증
명할 수 있는 사람"이어서 "가장 상처받기" 쉬운 사람들이고, "따라
서 부당한 압박과 구속을 가장 심각하게 느낄 수 있는, 어떤 면에서
든 보통 사람들과는 다른 그런 사람들", 즉 "일본 사회에 살면서도 그
속에 녹아들지 못하는 사람들"이고 침묵을 강요하는 사회와는 다른
사회를 그려보는 사람들이다.

하지만 노마 필드는 이 세 사람의 삶에 거리를 두고 이들을 영웅으
로 치켜세우는 관찰자의 '무책임한' 입장을 거부한다. 때로는 거리를
두다가도 때로는 세 사람의 삶 속에 뛰어들어 자신의 개인사를 교차
시키고 때로는 같은 시공간을 살았던 다양한 사람들의 이야기로 파
장을 넓혀나가면서 과거로 현재로 미래로 뛰어다닌다.

물론 그의 이런 시점은 그가 일본 사회의 안에 있으면서 밖에 있는
존재라는 것과 무관치는 않다. 그는 미국인 아버지와 일본인 어머니
사이에서 토오꾜오에서 태어나 미군기지 부근에서 살면서 기지 안
에 있는 미국 학교에서 고등학교를 마치고 미국의 대학·대학원에서
일본문학을 전공한 사람이다. 이 책에 등장하는 그의 어머니와 외가

는 '평범한' 일본의 일상이고 그의 아버지와 친가는 승전국 미국의 일상이다. 이 양자가 얽힌 지점에 노마 필드가 서 있으나 그렇다고 해서 그가 이를 산술적인 균형으로 풀려고 하거나 섣부른 '화해'를 목놓아 외치지는 않는다. 따라서 노마 필드의 이 책을 그의 출생과 연결시켜 미국과 일본 사이에 서 있는 사람만이 취할 수 있는 관점으로 특화해서 이해해선 안 된다. 「후기」에서 밝히고 있는 것처럼, 그는 "국민국가의 경계선과 경제적 이해의 닫힌 지평을 넘어선 곳에 설자리를 마련"하기 위해 이 책을 쓴 듯하다.

이 책은 그 형식에서 노마 필드의 개인적인 고백이면서 문학, 역사학, 사회학, 인류학, 논픽션이 만나는 그 어떤 지점에 서 있다. 구술사가 문헌 중심의 역사학에 대한 비판에서 비롯했다면 구술 이야기가 문헌 중심의 역사관을 내부에서 뛰어넘는 '새로운' 세계관을 제시할 수 있는 전망을 획득해야 한다. 이 책에서 차용하고 있는 구술 인용과 이를 통해 풀어나가는 이야기 중심의 역사 쓰기 방식은 문헌자료 중심의 역사학과는 다른 '사실'과 세계관을 제시해준다.

일본의 폭주가 연일 계속되고 '도대체 왜?'라는 의문이 터져나오면서 이에 대한 각양각색의 분석이 봇물처럼 쏟아지는 지금의 시점에서 보아도 이 책은 여전히 유효하다. 저자는 「에필로그」에서 말한다. "우리는 현실주의라는 명분으로 여태까지와는 다른 세계를 만들고자 하는 꿈을 내동댕이칠 수 없다. 그러한 현실주의는 파괴와 죽음의 근거가 될 뿐이다." 물론 히로히또는 생물학적으로는 1989년에 죽었다. 하지만 지금의 일본을 보면, 그는 여전히 계속해서 '죽어가고' (dying) 있을 뿐이다. 히로히또가 병석에 누운 이래 일본 사회에 휘몰아쳤던 사회파시즘이 오늘날에는 현실주의라는 이름 아래 한층 더 기승을 부리고 있기 때문이다. 그는 죽어서도 지금을 지배하고 있다.

1부

1) 高良勉「夢の黙示」, 『岬』(大阪: 海風社 1984) 18~19면.

2) 知花昌一 『燒きすてられた日の丸──基地の島·沖縄讀谷から』(東京: 新泉社 1988) 178면. 이 책의 인용은 본문의 ( ) 안에 면수만 밝힘.

3) 平良宗潤「いまなぜ天皇か」, 安仁屋政昭·大城保英·杉本信夫 編 『沖縄と天皇』(那覇: あけぼの出版 1987) 148~49면.

4) 같은 글 152~53면.

5) 西山正啓 감독 다큐멘터리「ゆんたんざ沖縄」(1987).

6) 『朝日新聞』 1973년 12월 26일자.

7) 新崎盛暉·大城將保·高嶺朝一 外 『觀光コースでない沖縄』 제2판(東京: 高文硏 1989) 152면에서 재인용.

8) 「南京事件」, 『角川日本史辭典』 제2판(東京: 角川書店 1981) 719면. 이런 종류의 사건에 대해서 늘 그렇듯이 신뢰할 만한 확정된 숫자는 없다. 이 사건에 대해서는 지금도 시끄러운 논쟁이 계속되고 있다.

9) 新崎盛暉 外, 앞의 책 139면; 沖縄縣立平和祈念資料館 編 『平和への證言』(那覇: 沖縄縣 生活福祉部 援護課 1983) 45면에 이 사건들이 일어난 장소의 지도가 있다.

10) 『朝日新聞』 1988년 4월 6일자 참조.

11) 沖縄縣立平和祈念資料館 編, 앞의 책 99, 111~12면.

12) 渡久地明「國民體育大會と天皇」, 安仁屋政昭·大城保英·杉本信夫 編, 앞의 책 183면에서 재인용.

13) 이러한 대책에 관한 자료들은 많으나, 여기서 예를 든 것은 渡久地明, 앞의 글 198면.

14) 山川宗秀「沖縄と皇民化敎育」, 安仁屋政昭·大城保英·杉本信夫 編, 앞의 책 81면.

15) 같은 글 83면.

16) 高良勉「闇の言葉を解き放て」, 『琉球弧: 詩·思想·狀況』(大阪: 海風社 1988) 19~31면.

17) 知花昌一, 앞의 책 38면.

18) 下嶋哲郎「壞された像のシートがとり拂われた日──チビチリガマ一九八九年四月二日」, 『世界』 529호(1989.7) 330면에서 재인용.

19) 新崎盛暉·大城將保·高嶺朝一 外, 앞의 책 60~62면.

20) 1983년 4월 4일에 일어난 사건. 讀谷村職員勞動組合『ドキュメント: 復歸後の讀谷
村の闘い』(讀谷村: 讀谷村職員勞動組合 1983) 293면.

21) 下嶋哲郎, 앞의 글 352~53면.

2부

1) Defense Agency, *White Paper on Defense*, 1988. Foreign Press Center, *Facts and Figures of Japan* (Tokyo: Foreign Press Center 1989) 25면에서 재인용.

2) 필자가 이 대목에서 의존하고 있는 것은 田中伸尙『自衛隊よ, 夫を返せ!』(東京: 現代教養文庫 社會思想社 1988) 18~26면.

3)『朝日新聞』1975년 8월 26일자 독자의 편지. 田中伸尙『自衛隊よ, 夫を返せ!』99면에서 재인용.

4) 本多勝一『中國の旅』(東京: 朝日新聞社 1972).

5) 田中伸尙, 앞의 책 171면.

6) 村上重良『靖國神社 1869 1945 1985』, 岩波ブックレット 제57호(1988) 2면.

7) 田中伸尙, 앞의 책 124면.

8)『ジュリスト』(*Jurist Note*) 제912호(1988. 7. 1) 133면.

9) 같은 책 134면.

10) 田中伸尙, 앞의 책 126~27면에서 재인용.

11) 村上重良, 앞의 책 29면; 방송원고 25면.

3부

1) 徑書房 編集部 編『長崎市場への七三〇〇通の手紙: 天皇の戰爭責任をめぐって』(東京: 徑書房 1989) 10면에서 재인용. 이 책의 인용은 5월에 나온 제1판에 의한 것이며, 이하『편지』로 약칭.

2)『朝日新聞』1988년 12월 8일자.

3)『朝日新聞』1988년 12월 13일자.

4)『편지』10면.

5)『편지』11면.

6)『朝日新聞』1988년 12월 27일자.

7)『朝日新聞』1989년 1월 19일자.

8) 朝日ジャーナル 編輯部「長崎市長〈天皇責任〉發言の波紋」,『朝日ジャーナル』1989

년 1월 13일자, 17면.

9) 鎌田慧「長崎市長 本島等さん──戰中派クリスチャンのこだわり」, 『Aera』 1989년 7월 18일자, 53면.

10) 1989년 12월 12일에 가진 기자회견. 『편지』 68면에서 재인용.

11) 『편지』 68면.

12) 朝日ジャーナル 編輯部, 앞의 글 16면.

13) クミタ·リュウ「モーニング戱評」, 『東京新聞』 1989년 1월 11일자.

14) 『편지』 158면.

15) 『편지』 13면. 이하 대부분의 경우 인용문은 전문이 아니라 발췌문임.

16) 병기에 의한 사망자 수는 『角川日本史辭典』 885면. 히로시마와 나가사끼에 관해서는 飯島宗一 『廣島·長崎でなにが起こったか──原爆の人體への影響』(東京: 岩波書店 1982) 25면. 1990년의 숫자는 그해 기념식전의 TV 및 신문보도에 의함.

17) 土井敏邦「戰爭加害經驗をなぜ語れないのか」, 『朝日ジャーナル』 1989년 8월 11일자, 24면에서 재인용.

18) 言論の自由を求める長崎市民の會 編 『タブーへの挑戰──本島發言に市民は』(長崎市: 言論の自由を求める長崎市民の會 1989) 30~31면.

19) 本島等「被爆四〇年, 戰爭と差別の撤廢を願って」, 『部落解放西日本講座, 講演集』 제 10권(大阪: 部落解放研究所 1985) 41면.

20) Simone de Beauvoir, Les Mandarins (Paris: Gallimard 1956) 221면.

21) 鎌田「長崎市長 本島氏」, 『Aera』 1989년 7월 18일자, 56면.

22) 같은 글 54면.

23) 같은 글 54~55면.

24) Susan George, How the Other Half Dies: The Real Reasons for World Hunger (Totowa, New Jeresey: Roman & Allanheld 1983).

25) 『夕刊えひめ』 1989년 8월 1일자.

26) 『朝日ジャーナル』 1989년 8월 11일자, 75면의 의견광고.

27) 『朝日新聞』(국제판) 1989년 12월 5일자.

28) 『東京新聞』 1989년 9월 16일자.

29) 『東京新聞』 1989년 9월 17일자.

에필로그

1) 1991년 4월 21일, 모또시마 시장은 어렵사리 네번째 승리를 거두었다.

죽어가는 천황의 나라에서

초판 1쇄 발행 / 1995년 12월 5일
개정판 1쇄 발행 / 2014년 8월 18일

지은이 / 노마 필드
옮긴이 / 박이엽
펴낸이 / 강일우
책임편집 / 정편집실
펴낸곳 / (주)창비
등록 / 1986년 8월 5일 제85호
주소 / 413-120 경기도 파주시 회동길 184
전화 / 031-955-3333
팩시밀리 / 영업 031-955-3399 편집 031-955-3400
홈페이지 / www.changbi.com
전자우편 / human@changbi.com